창조적 통합치료

동화치료

강새로운 저

학지사

책머리에

이 책은 예술치료, 놀이치료, 언어치료 임상과 교육 현장에서 치료자이자 교육자로서, 작사가이자 일러스트레이터로서 활동한 다양한 경험을 통합하여 진행한 창작 기반 동화치료에 대해 담았다. 혹자는 동화치료의 어느 부분들에 대해 '이거, 이미 하고 있는 건데?'라고 생각할지도 모른다. 그렇다. 동화치료는 완전히 새로운 개념은 아니다. 동화는 우리에게 매우 친숙한 매체이며, 다양한 연구를 통해 동화가 지닌 여러 가지 효과가 속속들이 알려지고 있는 만큼 문학치료, 언어치료, 미술치료, 놀이치료, 연극치료, 음악치료 등 여러 치료 및 교육 분야에서 빠지지 않고 등장한다. 그만큼 동화라는 소재는 통합적인 분야다. 동화를 중심으로 각각의 치료 영역을 표시한 벤다이어그램을 그린다면 어떻게 될까? 마치 활짝 핀 꽃 모양이 될 것이다. 치료 영역에서 동화 벤다이어그램은 최근의 통합적 접근, 맞춤형 치료의 개념과 닮았다.

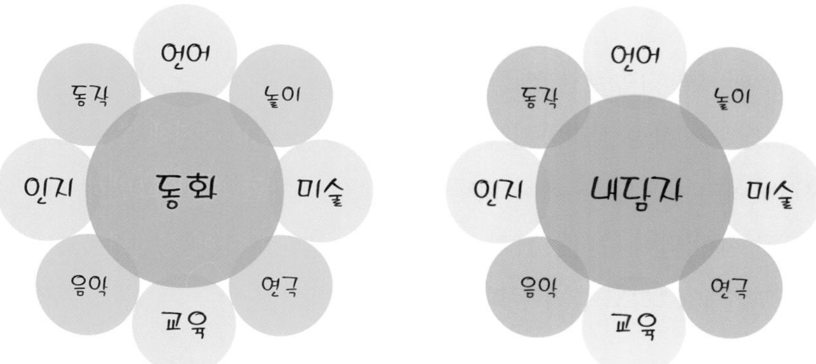

그럼에도 불구하고 현재 동화치료에 대한 단일 저서는 손에 꼽을 정도이며, 그 대부분이 심리치료적 접근만을 다루고 있다. 동화치료의 영역은 여러 치료 분야의 세분화된 한 파트로서 연구되고 있을 뿐, 이를 통합적으로 안내하는 저서는 찾아보기 어렵다. 한편, 동화 창작을 기반으로 한 동화치료의 경우는 그 특성상 대단위 접근이 어려운 만큼, 문학치료와 독서치료 연구들을 고려하더라도 그 수가 더욱 적은 편이다. 따라서 이 책에서는 동화치료의 개념을 심리정서적 영역뿐만 아니라 인지, 발달, 행동의 영역으로 확장하여 다루고 있다. 제1부에서는 동화치료의 개념과 진행, 창조적 동화치료에 대해 이야기하며, 제2부에서는 동화를 활용한 치료영역별 접근법을 소개한다.

동화의 치료적 효과가 대두된 지는 오래되었으나, 동화치료와 관련한 수백 편의 국내 논문들을 살펴보면 아직은 '통합적 동화치료'에 대한 근거들이 형성되는 시기라고 생각된다. 차후 동화 창작을 통한 동화치료 단일 사례들이 더 많이 연구된다면 '통합적 동화치료' '창작 기반 동화치료'에 대한 체계적인 접근이 가능하게 되리라 생각된다. "첫술에 배부르랴."라는 속담처럼 여러 분야에서 활용되고 있는 동화치료를 모아 정리하다 보니 많은 부분이 생략되기도 했고, 부족한 부분이 많을 줄 안다. 그러나 동화치료에 대한 통합적 접근과 창작 기반 동화치료를 강조하여 제안하고 있다는 것에 이 책의 의의가 있다고 생각하는 바다. 아무쪼록 관련 분야 전문가들에게 이 책이 조금이나마 도움이 되길 희망하며, 동화치료 연구가 보다 활발히 진행되길 바란다.

창작의 영역이 무한하듯이, 이 책에 언급된 동화치료 기법 외에 새로운 기법들이 지속적으로 창조되고 연구되고 있는 만큼 앞으로도 꾸준히 새로운 정보를 전달할 수 있길 바라며, 지속적인 연구와 정리를 통해 보다 단단한 기반을 만들어 가고자 한다. 이러한 생각을 정리하기까지 끊임없이 격려하고 지지해 주신 나의 가장 훌륭한 슈퍼바이저 부모님, 흔쾌히 모델이 되어 준 조카들, 함께 고민하고 같이 걸어가며 든든한 힘이 되어 주시는 박차숙 선생님, 다양한 분야에 걸쳐 수많은 가르침을 주신 여러 교수님 그리고 함께 동화의 세계를 거닐었던 모든 이에게 감사의 마음을 전한다.

2020년 1월 강새로운

차례

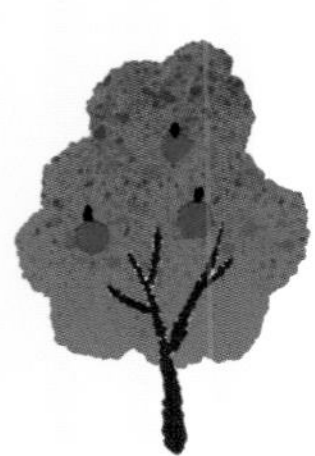

제2부 동화치료의 활용

제1부

동화치료의 이해

동화치료를 실시하기 위해서는 먼저 동화와 동화치료의 정의 및 특성에 대한 기본적인 이해가 필요하다. 제1부에서는 동화와 동화치료의 개념을 제시하고 있으며, 동화치료의 진행을 위한 준비와 전반적인 절차를 소개한다.

1. 동화의 정의

1) 동화(童話)

아이 동(童), 말씀 화(話). 화(話)에는 '이야기', '좋은 말'이라는 뜻이 있다. 즉, 어린이를 위한 이야기, 어린이를 위한 좋은 말, 동심에 기반을 둔 이야기를 '동화'라 할 수 있다. 영어로는 동화를 'fairy tale', 즉 '요정 이야기'라고 한다. 'tale'은 상상 속의 이야기, 꿈과 모험이 있는 이야기를 말한다. 독일에서는 '메르헨(märchen)'이라 하는데, 동물, 요정 등의 초자연적인 내용이 담긴 판타지를 말한다. 즉, '동화'란 동심을 바탕으로 한 꿈과 모험이 있는 판타지라고 할 수 있다. 우리나라에서 동화의 위치는 주로 아동문학으로서 영유아를 중심으로 발전해 왔다. 하지만 요즘은 현대사회에 지친 '어른이'의 '내면아이'가 부각되기 시작하면서 어른을 위한 동화도 등장하게 되었고, 동화라는 매체를 향유하는 연령이 다양해지면서 동화의 영역도 확대되고 있다.

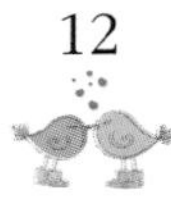

2) 동화(童畫)

아이 동(童), 그림 화(畫). 아이가 그린 그림. 이 책에서는 동화를 읽는 것뿐만 아니라, 창작에 대한 비중을 크게 잡고 있는 만큼 '아이가 그린 그림'이라는 정의도 동화치료에 포함한다. 이는 또한 우리 각자가 키우고 있는 '내면아이가 그린 그림'이라는 의미를 담을 수 있다. 동화치료의 과정에서 우리는 내면아이의 시선을 동화에 담을 수 있기 때문이다.

3) 동화(動話)

움직일 동(動), 말씀 화(話). 움직이는 이야기. 이야기는 흐름이 있고, 상황에 따라 가변적이며, 개인의 심리상태나 환경의 변화에 따라 유동적으로 달라진다.

4) 동화(動畫)

움직일 동(動), 그림 화(畫). 움직이는 그림. 영어로는 애니메이션을 말한다. 글과 그림이라는 책의 요소가 다양한 매체로 확대되고 재해석되어 동화의 형태가 다양하게 변화하고 있고, 그 개념이 확장되고 있다.

5) 동화(同化)

같을 동(同), 될 화(化). 서로 다른 것이 닮아 가게 되는 것. 동화치료에서의 동화 작용은 동화를 읽고, 듣고, 보면서 자기화하는 것이다. 주인공의 상황에 자신의 감정을 이입하여 풀어내고, 동화 속에서의 경험을 자기화하고, 자신의 이야기를 동화에 이입하여 풀어 나아가며 의미 있는 상호작용이 이루어진다. 또한, 문제행동을 소재로 한 동화를 읽거나 만듦으로써 이야기 속의 주인공의 생각과 행동에 자신을 대입함으로써 현실적인 문제를 해결하는 단서를 찾을 수 있다.

2. 그림이 없는 동화와 그림이 있는 동화

1) 이야기

이야기(narrative)는 의사소통의 수단으로서 '말하다'의 의미와 설화, 구비문학과 같이 어떤 대상이나 주제에 대하여 구전되거나 문자(텍스트)로 서술된 줄거리의 의미를 가진다. 이야기는 주로 구어(말)로 전달되거나, 구연동화나 동극, 인형극, 연극 등으로 시각화된다.

2) 그림동화

우리가 흔히 알고 있는 '그림동화'라는 명칭은 재미있게도 '그림+동화'의 합성어일 것이라는 짐작과는 달리 우리말이 아니다. 그림동화는 사실 'Grimm 童話'로 독일의 작가 그림 형제가 독일에서 전해져 내려오는 민간설화 등을 수집한 민화집 "어린이와 가정을 위한 옛날이야기(Kinder und Hausmärchen, Grimms Elfenmärchen, Children's and Household Tales, Grimm's Fairy Tales)"를 의미한다.

작가 형제의 이름이 '그림'이다 보니 공교롭게도 한글 표기가 '그림+이야기'로서의 의미인 '그림동화'와 동음이의어가 되었다. 그러나 여기에는 또 한 번의 반전이 있다. 「늑대와 일곱 마리 새끼 염소」 「라푼젤」 「헨젤과 그레텔」 「신데렐라」 「백설공주」 「럼펠스틸스킨」 「황금거위」 등 그림 형제의 그림동화가 유명해지고 그림과 글이 함께하는 어린이 동화로 널리 보급되면서 그림 형제의 동화인 '그림동화(Grimm 童話)'가 '그림+이야기'로서의 '그림동화'의 대표주자 격이 되었고, 결국 두 가지 용어가 유사한 의미로 자리 잡게 된 것이다. 현재 우리가 접하고 있는 대부분의 동화는 '그림동화(Grimm 童話)'가 보급된 형태와 같이 그림과 이야기를 함께 담은 '그림동화(그림+이야기)'의 형태를 취하고 있다.

3) 그림책

'그림책'이란 문자 그대로 풀이하자면 '그림만으로 이루어진 책'을 말하나, 최근에는 그림동화가 매우 보편적이고 일반화되다 보니 '그림이 든 책', 즉 글과 그림이 함께하는 '그림동화'의 유의어로 받아들여진다. 보통 그림책의 대상은 어린이라 생각되나, 요즘에는 동화를 향유하는 계층에 연령 구분이 없어지고 있으며, 작품성이 높은 그림책은 남녀노소 관계없이 인기가 있다 보니 어른을 위한 그림책, 어른을 위한 동화도 많이 나오고 있는 추세다.

한편, 그림에도 트렌드가 있다. 요즘에는 그림책의 대상 연령이 확장되고, 감성을 중요시하는 분위기 때문인지 아동 감각 발달을 고려한 명확한 그림이나 원색적인 그림, 과장된 표현보다 감성적이거나 아기자기한 그림, 파스텔 톤의 부드러운 그림, 어른들의 눈높이에 맞는 보다 복잡하고 정교한 그림, 상징적인 그림 등도 많이 등장하고 있으며, 전문 일러스트레이터들이 참여하여 기존 동화를 리메이크한 그림책도 많이 출판되고 있다.

또한, 요즘에는 책의 표지에 들어가는 일러스트에 관심이 높아지고 있다. 북소믈리에라는 직업이 생길 정도로, 하루에도 셀 수 없이 쏟아져 나오는 종이책과 전자책의 홍수 속에서, 좋은 책을 찾기 위해 모험을 떠나는 독자와 처음으로 만나는 표지는 중요한 광고 수단이다. 표지의 첫인상에 따라 '열어 보느냐, 잊혀지느냐'의 갈림길에 서기 때문이다. 그러다 보니 많은 사람이 선호하는 표지가 생기기 시작했고, 표지 디자인과 일러스트의 비중이 커지게 되었다. 구매력이 있는 성인 독자들은 글의 내용과는 상관없이, 유명 일러스트레이터가 그린 표지나 그림을 소장하기 위해 책을 수집하기도 할 정도인 것을 감안하면, 그 영향력을 어느 정도 짐작해 볼 수 있을 것이다. 보통 이러한 팬층이 있는 일러스트레이터들의 그림은 섬세한 표현, 특유의 감성으로 작품의 분위기를 잘 살려 주고, 깊이를 더하며, 작품에 몰입하게 해 준다.

작품의 내용이나 소재, 작품 전체의 분위기를 그림 한 장 안에 잘 반영한다는 점에서, 오늘날은 책 표지나 삽화 등도 그림책의 한 갈래로 볼 수 있지 않을까 한다.

4) 동화의 변신

오늘날은 기술의 발전으로 인해 책의 형태가 매우 다양해졌고, 새로운 소재와 기법, 새로운 시도가 많이 등장한다. 유아의 안전이나 감각을 생각한 보드 북, EVA 북, 물놀이 책, 헝겊 책, 액티브 북이나 필름 페이지, 입체 북, 플립 북, 감각 책, 사운드 북, 글자나 그림을 찍으면 동화를 읽어 주고 효과음이나 노래, 동영상이 나오는 펜, 책을 읽어 주는 책장, 비디오 동화, 플래시 동화, QR 코드나 증강현실을 활용하는 책까지 동화는 여러 분야와 매체에 결합하여 끊임없이 변신하고 있다.

3. 동화의 종류

1) 전래동화

전래동화란 예로부터 전해져 내려오는 동화를 말하는데, 최근에는 구전되어 오는 설화(신화, 전설, 민담), 판소리, 무가, 우화 등 구비문학을 아동이 이해할 수 있는 수준으로 각색하여 전래동화의 범주로 출판되고 있다.

전래동화의 경우 교훈과 인성, 권선징악적 주제가 많다. 다양한 이해타산이 얽혀 있는 현실과는 달리 전래동화는 선과 악이 분명하다. 이러한 부분은 아직 가치판단의 기준이 명확하지 않은 아동에게 선명한 인상을 남겨 교육적 기능을 한다.

한편, 연령에 상관없이 정의가 승리하거나 주인공이 행복해지는 결말은 통쾌함과 대리만족을 느끼게 한다. 하지만 이러한 주제가 반복되어 틀이 형성되면서 창의적인 발상이 제한되기도 하는데, 최근에는 전래동화를 각색하여 같은 이야기를 다른 시점으로 이야기하는 역발상 창작동화가 나오기도 한다.

2) 창작동화

전래동화 이외에 현대에 창작된 동화들로, 사실상 현대에 출판되는 모든 동화를

말한다. 창작동화는 앞서 동화의 정의에서 이야기하였듯이 주제가 다양하다. 요즘은 창작동화의 한 갈래로 피아제(Piaget), 에릭슨(Ericsson) 등의 이론에 따라 아동의 발달단계를 고려한 플립 북이나 놀이 책, 숫자, 글자, 색깔, 감정, 예절, 생활습관 등 인지, 정서, 인성 발달에 도움을 주는 동화가 많이 나오고 있다. 학습을 돕는 교육동화, 학습동화도 많이 나오고 있으며, 진로 및 자기계발 동화 등 청소년이나 어른을 위한 동화도 인기를 얻고 있는 등 동화의 저변이 확대되며 창작동화라는 정의는 각 영역별 동화의 상위개념이 되고 있다.

3) 전문화되고 창의적인 영역별 창작동화

최근에는 동화를 펴내는 아동도서 전문 출판사가 다양해졌으며, 전래동화도 여러 버전이 나오고 있고, 창작동화의 분류도 매우 세분화되어 영어, 수학, 과학, 역사, 한자, 경제, 문화 등 아동 교육부터 생활, 정서, 인지, 언어, 인성, 심리 등 발달의 전반적인 부분에서 도움이 되는 책들이 봇물처럼 쏟아져 나오고 있다.

인성동화, 감성동화, 교육동화, 경제동화, 과학동화, 수학동화, 성교육동화 등 이들 동화는 창작동화의 범주 안에 있으나 각각의 세부 영역이 전문화되고, 그 수가 많아지면서 이제는 각 영역이 하나의 종류나 분류로 불려도 손색이 없을 정도가 되었다.

4. 동화의 특성

1) 허구성

동화는 소설과 마찬가지로 허구성을 지닌다. 실제로 하는 것은 아니지만, 실제로 할 법한 이야기를 전달하는 것이다. 허구적인 이야기가 있을 수 있는 이야기가 되기 위해서는 현실과의 유사성과 개연성이 필요하다.

2) 비논리성과 개연성 없는 이야기

동화는 허구성에 기인한 개연성이 필요함에도 불구하고, 최소한의 개연성만을 남겨둔 채 종종 선녀, 요정, 동물들의 초자연적인 힘 등을 통해 개연성 없고 논리적이지 못한 이야기를 당연한 듯이 전개하고는 한다. 동화에 등장하는 환상적인 요소가 이를 가능하게 하고, 이야기를 보다 풍부하고 창의적으로 만들어 주며, 독자가 일상에서 벗어나 모험하는 듯한 느낌을 주기도 한다.

3) '옛날 옛날, 어느 곳에'–액자 속 이야기

동화를 보다 보면 그 시작이 '옛날 옛날' '아주 먼 옛날' '호랑이 담배 피던 시절'이라거나 '어느 곳에' '깊고 깊은' '멀고 먼' 등의 특정할 수 없는 시간과 장소를 배경으로 하는 작품이 많다. 특히 이러한 특성은 전래동화에서 많이 나타난다. '옛날 옛날' '어느 곳에' 등은 독자를 이야기 속으로 끌어들임과 동시에 이것이 현실이 아님을 주지시키는 동화의 장치라고 할 수 있다. 동화는 '어린이를 위한 이야기' '어린이를 위한 좋은 말'이지만, 의외로 우리가 알고 있는 동화들은 잔인한 장면을 많이 포함하고 있다. 예를 들어, 「해와 달이 된 오누이」에서 어머니는 호랑이에게 가진 것을 다 빼앗기고도 모자라 신체 부위를 하나하나 떼어 주고, 결국 다 잡아먹힌다. 「심청전」의 심청이는 인신공양의 제물이 되고, 「아기돼지 삼형제」는 늑대를 솥에 빠뜨려 쫓아낸다. 「헨젤과 그레텔」은 부모에게 버려지고, 마녀를 펄펄 끓는 물이 가득한 솥에 빠뜨려 죽인다. 「빨간 망토」의 늑대는 할머니를 잡아먹고, 사냥꾼과 빨간 망토는 늑대의 배를 가른다. 「콩쥐팥쥐」 「신데렐라」 「백설공주」 등에서 계모는 전처의 자식을 학대하고 죽이려 들며, 「홍부놀부」에서 놀부는 제비 다리를 일부러 분지르며, 「나무꾼과 선녀」에서 사슴은 나무꾼에게 선녀의 목욕 장면을 훔쳐보게 만들고, 옷을 훔치게 하고, 마침내 선녀를 속여 결혼하게 하며, 아이 셋을 낳으면 날개옷을 돌려주겠노라고 협박도 한다.

동서양을 막론하고 고전이라 할 만한 동화들은 사실 어른이 되어 뜯어보면 잔혹하거나, 혹은 성적인 의미로 해석할 수 있는 구석이 많다. 이 때문에 해당 동화의 기

원이 원래 어른을 위한 이야기에서 아동에게 들려주기 위해 각색되는 과정을 거친 것이리라 추측하기도 한다. 한때, 동화의 이런 잔혹성을 극대화한 잔혹동화를 읽는 것이 유행하기도 했고, 인터넷에서는 '잔혹동화 100제' 등의 잔혹동화 창작 열풍이 불기도 했다. 하지만 이러한 해석은 최소 청소년 이후의 관점이고, 우리가 처음 동화를 읽었던 어린 시절에는 동화 속 인물들이 겪는 잔인한 상황들에 대해 손에 땀을 쥐고 응원하거나, 동정하기는 하여도 이야기 자체에 눈살을 찌푸리거나, 현실적으로 분노를 표출하지는 않았을 것이다.

우리는 동화를 읽으며 그 첫머리에서 '옛날 옛날, 어느 곳에'를 통해 동화 속에 나오는 다양한 사건과 죽음 등의 잔인한 세계를 객관적으로 바라보게 되며, 단순히 이야기로 받아들이고, 신비로운 세계의 이야기로 수긍하게 되었기 때문이다. 즉, '옛날 옛날, 어느 곳에'와 같은 장치는 독자를 위한 '심리적 프레임'이라고 할 수 있으며, 이는 소설 창작에서 말하는 '액자 구성'과 유사하다.

앞서 이야기하였듯이 동화는 문학이 가지고 있는 허구성을 내포하고 있으며, 동화 속의 사건은 '있을 법한 이야기이지만 내 주변에는 없는' '내 이야기 같지만 내 이야기는 아닌 것'으로 받아들인다. 따라서 독자는 자극적인 내용에 둔감화된 반응을 보이게 되며, 아무리 잔인한 내용이라 하여도 그것을 마치 텔레비전 속 이야기나 액자 속 그림과 같이 여기게 되는 것이다. '미(美)적 거리'라고도 하는 이러한 거리감 때문에 독자는 동화를 안전하고 객관적으로 바라볼 수 있고, 그 속에서 대리만족과 카타르시스를 느낄 수 있게 된다.

4) 의인화 및 물활론

사람이 아닌 것을 사람인 것처럼 표현하는 것을 '의인화(擬人化)'라고 하는데, 가령 동화의 주인공인 동식물이나 사물이 사람과 같이 말하고 행동하는 것이 여기에 속하며, 오늘날 대부분의 동화에 의인화된 주인공이 등장한다. 그리고 인격화한 동식물이나 사물 등을 주인공으로 하여 주로 교훈적이고 풍자적인 이야기를 담고 있는 동화를 '우화'라고 하는데, 대표적인 작품으로 「이솝우화」가 있다.

의인화는 물활론적 사고를 바탕으로 하는데, 물활론(物活論)이란 만물을 살아 있

는 대상으로 여기는 것으로서 범신론적, 애니미즘적 사고이다. 피아제에 의하면, 물활론적 사고는 초등학교 입학 전인 만 4세에서 6세 사이에 두드러진다고 하는데, 딱 그 시기에만 나타나고 마는 것이 아니라 그 양상은 변화한다. 미취학 아동의 경우는 주로 세상 모든 것에 물활론적 사고를 대입한다면, 초등 저학년 아동의 경우는 움직임이 있는 것들에 물활론적 사고를 적용하고, 초등 고학년 아동의 경우는 점차 스스로 움직이는 것, 생물에 대해서만 살아 있는 것이란 사고를 가진다는 것이다.

그러나 이 시기가 지난다고 해서 물활론적 표현에 제한이 있는 것은 아니다. 의인화된 표현은 연령에 관계없다. 다만, 연령이 높아질수록 진심으로 그 대상이 살아 있다고 여기는 것이 아니라, 재미든 작품성이든 어떠한 목적에 의해 의인화를 사용한다는 점이 다르다.

나는 초등학교 1학년이 되고도 한동안은 학교에서 그림을 그릴 때 언제나 책상을 웃는 모습으로 그렸다. 당시 그 그림을 보고 "초등학교 1학년인데 아직 책상에 얼굴을 그린다."고 살짝 놀라신 선생님이 내게 이유를 물었던 것으로 기억한다. 뭐라고 대답했는지는 이제와 기억나지 않지만, 지금 생각해 보면 아마도 어린이집을 다니지 않았기 때문에 처음으로 또래들이 와글와글 모여 지내는 생활이 즐거웠던 것이라 생각된다. 어쨌든 피아제의 물활론적 사고에 대한 정의에 의하면, 나의 물활론적 사고의 발달은 다소 변화가 늦었던 모양이다.

한편, 의인화라고 하면 우리나라 문학사 중에서도 찾아볼 수 있다. 이를 가전체 문학이라고 하며, 우화적이고 의인적인 특성을 가지고 있으며, 이것이 구소설의 원형이 되었다고 한다. 고등학교 문학시간에 나오곤 하는 설총의 「화왕계」, 작자미상의 「규중칠우쟁론기」, 임춘의 「공방전」과 「국순전」, 이규보의 「국선생전」, 이곡의 「죽부인전」 등이 바로 그것이며, 이 외에도 여러 작품이 존재한다. 이것이 근대에 오면서 안국선의 「금수회의록」과 같은 신소설로 맥이 이어지며, 현대에 와서는 동화와 소설에 매우 보편적으로 적용되고 있다.

5) 과장

과장이란 사실보다 훨씬 부풀려서 나타내는 것이다. 이는 동화의 허구성, 판타지

와 연관되기도 하는데, 동화에서 어떤 사물이나 상황, 인물의 특징이나 감정을 과장되게 표현함으로써 강렬한 인상을 남기게 된다. 예를 들어, 전래동화 「방귀쟁이 며느리」에서 방귀에 집이 날아가는 것이나, 「줄줄이 꿴 호랑이」에서 기름 강아지가 호랑이 입으로 들어가 뒤로 나와 호랑이를 잡는다거나, 「재주 많은 네 형제」와 같이 하나의 능력을 과장되게 가지고 있는 주인공, 「빨간 부채 파란 부채」에서 부채를 부치니 코가 하늘까지 닿는다는 등 동화에서는 과장을 통해 기상천외한 사건과 재치 넘치는 결말을 만들어 내고는 한다.

6) 상징성

상징이란 추상적 대상을 구체적인 사물이나 기호로 빗대어 표현하는 것이다. 동화, 특히 전래동화나 설화, 그림(Grimm)동화, 안데르센 동화 등은 많은 사람을 거쳐 오며 우리 생활 전반에 널리 퍼져 있는데, 우리가 나이, 성별, 국적을 막론하고 이 동화들에 공감할 수 있는 것은 그 소재와 사건, 인물들이 보편적인 우리 삶을 상징적으로 반영하고 있기 때문이다. 또한, 우리는 상상 속의 세계에 나타난 문제와 그 해결과정을 보면서 동화가 현실에 전달하고자 하는 추상적 주제를 상징적으로 나타내고 있음을 읽을 수 있다.

5. 동화치료의 정의

동화치료란 무엇인가? 최근 몇 년 동안 교육계나 치료 분야에서 상당한 인기를 얻고 있는 소재가 바로 스토리텔링이다. 초등학교 교과서도 이러한 추세를 반영하여 스토리텔링 교재가 따로 배부되는가 하면, 수학에서도 예전의 문장제 문제가 확대되어 이야기 내부에서 수학 문제를 제시하게 되었고, 이를 스토리텔링 수학이라 부르고 있다. 미술치료나 놀이치료, 독서치료, 문학치료 등에서도 동화, 그림동화를 활용한 연구가 점차 쌓여 가고 있고, 많은 치료자가 현장에서 동화치료를 활용하고 있으며, 언어치료 분야에서도 어휘력 향상이나 읽기, 쓰기, 조음치료 등에 동화

를 활용하고 있다. 이는 그만큼 '동화'라는 소재가 매력적임을 알려 준다. 그러나 이러한 트렌드에도 불구하고 의외로 동화치료에 대한 전반적 이해를 돕는 전문 서적은 현재 많지 않은 상황이다.

동화치료와 관련하여 가장 직접적인 설명이 나와 있는 저서는 이성훈의 『동화치료』(2014)와 『동화힐링』(2015), 베레나 카스트(Verena Kast)의 『동화와 심리치료』(2008), 정여주의 『어린왕자 미술치료』(2015)가 있다.

심리학적 관점에서 동화를 분석한 저서로는 이부영의 『한국민담의 심층 분석–분석심리학적 접근』(1995), 노제운의 『한국 전래동화의 새로운 해석–정신분석적 접근』(2009), 그림 형제의 '그림 동화(Grimms märchen)'를 심층심리학적으로 분석한 오이겐 드레버만(Eugen Drewermann)의 『어른을 위한 그림 동화 심리 읽기 1』(2013), 『어른을 위한 그림 동화 심리 읽기 2』(2013), 『그림 동화 남자 심리 읽기』(2016) 등이 있다. 이상에 소개한 저서들은 세계적인 추세에 맞게 심리학적 동화 분석을 통해 동화에 내재된 상징을 해석하는 과정에서 심리치료가 가능함을 이야기하며, 여기에 더해 이성훈의 『동화치료』와 『동화 힐링』, 베레나 카스트의 『동화와 심리치료』에서는 동화 분석을 통한 상담사례도 자세히 소개하고 있다. 또한, 정여주는 『어린왕자 미술치료』에서 작품 분석과 함께 어린왕자를 통한 미술치료 주제와 예시도 제공하고 있다.

이들 저서에서 '동화치료의 정의'를 살펴보면, 이성훈은 본인의 저서 『동화치료』에서 '동화치료란, 동화를 통해 몸과 마음의 상처를 치료하는 일을 말한다.'고 하였으며, '힐링으로서의 동화' '테라피로서의 동화'를 주장하였다. 그는 힐링으로서의 동화를 '자기치료', 테라피로서의 동화를 '타인치료'로 구분하였고, '심신의 병이 든 사람을 동화를 통해 치료하는 일'이라고 정의하고 있다.

베레나 카스트는 『동화와 심리치료』에서 "우리는 동화라는 거울에 비추어 삶의 이야기와 실제적 상황을 바라볼 수 있다."고 하였고, "상징을 통해 상징화 능력을 키우고, 동화상을 통해 우리의 상을 전개시키고, 우리가 가진 문제를 해결할 수 있다."고 하였다.

정여주는 『어린왕자 미술치료』에서 "동화를 미술치료에 적용하는 것은 인간의 내적 성장을 다룬 동화의 내용, 상상과 판타지로 자극받은 내담자의 내면세계를 미적

으로 상징화하는 작업"이라고 하였다.

정여주의 『어린왕자 미술치료』가 미술치료 프로그램의 하나로 동화 만들기를 제시하고 있는 것과 『아동 · 청소년을 위한 예술치료의 이론과 실제』(홍은주, 박희석, 김영숙, 2017)에서 문학을 통한 치료로 두 개 장을 할애하고 있는 것 외에, 앞서 소개한 저서들은 동화치료의 방법 면에서 그 근간을 '동화 해석' '심리 분석'에 두고 있는 바, 기존의 동화를 읽어 해석하고 상징을 찾거나 그 내용의 범위 안에서 변형하는 과정은 보여 주지만, 동화 창작에 관해서는 언급이 없거나 짧게 이야기한다. 즉, 현재까지 소개되고 있는 '동화치료'는 기존에 만들어져 있는 동화를 통해 내담자가 편안히 이야기하게 하며, 동화를 읽고 동화에 내포된 원형과 내담자를 연관 지어 상징을 해석하고, 내담자를 자기 자신과 직면하게 하며, 문제를 해결하도록 돕는 심리치료 과정에 집중되어 있다 할 것이다. 그러나 이러한 관점은 한편으로는 동화치료의 활용 방향을 '읽기'에 한정한다는 느낌을 주며, 창작을 통한 치료적 효과에 대한 아쉬움을 갖게 한다.

내담자와 함께 동화를 창작하면서 그 과정에서 내담자의 심리적, 발달적, 인지적 성장을 많이 보아 왔다. 동화 자체의 완성도나 창의성을 떠나서, 작가가 된 내담자가 동화 속에 자기 심리와 발달 정도를 반영하고, 동화 창작 과정에서 이를 치유하면서 발전을 보인 것이다. 물론, 그중에 좋은 작품은 전문 작가의 작품 못지않다고 생각하지만, 어쨌든 중요한 것은 동화 창작의 '과정'이 내담자의 성장을 돕는다는 점이다.

그렇다면 동화 창작에 관한 저서들은 동화 창작의 치료적 효과에 대해 이야기하고 있을까? 현재 시중에 나와 있는 동화 창작에 대한 저서로는 박상재의 『동화 창작의 이론과 실제』(2002), 황선미의 『동화 창작의 즐거움』(2006), 이금이의 『동화 창작 교실』(2006), 임정진의 『동화 쓰기 특강』(2008), 이성훈의 『동화창작』(2014), 앤 위트포드 폴(Ann Whitford Paul)의 『그림책 쓰기의 모든 것』(2017), 유리슐레비츠(UriShulevitz)의 『그림으로 글쓰기』(2017), 이수지의 『이수지의 그림책』(2011), 알리키 브란덴베르크(Aliki Brandenberg)의 『책은 어떻게 만들까요?』(2004) 등이 있다.

이러한 동화 창작 지도서의 경우 문학이나 아동문학의 범위에 속하기 때문에 책의 내용이 전문 작가가 되기 위한 창작의 기법을 알려 주거나 연습하게 하는 것이었

으며, 동화를 문학적으로 제대로 쓰기 위한 방향을 제시할 뿐이었다. 대부분 창작을 통한 치료적 효과나 치료적 동화 만들기에 대해서는 언급이 없었으며, 아동의 지적 발달 단계 정도를 고려한 동화를 창작해야 한다는 언급 정도에 그쳤다. 또한, 대상 독자가 동화 창작을 목표로 하는 동화 작가 지망생이어서 치료 현장에 가장 많이 찾아오는 아동 내담자나 발달재활 내담자, 비전문가인 성인 내담자에게 적용하기 어려웠다.

그나마 이성훈의 『동화창작』이 동화 창작의 심리적인 접근에 대한 갈증을 일부 해소해 주고 있으나, 이 책 역시 작가가 '제대로 된 동화'를 쓰길 바란다는 점에서 필자의 의견과는 괴리가 있었다. 한편, 이성훈은 『아동교육매체로서의 동화』(2014)를 펴냈는데, 해당 저서에서 그는 '아동의 지적, 정서적, 사회적, 육체적 교육'을 위해 동화구연, 그림동화 제작, 동화극 만들기, 동화 그림책 만들기 등을 제시하였으며, 그 방법을 수업지도안처럼 제공하였다. 이 지도안에서 이성훈은 기존 동화의 컷을 어떻게 나눠서 어느 부분을 그림으로 어떻게 표현하는 것이 좋은지 상세히 설명하면서, 교사가 그림동화나 동화극, 그림책을 만들어 아동에게 보여 주는 것의 이점을 이야기하였다. 그리고 기존 동화를 그림책으로 만드는 과정을 아동에게 지도함으로써 아동이 올바른 그리기와 쓰기 방법을 자연스럽게 터득하게 되는 교육 효과가 있다고 하였다.

현재까지 살펴본 동화 지도서 중에서는 필자의 기대에 가장 가까웠으나, 저자 자신이 『아동교육매체로서의 동화』의 머리말에서 '동화를 독서 지도하여 교육하는 방법과 동화를 통해 장애를 치료하는 교육방법이 있지만 이 책에서는 다루지 않았음'을 밝힌 바와 같이, 발달재활 내담자를 위한 세부적인 효과나 내용을 얻을 수는 없었다. 또한, '기존 동화의 그림책 변환'이 아닌 '아동(혹은 내담자) 중심의 동화 창작'이 주는 효과에 대한 언급이 없는 점도 아쉬웠다.

예술치료에 입문하면 나움버그(Naumburg)와 크레이머(Kramer)의 'Art in therapy'와 'Art as therapy'의 개념에 대해 배우는데, 'Art in therapy'는 치료 도구로서의 예술로, 미술을 매개체로 이용하여 미술작품을 해석함으로써 내담자의 심리에 접근하고, 'Art as therapy'는 예술작업 과정에서의 치료로써 작품을 만드는 과정 자체를 치료라고 보고 창조로서의 예술이라고 한다. 울만(Ulman)은 이를 종합하여 '미술+치

료'이므로 미술치료는 치료적 측면과 창조적 측면을 모두 내포하고 있다고 하였다.

동화치료 또한 이와 마찬가지라고 생각한다. 기존에 널리 쓰이는 '동화 감상을 통한 심리치료 과정'에 더하여, '동화 창작을 통한 치유적 효과'와 '동화와 연계된 다른 활동에서 얻을 수 있는 효과'를 '동화치료'라는 하나의 영역으로 통합할 수 있다. 따라서 '동화치료'란 포괄적인 의미에서 '동화를 보고, 듣고, 읽고, 쓰고, 그리며 만드는 과정에서 심리적, 발달적, 인지적 문제를 해결할 뿐만 아니라, 출판과 동화와 연계된 다양한 활동을 통해 심리, 정서적 안정과 신체, 언어, 인지, 사회성 및 창의성 등 인간 발달의 전 영역을 통합적으로 촉진하여 전인적인 성장을 이루도록 하는 것'이라 정리하고자 한다. 즉, 동화치료란 동화를 감상하고, 만들고, 확장하는 과정에서 심리적, 발달적 문제를 해결하고 전인적인 성장을 촉진하는 것이라고 할 수 있다.

동화치료란

1) 동화를 감상하고, 2) 창작하고, 3) 확장하는 과정에서

4) 심리적, 발달적 문제를 5) 통합적으로 해결하고 6) 전인적인 성장을 촉진하는 것

6. 동화치료의 효과

1) 분석하고 통합하는 창작의 효과

새로운 것을 만들어 내는 '창작'이란 행위는 자기가 알고 있는 지식과 자료를 바탕으로 주제에 맞게 재구성하여 어떤 결과를 이룩하는 통합적인 과정이다. 창작의 과정을 통해서 우리는 스스로 알고 있는 것을 확인하고 재정립하게 되며, 자기 자신 혹은 자기가 가진 지식을 객관적으로 분석하고 통합할 수 있다.

2) 창작과 감상을 통한 문학적 카타르시스

작가는 발상을 구체화하고 현실화하는 창작의 과정에서 카타르시스를 얻고, 그 결과물은 독자에게도 카타르시스를 유발한다. 카타르시스(catharsis)란 아리스토텔레스의 「시학(詩學)」에서 기인한 말로 정화작용을 뜻한다. 예술 작품을 감상하거나 창작하면서 마음속에 있는 감정을 발산함으로써 감정이 정화된다는 것이다.

동화는 문학이란 예술 장르의 한 갈래로서 작가는 내용적으로 독자에게 대리만족을 주거나 혹은 문학적 표현을 통해 심상을 분명하게 전달함으로써 카타르시스에 접근한다. 그리고 보다 다양한 표현을 위해 여러 가지 회화 기법이 발전한 것과 같이, 문학에서도 심상을 보다 잘 전달하기 위하여 여러 가지 문학적 표현이 존재한다. 직유, 은유, 의인, 의성, 의태, 중의, 상징, 과장, 반복, 열거, 점층, 대조, 반어, 역설 등의 비유, 강조, 변화법과 모순, 해학, 풍자, 유머, 비판, 논리 등 많은 기법이 표현을 뒷받침한다.

동화치료의 과정은 구사된 문학적 표현에 자신을 이입하거나, 적절한 문학적 기법과 시각적 표현을 사용해 심상을 현실세계에 재구성하는 것으로 카타르시스를 느끼게 한다.

3) 심리, 정서적 효과

(1) 심리 투사를 통한 자기 반영과 직면

문학작품에는 작가의 사상과 시대적 배경이 반영되며, 독자는 문학작품을 감상하는 과정에서 주인공의 이야기에 몰입하고 공감하고 카타르시스를 느끼게 된다. 독서 자체에서 치료적 효과를 얻는 것이다. 그러나 독자의 입장에서는 이러한 공감이 항상 생기는 것은 아니다. 세상에는 지구상의 인구 수만큼이나 다양한 사상과 개인적 배경이 있기 때문에 독서를 통한 공감과 자기 반영에는 한계가 있다. 따라서 동화 읽기를 통한 동화치료에서는 동화 내용을 통한 행동수정이나 교육, 훈련 외에는 동화를 매개로 질문과 감상을 심화하여 심리상담의 과정으로 들어간다.

한편, 창작은 독서에 비해 보다 적극적인 활동이며, 스스로 작가가 되어 주도적으

로 생각을 표현하게 되는 만큼 의식적, 무의식적으로 자기를 반영할 필드가 무한하게 펼쳐진다. 동화를 만드는 동안에는 관련된 사항에 대해 생각이 분명해지고, 도식적 사고나 편견, 자동적 사고 등이 드러나기도 하기 때문에 우리는 동화를 만드는 작업 자체에서 자기 자신의 이야기에 직면할 수 있으며, 그것을 인지하고 동화 속에서 풀어 나아감으로써 문제를 해결하는 치료적 효과를 얻을 수 있게 된다. 성인의 경우 동화 만들기 시 주제는 다양한 편이나, 이야기에 어떤 의미를 부여하거나 교훈을 담으려고 하는 경향이 있고, 심리 투사적이거나 의식적으로 상징을 부여하려는 성격이 상대적으로 다른 연령대에 비해 강한 편이다. 성인이 되면 자기 이야기를 하는 것이 힘들어지기도 하고, 스스로도 깨닫지 못한 문제가 습관처럼 몸에 배여 있기도 한데, 동화 속에는 이러한 작가의 심리가 자연스럽게 드러나기 때문에 동화 만들기는 성인에게 솔직한 자기 자신을 만나게 해 주는 기능을 한다. 물론, 심리 투사적 효과는 아동과 청소년도 마찬가지지만, 이야기에 투사된 자기 자신을 분석하여 치료적 효과를 얻는다는 점에서는 사고력과 판단력이 완성된 성인의 경우가 보다 유리하고 효과적인 면이 있다고 할 것이다.

(2) 정서적 안정과 심리적 문제 해결

문학적 카타르시스, 자기 반영, 직면을 통해 우리는 적체된 감정을 마주하고 해소하여 정서적 안정을 얻을 수 있다. 또한 이를 바탕으로 자신의 문제를 동화의 일부로 표현하고, 현실에서 하지 못하는, 또는 아직 실현하지 못한 대안으로 문제를 해결함으로써 현실 속의 자기 문제를 해결하는 단초를 얻을 수 있다.

(3) 자존감 향상

동화치료, 특히 동화 만들기를 통해 작품을 완성하는 과정에서 우리는 자기 자신을 확인하게 되며, 하나의 작품을 완성하여 '작가'가 된다. 그에 따라 스스로 자신의 능력과 존재 가치에 대하여 확신을 가질 수 있게 되며, 궁극적으로 자존감 향상의 효과를 얻을 수 있다.

(4) 자신감 향상

동화를 읽거나 동화를 만들게 되면, 다양한 표현을 보고, 익히고, 사용하고, 활용하게 된다. 때문에 동화치료의 과정을 거치고 나면 자신이 경험한 표현에 대한 자신감이 향상되며, 하나의 완성된 작품을 만들어 냄으로써 '할 수 있다.'는 생각을 가질 수 있다. 그리고 어떤 일을 지속적으로 추진하여 끝까지 잘 마무리하는 경험은 끈기와 인내심, 책임감을 기르는 데 좋은 양분이 된다.

(5) 자기표현력 향상

동화 감상과 만들기의 과정에서 우리는 글로 표현한 장면을 그림으로 구사하기 위해 목적의식을 가지게 되고, 적극성과 향상심도 갖게 된다. 그리고 자기 작품을 소개하거나, 다른 작품을 감상하고 그것을 다른 사람과 나누는 과정에서는 필연적으로 설명하기의 과정을 거치게 되므로 표현력의 향상을 기대할 수 있다.

한편, 작품에 대한 감상을 나눌 때에는 종종 의견 충돌이 일어나기도 한다. 이때, 우리는 자기 의견을 고수하거나 관철하고, 상대의 공감이나 인정을 구하고, 때로는 설득하기 위해서 자기표현에 애쓰게 되며, 그 과정에서 자연스럽게 자기표현 기술이나 발표력이 향상된다.

동화 만들기의 경우도 마찬가지다. 작가가 작품을 통해 독자에게 메시지를 전달하기 위해서는 그 뜻이 명확해야 하고, 주관이 뚜렷해야 하며, 언어적으로나 시각적으로 메시지가 충분하게 표현되어야 한다. 따라서 우리는 메시지를 분명히 전달하기 위해 고찰하게 되며, 생각하고 말하고, 신중하게 말하는 법을 익히게 된다. 이러한 과정에서 자기를 표현하고 주장하는 기술이 향상되며, 책임감을 갖고 말하게 된다.

4) 인지적, 발달적 효과

(1) 시지각 발달

동화의 내용을 그림이나 조형으로 재구성하는 과정에서 시지각(視知覺)이 발달한다. 우리는 머릿속에 구상한 장면, 눈으로 본 장면을 최대한 생생하게 살려내기 위해 미술 표현의 기초적인 원리인 원근법이나 거리를 표현하는 색의 사용, 겹치는 그

림의 표현, 동작의 표현 등을 자연스럽게 탐구한다. 또한 치료자의 입장에서 내담자가 어떤 원리나 표현을 이해하지 못할 경우 조형적으로나, 사진, 신체 표현 등 다양한 방법을 통해 그 이해를 도움으로써 시지각적인 이해와 표현을 도울 수 있다.

(2) 신체 발달

그림이나 조형을 통한 동화의 재구성 과정에서는 목표의식을 가지고 끊임없이 소근육을 사용하게 되므로 자연스럽게 소근육 발달이 이루어져 필압이 향상되고, 운동능력이 발달하며, 의식적으로 자기 움직임을 통제할 수 있게 된다. 뿐만 아니라 동화의 내용을 무용이나 연극, 신체 활동 등으로 확장함으로써 대근육 발달과 균형감각 등의 신체적 발달에 도움을 줄 수 있다.

(3) 인지발달 및 재활

최근에는 인지발달 및 교육과 관련된 동화가 많이 나오고 있다. 아동의 발달을 돕기 위해 많은 연구가 이루어지고 있으며, 그에 따른 창의적이고 새로운 이야기나 기법이 등장하고 있다.

동화 읽기를 통하여 글자, 숫자, 수 개념, 색깔, 도형, 방향, 어휘 등 학습적으로 접근하는 방법은 무궁무진하다. 같은 의미에서, 동화 만들기의 경우 치료자가 주제를 어느 정도 유도함으로써 아동에게 필요한 인지 수준의 내용이 포함되도록 하거나, 완전히 구조화하여 목표 수준을 소재로 제시하여 동화를 만들어 나가도록 함으로써 인지발달을 유도할 수 있다.

(4) 뇌의 균형적 발달

우리의 대뇌는 크게 좌반구와 우반구로 나뉘어 있어, 좌반구는 이성을, 우반구는 감성을 주관한다고 한다. 조금 더 세부적으로는, 언어와 논리적이고 분석적인 기능은 좌뇌가, 공간과 추상적이고 예술적인 기능은 우뇌가 담당한다고 알려져 있다. 그림책 만들기나 동화 활동의 경우 언어적 표현을 통해 좌뇌를 자극함과 동시에 그림 등의 비언어적, 예술적 표현으로 우뇌의 활동을 촉진함으로써 좌뇌와 우뇌의 균형적인 발달을 촉진한다.

(5) 발달심리단계상의 연령대별 심리, 정서적 발달

다양한 연령층과 동화 작업을 하다 보면 그 주제에 일정한 패턴이 있는 것을 발견하게 된다. 이 패턴이 절대적인 것은 아니나, 상당수의 내담자가 동화 주제에 있어서 상징놀이의 단계와 같이 일정한 경향성을 보였다. 예를 들어, 5세 수준에서는 자기의 하루일과나 자기 자신을 중심으로 한 이야기가 전개되었다. 6세 수준에서는 무언가를 찾으러 가거나, 어디에 놀러 가고, 무언가가 부서지는 등의 이야기가 많았으며, 자동차 등 기호가 등장하였고, 친구들과 같이하는 '관계'가 등장한다. 7세 수준에서는 무언가를 배우거나 익히는 과정, 직업에 대한 이야기가 많은 편이었다. 초등 저학년에서는 좋아하는 것에 대한 보다 객관적인 지식이나 장래희망, 또는 걱정거리 등이 등장하기 시작하고, 초등 고학년 이상에서는 자기 자신의 고민이나 판타지, 세계여행, 전문지식, 역사나 교훈적인 이야기가 주를 이뤘다. 이러한 연령대별 반응은 심리, 정서적 발달단계와 일치하며, 발달 연령상의 시각-운동 발달이나 그림 발달 단계, 놀이 발달 단계 또한 반영되고 있음을 알 수 있다. 때문에 발달단계에 맞는 주제를 제시하고, 다음 발달단계에 해당하는 개념을 형성하고 주제를 유도하거나, 그림 표현의 훈련을 통해 다음 단계로의 향상을 유도함으로써 동화치료로 심리, 정서적 발달단계의 진전을 이룰 수 있는 것이다.

표 1-1 프로이트(Freud)와 에릭슨(Ericsson)의 심리발달단계

연령	기간	프로이트	에릭슨	사회적 구분
0~1	돌 전	구강기	신뢰 대 불신	유아기
1~3	돌 전~유치원 전	항문기	자율 대 수치와 의심	초기 아동기
3~6	유치원	남근기	주도성 대 죄책감	학령전기
6~12	초등학교	잠복기	근면 대 열등	학령기
12~18	중 · 고등학교	성기기	정체감 대 역할혼미	청소년기
18~35	대학~사회초년생		친밀감 대 고립감	성인기
35~60	중장년층		생산성 대 침체감	중년기
60 이후	노년층		통합 대 절망	노년기

(6) 일상생활 반영을 통한 행동 형성 및 향상

동화를 읽고 만드는 과정에서 지시 따르기, 규칙 정하고 지키기, 스크립트 짜고 실행하기, 바른 자세 유지하기 등 생활 전반의 행동을 살피고 문제점을 수정할 수 있다. 예를 들어, 동화의 주제를 '손 씻기, 양치질하기, 화장실 가기, 인사하기, 유치원 가기' 등의 생활 속 일과나 자조행동으로 설정하여 읽고, 쓰고, 감상하는 과정에서 즐겁게 개념을 형성하고, 바른 행동을 촉진할 수 있다. 또한, '코 파기, 손톱 물어뜯기, 피부 뜯기, 머리카락 뽑기, 친구 때리기, 소리 지르기, 침 뱉기, 자해, 부주의, 과잉행동' 등의 문제행동을 주제로 하여 희화화된 주인공을 설정하여 이야기를 진행하는 과정에서 자기 자신을 객관화하고, 스스로 문제를 해결하는 방법을 탐색하게 할 수도 있다.

학령기 아동의 동화치료 효과

- 동화 치료는 특히 학령기 아동에게 있어 많은 영향을 끼칠 수 있다. 동화 읽기를 통해서는 상황 이해, 핵심 찾기, 내용 전달하기 등의 언어 이해, 언어 표현, 읽기 능력 등 전반적인 언어능력과 논리적(알고리즘, 코딩) 사고력을 기를 수 있다.
- 그림, 언어, 놀이 등 동화를 다양하게 풀어냄으로써 전인적인 발달을 촉진하며, 특히 발달단계에 맞는 그림 표현과 정서 및 심리 표현의 발달을 촉진한다.
- 동화치료 그룹의 경우 강점과 약점이 서로 다른 아이들이 공동의 목표를 가지고 작업을 하는 과정에서 발달 촉진이 이뤄질 수 있다. 또한, 공동 작업을 통해 협동의 경험을 촉진하고, 사회성을 향상한다.
- 작품 자체에 대한 감상하기뿐만 아니라 다른 사람의 작품을 감상하는 법을 익힌다. 또한, 자기 감상을 발표하며 자기 주장하기, 경청하기, 발표력 등의 기초 능력을 향상한다.
- 초등학교 시기는 발달심리단계상 다른 사람과 스스로 비교하면서 자기 자신을 평가하고, 자기에 대해 자신감을 가지거나 열등감을 갖게 되는 시기이다. 따라서 동화치료 그룹 활동을 통해 상대와의 비교에서 오는 감정에 대해 긍정적으로 피드백하고, 자신감을 가질 수 있도록 촉진할 수 있다.

5) 언어적 효과

(1) 어휘력 향상

구어를 문어로 옮기며 잘 모르는 어휘를 사전에서 찾아 뜻을 정확하게 알고, 바로 적용하는 과정에서 자연스럽게 어휘력이 향상된다. 또한 동화와 관련하여 여러 가지 학습활동을 제시함으로써 내담자는 알고 있는 어휘를 확장하고, 새로운 어휘를 익힌다.

(2) 언어 이해력과 언어 표현력 향상

학령기 이전에 짧은 텍스트가 포함된 그림동화는 읽기의 기초를 형성해 준다. 동화 읽기에서 독자는 텍스트 또는 텍스트와 그림을 동시에 접하면서 내용을 이해하고 수용하며, 이 과정을 반복하면서 언어 이해력이 향상된다. 동화 만들기에서 우리는 표현하고자 하는 대상을 보다 정확하게 표현하기 위해 노력하며, 문자의 그림화, 그림의 문자화를 통하여 언어 표현력을 촉진할 수 있다.

(3) 구문 의미 이해력과 문장력 향상

동화를 읽고 쓰는 모든 과정에 문장이 있다. 때문에 동화치료의 과정에서 우리는 자연스럽게 구문의 의미를 이해하게 되고, 수준에 맞는 단계별 동화 제시를 통해 문장 연결이나 확장, 구문형태 등의 지식을 갖추게 되면서 문장에 대한 이해와 구사가 보다 향상될 수 있다.

(4) 맞춤법 및 문법 지식 향상

동화를 읽으면서 정확한 어휘와 문법 지식을 반복적으로, 셀 수 없이 많이 접함으로써 배경지식이 쌓이게 된다. 검토를 거친 많은 문장을 읽을수록 우리의 머릿속에는 바른 문법체계가 생겨서 별도로 문법지식이나 어휘를 외우지 않아도 상식적으로 좋은 문장, 나쁜 문장을 가릴 수 있게 된다. 이 책과 저 책에서 다르게 쓰인 맞춤법을 찾아 뭐가 틀린 건지 알게 되는 적극성이 생기기도 하며, 이는 동화뿐만 아니라 글을 쓰는 모든 활동에서 맞춤법 및 문법 구사에 영향을 주게 된다.

(5) 조음 · 음운인식 및 청능 훈련

동화를 듣고, 따라 읽고, 스스로 소리 내어 읽는 과정에서 우리는 음운을 인식하고, 변별하는 음운지식이 향상되며, 우리가 사용하는 언어에 대하여 민감성을 갖게 된다. 조음치료가 필요한 내담자의 경우 동화를 활용하면 내용에 흥미를 가지게 되는 만큼 재미있게 조음치료에 몰입할 수 있게 된다. 언어치료사의 경우 내담자에게 필요한 음소가 많은 동화를 선택하거나, 동화의 한 부분을 따옴으로써, 혹은 동화에서 확장된 게임이나 역할극, 놀이를 통해 보다 즐겁고 적극적인 활동이 가능하다.

6) 통합적 기초능력 향상–교육의 통합성과 전인적 교육

인간의 발달은 심리, 정서, 인지, 신체, 언어 등 각 영역이 톱니바퀴처럼 맞물려 이루어진다.

교육의 통합성이란 특정 과목에 대한 공부가 타 과목에도 영향을 미치는 것으로, 국어 · 영어 · 수학만 공부했음에도 사회나 과학 등의 점수도 같이 향상하는 현상 등을 말한다. 기초가 되는 과목을 공부하며 주의집중력, 학습방법, 요점파악, 암기력, 통찰력 등이 발달하면서 기초학습능력이 발달하고, 타 과목을 공부할 때 적절한 학습기술을 발휘하게 되는 것이다.

발달재활치료 분야에서도 마찬가지다. 예를 들어, 내담자를 두고 서로 다른 분야 치료자가 각자의 목표를 정해 치료를 진행하는데, 전혀 소통을 하지 않았던 두 치료자가 만나 이야기하다 보면 결국은 비슷한 목표를 잡고, 유사한 활동을 하고 있음을 확인할 수 있다. 이는 같은 것을 목표로 치료 영역에 따라 다른 기법으로 접근하고 있음을 이야기하며, 언어치료만 받았는데 인지가 좋아지고, 놀이치료를 받는 중에 새로운 말을 익히고, 미술치료를 받았는데 언어이해력이 향상될 수 있는 것이다. 물론, 그 효과는 각 치료에 보조적이므로 어느 하나만 믿고 다른 영역이 나아지길 바라는 것은 위험하며, 전문적인 치료는 각 분야의 치료자가 맡는 것이 당연하다. 다만, 치료의 효과와 다양한 자극을 위해 여러 가지 치료를 받는 내담자가 많은 상황에서, 각 치료자가 치료 초기부터 통합적인 관점을 가지고 공통적인 목표를 설정하여 발달 및 학습의 기초능력을 집중적으로 촉진한다면, 내담자의 발달에 시너지 효

과를 얻을 수 있음을 이야기하는 것이다.

실제로 최근 많은 치료실에서 케이스 콘퍼런스를 통해 내담자의 현재 수준을 입체적으로 파악하고, 치료 영역별 공통 목표나 연계 목표를 선정한다. 만약 '사물인지' 단계가 필요한 내담자라면, 이를 위해 언어치료는 장난감과 카드로 대상을 매칭하고, 미술치료는 사물을 그리고, 만들며, 놀이치료는 해당 사물로 놀이를 하는 등 '사물인지'라는 공통된 목표를 위해 여러 치료자가 다양한 자극을 제시하는 것이다. 이렇게 하면 내담자는 주어진 자극뿐만 아니라 '사물인지능력' 자체가 보다 빠르게 향상되는 식이다. 혹은 숫자 또는 영어만 좋아하는 내담자에게는 '글자 자석, 글자 퍼즐, 글자 꽂기, 글자 색칠하기, 글자로 그림 그리기, 점토로 글자 만들기, 모래에 글자 쓰기, 글자 따라쓰기, 글자 오리기, 글자 붙이기, 글자 떼기, 글자 매달기, 글자 당기기' 등 여러 가지 형태의 접근을 공유하고, 각 분야별로 언어치료는 공동주목하기, 요구하기, 사물이름 알기, 동사 이해하기 등을 목표로 하고, 미술치료는 시각-운동 협응력의 변화를 중점으로 하고, 놀이치료는 혼자놀이에서 병행놀이로의 변화를 촉진하는 식으로 종합적인 목표를 성취할 수 있다.

이러한 이점으로 인해 현재 치료 분야 간의 협업은 트렌드를 형성하고 있으며, 통합치료, 융합치료, 재활치료 팀, 통합사례회의, 케이스 콘퍼런스 등 다양한 이름과 형태로 실행되고 있다. 동화치료는 글과 그림을 통한 이해와 표현이 기본이 되며, 여러 분야로의 확장과 통합이 가능한 요소들을 포함하고 있는 만큼 통합적 기초능력 향상을 도모하기에 매우 적절한 매체라고 할 수 있다.

(1) 사물이나 대상, 상황에 대한 관찰력 및 이해력 향상

'보이는 만큼 안다.'는 말과 '아는 만큼 보인다.'는 말이 있다. 어떤 대상을 표현하기 위해서는 그 대상에 대해 잘 알아야 하는데, 그냥 본다고 해서 그 대상을 다 알 수는 없다. 보이는 대상을 알기 위해서는 그 대상을 이해하려는 노력이 필요하다. 때문에 작가는 원하는 대상이나 상황을 표현하기 위해서 표현하고자 하는 것을 관찰하게 되며, 이를 이해하고자 하게 된다. 이러한 직면의 과정을 통해 우리의 관찰력과 이해력이 향상되는 것이다.

(2) 시각-언어 표현 통합

동화는 글이 먼저일 수도 있고, 그림이 먼저일 수도 있는데, 어느 쪽이 먼저이든 우리의 머릿속에는 글에 해당하는 장면이나, 장면에 해당하는 글이 떠오르게 된다. 그리고 이를 보다 정확하게 전달하고자 하는 과정에서 시각적 정보와 언어적 표현의 통합이 이루어지는 것이다.

그림책의 경우 글과 그림을 동시에 선보이게 되므로, 이러한 과정이 눈에 보이는 결과물로 남게 되어 보다 통합적인 효과를 얻을 수 있다.

(3) 시지각-운동 발달과 동시처리 이해

시지각-운동이란 흔히 안수협응이라 하는 것으로 눈으로 보고 인식하는 것과 손 또는 발 등 신체의 움직임을 일치시키는 것이다. 시지각과 신체운동의 동시처리라고 할 수 있다. 그림 동화를 만들 때 회화, 평면조형, 입체조형으로 원하는 장면을 연출하는 과정에서 시지각과 운동이 통합된다.

(4) 순차처리 이해와 행동계획

우리는 동화 만들기 과정을 따라가며 자연스럽게 '단계와 순서'를 인식하게 되고, 각각의 단계를 체득함으로써 동화 만들기 작업 후에는 스스로 스크립트를 짤 수 있게 된다. 이 과정은 우리의 행동을 스스로 계획한다는 점에서 행동계획과 유사하다. 또한, 특정 결론을 도출하기 위해 단계를 나누고 순서를 정한다는 점에서 코딩과 가장 직접적인 연관이 있는 부분이기도 하다.

(5) 논리적 사고력과 정보처리능력 향상

우리는 동화 읽기의 과정을 거치면서 이야기 속에서 사건의 방향성과 유사 사건의 공통성을 파악할 수 있게 되며, 결론을 유추할 수 있게 되어 사고력과 논리력이 발달하게 된다. 그리고 이를 통해 우리는 우리가 세계로부터 오감으로 받아들이는 갖가지 정보를 분석하고, 필요한 내용만을 선별하여 습득하는 정보처리능력도 발달하게 된다. 그리고 동화를 만들기 위해서는 소재를 선별하고, 주제를 정하며, 인물의 외양과 성격을 구성해야 하며, 시간적 · 공간적 배경을 설정해야 하고, 전체적

인 사건을 구상하고 이를 엮어 이야기로 풀어내야 한다. 이러한 복잡한 과정을 거치며 우리는 구상하기, 유추하기, 분석하기, 계획하기, 명료화하기, 주제 유지하기, 핵심 찾기 등의 기초능력이 발달하게 된다.

(6) 작업 기억 능력 향상

동화를 읽고 쓰는 과정에서는 앞에 나온 내용을 기억하고 있어야만 다음 이야기를 이해할 수 있게 된다. 앞뒤 내용을 기억하여 연관성 있고 중복되지 않게 써야 하는데, 동화가 하루 만에 완성되지 않는 만큼 다음 회기까지 이번 회기의 내용을 기억하고 회상해야 하므로 장단기 기억력 훈련에 도움을 주게 된다.

(7) 판단력의 훈련

우리는 동화 읽기와 동화 만들기를 통해 기억력과 판단력을 향상시킬 수도 있다. 한 편의 동화에는 기본적으로 주인공, 주변인물, 시간과 장소적 배경 그리고 사건이 있어야 한다. 때문에 인지적 어려움을 겪는 내담자의 경우 동화를 만들면서 사람, 장소, 시간, 사물에 대한 관심을 갖게 되고, 반복적으로 사용함으로써 해당 사항에 대해서 인지하게 된다. 그리고 동화를 시작하며 설정한 내용을 기억하거나 찾아보면서 사건을 전개하고, 끝까지 일관성을 유지하여야 하므로 기억력(메모리)을 훈련하게 되며, 어느 장면을 시각적으로 표시할 것인지, 퇴고와 피드백 반영 과정에서 들어가야 할 내용, 남겨야 할 내용, 지워야 할 내용 등을 고려하게 됨으로써 판단력을 기를 수 있다.

(8) 지남력의 훈련

동화의 필수요소인 '시간, 장소, 사람'이란 항목은 치매판별검사에서 따로 '지남력'을 판단하기 위한 문항으로 묶어 부르기도 하는데, 지남력이 인지(의식), 기억력, 집중력, 판단력, 사고력 등의 종합적 작용을 통해 현재 자신이 놓여 있는 상황을 바로 인식하는 능력이기 때문이다. 우리는 지남력에 이상이 생기는 것을 '지남력 상실'이라 일컫는다. 치매 환자의 경우 지남력의 상실이 흔하며, 점차 그 정도가 심해지는 특성을 보인다. 때문에 노인미술치료, 치매예방미술치료 등에 동화를 읽고, 내

용을 파악하는 활동과 지금–여기에 기반을 둔 동화치료 활동을 노인 내담자의 지남력을 자극하는 데 활용할 수 있을 것이다. 또한 창작에 기반을 둔 동화치료를 통해 자서전이나 자전적 동화를 만듦으로써 노년기 인간발달의 중요한 발달과업인 자아통합과 긍정적 자기 인식 등에도 도움이 될 수 있을 것이다.

(9) 문제해결력 향상

동화를 읽고 만들면서 우리는 사건을 이해하고, 사건의 흐름을 따라 문제가 해결되는 과정을 지켜보게 된다. 또한, '나라면 어떻게?'와 '나도 사실은~'과 같이 동화 속의 사건을 자기 자신에게 대입해 보고, 사건의 해결과정을 직접 만들어 낸다. 즉, 동화를 읽고 쓰는 과정에서 상황을 이해하고 분석하고 결론과 대안을 도출함으로써 문제해결력을 향상시킬 수 있는 것이다. 우리는 동화의 각 장면을 분리할 수 있고, 이를 다시 코딩해 봄으로써 보다 다양한 상황을 만나고, 간접적인 경험을 쌓을 수 있다.

(10) 감각자극을 통한 감각발달 및 확장

우리는 하나의 동화에 한 가지 매체만을 사용할 수 있고, 여러 가지 매체를 사용할 수도 있다. 재료나 공작재료뿐만 아니라 자연물이나 재활용품, 실, 음식재료처럼 생활 속에서 익숙한 대상을 매체로 활용할 수 있다. 동화와 다양한 매체가 주는 여러 가지 시각적, 후각적, 청각적, 미각적, 촉각적, 공감각적 자극은 우리의 감각을 확장시키고 발달시켜 자기 자신과 소통하게 한다. 또한 이러한 감각자극을 통해 우리는 더 많은 외부 정보를 받아들이고, 세계를 이해하고 소통할 수 있게 된다.

(11) 창의적 사고 형성

'모방은 창조의 어머니다.' 'In put이 있어야 out put이 있다.'는 말처럼 우리는 수많은 동화를 접하며 다양한 세계관과 표현을 접하여 자기화할 수 있다. 또한 이를 가공하고 비틀고 새롭게 쓰며 다양한 활동으로 풀이해 본 후, 자기만의 동화를 만들어 내고, 이를 다시 여러 가지 형태로 표현을 시각화함으로써 창의적 사고를 형성할 수 있게 된다.

우리는 동화를 만들며 창의적인 결말에 대해 생각하게 되고, 이를 통해 생각의 범위, 인지의 범위가 확장되고, 새로운 정보를 받아들이는 유연한 사고를 갖추게 된다.

(12) 인내심과 주의집중력 향상

동화를 읽거나 만드는 데에는 반드시 일정 시간 착석이 유지되어야 한다. 정해진 분량과 절차를 완수하는 과정에서 '기다리기' 수행 정도와 인내심의 향상이 이뤄지게 되며, 동화 읽기나 만들기에 몰입하는 만큼 집중력의 향상도 기대할 수 있다.

또한 동화의 내용을 중심으로 활동을 전개하므로 동화 이외의 사항은 별도로 나누도록 하는 것, 주인공을 부각시키는 이야기나 장면에서 가장 핵심적인 부분을 그림으로 표현하는 것을 통해 선택적 주의집중력을 향상시킬 수 있다. 그리고 동화 읽기에서도 내용 파악하기, 따라 말하기 등을 통해 청각적 주의집중력을 촉진할 수 있다.

미술시간인데 아이가 장난감만 가지고 놀려고 해요

초보 치료자의 경우 세션 중에 내담자가 활동에 흥미를 보이지 않고 다른 영역에만 집중하고, 자신의 치료 분야로 전환되지 않는 기간이 길어지면 불안해하는데, 치료에 관해 통합적 관점을 가지게 된다면 이러한 불안을 해소할 수 있다. 미술치료 시간이라도 놀이치료 시간처럼 장난감을 가지고 놀아도 되고, 언어치료 시간에 그림을 그려도 된다. 중요한 것은 이 활동의 목표가 무엇인지 치료자가 명확히 알고 있느냐이며, 이후의 일은 각 치료자의 역량에 따라 응용하고, 적절한 시점에 자신의 전문 분야를 접목하여 전환하면 된다.

가령, 미술치료실에서 장난감만 가지고 놀기를 원하는 지적장애 내담자이고, 소근육 운동과 인지적 자극을 촉진해야 하는 경우라면, 원하는 장난감으로 같이 놀다가 색깔놀이를 하고, 스티커를 붙이고, 인형에 화장을 해 주고, 장난감에 그림을 그리고, 점토로 장난감을 꾸미는 등의 활동을 통해 목표를 수행할 수 있다. 언어치료 시간 또한 마찬가지로 장난감을 가지고 노는 동안 사물 명칭이나 색깔 명칭 말하기, 대답하기, 지시하기, 요구하기, 지시 따르기, 주고받기 등의 목표를 수행하면 될 것이다. 그리고 놀이치료 시간이라면 원하는 장난감 외에 다른 장난감을 더하여 활동 범위나 장난감 사용 범위를 넓히고, 놀이발달 단계에 맞춰 상징놀이를 유도하고, 규칙을 지키고, 장난감 작동법을 익히고, 보다 더 많은 힘과 노력이 들어가는 장난감, 구조나 사용법이 복잡한 장난감 등으로 신체적, 인지적 자극을 줄 수 있을 것이다.

7) 사회성 향상

(1) 개별 동화 만들기 과정에서의 사회성 향상

우리는 동화 내용을 읽고 주인공과 주변인물의 관계에 대해서 토의하거나, 역할극을 수행하며 '관계'에 대한 개념을 형성하고 주고받기의 기초를 다질 수 있다.

동화 만들기 과정에서는 주인공과 주변인물의 관계 형성과 대화 만들기를 통해 사회성 발달 수준을 파악하여 내담자의 사회성 발달 단계를 촉진할 수 있으며, 내용 구상의 과정에서 치료자와의 주고받기를 통해 사회성을 향상할 수 있다. 또한, 자기 작품을 읽게 될 독자를 고려하여 동화를 만들면서 마음읽기를 학습하고, 사회성의 기초를 마련할 수 있다.

(2) 그룹 동화 활동 및 만들기 과정에서의 사회성 향상

그룹 동화 만들기의 경우, 그 과정은 개별 동화 만들기와 크게 다르지 않으나, 여러 사람의 생각을 하나의 작품에 담아야 하는 만큼 토론과 토의가 활발하게 이루어져야 하며, 이를 통해 의견을 취합하고 정보를 분류하고 분석하는 힘을 기르게 된다.

그리고 글뿐만 아니라 시각적 표현을 위해서 때로는 좁은 작업 공간 안에서 부대끼며 한 장면을 같이 만들기도 하고, 서로 부족한 부분을 맞춰 주거나, 교환하고, 다소 마음에 들지 않아도 양보해야 하는 등 협동하고 협력하고 배려하고 양보하는 방법을 배우게 되고, 그 속에서 적극적으로 사회적 의사소통 기술을 연습하게 된다.

그룹 동화는 혼자서는 할 수 없는 다양한 경험이 가능하며, 다른 사람의 피드백을 즉석에서 받을 수 있고, 부정적 피드백이나 외부의 개입이 필요했던 문제에 대해 그룹원에게 도움을 받을 수 있다. 또한, 어떤 말이나 생각, 행동을 사회에 내보이기 전에 자신을 수용해 주는 그룹원들 사이에서 안전하게 시험해 볼 수 있기 때문에 훌륭한 일반화의 장이 된다.

(3) 규칙 지키기, 지시 따르기를 통한 행동 코딩, 행동수정

동화를 만드는 단계를 지키고, 동화를 만드는 과정에 사용되는 기법이나 도구사용, 안전과 관련되는 규칙을 지켜나감으로써 우리 생활에서 지켜야 하는 규율과 규

범이 있음을 설명하고 이를 확장하여 사회적 규칙을 지키도록 한다.

또한 이러한 규칙과 지시, 창작의 과정을 바탕으로 일의 우선순위를 정하고, 목표를 향한 계획을 세우고, 그룹원의 의견을 수렴하면서 시행착오를 거치며 행동 코딩을 완성할 수 있다.

(4) 간접경험

종종 '어떤 책을 읽을 것인가?'가 문제가 되기도 하는데, 이러한 질문에 보통은 '어디어디에 좋은 책'들이 추천되고는 한다. 그러나 책을 읽는 취미가 없는 경우는 아무리 좋은 책도 재미없기는 마찬가지일 것이므로, 장르가 무엇이든지 좋아하는 분야, 관심 분야의 책을 많이 보는 것을 추천한다. 웹툰, 웹소설, 만화, 무협, 판타지, SF, 로맨스, 역사다큐, 실용서 등 유해도서가 아니고, 그것 때문에 다른 생활에 지장을 주는 것만 아니라면 어떤 것이든 간에 많이 읽다 보면 '읽기의 힘'을 얻게 될 것이다. 정보가 넘치는 현대사회에서 '읽기의 힘'을 기르는 것은 아주 중요한 일이다. 읽기를 통해 우리는 세상과 접촉할 수 있다. 생활 상식이나 소소한 팁도 알 수 있고, 글에 나타나는 대화 패턴에서 사회적 언어를 배우고, 다양한 것 같지만 정형화된 인물의 특성에 대해서도 알게 된다.

한편, 소설이나 만화에는 현실과 유사한, 혹은 판이하게 다른 세계관이 있어서 읽기를 통해 세계관을 이해하는 방법을 터득하게 되며, 캐릭터마다 가지고 있는 사상과 철학을 기반으로 어떤 행동을 하는지 등을 간접적으로 경험할 수 있어 현실적으로 도움이 된다.

자폐아동의 영어 사용, 어떻게 해야 하나요

자폐 스펙트럼 장애 내담자 중에는 종종 특정 분야에 대한 지식이 방대한 경우가 있다. 브리태니커 백과사전이나 공룡 책 하나를 통째로 외우고 있는 경우도 있고, 전혀 가르친 적이 없음에도 스스로 한글을 떼며, 유튜브와 구글로 영어를 깨치고는 한다. 그런데 여기에 지나치게 몰입되어 있는 나머지 치료실에서 계속 자신의 관심 분야만 하려는 고집으로 나타나게 되는데, 이를 억지로 전환하고자 하면 문제행동이 바로 나타나곤 한다. 치료의 목표가 문제행동의 제어라면 매번 전환을 시도하고 문제행동 중재를 들어가면 되겠지만, 치료의 목표를 의사소통기능 향상이나

사회성 향상으로 둔다면, 반복적인 실랑이는 오히려 내담자에게 스트레스만 주는 역효과가 날 수 있다. 이때는 내담자가 몰입하는 대상에 치료자가 같이 주목하여 점차 관심 영역을 확장하고 치료 목표에 맞게 이끌어가는 것이 중요하다. 예를 들어, 매번 영어 단어만 말하거나 영어 철자를 말하며 검색을 원하는 아동에게는 같이 해당 단어를 검색하며 관심사를 파악하고, 더 다양한 분야를 영어로 제시하여 관심사를 확장할 수 있다. 또한, 영어 단어를 읽어 주며 한국어 해석을 병행하게 하여 자신이 무엇을 보고 있는지 말할 수 있게 할 수 있다.

영어에 관심을 가지는 경우 한국어 지시보다 영어 지시에 더 잘 반응하기도 한다. 이때는 치료자가 간단한 영어 지시를 사용하여 관심을 끌 수 있으며, 영어 지시문과 한국어 지시문을 병행 사용하여 지시따르기를 유도할 수 있다(예: Sit down, please. 앉으세요.). 혹은 영어의 어순은 행동에 대해 보다 직관적인 면이 있으므로 한국어를 영어의 어순으로 전달하는 것도 영어 몰입 내담자에게 도움이 된다(예: 그려요, 물고기. Draw a fish.).

실제로 특정 동식물의 영어 학명까지 익힌 어느 내담자는 '~는 한국어로?', '~는 영어로?'를 반복하여 한국어와 영어를 병행하여 표현하게 하였는데, 이것이 습관이 되어 이후로는 치료자에게 자발적으로 한국어 뜻을 말해 주고, 정확한 의사전달이 가능하게 되었다.

또한 내담자가 그리는 그림에 영어 이름을 적고 영어와 한국어 문장으로 그림을 설명하여 간단한 한 줄 동화를 만들어 제시하여 흥미를 유도한 결과, 내담자는 자발적으로 무엇을 그렸는지 영어와 한국어로 병행 설명하였고, 점차 간단한 영어 문장을 구사하려는 노력도 보였다. 그리고 이러한 시도 끝에 최종적으로는 한국어 문장도 더 길고 정확하게 구사하게 되었다. 영어를 사용하면 어떤가? 자폐 스펙트럼 장애 내담자가 영어로 소통하려 하면, 주변 사람들도 영어를 사용하면 된다. 중요한 것은 내담자가 자신의 의지를 타인에게 표현하려는 의도성이 발달하는 것이고, 타인과 소통하고자 하는 의지를 표출하는 것이다. 의사소통 의도가 형성되면, 그것이 한국어이든 영어이든 내담자를 일반화의 단계로 이끌어 갈 수 있게 된다.

Hi! My name is Helicoprion! 안녕! 내 이름은 헬리코프리온이야!

7. 동화치료의 특성

첫째, 동화는 접근성이 좋다. 영유아기에 가장 먼저 접했던 책은 아마도 동화책일 것이다. 굳이 책이 아니어도 할아버지, 할머니로부터 아버지, 어머니, 교사 등의 입에서 입으로 전해져 오는 동화를 들으며 자란다. 그만큼 동화는 우리에게 친숙한 대상이며, 우리가 기억하지 못하는 시기부터 성격 형성에 도움을 주고, 사고력이나 정서, 사회성 향상 등 우리의 전반적인 발달에 밀접한 영향을 준 매체이다.

둘째, 동화는 내담자가 속한 문화를 담고 있으며, 누구나 알고 있는 동화들이 많아 치료자와 내담자가 라포를 형성하기에 용이하다.

셋째, 동화는 주로 아동을 대상으로 하므로 글자의 크기가 크고, 그림과 함께하는 경우가 많기 때문에 가독성이 좋아 쉽게 읽을 수 있다.

넷째, 동화는 보통 아동 발달 수준에 맞게 길이가 길지 않으며, 영유아 대상의 동화는 매우 짧기 때문에 끝까지 읽는 데 시간이 많이 걸리지 않는다.

다섯째, 동화는 소설이나 희곡에 비해 간결하며, 시에 비해 덜 상징적이어서 이해하기 쉽다.

여섯째, 대부분이 어릴 때부터 읽어 온 여러 동화를 통해 동화의 기본적인 프레임을 배경지식으로 가지고 있다. 따라서 동화를 분석하거나 창작하는 데 있어서 진입장벽이 낮은 편이다.

일곱째, 동화는 이야기가 짧은 만큼 변형의 여지가 많으며, 주제가 분명하여 다른 매체로 동일 주제를 표현하기 좋다.

여덟째, 동화는 장편 소설에 비해 짧은 시간에 만들 수 있고, 그림책의 경우 다양한 매체나 기법을 적용함으로써 다른 치료 영역으로의 확장이 용이하다.

아홉째, 그림동화의 경우 그림만으로도 이야기를 전달 가능하고, 글로만 이루어진 동화를 그림으로 표현할 때에도 표현해야 하는 대상이 분명한 경우가 많다. 이미지의 언어화와 언어의 이미지화는 심리치료 및 발달재활에서 활용하기 좋다.

1. 동화치료의 대상과 실시자

1) 동화치료의 대상

기본적으로 동화치료의 대상에는 한계가 없다. 또한, 연령은 물론이고 심리적, 인지적, 발달적 문제의 유무도 가리지 않는다. 동화를 듣고, 보고, 읽고, 쓰고, 활동하는 등 여러 가지 방향으로 치료를 전개할 수 있기에 영유아부터 아동, 청소년, 성인, 노인에 이르기까지 전 생애 어느 순간에라도 적용이 가능하다. 동화치료의 대상에 대한 목표 설정에 따라 동화라는 매개체를 통해 심리치료, 미술치료, 놀이치료, 언어치료, 행동치료 등의 다양한 효과를 거둘 수 있으며, 정서적, 창의적, 자기 개발 효과도 얻을 수 있다.

2) 동화치료의 실시자

'동화치료(Fairy tale Therapy)'라는 용어에서 '치료'는 'therapy'로서 치료, 요법을 뜻하며, 'psychotherapy'와 동의어이기도 하다. 따라서 동화치료의 가장 효과적인 실시자는 심리치료에 기반을 둔 전문가, 즉 심리상담사, 예술치료사, 미술치료사, 놀이치료사, 음악치료사, 독서치료사 등이라 할 수 있다. 또한, 동화치료의 효과 중 하나인 인지적, 발달적 관점의 활동을 고려하면 언어치료사, 인지치료사, 행동치료사, 심리운동사, 특수교사, 특수체육교사 등의 전문가 또한 적절한 학습과 연수를 통해 실시자가 될 수 있다. 실제로 국내외 치료 동향을 살펴보면, 각 치료 분야별로 동화의 활용법을 연구하고, 동화치료의 방향에 관심을 기울이고 있는 만큼 현재 현장에서 활동하고 있는 전문가들이 동화치료에 대해 알고 실시하는 것이 가장 바람직하다. 아직은 동화치료가 하나의 학문 갈래라기보다는 하나의 기법으로 간주되는 경향이 있으나, 동화치료의 효과가 보다 잘 알려지고, 관련 연구가 활발해지며 보편화된다면, 독서치료, 미술치료, 놀이치료와 같이 하나의 학문 갈래를 이루기에 충분하리라 생각된다. 동화치료는 동화를 주요 테마로 하여 심리치료, 미술치료, 음악치료, 놀이치료, 언어치료, 인지치료, 발달재활 등 여러 치료 분야를 아우를 수 있는 통합치료이기 때문이다. 따라서 여러 치료 분야의 기본적인 이론을 습득하고, 동화치료의 개념과 기법, 실습, 슈퍼비전 등의 교육과정을 거침으로써 동화치료 전문가를 배출할 수도 있을 것이라 희망해 본다.

하지만 이 책의 내용을 반드시 '치료 전문가'만이 실시할 수 있는 것은 아니다. 동화치료의 대상이나 동화치료의 효과를 생각해 보면, 실시자는 대상자 본인이나, 대상자와 가까운 가족이나 선생님, 혹은 친구가 될 수도 있다. 단지 보다 전문적인 목표를 가지고 성취하느냐와 동화치료를 실시하는 그 자체에서 오는 효과를 누리느냐, 스스로 자기 치료를 하느냐와 같이 달성 목표와 효과, 효율성의 차이가 있을 뿐이다. 그러나 비전문가가 진행하던 동화치료 과정에서 어떠한 문제가 두드러지게 나타나거나, 특이반응 등이 나타나는 경우 섣불리 깊이 접근하기보다는 전문가의 자문과 슈퍼비전을 받도록 하고, 필요하면 즉각 전문가에게 연계해야 한다. 이는 동화치료 실시자의 역량 문제이자, 윤리 문제이므로 유념해야 할 부분이다.

2. 동화치료사의 자세

1) 내담자 중심적인 치료

동화치료는 동화라는 매체를 통해 큰 틀에서 구조화되어 있으나 그 안에서 내담자의 자유도가 높다. 동화치료는 책을 읽고 쓰는 주체가 내담자이기 때문에 내담자의 반응에 따라 매체나 진행 방식이 달라지는 내담자 중심적인 치료다.

2) 경청과 마음읽기

경청이란 치료자에게 필요한 기본자세로, 단순히 귀로 듣는 것만이 아니라, 시선이나 손의 움직임까지 귀를 기울이는 자세와 내담자의 변화를 민감하게 감지할 수 있도록 주의를 집중하는 것이 포함된 개념이다. 귀로 듣고, 눈으로도 듣고, 내가 지금 당신의 말에 집중하고 있다는 것을 내담자가 알아차릴 수 있도록 하는 열린 자세가 경청의 자세라고 할 수 있으며, 그것만으로도 내담자는 지지를 받는 느낌을 가질 수 있다.

반대로, 내담자의 표정과 동작, 말투 등을 통해서 내담자의 기분이나 생각, 원하는 바를 짐작하는 마음읽기를 통해 치료자는 자신의 생각이나 가치관을 강요하는 일 없이 내담자의 자기표현을 촉진하고 신뢰할 수 있는 치료적 관계를 형성할 수 있다.

3) 공감과 수용

공감이란 타인의 생각, 감정, 경험 등을 동일하게 체험하고 이해하는 것으로, 상담의 기본자세 중 하나이며, 치료적 관계 형성에 있어 핵심적 요소다. 치료자는 공감을 통해 내담자에게 안정감과 수용감을 줄 수 있다. 공감과 수용은 진심으로 마주할 때 보다 빠르게 일어난다. 때문에 치료자는 내담자의 말을 들어 주는 것이 아니

라 함께 나누어야 하고, 내담자와 놀아 주는 것이 아니라 같이 놀아야만 한다.

4) 지금-여기

동화는 액자 속의 환상적인 세계로 떠남으로써 심리적인 안정감을 유지한 채 자기 심리나 발달과업에 접근하게 된다. 그러나 우리는 '지금-여기' 현실 속에 살아가고 있으므로 동화의 세계에서 벗어나서 동화 속의 세계를 현실의 세계와 연결 짓는 작업이 필요하다. 따라서 동화치료사는 내담자가 동화를 통해 얻은 것을 구체화하고, 현실에 적용할 수 있도록 다양한 방법을 연구하여야 한다. 예를 들어, 동화의 내용을 통해 내담자 스스로가 자신을 변화시킬 계기로 이끌거나, 자기 동화의 주인공처럼 스스로 규칙을 만들어 자발적으로 행동을 수정하도록 격려할 수 있다. 또한, 동화 만들기의 결과물을 내담자의 가족이나 친구에게 보여 주거나 출판과 전시를 통해 긍정적 피드백을 받게 하는 등 동화와 현실의 연결고리를 만들어 주어야 한다.

5) 전문지식

동화치료의 실시자가 누구냐에 따라 가지고 있는 전문지식이 각기 다를 것이며, 각자의 전문분야 안에서 동화치료를 활용하는 것이 좋다. 그러나 동화치료의 확장영역은 매우 넓으며, 간학문적이고, 통합적인 활동이 많은 바, 타 영역에 대한 기본적인 이해와 심리, 정서, 인지, 자조행동, 신체발달, 언어 등 연령대별 발달 이정표에 대한 지식은 어느 정도 갖추고 있는 것이 좋다.

치료를 진행하다 보면 심리면 심리, 언어면 언어, 인지면 인지, 어느 한 부분에만 문제가 있는 경우는 많지 않으며, 치료자가 원하든 원하지 않든 내담자의 반응은 치료의 분야를 막론하고 불쑥 튀어나오게 마련이다. 치료자는 통찰력과 직관력을 바탕으로 내담자의 반응을 민감하게 파악하고 반응해야 한다. 내담자가 어떠한 방향으로 반응하든 그에 따라 적절하게 피드백을 주어야 하며, 내담자의 반응에 따라 여러 심리이론을 치료자의 재량껏 접목할 수 있어야 한다.

칭찬은 고래도 춤추게 한다

-온몸으로 칭찬 강화하기-

조음치료나 행동치료 시에는 동일한 조음이나 작업을 여러 번 반복해야 할 때가 있다. 같은 과제가 반복되다 보면 지루해지고, 집중력이 흐트러지기 쉬워서 종종 강화물을 제시하게 된다. 나는 간식보다는 자유놀이 시간을 주거나, 온몸을 강화물로 사용하기를 즐겨 하는 편이다. 반복 과제 수행 시 치료자는 내담자에게 말이나 행동으로 흥을 돋울 수 있다. 예를 들어, 하이파이브나 박수, 책상으로 리듬치기, 횟수를 세는 손가락을 좌우로 흔들어 일정한 박자 유지하기 등으로 리듬감을 줄 수 있다. 혹은, 횟수를 셀 때의 목소리를 평소보다 높게 할 수 있고, 목소리의 높낮이를 바꾸거나, 표정을 다양하게 바꿀 수 있다. 손가락으로 횟수를 세면서 입으로는 다양한 추임새를 사용하면 활동이 더 재미있게 진행된다. 10번이면 10번 모두 다 다른 강화가 주어지면, 내담자는 반복되는 과제가 즐겁게 변주되는 것을 느낄 수 있을 것이다. 간단한 영어 추임새의 경우도 학령기 아동 이상이면 게임을 통해 많이 들어 본 말로써 충분히 추임새의 기능을 할 수 있다. 물론 반복 작업이 아니어도, 활동 후 치료자의 다채로운 반응은 내담자의 반응을 이끌어 낼 수 있을 것이다.

다음은 치료실에서 자주 사용하는 추임새다. 거울을 보며 다양한 표정과 목소리로 여러 가지 추임새를 연습해 보면 좋겠다. 칭찬하는 말과 칭찬하는 동작을 조합하면 더욱 다양한 칭찬 강화를 만들 수 있다. '칭찬은 고래도 춤추게 한다.'고 했다. 칭찬 강화를 통해 활동에 활기를 불어넣어 보자. 얼굴에는 미소를, 목소리는 꾀꼬리 같이, 박수를 칠 때는 물개 박수를 잊지 말 것!

- 칭찬하는 말 예시: 오~, 와~, 예~, 이열~, 이야~, 오우!, 와우!, 우와!, 오예!, 그렇지!, 옳지!, 잘한다!, 좋았어!, 대단해!, 최고야!, 굉장해!, 멋져!, 훌륭해!, 맞았어~, 딩동댕~, 딩동댕동, 정답~, 따봉, 통과~, 좋아!, 좋고!, 얼쑤!, 아싸!, 짱이에요!, 오케이(OK)!, 굿(Good)!, 그레잇(Great)!, 퍼펙트(Perfect)!, 올라잇(Allright)!, 피버(Fever)!, 파이팅(Fighting)!, 조금만 더!, 힘내!, 다 되어 간다!, 얼마 안 남았어!, 벌써 이만큼이나 했어!, 어머어머~, 대박~, 완벽해!, 엄청난데?, 역시!, 진짜 잘했어~, 완전 최고야!, 정말 끝내준다~ 어떻게 이렇게 잘하지?, 오늘 제일 잘했어!, 하이파이브(High-five)!, 두구두구두구두구 이제 끝! 미션~ 컴플리트(Mission complete)!, 다 같이 박수~ 물개 박수~
- 칭찬하는 동작 예시: 눈을 크게 뜨기, 무릎이나 책상을 탁 치기, 하이파이브, 주먹 불끈 쥐기, 만세, 박수, 엄지를 세워 따봉 만들기, 어깨춤추기, 하트 만들기 등
- 칭찬하는 말과 동작 조합 예시: 눈을 크게 뜨며, '와우!' 따봉하며 '최고야!', 눈을 크게 뜨고 물개 박수를 치며 '우와! 진짜 잘했어!'

팁! 매번 자주 쓰는 말만 하게 되는 경우 컴퓨터 화면이나 휴대전화 홈화면에 메모장을 띄워 두고 추임새를 메모해 두면 수시로 보면서 활용할 수 있다.

3. 동화치료의 진행 과정

1) 초기 면접

동화치료 또한 다른 치료 영역과 마찬가지로 초기 면접 과정을 거친다. 면접회기에는 내담자에 대한 기초적인 정보를 알아봄과 동시에 동화치료의 진행방식, 기간 등에 대한 설명을 진행하여 상담을 구조화한다.

2) 심리 및 발달 평가

정확한 평가는 정확한 목표를 설정할 수 있게 하고, 정확한 목표는 효과적인 치료를 가능하게 한다. 내담자의 주요 문제와 목표에 따라 심리검사와 언어검사를 적절히 병행하여 진행하는 것이 좋으며, 검사의 진행은 해당 분야 전문가가 하는 것이 바람직하다.

대부분의 심리투사검사는 특정 조건하에서 주제를 제시하고 이를 그림이나 글로 표현하도록 하며, 내담자는 자신의 그림을 두고 치료자의 질문에 대답하면서 때로는 자신의 이야기로, 때로는 그림 속의 주인공을 중심으로 이야기를 이어 간다. 즉, 심리투사검사 또한 스토리텔링의 영역에 한 발을 걸치고 있다. 글 속에 우리의 말과 행동, 심리적 상황이 은유적으로 투사된다는 것을 생각하면 심리투사검사와 동화창작은 상당한 유사점이 있다고 할 수 있다.

다음은 동화치료 과정의 앞뒤로 실시하여 내담자의 전반적 심리상태나 정서 수준, 수용/표현 언어 수준, 문법 발달 수준, 인지 수준, 그림 발달단계 등을 종합적으로 관찰하고 평가하는 데 사용하는 언어, 심리 검사들이다. 투사검사의 종류는 이외에도 여러 가지가 있지만 다음에 소개하는 검사들이 가장 많이 사용된다. 각각의 검사는 질문이 잘 구조화되어 있어 사전/사후 검사 비교에 활용하기 좋으며, 특히 투사검사에서 사용되는 질문들은 동화 속의 상황이나 장면 표현 등에 대해 내담자에게 질문할 때 질문의 형식을 그대로 차용하여 사용할 수 있다(예: “지금 이 사람의

기분은 어떤가요?, 이 집은 이제 어떻게 변할 것 같나요?").

(1) 투사검사

그림투사검사를 실시할 때는 공통적으로 사람의 경우 만화 형태나 Stick Figure 형태를 그리지 않도록 하며, 그림을 그린 순서를 기억하고 질문에 대답하도록 한다. 그림투사검사의 질문은 대부분 거리, 위치, 분위기, 감정, 건강, 나이, 연상되는 사물이나 인물, 성별, 비교, 성질, 특성, 관계, 미래, 변화, 어려웠던 점, 첨가하고 싶은 것, 필요, 마음에 드는 것과 마음에 들지 않는 것 등을 공통적으로 물어본다. 그림투사검사 결과물에 대해서는 질문과 대화를 통해 내담자가 생각하는 의미를 알아보는 것이 중요하며, 필압이나 선의 길이, 거칠기, 구도, 생략, 첨가 등 그림을 구성하는 요소들에 대한 관찰도 중요한 단서가 된다.

① HTP(House-Tree-Person Test, 집-나무-사람 검사)

HTP는 자기인식, 자아기능, 발달과정, 현실인식 등이 나타난다. A4 용지 4장, 연필, 지우개를 준비하고, 종이의 우측 상단에 1~4의 번호를 기입한다. 집, 나무, 사람의 순서로 종이 한 장에 한 가지 대상을 그리며 4번에는 3번에 그린 사람과 다른 성별의 그림을 그린다. 집은 종이를 가로로, 나무와 사람은 종이를 세로로 제시한다.

② K-HTP(Kinetic House-Tree-Person Test, 동적 집-나무-사람 검사)

K-HTP는 HTP에 비해 보다 역동적이고, 상징들 간에 상호작용이 보다 잘 드러나는 검사다. A4 용지를 가로로 제시하고 집, 나무, 어떠한 행동을 하고 있는 사람을 그리도록 지시한다.

③ DAP(Draw-A-Person Test, 인물화 검사)

인물화 검사 시에는 A4 용지를 세로로 제시하며, HTP에서 사람 그림을 요구할 때와 같은 과정을 거친다. 사람을 한 명 그리고, 다른 종이에 앞서 그린 사람과 다른 성별의 사람을 그린다.

④ PITR(Person In The Rain, 빗속의 사람)

빗속의 사람을 그리도록 한다. 비의 양이나 세기, 비와 사람의 관계, 표정, 보호물과 장애물의 수나 면적 등으로 내담자의 스트레스와 우울 정도, 대처자원 수준을 볼 수 있다.

⑤ KFD(Kinetic Family Drawing, 동적 가족화)

KFD는 가족 간의 역동적인 관계를 파악할 수 있다. FFD(Fish Family Drawing, 물고기 가족화), 동물 가족화, 동그라미 가족화 등으로도 대신할 수 있는데, 동적인 표현을 요구하므로 단순한 가족화보다 역동적이고, 일상적이며, 내담자의 눈에 비친 가족의 모습이나 그에 대한 감정이 반영되는 검사다. 검사 시에는 A4 용지에 자기 자신을 포함한 가족 전체가 무엇인가 하고 있는 모습을 그려 줄 것을 요구한다.

⑥ KSD(Kinetic School Drawing, 동적 학교 생활화)

학교 이외에 어린이집, 유치원, 학원 등 내담자가 속한 집단에 대한 인식을 알 수 있는 검사다. KFD와 마찬가지로 각자가 속한 집단의 모습을 그리되, 사람들이 무언가 하고 있는 모습으로 그릴 것을 요구한다.

⑦ LMT(Landscape Montage Technique, 풍경구성법)

도화지에 사인펜으로 테두리를 그어 주고, 치료자가 이야기하는 것들을 하나씩 그려 넣어 풍경을 완성하도록 한다. 말하는 순서대로 그려야 하며, 하나의 풍경으로 완성되어야 할 것을 주지시키고, 그림 실력은 문제가 되지 않음을 이야기한다.

제시되는 대상은 강, 산, 밭이나 논, 길, 집, 나무, 사람, 꽃, 동물, 돌, 기타 부가요소다. 이 검사를 통해 내담자가 여러 가지 소재를 한 화면에 어떻게 구성하게 되는지를 살펴볼 수 있으며, 이는 동화의 각 장면을 구성하는 것과 연관성이 있다.

⑧ DAS(Draw-A-Story, 그림 이야기 검사)

DAS는 자극그림을 제시한 후 2개의 그림을 골라서 가능한 이야기를 만들고, 그림을 그린다. 그림은 더 추가할 수도 있고, 바꾸어 그려도 되며, 그림 실력은 문제가

되지 않음을 이야기한다. DAS는 SDT 개발 과정에서 관찰된 내용을 바탕으로 내담자의 우울증을 선별하는 목적에서 시작되었다고 한다. 그런데 동화치료의 입장에서 본 DAS는 동화를 만들기에 앞서서 내담자의 정서 수준, 자기상 등을 알게 함과 동시에, 내담자의 단어 및 문장 수준, 담화능력, 언어 및 그림 표현 수준 또한 관찰이 가능하게 한다. 이는 동화를 통한 치료 목표 설정에 도움이 되는 내용이다.

또한 DAS의 경우 여러 카드 중에서 원하는 카드를 골라서 이야기를 만들어 낸다는 점에서 투사검사이기는 하지만, 그 자체로 치료적 효과를 발휘할 수 있는 동화창작 치료에 편입될 수 있다. 한편, 우리는 DAS의 점수 체계를 내담자가 창작한 동화를 대상으로 실시해 볼 수도 있다. 이 경우 첫 작품과 다음 작품들 사이의 변화를 측정하는 데 도움이 된다.

⑨ K-SDT(Korea version of Silver Drawing Test, 한국판 실버 그림검사)

K-SDT는 예측그림(Predictive Drawing), 관찰그림(Drawing from Observation), 상상그림(Drawing from imagination)의 세 가지 하위 검사가 있으며, 대개 예언화-관찰화-상상화의 순서로 실시한다. 각 그림은 인지능력 또는 정서특성을 반영한다. 또한 집단, 순서, 공간 개념 등이 나타난다.

⑩ TAT(Thematic Apperception Test, 주제통각검사)

주제통각검사 또한 그림을 보고 이야기를 만들어 내는 형태의 검사로서 동화치료와의 연관성을 갖는다. 이야기 속에서 내담자의 성격이나 동일시하는 인물, 연상되는 사건, 갈등 등이 반영된다.

⑪ SCT(Sentence Completion Test, 문장완성검사)

SCT는 그림 검사는 아니지만, 짧은 시간 안에 밀도 있게 내담자를 파악하게 해 주는 심리투사검사라고 할 수 있다. 주어진 문장의 앞부분에 이어 전체 문장을 완성하는 SCT를 통하여 우리는 DAS, TAT/CAT에서 얻을 수 있는 언어 표현력, 구문의미 이해력, 문장 구사력 등을 기본적으로 파악할 수 있으며, 내담자의 현실인식, 상황인지 및 사회관계, 정서 상태 등의 패턴을 파악할 수 있고, 그림검사와 병행하면 상

호 보완적인 해석이 가능하다. 또한 SCT에 의해 나타난 주요 주제나 감정, 패턴 등은 동화 주제의 선택이나 난이도 설정 등에 도움이 된다.

⑫ 반복적 상징

내담자가 자주 사용하는 색과 숫자, 사물 등 반복적인 상징들을 관찰해 두는 것이 좋다. 동화치료 과정에서 내담자의 변화에 따라 색채 및 상징 등이 변화하기도 하기 때문이다.

이외에도 동화 만들기를 진행하다 보면 특정 문제 상황이 반복적으로 나타나기도 한다. 예를 들어, 어떤 내담자는 주인공의 차가 가는 곳마다 고장이 나며, 어떤 내담자는 자꾸만 무엇을 잃어버리고 무언가를 찾으러 다니며, 어떤 내담자는 주인공이 어딘가를 헤매게 되고, 어떤 내담자는 이야기를 끝맺지 못하고 의미 없는 상황이나 같은 상황을 계속 반복한다.

이야기를 진행하는 방식에 있어서도, 어떤 내담자는 표현이 지나치게 없고, 어떤 내담자는 반대로 표현이 너무 장황하고, 어떤 내담자는 앞뒤 개연성 없는 이야기만 나타나며, 어떤 내담자는 이야기 진행이 너무 빠르거나 혹은 지지부진하다. 동화치료의 과정에서 자신의 이야기 전개 패턴에 대해 생각해 보는 기회를 제공하는 것만으로 상당한 의미가 있을 수 있다.

(2) 언어 검사

① REVT(Receptive and Expressive Vocabulary Test, 수용 · 표현 어휘력 검사)

이 검사는 만 2세 6개월부터 만 16세 이상 성인의 수용어휘능력과 표현어휘능력을 측정하여 검사 대상자의 어휘능력에 대한 전반적인 정보와 어휘 발달연령을 제공하여 생활연령과의 차이에 대한 정보를 얻을 수 있다.

② KOSECT(Korean Sentence Comprehension Test, 구문의미 이해력 검사)

이 검사는 만 4세에서 초등 3학년 수준의 구문의미 이해력을 측정하며, 10~15분

정도가 소요된다.

③ TOPS(Test Of Problem Solving, 언어문제해결력 검사)

이 검사는 주어진 그림과 질문을 통해 만 5세부터 만 12세 아동들의 상위 언어 기술과 문제해결력을 측정한다. 내담자의 상황 이해 수준이나 사고방식에 대한 정보도 얻을 수 있다.

④ U-TAP, APEC(Urimal Test Anticulation and Phonology, 조음 · 음운 검사)

이 검사는 조음 기관과 조음 능력, 음운 인식 등에 대한 것으로, 검사를 통해 파악된 목표음소를 동화치료 과정에서 반복적으로 강조함으로써 시너지 효과를 줄 수 있다.

⑤ LSSC(Language Scale for School-aged Children, 학령기 아동 언어 검사)

이 검사는 상위개념 이해, 상위어 표현, 반의어 표현, 동의어 표현, 구문 이해, 비유문장 이해, 문법오류 판단, 문법오류 수정, 복문 산출, 단락 듣기 이해, 문장 따라 말하기 등 학령기 내담자의 전반적인 언어능력을 평가한다. 검사 결과를 통해 동화치료 시 내담자의 강점과 난점을 파악하고 예측할 수 있다.

⑥ KONA(Korean Narrative Assessment, 한국어 이야기 평가)

이 검사는 DAS와 함께 동화치료와 가장 밀접한 관련이 있는 평가다. 그림을 보여주면서 들려준 이야기를 다시 말하도록 유도하여 이야기 구성, 결속표지, 비유창성, 구문 및 문법 형태소 등의 회상 산출률을 또래와 비교한다.

이 중 이야기 구성은 '이야기 구성 점수' '이야기 문법 회상률' '완전한 일화 수'를 체크하는데, 이야기 구성 점수는 주요 내용의 전달 여부를 확인하며, 이야기 문법 회상률에서는 다시 말한 이야기 속에 '배경, 계기사건, 시도, 내적 반응, 결과'의 내용이 어느 정도 포함되어 있는지를 체크한다. 완전한 일화 수란 이야기 문법 중에서도 필수적인 요소인 '계기사건, 시도, 결과'가 포함된 일화의 수를 말한다. 이러한 체

계적인 이야기 분석을 통해 이야기 중재 여부와 중재 방향 설정을 위한 정보를 얻을 수 있다. 또한, 이야기 문법은 '동화 읽기를 통한 동화치료'에서 사용하는 육하원칙 질문과도 일맥상통하는 만큼 이 검사의 체계적인 이야기 분석법을 치료자가 인지하고 있다면, 검사 결과를 바탕으로 '동화 읽기'를 이야기 중재의 방법으로 활용할 수 있다.

한편, 이 검사는 이야기 회상 산출에 기반을 두므로 자기 생각과 경험 말하기에 대한 평가로는 한계가 있을 수 있다. 들려준 것을 말하는 것과 생각, 경험을 말하는 것은 다를 수 있기 때문이다. 그러나 치료자가 이야기 문법에 기반을 둔 분석 기준을 확실히 인지하고 있다면, 생각과 경험 말하기의 중재에 있어서도 보다 체계적인 접근과 확인이 가능해진다. 예를 들어, 아동이 "엄마랑 박물관 갔어요."라고 말하면 "언제 갔어요? 왜 갔어요? 어떻게 했어요? 기분이 어땠어요? 그래서 어떻게 됐어요?"와 같이 묻는데, 이는 각각 '배경, 계기사건, 시도, 내적 반응, 결과'를 확장하는 질문이다. 치료자 본인이 사용하는 질문이 어디에 해당하는지를 확실하게 알고 질문하게 되면 아동이 어느 영역을 이야기하기 어려워하는지 체크할 수 있고, 보다 집중적인 중재와 개인 내 변화 체크가 가능해진다.

또한 '동화 만들기를 통한 동화치료'에서 주제나 인물을 중심으로 이야기를 창작할 때도 동일한 질문이 사용되는 만큼 이야기 문법 분석에 익숙해지면 '동화 만들기'를 통해 체계적으로 생각과 경험 말하기를 중재할 수 있게 된다.

(3) 인지발달 검사

① 언어이해인지력 검사

만 3~5세 11개월 수준의 언어 이해력 및 인지력을 측정하는 검사다. 긍정, 부정, 양, 분류, 위치, 방향, 수 개념, 서수, 크기, 길이, 색깔, 성별, 계절, 시간, 의문사 등 유아 또는 발달지연 내담자의 수준을 파악할 수 있다.

② VMI(Developmental Test of Visual-Motor Integration, 시각-운동 통합발달검사)

주어진 도안 24개를 보고 아래쪽에 따라 그린다. 선에서 면으로, 단순 도형에서

복잡한 도형으로 진행되며, 시지각과 소근육 운동의 협응 능력을 파악할 수 있다.

③ 작업수행능력 파악하기

작업을 하는 동안 치료자는 내담자가 활동을 어디까지 수행할 수 있는지 파악해야 한다. 가령, 줄긋기나 스티커 붙이기, 가위질을 할 때 기준점과 오차가 어느 정도 나는지, 곡선이 어려운지, 코너나 모서리가 어려운지, 코너를 오릴 때 요령 없이 한 번에 오리려 하는지, 모서리를 다 잘라 내어 버리고 신경 쓰지 않거나 알아채지 못하는지, 표현이 어느 정도 세밀한지, 관찰력은 어느 정도인지, 도구는 어떻게 사용하는지, 선을 끝까지 잘 긋는지 혹은 대충 마무리하는지 등 내담자의 작업 패턴과 수행 능력을 세부적으로 단계를 나누어 관찰할 필요가 있다. 부모보고식의 발달평가는 이러한 부분까지 세세하게 알려 주지 않기 때문이다.

시지각과 운동 협응이 이뤄지지 않는 경우 내담자의 특성에 따라 더 쉽게 할 수 있는 방법을 알려 주는 것이 좋다. 낮은 단계의 조합으로 상위 단계를 해결할 수 있게 하고, 이것이 반복되어 오차가 줄어들면 보다 상위 스킬로 이를 대신할 수 있게 한다. 예를 들어, 코너를 오리지 못하는 경우 종이를 돌려 가며 작업함으로써 직선 오리기 2회로 코너를 오릴 수 있음을 알려 주는 것이다.

인지가 낮은 아동에게는 직접 같이 자르며 가르쳐 주고, 점차 신체적 단서를 줄이고 언어적 단서만 제시하다가 혼자 할 수 있게 촉진하며, 모방이 가능하게 되면 치료자가 자르는 방법을 보여 줌으로써 자연스럽게 따라하도록 할 수 있다. 모방이 가능하나 고집이 세어 한 가지 방식만 고집한다면 누가 더 빨리, 정확히 오리냐를 두고 경쟁하거나 살짝 약을 올리는 것으로 치료자가 알려 주는 방식이 더 쉽고 효율적임을 강조할 수도 있다. 다만, 이 방법은 치료자가 아동보다 빠르고 정확해야 통할 수 있다.

④ 관찰하기

관찰하기는 가장 나중에 쓰였지만, 가장 중요한 내용이기도 하다. 따지고 보면, 바로 앞에서 말한 '작업수행능력 파악하기' 또한 관찰하기의 범주에 속하는데, 작업수행능력 이외에 전반적인 발달 상황이나 태도, 습관 등에 대한 관찰을 강조하기 위

해 따로 분리하였다.

치료자는 흔히 상담 초기에 내담자의 상태를 점검하고 목표를 선정하기 위해 검사를 실시하게 되는데, '백문이 불여일견'이라는 말과 같이, 백 번의 검사보다 한 번의 관찰이 주요한 경우도 존재한다. 부모 상담 중 아동의 태도나 평소 부모와 소통하는 모습, 놀이할 때 부모-아동 상호작용 방식, 작품에 반영되는 내담자의 마음, 작품을 진행하는 동안의 내담자의 태도, 습관 등은 많은 정보를 내포하고 있다. 때로는 검사 결과나 언어적 표현과 반대되는 태도를 보이기도 하므로, 치료자는 내담자와 내담자의 작품에 민감성을 가지고 관찰해야 한다.

꼭 심리검사 도구가 아니더라도 발달, 인지, 주요 심리상태, 반응에 관한 체크리스트를 만들어 사용하여도 좋고, 여기에 소개되지 않은 웅덩이 그림, 장미 덩굴화 혹은 내담자가 그리고 싶어 하는 그림(자유화), 내담자가 좋아하는 그림, 꽃 사진, 여러 가지 주제의 사진, 내담자가 원하는 놀이, 내담자가 관심을 보이는 대상 등에 공동으로 주목하여 이야기를 나누는 등 내담자의 어떤 부분에 초점을 둘 것인지 정하고 여러 가지 활동 속에서 관찰을 통해 해당 부분에 대한 정보를 추가로 얻을 수 있다.

3) 장 · 단기 계획 세우기

평가가 종료되면 그 결과에 따라 내담자의 주 호소문제 해결을 위한 장기 계획과 단기 계획을 수립한다. 장기 계획은 전체적인 방향성을 말하며 포괄적이고 광범위하다. 사회성 향상, 또래관계 중재, 의사소통능력 향상, 주의집중력 향상, 자존감 향상, 표현력 향상, 발달 수준에 맞는 표현 촉진, 소근육 발달 촉진 등이 장기 계획에 속한다.

단기 계획은 한 회기 내에서, 혹은 한 주나 한 달 단위 등 가까운 시일 내에 성취 가능한 목표를 단계별로 설정하는 것이다.

따라서 단기 계획은 장기 계획에 비하여 보다 계획적이고, 구조적이고, 세부적이며, 단계적이고, 객관적이다. 그리고 목표 내에서 주체와 객체, 성취 목표와 평가 기준이 분명하다. 단기 계획을 잘 세우면 구조적인 접근이 필요한 케이스 진행에 유리

하고, 발달재활 분야의 평가나 일반화 정도를 평가하는 데 도움이 된다.

- 누가: 내담자는
- 언제 · 어디서: 상황에서/할 때(상황적 배경 및 치료자의 단서 제시 여부와 정도)
- 무엇을: 로/을/를 활용하여, 사용하여(도구, 대상)
- 얼마나: ~회 중 ~회 이상 / % 이상 / 초 · 분 이상(횟수, 시간, 양)
- 어떻게: 하게/하기를(행위, 방법, 정도)
- (성취, 수행, 성공, 표현, 산출, 대답, 모방, 요구 등) 할 수 있다.

예를 들면, 다음과 같다.

- 내담자는 동화 읽기 단계에서 책 읽기를 5분 이상 유지할 수 있다.
- 내담자는 동화의 시각적 표현 상황에서 치료자의 언어적 단서 제시에 따라 주어진 장면에 들어가야 할 요소를 3개 이상 명확하게 표현할 수 있다.
- 내담자는 동화의 시각적 표현 단계에서 장면 표현에 필요한 색깔 요구하기를 10회 중 7회 이상 자발적으로 요구할 수 있다.
- 내담자는 동화 놀이 상황에서 표현하고 싶은 인물 종이인형 만들기를 주어진 시간 안에 수행할 수 있다.
- 내담자는 동화 장면 속 겹쳐진 물건 표현하기에서 전경과 배경을 구분하여 그림을 그릴 수 있다.
- 내담자는 치료실 상황에서 "악어도 깜짝! 치과의사도 깜짝!"을 소리 지르지 않고 끝까지 볼 수 있다(치과에서 아팠던 기억으로 인해 관련 상황에서 소리를 지르는 케이스).
- 내담자는 동화 만들기 단계에서 치료자의 도움 없이 단문으로 서술한 문장을 이어 복문으로 수정할 수 있다(예: "옛날 어느 나라에 빵 가게가 있었어요. 그 가게는 아주아주 컸어요." "옛날 어느 나라에 아주아주 큰 빵 가게가 있었어요.").

(1) 발달재활 영역에서의 세부 목표 설정

초보 치료자의 경우 장 · 단기 계획 세우기 단계에서 발달이나 재활 내담자를 만났을 때 종종 혼란을 겪는다. 예를 들어, 가위질을 못하는 내담자가 가위질을 할 수 있게 하기 위해 다양한 직선부터 지그재그, 곡선, 도형 등의 오리기 과제를 지속적으로 제시하는데, 발달재활의 특성상 변화가 더뎌 효과가 확실히 나타나기까지 많은 시간이 필요하기 때문에 치료자는 종종 이 과제를 계속해도 되는지에 대한 번뇌에 빠진다. 수십 번을 해도 확연히 나아지지 않는 부분에 대해서 자신의 프로그램이 아무런 효과가 없는 것처럼 보이므로, 근본적으로 자신의 역량을 의심하게 되는 것이다.

이러한 혼란은 이 활동이 확실한 효과가 있음을 확신하지 못하는 것에서 비롯한 것이다. 그렇다면 확실한 효과를 확신하고자 한다면 무엇이 필요한가? 효과는 프로그램 진행에서 나오고, 프로그램은 정확한 목표가 설정되었을 때 그 힘이 발휘되며, 정확한 목표는 정확한 검사에서 시작된다. 즉, 발달이나 재활 내담자를 만난 치료자가 프로그램의 효과성에 대한 혼란을 겪는 이유는 무엇을 어떻게 평가해야 하는지 알지 못하기 때문이다. 치료실에서 자주 사용되는 영역별 발달검사 K-CDI 같은 도구는 확실히 유용한 검사이지만, 한편으로는 종합적 척도이므로 각각의 문항 간의 범위가 넓다.

전체 발달연령 7개월 수준의 5세 무발화 자폐아동이 치료 개입 전과 비교하여 치료 개입 후 1년에 3개월 수준의 발달이 추가적으로 가능하게 되었다면, 이러한 추세로 꾸준히 발달한다는 가정하에 단순 계산하여 이 내담자가 3세 수준의 발달능력을 갖추는 데는 약 9년의 시간이 필요하다. 그러나 실질적으로 발달이란 계단식으로 이루어지며, 연령이 상승할수록 발달 곡선은 완만해지고, 치료적 개입이 중단되면 일정 기간 이후 퇴행하기도 한다. 다행히 발달재활바우처나 교육청 치료지원 등으로 인해 내담자가 적어도 고등학교 졸업 전까지는 지속적인 치료가 이루어지고 있지만, 성인 내담자에 대한 치료 지원은 현재 기대할 수 없는 상황이다. 즉, 실제로는 해당 내담자가 성인이 되고 난 뒤에도 3세 수준의 발달은 요원할 수도 있다. 발달과 재활에 있어서 "언제까지 이걸 해야 하느냐?"라는 질문에는 "될 때까지." 혹은 "그냥 계속 같이 가는 것."이라는 답을 할 수밖에 없다고 말하는 것도 그런 이유다.

이러한 현실 속에서 치료자는 내담자와 긴 시간을 함께하며 3세 미만의 구조화된 발달 과제를 끊임없이 제시해야 한다. 비슷한 작업이 반복되면 치료자도 지치고, 내담자 스스로도 지겨워 하고, 효과는 미미한 상황이 지속되니 아직 경험적으로 내담자가 어떠한 변화를 보이는지에 대한 확신이 없고, 자신만의 세부적인 체계를 세우지 못한 치료자에게 발달검사상의 '1세 차이'는 광활한 영역이다. 그러나 안타깝게도 그 영역에는 자세한 이정표가 없다. 많은 치료자가 발달과 관련된 프로그램을 찾아 헤매며 시행착오를 거쳐 자신만의 체계를 만들어 간다. 그리고 이러한 경험적 접근방법들은 케이스마다 다를 수 있고, 명확한 설명이 어려운 경우가 많아 타인에게 전달하기 쉽지 않다. 그렇다면 치료자는 무엇을 기준으로 내담자의 발달을 평가해야 하는가?

세부 목표의 내용과 수는 케이스마다 다르므로 표준화하기 어려우나 발달단계별 세부 목표 리스트가 잘 정리된 자료를 참고하면 좋다. 예를 들어, K-CDI 아동발달검사나 『아동언어장애의 진단 및 치료』(김영태, 2014), 『장애 영유아 발달 영역별 지침서 시리즈 1~10』(임경옥, 2017), 『0~5세 발달단계별 놀이 프로그램』(정보인, 윤현숙, 2000), 『포테이지 조기교육 프로그램』(조용태, 김미실 공역, 1993), 『포테이지 아동발달 지침서』(S.Bluma et al., 1990) 등을 참고하여 세부 목표를 짜는 방법을 익힐 수 있으며, 통합적인 발달 계획을 위해 동화치료사 또한 이 리스트들을 활용할 수 있다.

(2) 세부 목표 설정을 위해 치료자가 고려해야 할 발달 방향의 대전제

태아기, 우리 몸의 세포는 심장을 중심으로 가까운 곳에서 먼 곳으로 생성되었다. 그와 마찬가지로 우리 몸의 발달에도 방향이 있다.

다음(〈표 2-1〉)은 여러 이론에서 설명하는 발달의 방향으로, 치료 목표 설정에 참고하면 좋을 것이다(예: 다리 협응보다 팔의 협응과 관련한 프로그램을 먼저 진행).

표 2-1 이론별 발달의 방향

게젤의 성숙 이론: 태아기	심장	중추신경계 (두뇌, 척수 등)	팔, 다리						
게젤의 성숙 이론: 신생아기	머리	목	어깨	팔	손	손가락	몸통	다리	발
게젤의 성숙이론	발달 방향의 원리	머리>다리	팔의 협응> 다리의 협응	신체의 중심> 말초	어깨 동작>손목과 손가락 동작	20주: 미숙한 잡기, 팔꿈치~어깨, 상박 의존 > 28주: 섬세한 근육운동, 엄지손가락 섬세한 사용			
	상호적 교류의 원리	한 손 > 다른 손 > 양손 사용	3~3:6 내향적 > 4세 외향적 > 5세 내향적, 외향적 통합과 균형						
	기능적 비대칭의 원리	비대칭적 행동 > 대칭적 행동							
	자기 규제의 원리	유아 스스로 자신의 수준에 맞도록 성장을 조절하고 이끌어 가는 능력. "아이들은 길을 알고 있다."							
존슨 발달적 맥락이론	신체동작 무용활동		미술, 놀이 활동	연극, 놀이 활동		능동적 언어 활동			
	감각차원	행동화차원	형태차원	도상차원	상징차원 (언어 이전 단계)	언어차원			
	움직임	음악	미술	드라마	시	능동적 언어			
라반의 공간	신체자각	개인공간	닿기에 가까운 공간	닿기에 중간 정도 먼 공간	닿기에 먼 공간	일반공간			
초기 시각 발달: 형태 지각 선호도	부분>전체	동작>정지	컬러>흑백	곡선>직선	단순도형> 복합도형	형태>색깔, 명암	사물>인간		
초기 미각발달: 영아기	영아기 말이면 미각 예민도 높음	> 다양한 음식 시도	> 음식 선호도 형성	> 영아기 이후 새로운 음식을 잘 먹으려 하지 않음.					
초기 촉각발달	입술, 혀 > 타 부위	낮은 온도> 높은 온도	출생 시 이미 통각발달						
놀이 형태 발달: 인지 수준 기준	기능놀이	구성놀이	가상놀이	규칙 있는 게임					
놀이 형태 발달: 사회적 수준 기준	몰입되지 않은 놀이	방관자적 놀이	혼자놀이	평행놀이	연합놀이	협동놀이			
상징놀이 발달	탐험놀이	전 상징기적 행동	자동적 상징행동	단순 상징행동	단순 상징행동 조합	복합 상징행동 조합	물건대치 상징행동	대행자 놀이	사회적 역할놀이

목표 설정을 위한 방향을 정했다면, 환경적으로 어떤 상황인가(치료실 상황에서, 집에서, 학교에서, 복지관에서, 누구와 등), 단서제공여부(신체적, 언어적, 시각적, 청각적 혹은 두 가지 이상 복합적 단서 제시의 유무), 무엇을, 어떻게, 어느 정도(몇 cm, 어디까지, 몇 분), 얼마나 많이(몇 회, 몇 개), 자발적으로/수의적으로/불수의적으로 수행하였는지 등 '관찰하기'를 통해 단기 계획을 세울 수 있다.

이렇게 만들어진 세부 목표는 매 회기마다 기록되는 것이 좋다. 하루하루는 큰 변화가 없을지라도 분명히 변화는 온다.

치료자가 되기 위해서는 필수적으로 실습이란 과정을 거친다. 실습은 왜 해야 하는가? 치료자가 어떤 일을 하는지 알기 위해서? 치료실의 분위기를 알기 위해? 내가 만날 내담자가 어떤 이들인지 보려고? 치료자의 태도를 보려고? 치료 기술을 알기 위해서? 치료 스킬을 갈고 닦기 위해서? 모두 다 맞는 말이다.

그러나 무엇보다도 실습의 진정한 가치는 '치료에 대한 확신'에 있다. 치료실이나 치료자, 내담자는 현장에 나가면 얼마든지 겪어 볼 수 있다. 매일 접하는 것이니 적응하는 것도 금방이다. 치료 기법은 수많은 책과 논문으로 얼마든지 접할 수 있다. 그러나 오롯이 경험과 시간만이 해결해 줄 수 있는 것이 있으니 그것이 바로 치료 결과에 대한 확신이다. 경력자를 우대하는 이유도 그래서일 것이다.

논문을 통해서도 우리는 치료 결과에 대해 알 수 있지만, 아무 경험도 없는 상황에서 접하는 논문의 결과는 그럴 것이라고 짐작만 할 수 있을 뿐 내 것이 아니다. case by case라는 말처럼 우리가 만나는 내담자는 모두 다르고, 그래서 다른 누군가가 효과를 본 프로그램이라 하여도 효과적이지 않을 수 있다. 치료자가 치료에 대한 확신, 어떤 프로그램을 진행하여도 치료효과가 있도록 할 수 있다는 자기 자신의 치료자로서의 능력에 확신이 없으면 지연되는 결과에 쉽게 흔들리게 된다.

그러므로 우리는 실습을 통해서 다른 치료자가 또는 본인이 진행하는 치료 과정이 어느 정도의 시간 동안 내담자에게 어떠한 변화를 얼마만큼 일으키게 되는지를 경험해야만 하고, 그것에 확신을 가져야 한다. 그 확신이 기준이 되어 스스로의 프로그램이 내담자에게 도움이 되는 방향으로 전개되고 있는지에 대한 자기 평가가 가능하다. 확신을 가지고 내담자의 아주 작은 변화도 놓치지 말고 체크하자. 목표가 세세할수록 내담자의 성취가 눈에 보이게 된다.

(3) 발달재활 영역에서의 세부 목표 설정 예시

장기 목표 아래 세부 목표를 세운 다음에는 내담자가 어느 단계에서 오류를 보이고 협응을 이루지 못하는지 찾아보아야 한다. 다음은 예시로서 경우에 따라 각 단계 사이에 더 세분화된 동작을 목표로 할 수 있으며, 종종 케이스에 따라 순서대로 수행되지 않을 수도 있다.

만약 순서대로 수행되지 않는다면 무엇의 영향으로 작업이 수행되지 않는지 관찰하고, 치료자의 직관과 통찰을 발휘하여 원인이 되는 요소를 찾아내야 한다. 치료자는 내담자가 어느 단계를 수행하지 못하는지를 체크하여 그와 관련된 다른 활동을 함께 진행함으로써 내담자의 기능을 향상할 수 있다. 예를 들어, '가위 사용법 익히기'라는 장기 목표 아래 세부 목표 중 공동주목하기 단계에 어려움을 보이는 내담자의 경우 가위 사용만이 아니라 다른 모든 것에서도 공동주목하기가 문제가 될 것이다. 포인팅을 하면 대상을 보는 것이 아니라 치료자의 손가락 끝만 바라보고 있을 수 있다. 따라서 포인팅을 통해 신체 부위, 장난감, 치료실 내부 사물, 산책을 통해 접할 수 있는 치료실 주변 자연물, 사물 등을 대상으로 공동주목하기를 수행하고, 이 목표가 최소 60% 이상 성취되었을 때 다시 다음 단계를 진행하면 효과적이다.

'종이의 한쪽 끝에서 다른 쪽 끝까지 자르기'가 안 된다면 그것이 시지각적 문제인지 동시동작의 문제인지를 판단하여 해당 단계의 앞 단계를 수행한 후 다시 시도한다.

'직선 자르기'가 안 된다면 선긋기, 색연필 달리기, 색연필에 클레이 자동차 만들어 끼워 자동차 경주하기, 자동차를 길 따라서 밀기, 선 따라 걷기, 평균대 걷기 등 선을 따라서 움직이는 활동, 선긋기 학습지, 자석칠판, 짐보리 자석 글자 쓰기 등의 다양한 방법을 통해 선을 따라서 움직이는 경험을 충분히 거친 다음 가위로 직선 자르기에 들어갈 수 있다.

① 내담자는 치료실 상황에서 시각적/언어적/신체적 단서를 제시할 경우 가위를 사용하여 주어진 도안을 10회 중 6회 이상 정확하게 자를 수 있다.

- 주먹을 쥐었다 펼 수 있다.
- 주먹을 쥐어 물건을 잡을 수 있다.

- 주먹을 쥐고 검지만 펼 수 있다.
- 포인팅이 가능하다.
- 주먹을 쥐고 엄지만 펼 수 있다. ('최고!'라는 칭찬과 함께 해당 동작 수행 시, 자폐아동의 경우 동작 모방 후 자신의 엄지와 치료자의 엄지를 붙이고자 하기도 한다.)
- 주먹을 쥐고 엄지와 검지만 펼 수 있다.
- 엄지와 검지로 가벼운 물건을 집을 수 있다.
- 엄지와 검지로 가위 무게 정도의 물건을 집을 수 있다.
- 가위에 관심을 보인다. (핑킹가위로 악어 놀이, 싹뚝싹뚝 의성어, 의태어 말놀이)
- '자른다'의 뜻을 안다. / 가위는 자르는 것임을 안다. ('잘라요' '오잉? 싹뚝 잘렸네.')
- 가위를 사용하고자 하는 의도를 보인다.
- 가위 손잡이 구멍에 손가락을 넣을 수 있다.
- 손가락을 벌려 가위를 벌릴 수 있다.
- 손가락을 오므려 가위를 오므릴 수 있다.
- 대상을 무작위로 자를 수 있다. (자르는 행위 자체가 목표)
- 팔을 뻗어 가위를 앞으로 내밀 수 있다.
- 팔을 뻗으면서 손가락을 움직여 가위를 오므릴 수 있다. (동시동작)
- 종이의 한쪽 끝에서 다른 쪽 끝까지 자를 수 있다.
- 종이의 한 부분에 공동주목 할 수 있다.
- 종이를 자르다가 언어적, 시각적 단서 제시를 통해 멈출 것을 제시할 때 멈출 수 있다. (멈추기까지 시간적 딜레이 ______초)
- 목표지점까지 자르고 멈출 수 있다.
- 직선을 자를 수 있다. (오차 범위 ______cm)
- 네모를 자를 수 있다. (오차 범위 ______cm)
- 세모를 자를 수 있다. (오차 범위 ______cm)
- 동그라미를 자를 수 있다. (오차 범위 ______cm, 치료자가 종이를 잡고 돌려 가며 자르도록 보조하는 경우 / 보조하지 않을 경우 모두 측정)
- 지그재그(계곡선)를 자를 수 있다. (오차 범위 ______cm, 추가설명 기록 / 계곡선을 고려하지 않고 직선으로 자른다. 계곡선 5개 중 3개는 정반응, 2개는 오반응 등)

- 넓은 곡선을 자를 수 있다. (오차 범위 ______cm, 추가설명 기록 / 곡선을 고려하지 않고 직선으로 자른다. 곡선 5개 중 3개는 정반응, 2개는 오반응 등)
- 한 손으로 종이를 잡고 다른 손으로 가위를 사용할 수 있다.
- 자르는 선과 접는 선을 구분할 수 있다.
- 신체적 보조를 통해/혼자서 두 번에 나누어 모서리 자르기를 할 수 있다.
- 신체적 보조를 통해/혼자서 한 번에 모서리 자르기를 할 수 있다.
- 신체적 보조를 통해/혼자서 네모를 기반으로 한 단순한 도안을 자를 수 있다.
- 신체적 보조를 통해/혼자서 V자가 포함된 단순한 도안을 자를 수 있다.
- 신체적 보조를 통해/혼자서 곡선이 포함된 단순한 도안을 자를 수 있다.

② 내담자는 치료실 상황에서 언어적 단서를 제시할 경우 주어진 자리에 풀칠하여 대상을 10회 중 6회 이상 정확하게 붙일 수 있다.

- 종이가 무엇인지 안다.
- 풀이 무엇인지 안다.
- 풀로 종이를 붙일 수 있음을 안다.
- 풀칠하기에 흥미를 보인다.
- 풀을 주먹 쥐듯 쥘 수 있다.
- 여기저기 아무 곳에나 풀을 찍고자 한다.
- 풀로 종이에 점을 찍고, 종이 밖으로 나간다.
- 풀을 종이에 무작위로 긋고, 종이 밖으로 나간다.
- 신체적/언어적 단서 제시 시 풀칠을 멈춘다.
- 언어적 단서 제시 시 풀칠을 멈춘다.
- 종이의 범위를 안다.
- 풀칠할 때 종이의 범위에서 벗어나지 않는다.
- 신체적 보조 및 언어적 단서 제시를 통해 내담자의 손바닥만 한 대상에 풀을 칠한다.
- 언어적 단서 제시를 통해 대상에 풀을 칠한다.
- 스스로 대상에 풀칠하나, 오차 범위가 크다. (범위: ~cm 이상 벗어남)

- 스스로 대상에 풀칠하며, 오차 범위가 크지 않다.
- 보다 작은 대상에 풀칠하여 붙일 수 있다. (크기: 가로/세로 ~cm, ~만한 크기 등)

③ 내담자는 치료실 상황에서 언어적 단서를 제시할 경우 색연필로 주어진 그림을 70% 이상 색칠할 수 있다.

- 종이가 무엇인지 안다.
- 색연필이 무엇인지 안다.
- 색연필로 선을 그릴 수 있음을 안다.
- 색연필로 색칠할 수 있음을 안다.
- 색연필 사용에 흥미를 보인다.
- 색연필을 주먹 쥐듯 쥘 수 있다.
- 여기저기 아무 곳에나 그리고자 한다.
- 색연필로 종이에 점을 찍지만 종이 밖으로 나간다.
- 색연필로 종이에 무작위로 선을 긋지만 종이 밖으로 나간다.
- 색연필로 종이에 난화를 그리지만 종이 밖으로 나간다.
- 신체적/언어적 단서 제시 시 움직임을 멈춘다.
- 언어적 단서 제시 시 움직임을 멈춘다.
- 종이의 범위를 안다.
- 색연필로 그릴 때 종이의 범위에서 벗어나지 않는다.
- 주어진 도안에 관심을 가진다.
- 도안에 선을 긋지만 도안의 선을 고려하지 않는다.
- 신체적 보조 및 언어적 단서 제시를 통해 도안에 색을 칠한다.
- 색연필을 연필 쥐듯이 쥘 수 있다.
- 도안에 선을 그으며 비교적 도안의 선을 따라 긋는다.
- 도안에 색칠하나, 오차 범위가 크다. (범위: ~cm 이상 벗어남)
- 도안에 색칠하며, 오차 범위가 크지 않다.
- 도안의 각 부위에 다른 색을 칠하나, 현실적이지 않은 색을 칠한다(예: 사과 색이 파란색).

• 도안의 각 부위에 다른 색을 칠하며, 현실적인 색을 칠한다(예: 사과색이 빨간색).

④ 내담자는 치료실 상황에서 시각적/언어적/신체적 단서를 제시할 경우 테이프를 사용하여 주어진 대상을 10회 중 7회 이상 정확하게 이어 붙일 수 있다.

• 포인팅 시 포인팅한 손가락이 아닌 포인팅 대상에 공동주목 할 수 있다.
• 테이프 붙이기에 관심을 보인다.
• 엄지와 검지로 물건을 집을 수 있다.
• 자동 테이프 커터기에서 테이프를 떼어 낼 수 있다.
• 수동 톱니 테이프 커터기에서 테이프를 당길 수 있다.
• 수동 톱니 테이프 커터기에서 테이프를 잡고 아래쪽으로 힘을 줘서 테이프를 떼어 낼 수 있다.
• 언어적, 신체적 단서를 통해 테이프의 길이를 조절할 수 있다.
• 언어적 단서를 통해 테이프의 길이를 조절할 수 있다.
• 2~3센티미터로 짧게 테이프를 떼어 낼 수 있다.
• '붙이다'의 의미를 안다.
• 붙여야 하는 자리에서 다소 벗어나지만 접착이 가능하다.
• 테이프가 다소 구겨지지만 붙여야 하는 자리에 정확히 붙일 수 있다.
• 붙여야 하는 자리에 테이프를 구겨지지 않게 붙일 수 있다.
• 붙여야 하는 자리를 보고 테이프 길이를 스스로 조절하여 떼어 붙일 수 있다.

⑤ 내담자는 치료실 상황에서 언어적 단서를 제시할 경우 공이나 자동차를 10회 중 8회 이상 치료자와 주고받을 수 있다.

• 굴릴 수 있는 사물에 관심을 보인다.
• 원하는 사물을 줄 것을 요구한다.
• 사물을 손에 쥘 수 있다.
• 공이나 자동차 등 사물의 이름을 안다.
• 약 (　　)cm까지 시선 추적이 가능하다.
• 공이나 자동차를 약 (　　)cm 자기 몸 앞에서 굴린다.

- 공이나 자동차를 자기 몸 주위에서 (　)회 이상 굴린다.
- 공이나 자동차를 굴려 멀리 보내기를 (　)회 이상 수행할 수 있다.
- 공이나 자동차를 (　)회 이상 상대방을 향해 보낼 수 있다.
- 공이나 자동차를 (　)회 이상 목표지점까지 보낼 수 있다.
- 공이나 자동차를 (　)회 이상 주고받을 수 있다.

⑥ 내담자는 치료실 상황에서 시각적/언어적 단서를 제시할 경우 치료자의 동작을 모방하여 '빠이빠이'를 5회 중 3회 이상 수행할 수 있다.

- 박수를 친다.
- 하이파이브를 한다.
- 하이파이브 하는 손을 점차 넓게 벌리거나 오므리면 따라오면서 친다.
- 하이파이브 하는 손을 점차 위, 아래로 움직이면 따라오면서 친다.
- 손을 털듯이 흔들 수 있다.
- 치료자의 동작을 보고 '빠이빠이'를 모방할 수 있다.
  (자폐아동의 경우 '빠이빠이' 모방 시 손바닥이 자신 쪽으로 향하게 모방하기도 한다. 치료자가 '빠이빠이'를 모델링할 때 손바닥이 보이도록 모델링했기 때문이다. 이때는 보조치료자가 참석하여 아동 쪽에서 '빠이빠이' 하는 손등을 모델링하거나, 치료자가 자신의 손바닥을 보며 '빠이빠이'를 하여 모델링할 수 있다.)
- 언어적 단서 제시만으로 '빠이빠이'를 할 수 있다.

⑦ 착석 유지가 필요한 경우

착석을 유지하기 위해 동화치료 활동 전에 타이머로 착석 유지를 접근하고, 착석 유지를 위한 세부적인 동작을 지시하고, 계획하고, 스스로 계획을 세우고 설정하고 실행하기까지 각각의 동작을 코딩할 수 있다.

- 자리에 앉는다.
- 손을 무릎이나 책상 위에 올린다.
- 다리를 어깨 너비로 벌린다.

- 등을 바로 세우고, 머리와 몸통의 정중선을 유지한다.
- 타이머를 제시했을 때 10초 동안 타이머를 건드리지 않고 기다릴 수 있다.
  (20초, 30초, 1분, 3분, 5분 등으로 점차 한계를 늘린다.)
- 짧은 동화를 읽는 동안 착석을 유지할 수 있다.
- ( )페이지 동화를 읽는 동안 착석을 유지할 수 있다.
- ( )세/학년 수준 동화 ( )페이지를 읽는 동안 착석을 유지할 수 있다.
- 당일 목표를 달성하였을 경우 칭찬이나 강화물로 행동을 강화한다.

⑧ 특정 대상에 집착하는 내담자의 경우(내담자가 집착하는 대상에서부터 인지범위를 확장한다.)

- 대상을 본다.
- 대상에 치료자와 함께 공동주목 한다.
- 내담자가 치료자의 손을 끌어 원하는 동작을 요구한다.
- 대상을 포인팅한다.
- 일정 기간 공동주목 하기를 반복한다.
- 내담자와 함께 대상과 유사한 것을 찾는다(예: 선풍기-핸디선풍기, 환풍기, 실외기).
- 내담자는 치료자가 대상에 변화를 주면 제지하거나 모방한다(예: 선풍기 꺼요, 켜요, 버튼, 눌러, 날개, 안 돼).
- 대상에 내담자 스스로 변화를 준다.

⑨ 풍선 불기 이전 단계

- 빨대로 물을 마실 수 있다.
- 코를 잡아 주면 입으로 흡기한다.
- 코를 잡아 주면 호기 시 물 피리 소리를 낼 수 있다. (횟수 기록)
- 입 앞에 휴지나 종이를 늘어트리면 불 수 있다.
- 호루라기/피리를 1회씩 끊어서 10회 이상 불 수 있다.
- 튜브 피리를 불어 튜브를 5cm 이상 펼 수 있다(펴지는 횟수, 튜브가 펴진 길이 기록).
- 호루라기/피리를 부는 간격이 거의 없이 연속해서 10회 이상 불 수 있다.

- 비눗방울을 불 수 있다.
- 팬플룻의 위치를 조정해 주면 연속으로 불어 짧은 동요 연주가 가능하다.
- 촛불 장난감을 불어서 불을 끌 수 있다.
- 종잇조각을 불어서 날릴 수 있다.
- 풍선이 늘어나지는 않으나, 약간 부풀어서 풍선 형태를 확인할 수 있게 불 수 있다.
- 슬라임에 빨대를 꽂아 바람풍선을 불 수 있다.
- 약 (　　)cm 풍선불기를 할 수 있다.

이러한 세부적인 계획과 확장을 통한 성취는 동화치료의 모든 과정에 적용할 수 있다.

일반적으로 '그냥 할 수 있는 것'이 내담자에게는 '알 수 없는 것'과 같다. 하나하나 알려 주고 연습하지 않으면 수행할 수 없는 경우가 일상적이다. 마부작침(磨斧作針)의 고사를 생각해 보자. 요즘에는 공장에서 뚝딱뚝딱 찍어 내는 바늘을 마부작침의 고사에서는 도끼를 갈고, 갈고, 또 갈아서 바늘 하나를 만들어 낸다. 치료자가 하는 일은 그와 같다. 그 과정이 비록 지난하다고 하여도, 아주 작은 하나하나의 과정을 꾸준히 하다 보면 내담자의 변화가 찾아온다.

(4) 창의적 통합활동을 위한 동화치료 수행 수준 체크리스트

다음은 동화치료 진행 시 내담자의 발달과 성장을 평가하기 위한 비표준화 체크리스트다. 동화치료 과정에서 회기를 원활히 진행하기 위해 필요한 핵심적인 요소를 선별하였다. 내담자의 수행 정도에 따라서 각각의 항목을 장기목표나 단기목표로 삼을 수 있으며, 내담자 수준에 따라 매체와 기법을 적용할 수 있다[포테이지 아동발달 지침서, 장애 영유아 발달 영역별 지침서(인지편) 참고].

① 검사 '가'－인지 수행 수준 (72문항)

인지 영역	번호	내용	
지각 오차	1	주어진 목표점, 목표선과 마킹지점 또는 가위선의 오차범위는 어느 정도인가?	
점	2	주어진 점 위에 스티커를 붙이거나 마크할 수 있다.	
	3	주어진 점 위에 점을 찍을 수 있다.	
	4	주어진 경계선을 벗어나지 않고 점을 찍을 수 있다.	
선	5	마구 낙서한다. (난화단계)	
	6	낙서에 패턴이 있다. (나선, 스프링, 지그재그, 열린 동그라미)	
	7	세로선을 그린다.	
	8	가로선을 그린다.	
	9	교차점이 있는 선을 그린다. 예) ＋, 비뚤어진 ＋	
	10	폐곡선을 그린다.	
	11	사선(＼, ／)을 그린다.	
	12	주어진 점과 점을 이어서 혹은 점선을 따라 그린다.	
	13	V를 그린다.	
도형	14	산 모양(톱니모양)을 그린다. ／ʌʌʌʌ	
	15	별표를 그린다.	
	16	같은 도형을 짝 지을 수 있다.	
	17	○, △, □ 등 세 가지 도형의 이름을 말한다.	
	18	동그라미를 그린다.	
	19	네모를 그린다.	
	20	세모를 그린다.	
	21	마름모를 그린다.	
형태	22	눈, 코, 입, 귀, 머리카락 등 적어도 세 부분이 포함된 얼굴을 그린다.	
	23	두족화가 나타난다. (머리에서 팔과 다리가 바로 나타남.)	
	24	머리와 몸통이 있고, 몸통에 이어진 팔과 다리를 그린다.	
	25	손가락과 발가락 등 세부적인 표현이 나타난다.	
	26	완전한 형태의 사람을 옷, 장신구, 패턴 등으로 꾸민다.	
	27	주어진 점을 통과하는 곡선을 그린다.	
	28	물결무늬를 그린다. ∿∿∿∿	
	29	벽돌 모양(톱니바퀴 모양)을 그린다. ⊓⊔⊓⊔⊓	
	30	구름 모양을 그린다. ⌒⌒⌒⌒⌒	
	31	대상의 그림/사진/실물을 보고 대략적인 형태를 그린다.	
	32	대상의 세부적인 부분을 표현한다.	
	33	보지 않고 생각한 사물을 그린다.	
	34	인체 및 사물의 비례가 실제와 유사하다.	

	35	화살표 등으로 그림의 움직임을 표현한다.	
	36	그림으로 동작을 표현할 수 있다.	
	37	무엇을 어디에, 어떻게 그릴지 계획하여 그린다.	
	38	그림에 주제가 있다.	
면, 공간, 구도	39	선을 벗어나지 않고 색칠한다.	
	40	기저선이 나타난다.	
	41	공간을 균형 있게 사용한다.	
	42	구도에 안정감이 있다.	
	43	위치, 크기, 색채 등을 조화롭게 구성한다.	
	44	근경과 원경을 구분하여 표현한다.	
	45	사람의 신체부위나 사물과 사물, 사람과 사람의 겹쳐진 부위를 적절하게 표현한다.	
	46	입체를 표현한다.	
색채	47	같은 색을 짝 지을 수 있다.	
	48	세 가지 색의 이름을 말한다.	
	49	두 가지 이상의 색 중에서 빨간색을 고를 수 있다.	
	50	두 가지 이상의 색 중에서 노란색을 고를 수 있다.	
	51	두 가지 이상의 색 중에서 파란색을 고를 수 있다.	
	52	두 가지 이상의 색 중에서 주황색을 고를 수 있다.	
	53	두 가지 이상의 색 중에서 초록색을 고를 수 있다.	
	54	두 가지 이상의 색 중에서 보라색을 고를 수 있다.	
	55	두 가지 이상의 색 중에서 검정색을 고를 수 있다.	
	56	두 가지 이상의 색 중에서 흰색을 고를 수 있다.	
	57	두 가지 이상의 색 중에서 회색을 고를 수 있다.	
질감	58	두 가지 이상의 촉감에서 같은 것끼리 짝 지을 수 있다.	
	59	세 가지 이상의 촉감에서 같은 것끼리 짝 지을 수 있다.	
	60	세 가지 이상의 촉감을 말한다. (거칠다/매끄럽다/부드럽다 등)	
표현 및 사회성	61	설명이나 주의사항에 집중한다.	
	62	기다려야 할 때 끼어들거나 나서지 않고 기다린다.	
	63	활동에 대한 의지가 있다.	
	64	작품을 완성하는 데 많은 도움이 필요하다.	
	65	(약간의 도움이 필요하지만) 스스로의 힘으로 작품을 완성한다.	
	66	작품을 소중히 다룬다.	
	67	자기 작품을 자랑하거나 칭찬을 요구한다.	
	68	다른 사람의 작품에 관심을 가지거나 칭찬한다.	
	69	손을 들고 발표 또는 질문한다.	
	70	다른 사람의 활동을 도와준다.	
	71	자기 작품과 다른 사람의 작품을 비교한다.	
	72	작품을 만드는 과정이나 작품의 특징 또는 표현 의도를 간단히 설명한다.	

② 검사 '나'-도구 사용 수준 (64문항)

인지 영역	번호	내용	
연필 잡기 이전 발달 과업 (시각 운동 통합 발달)	1	관심 있는 행동을 의도적으로 반복한다.	
	2	시야를 가리고 있는 천을 얼굴에서 치운다.	
	3	사물을 쳐다보고 손을 뻗어 잡으려고 한다.	
	4	물건을 숨기는 것을 보면 찾는다.	
	5	떨어진 물건을 줍는다.	
	6	양손으로 작은 물건을 쥔다.	
	7	양손으로 큰 물건을 집어 든다.	
	8	양손에 각각 물체를 쥐고 부딪친다.	
	9	한 손에서 다른 손으로 사물을 옮긴다.	
	10	그릇 속의 물건을 꺼낸다.	
	11	그릇 속의 물건을 넣는 동작을 모방한다.	
	12	언어적 지시에 따라 그릇 안에 물건을 넣는다.	
	13	책상 위의 물건을 '딱딱' 두드린다.	
	14	검지로 '쿡쿡' 찌른다.	
	15	엄지와 검지로 물건을 집어 든다. 꼬집는다.	
	16	블록으로 3층 이상 탑을 쌓는다.	
	17	한 손으로 두 개의 장난감을 집는다.	
	18	손에 들고 있는 물건을 떨어뜨리지 않고 건네준다.	
	19	허리를 굽혀 떨어뜨리지 않고 물건을 집어 올린다.	
	20	친숙한 사람이나 사물이 어디 있는지를 가리킨다.	
	21	똑같은 것을 찾아 가리킨다. (사물과 사물)	
	22	똑같은 것을 찾을 수 있다. (사물과 사진, 그림)	
	23	지시에 따라 장난감을 제자리에 정리한다.	
	24	자발적으로 장난감을 제자리에 정리한다.	
	25	양손을 흔들어 '빠이빠이'를 할 수 있다.	
	26	장난감 이외의 물건을 가져오거나 갖다 놓는 심부름을 할 수 있다.	
	27	다른 사람의 간단한 동작을 5개 이상 모방한다.	
	28	문고리(손잡이)를 돌리거나 전기 스위치를 켜고 끈다.	
	29	입구가 넓은 통이나 병뚜껑을 열고 잠근다.	
	30	지름 2~3cm 병뚜껑을 돌려 연다.	

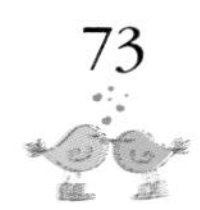

미술 도구 사용 능력	31	양손 중 더 많이 사용하거나 선호하는 한 쪽 손이 있다.	
	32	연필이나 크레파스를 주먹 쥐어 잡는다.	
	33	엄지와 다른 손가락으로 연필이나 크레파스를 정확하게 쥔다.	
	34	연필을 연필 깎기로 깎는다.	
	35	필요에 따라 필압을 조절할 수 있다.	
	36	팔레트에 물감을 짤 수 있다.	
	37	붓에 물감을 찍어 종이에 그을 수 있다.	
	38	붓과 팔레트를 씻거나 닦아 뒷정리를 할 수 있다.	
	39	가위로 종이를 아무렇게나 자른다.	
	40	가위로 종이를 한쪽 끝에서 다른 쪽 끝까지 자른다.	
	41	직선을 따라 종이를 자른다.	
	42	지그재그를 자른다.	
	43	물결선을 따라 종이를 자른다.	
	44	가위로 □, ○, △를 자른다.	
	45	가위로 움푹 들어간 외곽선을 매끄럽게 자른다.	
	46	가위로 간단한 모형(집, 동물 등)을 오린다.	
	47	신문이나 잡지에서 원하는 것을 오려 낸다.	
	48	형태를 벗어나지만 반 이상 풀칠할 수 있다.	
	49	풀이 덩어리지지 않게 적당히 힘을 조절할 수 있다.	
	50	형태를 따라 풀칠한다.	
	51	정확하지는 않지만 종이를 한 번 접는다.	
	52	종이를 여러 번 마구잡이로 접는다.	
	53	종이를 반으로 접어 네모를 만든다. (긴 네모, 정사각형)	
	54	종이를 반으로 접어 세모를 만든다. (큰 세모, 작은 세모)	
	55	종이접기를 5회 이하로 접어 작품을 만든다.	
	56	종이접기를 6회 이상 접어 작품을 만든다.	
	57	테이프를 잘라 필요한 곳에 붙인다.	
	58	클립이나 집게를 종이에 꽂는다.	
	59	스테이플러나 펀치로 2장 이상의 종이를 찍을 수 있다.	
	60	핀셋으로 작은 구슬을 집을 수 있다.	
	61	점토를 반죽하고 두드려 압축시킨다.	
	62	점토를 밀어 길게 만든다.	
	63	점토로 공을 만들어 굴린다.	
	64	점토로 간단한 모양(케이크, 사물, 동물)을 만든다.	

③ 검사 '다'-기초 인지 수준 (45문항)

영역	번호	내용	
신체	1	"(누구)는 어디 있니?"라고 물을 때 자신을 가리킨다.	
	2	신체의 한 부분을 가리킨다.	
	3	다섯 가지 신체 부위를 가리킨다. (머리, 팔, 다리, 손, 발 등 큰 부위)	
	4	남자와 여자를 변별한다.	
	5	신체의 세부적인 명칭과 위치를 5개 이상 맞출 수 있다.	
수	6	하나와 둘의 개념을 안다.	
	7	1~10까지 자동 수세기를 할 수 있다.	
	8	1~5까지 센다.	
	9	5~10까지 센다.	
	10	1~10 중에서 특정한 수만큼 물건을 집을 수 있다.	
	11	1~5의 숫자를 읽을 수 있다.	
	12	5~10의 숫자를 읽을 수 있다.	
	13	첫째, 둘째, 셋째와 같이 차례를 나타내는 서수를 안다.	
	14	십 원, 오십 원, 백 원, 천 원, 만 원, 오만 원 등 돈을 구별할 수 있다.	
인지 처리	15	두 가지 이상의 일을 순차 처리할 수 있다.	
	16	두 가지 이상의 일을 동시 처리할 수 있다.	
기초 인지 (양감, 크기, 방향, 거리 등의 비교, 반대 개념)	17	'예 / 아니요'를 표시할 수 있다.	
	18	'안 돼'에 적절하게 반응할 수 있다.	
	19	손동작이나 언어적으로 '주세요' 요구하기를 수행할 수 있다.	
	20	대상에 주의를 집중하여 응시할 수 있다.	
	21	공동주목 하기가 가능하다.	
	22	포인팅이 가능하다.	
	23	'켜다 / 끄다'를 변별할 수 있다.	
	24	'열다 / 닫다'를 변별할 수 있다.	
	25	'있다 / 없다'를 변별할 수 있다.	
	26	'많다 / 적다'를 변별할 수 있다.	
	27	'안 / 밖'을 변별할 수 있다.	
	28	'올라가요 / 내려가요'를 변별할 수 있다.	
	29	'길다 / 짧다'를 변별할 수 있다.	
	30	'위 / 아래'를 변별할 수 있다.	
	31	'떨어져 있다 / 붙어 있다'를 변별할 수 있다.	
	32	'높다 / 낮다'를 변별할 수 있다.	
	33	'크다 / 작다'를 변별할 수 있다.	
	34	'앞 / 뒤'를 변별할 수 있다.	
	35	'가까이 / 멀리'를 변별할 수 있다.	

	36	'굵다 / 가늘다'를 변별할 수 있다.	
	37	'같다 / 다르다'를 변별할 수 있다.	
	38	'왼쪽 / 오른쪽'을 변별할 수 있다.	
	39	'연하다 / 진하다'를 변별할 수 있다.	
	40	'두껍다 / 얇다'를 변별할 수 있다.	
	41	'밝다 / 어둡다'를 변별할 수 있다.	
	42	'세다 / 약하다'를 변별할 수 있다.	
	43	'밀다(누르다) / 당기다'를 변별할 수 있다.	
	44	'잡다 / 놓다'를 변별할 수 있다.	
	45	'찢다 / 붙이다'를 변별할 수 있다.	

4) 동화 읽기를 통한 동화치료 진행

- 동화를 매개로 이야기를 자기 자신에게로 확장한다.
- 동화와 자신의 이야기를 분석하여 의미를 찾는다.
- 동화를 주제로 하여 여러 발달 영역을 촉진한다.

(1) 그림책이나 동화 선정하기

내담자가 동화책의 제목이나 그림을 보고 원하는 그림책을 선정하거나 끌리는 책이 없을 경우 치료자가 치료 목적에 맞게 몇 가지 책을 추천해 주고 거기서 고르도록 한다.

(2) 선정한 그림책이나 동화 읽기

- 내담자가 직접 동화를 읽는다. 묵독, 속독, 정독, 음독 등의 기본적인 읽기 방법이 모두 쓰일 수 있다.
- 치료자가 동화의 소재 또는 제목만 들려준 뒤 내용에 대해 이야기 나눈 후 읽는다.
- 치료자 혹은 집단원 중 한 명이 그림을 보여 주면서 그림책을 읽어 준다. 이때,

내담자는 한곳에 집중하게 된다. 그러나 내담자가 이미 아는 이야기의 경우 주의집중이 떨어질 수도 있다.

- 치료자가 동화를 구연한다. 내담자가 보다 흥미진진하게 이야기에 몰입하게 된다.
- 치료자가 동화를 읽어 주되, 치료 목적에 따라 이야기 중간에 해설을 넣거나 어감 등을 달리 할 수도 있다. 이 경우 문제해결적 경향이 있다. 특정 상황에 대한 내담자의 생각이나 감정을 나누게 된다.
- 치료자가 동화를 읽어 주다가 치료 목적에 따라 이야기를 중간에 멈추고 활동으로 들어갈 수 있다. 다음 이야기를 상상하거나 이야기가 중간에 끊긴 것에 대한 소감을 말하거나 감정의 흐름을 자각하거나 앞의 이야기를 정리하고 체득하는 활동 등이 가능하며, 필요에 따라 분위기를 환기하기 위해 사용할 수 있다.
- 내담자 또는 그룹원들이 돌아가면서 읽는다. 자신이 원하는 만큼 읽고 다른 사람에게 차례를 넘기도록 하면, 내담자는 자기 차례에 대한 기대나, 부담, 어느 정도를 읽어야 하는지, 저 사람은 어디까지 읽게 될 것인지, 기대가 어긋났을 때의 느낌 등 동화 내용 자체에 대한 감상뿐만 아니라 그룹 내에서의 자기 역동 또한 관찰할 수 있게 된다.

(3) 핵심단어, 핵심사건, 핵심감정을 찾아 자기화하여 표현하기

같은 동화를 읽어도 각자 다른 주제를 찾을 수 있다. 동화 속 주인공의 문제에 이름을 붙여 볼 수 있으며, 동화의 소재와 자신이 가진 공통점과 차이점, 동화 속 상징과 자신에게 다가오는 의미 등을 생각해 보고, 관련된 경험을 다양하게 표현해 본다.

예를 들어, 『흥부 놀부』를 읽고,

- 구렁이의 위협: 나에게 구렁이 같은 사람이란? 나에게 위험하거나 두려웠던 순간 표현하기
- 박타기: 나의 박에는 무엇이 있으면 좋을까? 희망과 소원에 관련된 이미지 표현하기, 나에게 주는 선물 표현하기

(4) 상황을 구체화하고 문제를 명료화하기 위한 질문하기

심리치료에서 질문은 매우 중요한 위치를 차지한다. 치료자는 질문을 통해 내담자의 문제에 접근할 수 있으며, 개방형 질문으로 이야기를 풀어 나갈 수 있도록 이정표를 제시하며, 때로는 내담자가 깨닫지 못한 문제를 질문을 통해 직면하게 하고, 통찰과 자기 성찰을 통해 문제해결의 단서를 찾을 수 있도록 돕기도 한다. 이를 위해서 치료자는 열린 질문과 5W1H(육하원칙)를 적절히 사용할 수 있어야 한다.

① 열린 질문

열린 질문이란 '예/아니요'로 대답할 수 없는 주관적인 답을 요구하는 질문을 말한다. 단답형 질문이나 '예/아니요'로 대답할 수 있는 닫힌 질문의 경우 내담자가 이야기를 전개하는 데 수동적인 태도를 취하게 할 수 있으며, 동화에 자기 이야기를 반영하기 위해 충분히 고려하지 않게 한다. 따라서 치료자는 열린 질문을 사용하는 것이 좋다. 단, 열린 질문이 지나치게 많으면 부담스러워하거나 방어하는 내담자가 있을 수 있다. 또한 자기 생각을 표현하는 데 어려움을 표하는 내담자의 경우 열린 질문은 상당한 스트레스로 작용하므로 상황에 맞게 적절히 수를 조절하거나, 여러 가지 예시를 들어 생각하는 것을 도울 수 있다.

② 그림에서 질문하기

모양의 이유, 생김새의 특징, 유사한 대상, 표정, 색깔, 분위기, 행동, 동작, 기법, 매체, 그림이 주는 느낌, 그림을 보았을 때 드는 생각 등

③ 내용에서 질문하기

주인공의 이름, 직업, 등장인물, 이야기의 장소적 배경, 시간적 배경, 시대적 배경, 사회적 배경, 핵심단어, 핵심사건, 핵심감정, 이야기의 흐름 등

④ 과장된 부분, 상식과 연관된 부분 찾기

- 별주부전: 토끼는 어떻게 물속에서 숨을 쉬었지?
- 단군 이야기: 정말 동물이 마늘이랑 쑥만 먹으면 인간이 될까? 왜 하필 마늘과

쑥이었을까? 마늘과 쑥이 나오는 다른 동화는 무엇이 있을까?

⑤ 핵심감정으로 질문하기

이 장면에서 주인공은 어떤 감정을 느꼈을까? 내가 동일한 감정을 느껴 본 것은 언제일까?

⑥ 주체적, 객체적 경험 질문하기

- 주체적 경험: 내가 (핵심감정/핵심사건/핵심단어) 했던 것은 언제일까? (예: 내가 누군가를 위로했던 것은 언제일까?)
- 객체적 경험: 내가 (핵심감정/핵심사건/핵심단어) 받았던 것은 언제일까? (예: 내가 누군가에게 위로를 받았던 것은 언제일까?)
- 이런 일을 해결할 때 나는 주체적, 객체적, 방관적 입장 중에서 어떤 입장에 있는 것을 선호할까? (예: 장화홍련 본인, 계모, 장화홍련의 아버지, 원님 중에서 장화홍련의 일을 해결하기 위해 나는 어떤 인물이 되면 좋을까?)

⑦ 문장 형태 변형하기

- 평서문을 의문문으로 바꾸기(예: 소시지가 코에 철썩 붙었어요. > 소시지가 코에 철썩 붙을까?)
- 평서문을 청유형으로 바꾸기(예: 소시지를 코에 철썩 붙여 보자.)
- 평서문을 명령문으로 바꾸기(예: 소시지를 코에 철썩 붙여라.)

⑧ 질문 꼬리 물기

소시지가 어떻게 코에 붙을까? > 코에 붙은 소시지는 떨어질까? > 소시지는 과연 언제 떨어질까?

⑨ 반대로 생각하기

금슬 좋은 부부가 있었습니다. > 과연 금슬 좋지 않은 때가 없을까? 금슬 좋지 않은 때가 있다면 언제일까? 금슬 좋지 않은 부부는 어떻게 살까?

⑩ 유사점과 차이점 찾기

- ~와/과 닮은 것이 있다면 무엇일까?
- ~와/과는 어떤 점이 다를까?
- ~와/과 ~의 공통점과 차이점은 무엇일까?

⑪ 존재 유무 질문하기

- ~이 있다면 어떻게 되었을까? 이야기에서 ~가 없다면 어떻게 될까? (예: 산신령에게 다른 도끼가 없었다면 이야기가 어떻게 되었을까? 산신령에게 닌텐도 게임기가 있었다면 어떻게 되었을까?)

⑫ 최상급 질문하기

'가장' '제일' '최고의'와 같이 최상급 표현을 사용하여 경험을 서열화하기(예: 주인공이 가장 행복했던 순간은 언제일까? 주인공이 가장 어려웠던 일은 무엇일까?)

⑬ 시점에 따른 질문하기

과거에는 어땠을까? 과거에는 누가 이 일을 했을까? 지금 이 일이 벌어지면 어떻게 될까? 앞으로는 어떻게 변할까? 10년 뒤에는 어떻게 될까?

⑭ 나의 감정과 생각 파악하기

이 장면에서 나의 느낌은? 이 장면에서 들었던 생각은?

⑮ 가정법 질문하기(만약 ~라면, ~가 ~라면)

나라면 어떻게? 내가 이 숲속의 동물이 된다면? 범인이 그 사람이 아니라면? 만약 목격자가 있다면, 뭐라고 말할까?

⑯ 대상의 감정과 생각 파악하기

주인공의 느낌은 어땠을까? 주인공은 이때 무슨 생각을 했을까?

⑰ 작가의 의도 파악하기

작가는 왜 이런 이야기를 만들었을까? 이 장면에서 작가는 무슨 생각을 했을까? 작가가 생각하는 (　　)은 어떤 의미일까?

⑱ 5W1H(육하원칙)

치료자는 동화를 읽고 나서의 감상을 나누고, 관련 활동을 하면서 동화와 관련하여 '~한 경험에 대해 이야기해 봅시다.'라고 하여 동화의 내용이나 내담자의 심리에 더 깊이 들어갈 수 있게 되며, 이때부터 육하원칙을 활용한 질문으로 이야기의 문을 활짝 열 수 있다. 내담자는 여섯 가지 질문을 통해 동화와 자신의 경험을 연결하게 된다. 치료자는 여기서 내담자가 각각의 분류에 대하여 인지하는 방식이나, 현실인식, 개인의 특성을 파악할 수 있다. 다음에 설명하는 육하원칙에 따른 질문들은 동화를 통해 마음의 문을 여는 첫 번째 열쇠다. 동화 읽기 후 치료자가 사용해 볼 수 있는 질문들의 예시인데, 매끄러운 접근을 위해 도치하여 사용하는 등 질문을 변형하고 추가하여 사용할 수 있다. 치료자는 질문에 대한 내담자의 대답을 경청하고 분석하여 패턴을 찾아내고, 치료 목적에 맞게 내담자를 안내해야 한다.

누가(Who) '누구'에 대한 질문은 내담자가 동화 속에 등장하는 전형적 인물, 비전형적 인물, 주동인물, 반동인물 등 다양한 인물상에 대해 어떻게 받아들이고 있는지를 확인할 수 있게 해 주며, 내담자 자신 혹은 내담자가 알고 있는 사람이 누구와 동일시되는지 등 관계에 대해 생각하게 한다. 또한 인물의 성격, 외모, 특성, 신분, 인물 간의 관계 등 '누구인가?'에 따라 동화 속 상황에 대한 반응이 달라지고, 사건의 흐름이 변화하게 되므로 '누구'에 대한 질문과 확인이 필요하다.

누구라고 생각하나요?
누가 그랬나요?
누구에게 그랬나요?
누가 누구를 좋아하나요? / 싫어하나요?
누가 누구를 이용하나요?

누가 이런 역할을 하나요?

누가 끼어들었나요?

누구를 없애고 싶은가요?

누구를 넣고 싶은가요?

누구 차례인가요?

누가 했으면 좋았을까요?

누가 원했나요?

누구 때문이라고 생각하나요?

누구로 바꾸고 싶나요?

누가 좋은가요?

누가 싫은가요?

누가 문제인가요?

누가 생각나나요?

누가 떠오르나요?

누구와 닮았나요?

누구이길 바라나요?

누구 대신인가요?

나는 누구인가요?

내가 누구라면?

나에게 누가 이런 경험을 하게 했나요?

내가 누구에게 이런 경험을 하게 했나요?

나는 누구에게 (　　) 할까?

나는 누구로부터 (　　) 했을까?

누구와 친해질까? / 누구와 친해지면 좋을까?

누구와 멀어질까? / 누구와 멀어져야 할까?

누가 영향을 받을까? / 누구에게 영향을 받았을까?

언제(When) '언제'란 시간적, 시대적 배경이다. 똑같은 사건이라 하여도 그것이 벌어진 시간이나 시점, 시대에 따라 그 의미가 크게 달라지며, 결과 또한 판이하게 달라질 수 있다. 또한 내담자가 문제를 인식한 시점이나, 유사한 경험이 있었던 때가 언제인지 질문함으로써 동화와 내담자를 연결할 수 있다. 혹은 내담자가 미처 자각하지 못하고 있던 시점을 질문함으로써 내담자가 이를 알아차릴 수 있게 도울 수 있다.

한편, '언제?'라는 질문은 노인동화치료, 노인미술치료, 치매예방프로그램 등에서 특히 많이 쓰이고 있다. 노인 내담자의 경우 전통문화, 전통음악, 민요 등으로 많이 접근하는데, 동화치료에서도 같은 맥락에서 전래동화를 통한 접근을 추천한다. 동화 자체의 내용도 좋지만, 전래동화는 각각의 장면에 나타나는 소재들이 어르신들의 향수를 자극하고, 그에 대해 '언제?'라고 질문함으로써 과거 회상을 도울 수 있기 때문이다. 대개 회상을 시작하면 동화의 내용에서 자기 이야기로 자연스럽게 넘어간다. 치료자는 여기서 적절히 공감하고 긍정적인 피드백을 줌으로써 어르신들의 긍정적 자기인식과 자아통합을 촉진할 수 있게 되는 것이다.

처음 그렇게 된 것은 언제일까요?
언제까지 (　　) 할까요?
언제부터 (　　) 했을까요?
언제 알았나요? ~을 알았던 건 언제인가요?
언제 일어났나요? ~가 일어난 건 언제인가요?
언제 일어나길 바라나요? ~가 일어나길 바란 것은 언제인가요?
언제 해야 할까요? ~해야 했던 건 언제인가요?
언제가 좋을까요? ~가 좋았던 건 언제인가요?
언제를 피해야 할까요? ~을 피해야 했던 건 언제인가요?
언제로 바꾸고 싶나요? ~을 바꾸고 싶은 건 언제인가요?
언제 그런 일이 있었나요? 그런 일이 언제 또 있었나요?
언제가 되면 가능할까요? ~이 가능하게 된 건 언제인가요?
언제라고 생각하나요? 그런 생각을 한 건 언제부터인가요?

언제쯤 멈출까요? ~을 멈추려면 얼마나 걸릴까요?

언제라면 괜찮았을까요? ~가 괜찮았던 건 언제인가요?

어떤 때인가요?

어떤 때 그렇게 느끼나요?

어느 시점에서 그렇게 느꼈나요?

나라면 언제 했을까요? 언제 했어야 했나요?

나는 언제 이렇게 했나요?

나는 언제 이런 생각을 하나요?

이런 일이 언제든지 가능할까요?

이런 일이 언제라면 용인될까요?

어느 시대일까요?

지금의 시대와 비교하면 어떤가요?

어제는 어땠나요? / 아까는 어땠나요?

지금은 어떤가요? / 내일은 어떨까요?

일주일 후, 한 달, 6개월, 1년, 3년, 5년 10년 뒤에는 어떻게 되어 있을까요?

과거의 나는 어땠나요?

지금의 나는 어떤가요?

미래의 나는 어떨까요?

과거의 나에게 미래의 나는 뭐라고 할까요?

현재의 나에게 미래의 내가 뭐라고 할까요?

미래의 나에게 어떻게 이야기해 주고 싶나요?

현재의 나는 미래의 나를 위해 무엇을 하고 있나요?

※ 시간의 흐름과 관련된 이야기 나누기

아직 시간관념이 형성되지 않은 영유아나 메모리(작업 기억) 능력이 낮은 내담자는 자기 경험을 이야기하는 것에 어려움을 보인다. 활동을 시작하기 전에 그날 있었던 일과 앞으로 할 일에 대해서 내담자와 이야기 나누기를 꾸준히 반복하는 것으로 내담자의 생각하는 힘을 촉진할 수 있다. 이때 주의할 것은 내담자가 인지하는 시

점을 중심으로 내담자의 역량에 맞게 비계를 설정하고 해당 범위 안에서부터 시점이나 질문을 세세하게 코딩하여 접근해야 내담자가 부담스러워하지 않는다는 것이다. 꾸준히 활동하다 보면 내담자 스스로 시간에 따른 상황 변화, 타인의 반응 등 자신을 둘러싼 환경의 변화에 관심을 가지게 되고, 보다 원활한 경험 나누기가 가능하게 된다.

- 메모리 훈련, 상황인지, 설명하기, '어제/오늘'의 시간 개념 형성, 경험 말하기가 필요한 경우: 현재, 방금 전, 5분 전, 10분 전, ~을 하기 전, 1시간 전, 3시간 전, 점심 먹은 후, 점심 먹기 전, 아침 먹은 후, 아침 먹기 전, 일어나서, 자기 전 등 현재에 가까운 시간부터 점차 먼 과거를 제시하고, 구체적인 질문을 통해 경험 말하기를 유도한다.
- 메모리 훈련, 계획하기, 순차처리능력 향상, '오늘/내일'의 시간 개념 형성, 시간 규칙 따르기 등이 필요한 경우: 현재, 이것 다음에, 5분 뒤에, 10분 뒤에, ~을 하고 나서, 1시간 뒤에, 3시간 뒤에, 저녁 먹기 전, 저녁 먹은 후, 자기 전, 자고 나서 등 현재를 기준으로 점차 먼 미래를 제시하며 무엇을 할 것인지를 이야기한다.
- 동화 읽기 · 동화 만들기에서의 활용: 앞 장면이 무엇이었죠? 그 앞 페이지 내용은 어땠지요? 다음 페이지는 무슨 내용이 나올까요? 자고 나서 내일이 되면 주인공은 무엇을 할까요? 주인공은 아까 무엇을 했나요?

어디서(Where) '어디서'란 장소적 배경이다. '로마에 가면 로마의 법을 따르라.'는 말처럼 우리는 장소에 따라 그곳에 맞는 법과 규칙을 따르고, 행동양식을 변화시키고는 한다. 동화의 인물들 또한 마찬가지다. 인물이 어디에 있느냐에 따라 인물의 언행이 다르게 받아들이게 된다. 예를 들어, 「돈키호테」가 풍차가 아닌 전쟁터에서 적을 향해 달렸다면 괴짜가 아니라 영웅으로 그려졌을 것과 같다. 우리는 장소를 기억할 때, 각자의 특성에 따라 기억하는 부분들이 다르게 나타난다. 예를 들면, 어느 장소를 회상할 때 특정 건물 등의 이정표를 기준으로 기억하는 사람이 있고, 지도를 기준으로 몇 미터, 몇 블록에서 어느 쪽 등으로 기억하는 사람이 있고, 근처에서 났던 냄새를 기억하거나 소리나 감각 등으로 기억하는 사람도 있다. 따라

서 때에 따라 '어디서'에 대한 질문에는 내담자의 장소에 대한 인식방법을 알 수 있기도 하다.

어디에서 일어났나요?
어디일까요?
어디로 가야 할까요?
어디가 있나요?
어디에 숨었을까요?
어디로 바꾸고 싶나요?
어디라면 좋았을까요?
나라면 어디로 갔을까요?
어디를 가장 가보고 싶나요?
어디가 가장 좋을까요? / 어디가 가장 나쁠까요?
어디가 가장 마음에 드나요? / 어디가 가장 싫었나요?
어디에서 이런 일이 있었나요?
이런 일이 주변에도 있나요?
주변에서 이와 가장 비슷한 곳은 어디가 있을까요?
어디에 가본 적 있나요?
이런 곳에 가게 되면 어떻게 될까요?
이런 곳에 가게 되면 무엇을 가장 먼저 하고 싶은가요?
이런 곳에 가서 어울리려면 어떻게 해야 할까요?

무엇을(What) '무엇을'은 목적과 의미에 대해 이야기할 수 있는 질문이며, 대상을 특정하는 질문이다. 치료자는 '무엇을'이라는 질문을 통하여 내담자가 중요시하게 여기는 대상이나 핵심내용을 알 수 있으며, 내담자의 사물 및 상황에 대한 인식 정도와 패턴을 확인할 수 있다.

무엇인가요?

그렇게 한 이유는 무엇일까요?

진짜 이유는 무엇이었을까요?

그때 무슨 생각이 들었을까요?

그렇게 된 원인은 무엇일까요?

장점은 무엇일까요?

단점은 무엇일까요?

무슨 생각을 했을까요?

무슨 방법을 권하면 좋을까요?

무엇을 포기했을까요?

무엇에 도전했을까요?

무엇으로 그것을 알 수 있었을까요?

다른 방법은 무엇이 있을까요?

어떤 노력을 했을까요?

어떤 영향을 미칠까요?

어떤 말을 하고 싶었을까요?

어떤 말을 듣고 싶었을까요?

무엇을 상징하나요?

무엇을 알았나요?

무엇을 걱정하나요?

무엇이 중요한가요?

무엇 때문인가요?

무엇이 문제일까요?

무엇이 필요할까요?

무엇을 고치고 싶나요?

무슨 일이 있었나요?

무슨 영향을 주었나요?

~가 무슨 기능을 하나요?

무엇이 나아지리라 생각하나요?

이야기로 무엇을 느꼈나요?

이야기의 주제는 무엇이라고 생각하나요?

무엇을 소재로 하였나요?

무슨 메시지를 주었나요?

무엇을 했어야 할까요?

무엇이 인상 깊었나요?

무엇이 좋을까요? / 싫을까요?

무엇이 안 좋을까요?

무엇을 하고 싶나요?

무엇이 최선이었나요? / 최악이었나요?

나라면 무엇을 했을까요?

나에게 무슨 의미인가요?

주인공이 ~한 것은 무엇인가요?

주인공이 ~한 것은 무엇 때문인가요?

주인공이 겪는 문제에 어떤 이름을 붙여 볼 수 있을까요?

공통점은 / 차이점은 무엇인가요?

장점은 / 단점은 무엇인가요?

무엇이 나에게 도움이 될까요?

등장인물에게 무엇이든 물어본다면 무엇을 묻고 싶은가요?

둘 중에 하나를 선택한다면 무엇을 선택하고 싶은가요?

~는 무엇무엇인가요?

나를 ~하게 한 것은 무엇인가요?

어떤 것이 있나요?

어떤 것이 좋았을까요?

어떤 내용이었나요?

어떤 사람인가요?

어떤 성격이었나요?

어떤 점이 좋았나요? / 싫었나요?

어떻게(How) '어떻게'는 수단과 방법에 대한 이야기이며, 사건의 단서를 찾고, 문제의 해결책을 마련하는 과정이다. '어떻게'는 5W1H 중에서도 특히 중요한 질문이다. 어떻게 했느냐, 어떻게 생각하느냐, 어떻게 보였느냐 등의 '어떻게'에 따른 질문은 내담자의 현실인식 방법이 직접적으로 드러나고, 내담자가 자기 자신과 직면하게 되는 계기를 주기 때문이다.

한편, 내담자는 '어떻게'를 통해 동화의 주인공이 당면한 문제를 해결하는 방법을 관찰해야 한다. 그리고 동화 주인공의 해결책을 모방하거나, 차용 또는 개선하여 자신의 현실에 대입함으로써 자신의 문제를 해결할 실마리를 찾을 수 있게 된다.

어떻게 할까요?
어떻게 하나요?
어떻게 했나요?
어떻게 되었나요?
어떻게 될까요?
어떻게 생각하나요?
어떻게 될지 알았나요?
상황을 바꾸려면 어떻게 해야 할까요?
~이 어떻게 영향을 주었나요?
~가 어떻게 하길 바라나요?
~가 어떻게 그럴 수 있었나요?
나는 어떻게 하고 싶었나요? / 했나요?
나는 어떻게 그럴 수 있었나요?
이야기를 어떻게 고치고 싶나요?
등장인물을 어떻게 바꾸고 싶나요?
나라면 어떻게 했을까요?
어떤 방법이 있을까요?
어떻게 하면 긍정적인 / 부정적인 결말이 나올까요?
어떻게 받아들였을까요?

어떻게 하면 좋았을까요?

어떻게 잊을 수 있었을까요? / 어떻게 잊지 않을 수 있었을까요?

그 후 어떻게 되었을까요?

서로 어떻게 하였을까요?

~하면 어떻게 반응할까요?

그 모습은 어떻게 보일까요?

앞으로 어떻게 될까요?

이 사건 이전에는 어떻게 했었던 걸까요?

동화 "100가지 엄마 얼굴"을 읽고 그린 '우리 엄마'
–이럴 때 우리 엄마의 얼굴을 어떻게 표현할 수 있을까요?

잔소리 곰

미안하닭

피곤한 판다

슬픈 고양이

기분 좋은 엄마 꽃

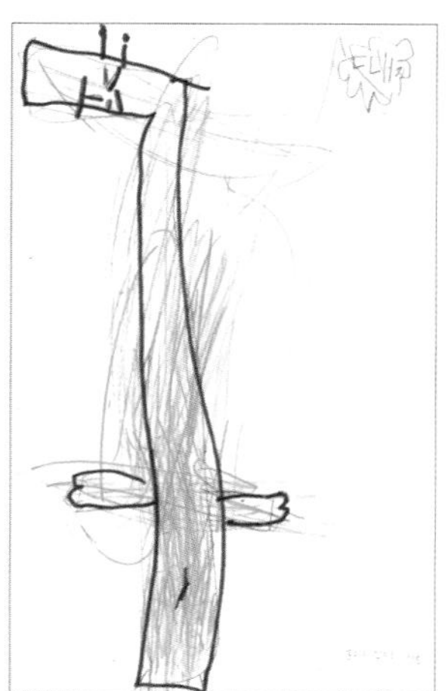

화난 때치 기린

왜(Why) '왜'는 이유와 원인, 동기에 대해 분석하는 질문이다. 문제해결적이고 인과론적인 질문으로, '왜' 이런 일이 생겼는지에 대해 분석하여 그 원인을 미리 조정하고 예방함으로써 그 결과를 변화시킬 수 있다. '왜' 또한 5W1H 중에서 특히 중요한 질문이다. 내담자는 '왜'에 대한 답을 알고 있을 수도 있고, 미처 알아차리지 못할 수도 있으며, 회피할 수도 있다.

왜 그랬을까요?
왜 그렇게 생각했나요?
왜 아니라고 생각하나요?
왜 ~하지 않았을까요?
왜 나는 그렇게 생각했나요?
왜 고치고 싶나요?
왜 하필 그것을 선택하였나요?
왜 ~만 있을까요? / 왜 ~는 없을까요?
왜 그랬을까? / 왜 그렇게 하지 않았을까?
나의 이런 반응은 왜 일까요?
나의 ~을 왜 알아차리지 못했을까요?

※ 얼마나, 어느 정도
'얼마나'와 '어느 정도'란 수와 양에 대한 개념이다.
~하는 데 얼마나 걸릴까요?
~하는 데 얼마나 들까요?
얼마나 좋을까요? / 얼마나 싫을까요?
얼마나 우울할까요?
얼마나 고통스러울까요?
얼마나 행복할까요?
얼마나 오래 그런 상황이 이어질까요?
어느 정도 있어야 문제가 해결될까요?

~하려면, 어느 정도의 ~가 필요하나요?

~의 행동에 점수를 얼마나 줄 수 있을까요?

그 감정에 점수를 매긴다면 얼마라고 할 수 있나요?

가장 싫은 것을 0, 가장 좋은 것을 10이라고 할 때 몇 점을 줄까요?

가장 고통이 없는 상태를 0, 가장 고통스러울 때를 10이라고 할 때, 주인공은 몇 점을 매길까요? 비슷한 점수를 줄 일이 있었나요?

이런 경험이 얼마나 있나요?

이런 경험을 하는 사람이 얼마나 될까요?

나에 비하면 어느 정도인가요? 왜 그렇게 생각하나요?

5W1H(육하원칙)로 줄거리 설명하기

누가 나왔나요?

언제 이야기인가요?

어디에서 일어난 일인가요?

무엇에 대한 이야기인가요?

그 일이 어떻게 되었나요?

왜 그렇게 되었나요?

(5) 전래동화 읽기를 통한 동화치료의 예

다음은 전래동화 읽기를 통한 동화치료 예시다. 제시되는 핵심단어나 핵심감정, 질문 이외에도 다양한 주제와 질문을 만들어 진행할 수 있다. 질문을 주고받는 과정에서 대화하기의 기본자세를 학습할 수 있고, 내용 파악하기, 유추하기와 추론하기, 원인과 결과 찾기 등 문제해결력을 향상시킬 수 있다. 또한 이야기의 틀을 벗어난 질문, 현실적이거나 비약적인 질문 등 질문 만들기, 질문 꼬리잡기 등의 확산적 과정을 통해 창의성을 촉진할 수 있다.

한편, 질문을 만들거나 질문에 답할 때에는 내담자의 수준에 따라 적절하게 힌트나 예시를 제시할 수도 있으며, 내담자가 표현하기 편한 방법부터 더 어려운 방법으로 진행할 수 있다.

① 전래동화「해와 달이 된 오누이」를 통한 질문하기와 감상 나누기

장면	핵심	질문 예시
전체	동일시, 공감	동화에서 가장 인상 깊은 부분은 무엇인가요?
		등장인물과 유사한 주변 인물이 있나요? 왜 그렇게 생각하나요?
		나와 비슷한 등장인물은 누구인가요? 왜 그렇게 생각하나요?
	위협, 위기	나에게 위험하거나 두려웠던 때는 언제인가요?
		위기가 나의 삶에 어떤 영향을 미쳤나요?
		위기를 벗어나는 데 도움이 된 것은 무엇인가요?
	원형	나의 희망, 미래, 기대를 그려 봅시다. (만다라)
		나의 해와 달을 그려 봅시다.
	감상 정리	해와 달이 된 오누이를 그려 봅시다.
		이 이야기는 어떤 메시지를 전달하고 있나요?
		이 이야기에서 고치고 싶거나 더하고 싶은 것, 빼고 싶은 것은 무엇인가요?
		이 이야기로 무엇을 알게 되었나요?
어머니가 일하러 가면, 오누이가 집을 지켜요.	책임	내가 무언가를 책임진 경험에 대해서 이야기해 봅시다.
어머니는 어머니가 아니면 절대로 문을 열어 주지 말라고 신신당부했어요.	금기, 약속	내가 알고 있는 금기는 무엇이 있나요?
		금기나 약속에 관련된 경험을 이야기해 봅시다.
		금기나 약속을 어긴 적이 있나요?
		금기나 약속이 나의 삶에 어떤 영향을 줬나요?
		금기를 벗어나는 데 도움이 된 것은 무엇인가요?
	예측	어머니 말고 오누이의 집에 찾아올 수 있는 건 누구일까요?
		혼자 또는 아이들만 집을 보는 경우 어떤 상황이 있을 수 있을까요?
어머니는 팔고 남은 떡을 이고 산속 오두막으로 돌아갔어요.	마음읽기	어머니가 집에 오는 길은 어떨까요?
		산을 넘는 어머니의 기분은 어떨까요?
		어머니는 어떤 감각이 제일 크게 느껴졌을까요? (떡 냄새, 온기, 어두움 등)
		산길을 가는 어머니는 무슨 생각을 했을까요?
어머니 앞에 호랑이가 나타났어요.	위험	호랑이를 마주친 어머니는 어땠을까요?
		위험하거나 두려웠던 경험을 이야기해 봅시다.
		위험을 피하는 대가는 무엇이었나요?
		위험이 나의 삶에 어떤 영향을 미쳤나요?
		위험을 벗어나는 데 도움이 된 것은 무엇인가요?

	결핍	호랑이는 무엇이 부족해서 어머니를 잡아먹었을까요?
		어머니와 오누이가 호랑이를 피하기 위해 필요하거나 부족했던 것은 무엇일까요?
		위험, 부정적인 상황을 피하기 위해 나에게 부족했던 것은 무엇이 있었나요?
"떡 하나 주면 안 잡아먹지!" 호랑이는 어머니의 목숨을 대가로 떡을 달라고 했어요.	요구	어머니의 기분은 어땠을까요?
		호랑이의 요구에 어머니는 무슨 생각이 들었을까요?
		누군가 나에게 부당한 요구를 한 적이 있나요?
		누군가 나에게 무엇인가를 요구한 경험에 대해 이야기해 봅시다.
		누군가의 요구가 나의 삶에 어떤 영향을 미쳤나요?
호랑이는 고개마다 나타나 자꾸 떡을 달라고 했어요. 결국 호랑이는 엄마의 옷도 받아 가고, 팔과 다리도 물어가고, 결국은 다 잡아먹었어요.	강요	호랑이가 반복하여 나타나는 동안 어머니의 기분은 어땠을까요?
	마음읽기	호랑이에게 몸을 떼어 준 어머니는 무슨 생각이 들었을까요?
		호랑이에게 잡아먹힐 때 어머니는 마지막으로 무슨 생각을 했을까요?
	희생	어머니의 희생을 어떻게 생각하나요?
		내가 희생했던 경험을 이야기해 봅시다.
		나를 위해 누군가 희생했던 경험에 대해서 이야기해 봅시다.
		무엇을 위해 희생한 사람에 대한 이야기를 알고 있나요?
		내가 누군가를 지켜 준 경험이나, 누군가가 나를 지켜 준 경험에 대해 이야기해 봅시다.
		누군가의 희생이 나의 삶에 어떤 영향을 미쳤나요?
	억압, 스트레스	호랑이는 끊임없이 어머니의 무언가를 원하고 힘들게 합니다. 나를 힘들게 하는 것들에는 무엇이 있나요?
		스트레스가 나의 삶에 어떤 영향을 미쳤나요?
		스트레스, 나를 힘들게 하는 것에서 벗어나는 데 도움이 된 것은 무엇인가요?
	포기	나에게 소중한 것들은 무엇이 있나요?
		내가 어쩔 수 없이 내려놓아야 했던 것들은 무엇인가요? (클레이 떡 만들기, 떡 이름 짓기)
		포기가 나의 삶에 어떤 영향을 줬나요?
	동일시, 공감	호랑이는 어머니의 옷을 입고서 호랑이 어머니가 되었어요. 호랑이 어머니를 만나면 어떨 것 같나요?
		나의 어머니 또는 주변 인물이 호랑이 같을 때는 언제인가요?
		내가 호랑이처럼 행동할 때는 언제인가요?
		다른 사람의 옷을 입은 것 같은 경험에 대해 이야기해 봅시다.
		내 인생에서 누가 호랑이 어머니 같나요? (부모님, 남편, 아내, 시부모님, 아이들, 상사, 회사, 스트레스 등)

<table>
<tr><td rowspan="8">엄마 목소리가 아니라고 하자 목이 쉬었다고 하고, 엄마 손이 아니라고 하자 호랑이는 손이 터서 그렇다고 했지요.</td><td rowspan="7">거짓말, 의심, 변명</td><td>양심에 털이 났다고 하는 것처럼 호랑이 어머니는 오누이를 속였어요. 거짓말에 대해서 어떻게 생각하나요?</td></tr>
<tr><td>언제 거짓말을 하게 되나요?</td></tr>
<tr><td>변명에 대해서 어떻게 생각하나요?</td></tr>
<tr><td>어떨 때 변명을 하게 되나요?</td></tr>
<tr><td>누군가나 무엇을 의심한 적 있나요?</td></tr>
<tr><td>의심스러운 것에 어떻게 대처하나요?</td></tr>
<tr><td>거짓말이나 변명, 의심이 나의 삶에 어떤 영향을 미쳤나요?</td></tr>
<tr><td>미성숙</td><td>오누이는 왜 눈으로 보고, 손으로 만져 보고도 어머니가 아님을 몰랐을까요?</td></tr>
<tr><td rowspan="3">오누이는 결국 호랑이 어머니에게 문을 열어 주었어요.</td><td rowspan="2">예측</td><td>오누이의 생각과 내 생각은 어떻게 다른가요?</td></tr>
<tr><td>나라면 무엇을 더 확인했을까요?</td></tr>
<tr><td>착각</td><td>누군가 혹은 무언가를 착각한 적 있나요? 그 결과 어떤 일이 있었나요?</td></tr>
<tr><td rowspan="9">호랑이 어머니는 밥을 한다며 부엌으로 갔어요. 그런데 등 뒤로 꼬리가 보였어요. 오누이는 꼬리를 보고 어머니의 정체를 알았어요. 꼬리가 길면 잡힌다는 말이 꼭 맞았어요.</td><td rowspan="8">신뢰, 배신</td><td>호랑이의 꼬리를 본 오누이의 기분은 어땠을까요?</td></tr>
<tr><td>믿었던 것에 배신을 당한 경험에 대해 이야기해 봅시다.</td></tr>
<tr><td>신뢰가 내 삶에 어떤 영향을 미쳤나요?</td></tr>
<tr><td>배신이 내 삶에 어떤 영향을 미쳤나요?</td></tr>
<tr><td>배신에 대해 어떻게 대처했나요?</td></tr>
<tr><td>배신의 결과에서 내가 벗어나는 데 도움이 된 것은 무엇인가요?</td></tr>
<tr><td>누군가에게 속은 경험에 대해 이야기해 봅시다.</td></tr>
<tr><td>누군가에게 속은 것을 어떻게 대처했나요?</td></tr>
<tr><td>알아차림</td><td>오누이는 호랑이 어머니의 꼬리를 보고 잘못되었다는 것을 깨달았어요. 뒤늦게 무언가를 알아차린 경험에 대해 이야기해 봅시다.</td></tr>
<tr><td rowspan="9">젖먹이를 안고 부엌에 들어간 호랑이 어머니는 아기를 잡아먹어 버렸어요.</td><td rowspan="4">겁, 공포</td><td>무서운 상황에 처한 적이 있나요?</td></tr>
<tr><td>무엇이 가장 무서운가요?</td></tr>
<tr><td>무서운 것을 만나면 어떻게 대처하나요?</td></tr>
<tr><td>아기와 같이 저항할 수 없었던 경험이 있나요?</td></tr>
<tr><td rowspan="3">미성숙</td><td>젖먹이와 똥은 어린아이들을 연상하게 해요. 내가 어릴 때 기억에 남는 장면이 있나요?</td></tr>
<tr><td>어린아이가 되고 싶은 순간이 있나요?</td></tr>
<tr><td>나는 어떤 때 어린아이처럼 되나요?</td></tr>
<tr><td rowspan="2">상처</td><td>어린아이처럼 행동할 때, 또는 그런 마음으로 순수하게 행동했을 때 상처받은 경험에 대해 이야기해 봅시다.</td></tr>
<tr><td>어려서 상처가 된 일은 무엇이 있나요?</td></tr>
</table>

오누이는 방 안에 갇혀 어떻게 될지 몰랐어요.	위기	위기가 왔던 경험에 대해 이야기해 봅시다.
		위기가 내 삶에 어떤 영향을 미쳤나요?
		위기를 벗어나는 데 도움이 된 것은 무엇인가요?
오누이는 뒷간에 가는 척 했어요.	임기응변, 기지	상황을 회피하기 위해 어떤 꾀를 내보았나요?
		지혜나 꾀를 발휘한 결과는 어떠했나요?
오누이는 우물가 옆 큰 나무에 올라갔어요.	회피	어떨 때 집에서 나가고 싶나요?
		무엇을 피하고자 도망친 경험에 대해 이야기해 봅시다.
호랑이 어머니가 오누이를 잡으러 쫓아왔어요.	동기, 계기	호랑이 어머니는 왜 오누이를 잡으려 할까요?
	원망, 분노	오누이는 호랑이 어머니에게 쫓기지만 호랑이 어머니를 원망하거나 분노하지는 않았어요. 왜 그랬을까요?
		누군가를 원망한 경험에 대해 이야기해 봅시다.
		무언가에 분노한 경험에 대해 이야기해 봅시다.
	억압, 스트레스	무언가에 정신없이 쫓긴 경험에 대해 이야기해 봅시다.
		나를 힘들게 하는 것들에는 무엇이 있나요?
		스트레스가 나의 삶에 어떤 영향을 미쳤나요?
		스트레스, 나를 힘들게 하는 것에서 벗어나는 데 도움이 된 것은 무엇인가요?
호랑이는 우물에 비친 오누이를 보고, 나오라 소리쳤어요. 안 그러면 두레박으로 건진대요. 오누이는 깔깔 웃었죠.	위로	호랑이에게 쫓기는 와중에도 오누이는 웃을 수 있었어요. 이 상황에 대한 진정한 위로는 아니지만, 호랑이의 우스꽝스러운 모습은 잠시 위험한 상황을 잊게 해 주었어요. 내가 힘들 때 위로가 되어 주었던 것에 대해 이야기해 봅시다.
		타인을 위로한 경험에 대해 이야기해 봅시다.
		나에게 위로가 되는 풍경이나 음악은 무엇이 있나요?
호랑이가 웃음소리를 듣고 오누이를 발견했어요. 오누이는 호랑이에게 들키고 말았어요.	실수	실수에 대해서 어떻게 생각하나요?
		실수한 경험이나, 자책한 경험에 대해 이야기해 봅시다.
		실수가 나의 삶에 어떤 영향을 미쳤나요?
		실수로 인한 결과를 벗어나는 데 도움이 된 것은 무엇인가요?
	당황	어떨 때 당황하게 되나요?
		나는 당황했을 때 어떻게 행동하나요?
	지혜, 임기응변, 기지	어려운 상황에서 지혜를 발휘하여 벗어난 적이 있나요?
		나의 임기응변 능력은 어떤가요?
		지혜나 꾀를 발휘한 결과는 어땠나요?

호랑이는 나무에서 자꾸 미끄러졌어요. 호랑이가 어떻게 올라갔냐고 물었어요. 오빠는 꾀를 내어 참기름을 바르라고 했어요.	실패	호랑이의 참기름처럼 잘 알지 못해서 실패한 경험에 대해 이야기해 봅시다.
		목표를 향해 열심히 했지만 잘되지 않았던 경험에 대해 이야기해 봅시다.
		내 인생에서 지우고 싶은 것은 무엇이 있나요?
		실패가 내 삶에 어떤 영향을 미쳤나요?
		실패로 인한 결과를 벗어나는 데 도움이 된 것은 무엇인가요?
호랑이의 꼴을 보고 여동생이 그만 도끼로 찍으면 된다고 해버렸어요. 호랑이가 오누이를 쫓아오기 시작했어요.	부주의, 어리석음	여동생의 부주의에 대해 어떻게 생각하나요?
		내가 부주의했던 경험에 대해 이야기해 봅시다.
		나의 부주의로 어떤 결과가 나왔나요?
		그 일이 나의 삶에 어떤 영향을 미쳤나요?
		다른 사람의 부주의를 어떻게 생각하나요?
		다른 사람의 부주의에 어떻게 대응하나요?
	위기, 위협	나에게 도끼처럼 위협적인 소재는 무엇인가요?
		나에게도 이런 위기가 온 적이 있나요?
		위기가 내 삶에 어떤 영향을 미쳤나요?
		위기를 벗어나는 데 도움이 된 것은 무엇인가요?
"하느님, 우리를 살리시려면 새 동아줄을, 죽이시려면 썩은 동아줄을 내려 주세요."	소원, 기도, 기원, 도움 요청	간절히 바라거나 기도한 경험이 있나요?
		어떤 상황에서 기도하게 되나요?
		기도할 때 무엇이 이루어지길 바랐나요?
		소원했던 상황에서 결과는 어떻게 되었나요?
		소원의 성취 여부에 따라 기분이 어땠나요?
		나의 소원을 표현해 봅시다.
오누이는 하늘에서 내려온 새 동아줄을 타고 올라갔어요.	희망, 구원	나에게 있어서 새 동아줄은 무엇인가요?
		내가 소원하는 것과 나를 이어주는 동아줄은 무엇이 있을까요? (나의 동아줄을 만들어 꾸미고 소원 매달기, 어떻게 하면 더 편안하고 든든할 것 같은지 이야기하고 추가작업하기, 인간 동아줄 역할극)
		오누이는 나무에 올라가 목숨을 구했고, 실패와 두려움을 발판삼아 천상에 오를 기회를 얻었어요. 천상으로 가는 발판이 될 나무는 어떤 모습일까요? (신문지 나무 만들기, 나의 발판이 될 나무 만들기)
	동기	호랑이 어머니는 아이러니하게도 결과적으로는 오누이가 천상세계에 갈 수 있게 했어요. 여기에 대해서 어떻게 생각하나요?
		나에게 호랑이 어머니는 누구/무엇인가요?
		나를 움직이게 하는 것은 무엇인가요?
호랑이는 동아줄이 끊어져 떨어졌어요.	좌절, 방해	나에게 있어서 썩은 동아줄은 무엇인가요?

호랑이가 떨어진 수수밭은 붉게 물들어 지금도 수숫대가 빨개요.	영향	호랑이의 죽음에 대해 어떻게 생각하나요?
		어떤 일 뒤에 지속해서 나에게 영향을 미치는 것에는 어떤 것이 있나요? (트라우마)
		나에게 의미 있는 증표, 징조, 상징에는 무엇이 있나요?
옥황상제는 오누이에게 천상세계는 놀고먹을 수 없다며 오빠는 해, 동생은 달이 되라 했어요.	근면, 성실	옥황상제의 명령을 어떻게 생각하나요?
	권위	나에게 옥황상제와 같은 존재는 누구인가요?
여동생은 밤이 무서워 오빠가 달이 되고 동생은 해가 됐어요.	두려움	오누이의 행동에 대해서 어떻게 생각하나요?
		밤과 어둠에 대해서 어떻게 생각하나요?
		밤과 어둠에 무엇이 가장 먼저 연상되나요?
		무서운 상황에 처한 적이 있나요?
		무엇이 가장 무서운가요?
		무서운 것을 만나면 어떻게 하나요?
여동생은 사람들이 쳐다보는 게 부끄러워 자기를 못 보게 눈부신 빛을 뿌렸어요.	부끄러움, 수치	사람들이 나를 주목한 경험에 대해 이야기해 봅시다.
		어떤 것이 부끄러운 것인가요?
		어떤 때 부끄러운가요?
		부끄러움을 피하려고 어떻게 하나요?
		어떤 때 수치심을 느끼나요?
		수치심을 피하기 위해 어떻게 하나요?
호랑이가 나타나지 않았다면?	유추	어머니와 오누이는 어떻게 되었을까요?
		호랑이는 무엇을 했을까요?
		호랑이를 만나지 않으려면 어떻게 했어야 할까요?
호랑이는 왜?		무엇이 호랑이를 배고프게 했을까요?
		호랑이는 왜 귀찮게 떡을 하나씩만 달라고 했을까요?
질문 만들기 어땠을까? 왜 그랬을까? 상상하기 창의적 사고	가정, 확장, 확산, 응용	호랑이는 어떻게 어머니의 옷을 입을 수 있었을까요? 호랑이가 작았을까요? 어머니가 컸던 걸까요?
		어머니는 왜 호랑이랑 싸우지 않았을까요?
		호랑이만큼 큰 어머니라면 호랑이랑 싸워 볼 수 있었지 않을까요?

② 전래동화「선녀와 나무꾼」을 통한 질문하기와 감상 나누기

<table>
<tr><th>장면</th><th>핵심</th><th>질문 예시</th></tr>
<tr><td rowspan="3">전체</td><td rowspan="3">동일시, 공감</td><td>동화에서 가장 인상 깊은 부분은 무엇인가요?</td></tr>
<tr><td>등장인물과 유사한 주변 인물이 있나요? 왜 그렇게 생각하나요?</td></tr>
<tr><td>나와 비슷한 등장인물은 누구인가요? 왜 그렇게 생각하나요?</td></tr>
<tr><td rowspan="11">나무꾼이 나무를 하다 사냥꾼에게 쫓긴 사슴을 만났어요. 나무꾼은 사슴을 숨겨 주고 사냥꾼에게 거짓말을 했어요.</td><td rowspan="3">만약</td><td>내가 만약 나무꾼이라면 어떻게 했을까요?</td></tr>
<tr><td>내가 만약 사냥꾼이라면 어떻게 했을까요?</td></tr>
<tr><td>사냥꾼은 그 뒤로 어떻게 했을까요?</td></tr>
<tr><td>거짓</td><td>거짓말을 한 경험에 대해 이야기해 봅시다.</td></tr>
<tr><td rowspan="2">보호, 수호, 지킴</td><td>무언가를 보호한 경험에 대해 이야기해 봅시다.</td></tr>
<tr><td>내가 지키고 싶은 것에는 무엇이 있나요?</td></tr>
<tr><td rowspan="3">불안, 초조</td><td>무언가를 쫓아본 경험에 대해 이야기해 봅시다.</td></tr>
<tr><td>사슴처럼 무언가에 쫓긴 경험에 대해 이야기해 봅시다.</td></tr>
<tr><td>나는 어떤 때 불안하고 초조한가요?</td></tr>
<tr><td>실망</td><td>나는 무엇에 실망한 적 있나요?</td></tr>
<tr><td>실패</td><td>나는 무엇에 실패한 적 있나요?</td></tr>
<tr><td rowspan="4">사슴은 목숨을 살려 준 나무꾼에게 은혜를 갚고자 했어요.</td><td rowspan="4">감사, 은혜</td><td>어떤 때 감사하게 되나요?</td></tr>
<tr><td>나는 감사한 마음을 주로 어떻게 표현하나요?</td></tr>
<tr><td>누군가가 나에게 감사하다고 했던 경험에 대해 이야기해 봅시다.</td></tr>
<tr><td>누군가 나의 소원을 하나 이루어 준다면 무엇을 빌고 싶나요?</td></tr>
<tr><td rowspan="2">하늘에는 물이 없어서 선녀는 지상에 목욕하러 왔어요.</td><td rowspan="2">결핍</td><td>선녀처럼 꼭 필요한 무언가가 없었던 적이 있나요?</td></tr>
<tr><td>나에게 없는 무언가를 대신하기 위해 어떻게 했나요?</td></tr>
<tr><td rowspan="5">사슴은 나무꾼에게 선녀의 옷을 훔치라고 했어요.</td><td>만약</td><td>내가 만약 나무꾼이라면 어떻게 했을까요?</td></tr>
<tr><td>훔쳐보기</td><td>무언가를 몰래 훔쳐본 적 있나요?</td></tr>
<tr><td rowspan="3">훔치기</td><td>무언가를 슬쩍한 적이 있나요?</td></tr>
<tr><td>옷을 훔친 나무꾼에 대해 어떻게 생각하나요?</td></tr>
<tr><td>나무꾼에게 다른 방법은 없었을까요?</td></tr>
</table>

나무꾼은 사슴의 말대로 선녀의 날개옷을 하나 훔쳐서 몰래 감추었어요. 시간에 맞춰 가야 하는 다른 선녀들은 옷을 잃은 선녀만 남기고 하늘로 돌아갔어요.	감정	옷이 없어진 선녀는 어땠을까요?
		당황, 황당, 수치, 화남, 걱정, 포기와 관련한 경험을 이야기해 봅시다.
	만약	나에게 날개옷이 있다면? (날개옷 만들기)
	제약	나는 어떤 때 시간에 쫓기나요?
	초조	나는 어떤 때 조급한 마음이 드나요?
		나는 어떤 때 서두르게 되나요?
		서두르다가 무언가를 놓치거나 포기해야 했던 경험에 대해서 이야기해 봅시다.
	상실	무언가를 잃어버린 적 있나요?
		다른 사람이 무언가를 잃어버린 것을 본 적 있나요?
	은닉	타인에게 무언가를 숨긴 적이 있나요?
		무언가를 숨길 때 내 모습은 어떤가요?
나무꾼은 곤경에 처한 선녀를 집으로 데려가서 보살폈고, 결국 선녀와 결혼도 하게 되었어요.	기만, 사기	나무꾼은 색시를 구해서 어머니를 기쁘게 하길 원했지만 정작 어머니도 색시도 속이게 되었어요. 내가 만약 나무꾼이라면 어땠을까요?
		선녀의 기분은 어땠을까요?
		어머니의 기분은 어땠을까요?
		이 가정에는 어떤 문제들이 생길 수 있을까요?
사슴은 아이 셋을 낳기 전에 날개옷을 주지 말라 했지만, 선녀가 하늘을 너무 그리워하자 아이 둘을 낳고 나서 나무꾼은 옷을 숨긴 걸 고백하고 선녀에게 날개옷을 보여 줬어요.	그리움	무언가를 그리워한 적이 있나요?
		나는 어떨 때 눈물이 나나요?
	고백	누군가에게 마음을 고백한 적 있나요?
		무엇을 고백했나요?
	의지	마음이 약해져서 끝까지 못한 일이 있나요?
	금기, 제약	나에게 하면 안 되는 것에는 무엇이 있나요?
		금기나 제약으로 인해 할 수 없었던 것들이 나에게 어떤 영향을 미쳤나요?
		내가 다른 사람에게 무언가를 금지하거나 제약한 적이 있나요?
		다른 사람들이 나를 대할 때 하지 않았으면 하는 것들에는 무엇이 있나요?
		내가 알고 있는 금기는 무엇이 있나요?
		금기나 약속에 관련된 경험을 이야기해 봅시다.
		금기나 약속을 어긴 적이 있나요?
		금기나 약속이 나의 삶에 어떤 영향을 줬나요?
		금기를 벗어나는 데 도움이 된 것은 무엇인가요?

<table>
<tr><td rowspan="6">선녀는 나무꾼에게 옷을 달라고 졸랐어요. 그리고 날개옷을 입어 보더니, 양팔에 아이 둘을 끼고 하늘로 올라갔어요.</td><td>요구하기</td><td>무언가를 얻기 위해 조르거나 요구한 경험에 대해 이야기해 봅시다.</td></tr>
<tr><td>책임</td><td>나의 책임으로 무언가 잘못된 적이 있나요?</td></tr>
<tr><td>감상</td><td>양팔에 아이를 안고 올라가는 선녀에 대해 어떤 생각이 드나요?</td></tr>
<tr><td rowspan="3">후회</td><td>내가 후회했던 경험에 대해 이야기해 봅시다.</td></tr>
<tr><td>후회가 나의 삶에 어떤 영향을 줬나요?</td></tr>
<tr><td>후회에서 벗어나는 데 도움이 된 것은 무엇인가요?</td></tr>
<tr><td rowspan="2">엉엉 울던 나무꾼은 다시 사슴의 도움을 받아 두레박을 타고 하늘로 올라갔어요.</td><td>희망</td><td>두레박은 하늘과 땅을 이어 줍니다. 소원하는 것과 나를 이어 주는 두레박은 무엇이 있을까요?</td></tr>
<tr><td>동일시</td><td>나에게 사슴 같은 사람에 대해서 이야기해 봅시다.</td></tr>
<tr><td rowspan="4">나무꾼은 하늘에서 살기 위해서 천상시련을 받고 억지로 하늘에 오른 것에 대한 대가를 치렀어요.</td><td>자격</td><td>나의 자격을 증명해야 했던 경험이 있나요?</td></tr>
<tr><td rowspan="3">시련</td><td>내가 겪어 온 시련에는 어떤 것이 있나요?</td></tr>
<tr><td>시련을 극복하기 위해 무엇을 어떻게 했나요?</td></tr>
<tr><td>시련의 끝에 내가 얻은 것은 무엇이었나요?</td></tr>
<tr><td rowspan="17">나무꾼은 지상에 홀로 남은 어머니를 걱정했어요. 선녀의 도움으로 나무꾼은 천마를 타고 집으로 왔어요. 하지만 땅에 발이 닿으면 다시 하늘로 갈 수 없었기 때문에 말에서 내리지도 못하고, 하룻밤 쉬지도 못한 채 어머니와 마당에서 이야기를 해야 했어요.
어머니의 간곡한 청에 나무꾼은 천마 위에서 팥죽을 먹고 가기로 했어요.</td><td rowspan="4">걱정, 그리움</td><td>나무꾼은 무엇을, 왜, 얼마나 걱정했을까요?</td></tr>
<tr><td>나의 걱정거리는 무엇인가요?</td></tr>
<tr><td>나의 부모님이나 주변 인물들의 어떤 점이 걱정되나요?</td></tr>
<tr><td>누군가를 걱정하고 그리워한 경험에 대해 이야기해 봅시다.</td></tr>
<tr><td rowspan="2">갈등</td><td>어머니와 아버지 사이에서 갈등한 적 있나요?</td></tr>
<tr><td>무언가 중요한 둘 사이에서 갈등한 적 있나요?</td></tr>
<tr><td>인식</td><td>'하늘과 땅 차이'를 실감한 적 있나요?</td></tr>
<tr><td rowspan="10">금기, 약속</td><td>금기와 약속에 대해 이야기해 봅시다.</td></tr>
<tr><td>나에게 하면 안 되는 것에는 무엇이 있나요?</td></tr>
<tr><td>금기나 제약으로 인해 할 수 없었던 것들이 나에게 어떤 영향을 미쳤나요?</td></tr>
<tr><td>내가 다른 사람에게 무언가를 금지하거나 제약한 적이 있나요?</td></tr>
<tr><td>다른 사람들이 나를 대할 때 하지 않았으면 하는 것들에는 무엇이 있나요?</td></tr>
<tr><td>내가 알고 있는 금기는 무엇이 있나요?</td></tr>
<tr><td>금기나 약속에 관련된 경험을 이야기해 봅시다.</td></tr>
<tr><td>금기나 약속을 어긴 적이 있나요?</td></tr>
<tr><td>금기나 약속이 나의 삶에 어떤 영향을 줬나요?</td></tr>
<tr><td>금기를 벗어나는 데 도움이 된 것은 무엇인가요?</td></tr>
</table>

	효도	효도란 뭐라고 생각하나요?
		내가 효도한 경험에 대해 이야기해 봅시다.
		다른 사람은 어떻게 효도하나요?
		나무꾼이 어머니를 즐겁게 하는 방법은 뭐가 있을까요?
		누군가 나를 기쁘게 한 경험이나, 내가 누군가를 기쁘게 한 경험에 대해 이야기해 봅시다.
		내가 불효했던 경험에 대해 이야기해 봅시다.
나무꾼이 그만 천마 위에 뜨거운 팥죽을 쏟았어요. 천마가 놀라 앞발을 들어 땅에 떨어진 나무꾼은 하늘로 가지 못하고 슬피 울다 수탉이 되었답니다.	감상	수탉이 된 나무꾼을 어떻게 생각하나요?
	만약	만약 내가 나무꾼이라면 어떻게 했을까요?
	놀람	뜨거운 것이나 어떤 상황에 데인 적 있나요?
		나는 어떤 것에 놀라고, 어떤 것에는 놀라지 않는 편인가요?
	인내	나의 인내심은 어느 정도인 것 같나요?
		나에게 도저히 참을 수 없는 것은 무엇이 있나요?
	슬픔	나에게 슬픈 것에는 무엇이 있나요?
		나는 슬플 때 어떻게 하나요?
질문 만들기 어땠을까? 왜 그랬을까? 상상하기 창의적 사고	가정, 확장	수탉은 나중에 어떻게 되었을까요?
		나무꾼도 아닌데 다른 수탉들은 왜 지붕에 올라가서 울게 되었을까요?
		선녀가 아이를 셋 낳았다면 정말 하늘로 갈 방법이 없었을까요?
		나무꾼 가족이 모두 행복할 수 있는 방법은 없었을까요?

③ 전래동화 「해와 달이 된 오누이」를 통한 청소년 집단상담 프로그램 예시

이 프로그램은 「해와 달이 된 오누이」를 중심으로 집단상담을 통해 청소년이 자기 자신을 이해, 수용, 개방하게 됨으로써 집단으로부터 긍정적 피드백을 경험하게 하고, 자존감 향상을 촉진할 수 있게 구성되었다. 청소년이 자기 자신을 탐색하고 표현하며, 자아정체성을 확립하고 자아존중감을 향상함으로써 성장해 가는 데 도움을 주고자 개발되었다.

구분	차시	주제	목표	내용	준비물
초기	1차시	반짝반짝 빛나는 나	• 프로그램의 목적과 내용, 진행 방법을 이해한다. • 자기소개를 한다.	• 프로그램 소개 및 서약서 작성 • 글리터 펠트로 이름이나 별명 만들기 • 자기 이름이나 별명의 뜻으로 자기소개하기	글리터 펠트, 가위, 이름 도안, 양면테이프, 연필
전개	2차시	머리를 맞대요	• 친숙한 동화를 읽고 감상을 나눈다.	• 해와 달이 된 오누이 • 동화 읽고 감상 이야기 • 인상 깊은 장면으로 동화 만다라 그리기	도화지, 크레파스, 색연필, 사인펜, 전지
	3차시	누가 누가 있을까?	• 서로의 공통점을 찾아 마음을 나누고 자유롭게 상호작용한다.	• [동일시 및 공감] 동화의 등장인물과 유사한 주변 인물 찾기	도화지, 크레파스, 색연필, 사인펜, 파스넷, 물티슈
	4차시	오, 마이 스트레스	• 자신에 대해 구체적으로 탐색하고 이해하며 표현한다. • 자신의 문제가 또래와 공통점이 있음을 안다.	• [요구와 강요] 호랑이의 요구, 추적: 나를 힘들게 하는 것들 표현하기	도화지, 크레파스, 색연필, 사인펜
	5차시	말해 보자 이불킥	• 자신에 대해 구체적으로 탐색하고 이해하며 표현한다. • 자신의 문제가 또래와 공통점이 있음을 안다.	• [실패] 목표를 향해 열심히 했지만 잘 되지 않았던 경험. 어떤 다른 방법들을 써 보았는지? 호랑이의 참기름처럼 방향이 틀렸던 방법이 있었는지? • 내 인생에서 지우고 싶은 것을 휴지에 적거나 그리고 물로 번지게 하여 지운다. • 위기나 실수, 실패가 자신의 삶에 어떤 영향을 미쳤는지, 이를 벗어나는 데 도움이 된 것 이야기하기	도화지, 수성 사인펜, 파스넷, 고체물감, 사각티슈 또는 키친타월, 종이컵, 물
	6차시	나의 떡	• 자신에 대해 구체적으로 탐색하고 이해하며 표현한다. • 자신의 문제가 또래와 공통점이 있음을 안다.	• [포기] 나에게 소중한 것들, 내가 내려놓아야 했던 것들에 대해 이야기한다. • 클레이로 떡 만들기, 떡에 이름 붙이기	클레이
	7차시	나를 움직이게 하는 것은?	• 자신의 감정을 알아차린다.	• [동기] 아이러니하게도, 호랑이 어머니는 결과적으로 오누이가 천상세계에 갈 수 있게 하였습니다. 나에게 호랑이 어머니는 무엇인가요?	도화지, 크레파스, 색연필, 사인펜, 종이

	8차시	내 마음이 기쁘단다.	• 자신에게 소중한 것의 가치를 안다.	• [위로] 자신에게 위로가 되어 주었던 것, 타인을 위로했던 경험, 위로의 풍경 표현하기	크레파스, 사포
	9차시	나의 나무	• 자신의 장단점, 강점과 약점을 알고 있는 그대로 수용한다.	• [희망] 오누이는 나무에 올라가 목숨을 구했고, 하늘에 가까이 다가갈 수 있었다. 천상으로 가는 발판이 될 나무는 어때야 했을까? • 신문지 나무 만들기: 신문지를 찢은 뒤 뭉치고 이어 붙여 서 있는 나무 만들기. 자신의 장단점, 친구가 말해 준 장단점 열매를 단다.	신문지, 테이프
마무리	10차시	새 동아줄	• 나의 부정적인 과거를 벗고 새로운 자기 모습을 표현한다. • 집단상담을 통해 변화한 자신을 알아차린다. • 서로의 성장과 발전, 행복을 위한 덕담과 감사를 표현한다.	• [소원] 동아줄을 내려 주기를 간절히 바란 오누이: 무언가를 간절히 바라거나 기도한 경험, 나의 소원 표현하기 • [썩은 동아줄] 나의 썩은 동아줄을 만들고 부정적인 것들을 버린다. • [새 동아줄] 나의 새 동아줄을 만들어 꾸미고 소원 매달기: 색종이를 길게 잘라 고리를 만들고 고리를 엮는다. 스티커를 붙여 꾸미고 소원을 적어 매단다. 종이를 길게 자르고 소원을 적어 고리를 만들어 이어도 좋다. • 서로의 변화 이야기하기, 프로그램 참여 감상과 종결 소감 나누기	도화지, 색종이, 색연필, 사인펜, 가위, 풀 또는 테이프, 반짝이 스티커

5) 동화 만들기를 통한 동화치료 진행

- 창작이란 종합적 예술이다.
- 창작을 위해 필요한 요소들의 균형적 발달을 촉진하고, 여러 발달 영역을 통합한다.
- 창작동화에 반영된 의미, 작품의 의의를 찾아낸다.

(1) 동화 만들기 단계

소재 및 주제 선택–배경설정 T.P.O.[시간(Time), 장소(Place), 상황(Occasion)]–등장인물 설정–시점 및 문체 결정–내용 구성–내용 전개–핵심 찾기–그림 콘티–시각적 표현–제목 확정–퇴고(내용 및 시점과 문체 정리, 오탈자 교정)와 편집–표지, 차례, 머리말, 등장인물 소개 만들기–필명과 작가 소개, 작품 줄거리 및 홍보문구 만들기–출판 및 전시

동화 만들기를 통한 동화치료의 단계 중 핵심적인 부분은 주제 선택과 인물 설정에 있다. 동화 만들기는 직접 글을 쓰고 그림을 그리는 과정으로, 동화 내용에 자신의 이야기가 반영되고, 이를 시각적으로 표현함으로써 치료적 효과를 얻는다. 또한 자신의 동화를 분석하여 반복되는 상징이나 패턴을 찾아보고, 문제를 명료화하며 해결책을 찾고, 긍정적으로 통합하는 데 목표가 있다. 동화 만들기는 경우에 따라 출판까지 진행하여 시너지 효과를 얻기도 한다.

(2) 기존 동화 활용하기

- 제목 이외에 각 장면에 제목 붙이기
- 동화 표지 새로 만들기
- 등장인물의 이름의 의미를 생각해 보고 새 이름 만들어 붙이기
- 등장인물의 별명 만들기
- 등장인물의 SNS 계정(ID와 닉네임) 만들기
- 등장인물끼리 이름 바꿔 쓰기
- 읽은 책과 동일한 주제로 동화 만들기
- 읽은 책과 비슷한 모방 동화 만들기
- 책에서 한 장면을 골라 해당 장면의 핵심감정을 주제로 동화 만들기
- '나라면~', '나에게 ~은'을 붙여 등장인물을 대신해 자기 자신을 넣어 동화 만들기
- 희극을 비극으로, 비극을 희극으로 바꿔 쓰기
- 시점 바꿔 다시 쓰기

- 읽은 책에서 마음에 들지 않는 부분의 이야기 각색하기
- 이야기 순서 바꾸기
- 등장인물의 역할 바꾸기
- 이어질 장면 상상하여 동화 만들기
- 원하는 부분에서 동화를 끊고 뒷이야기 새로 만들기
- 그림책을 보고, 혹은 기존 동화에서 글을 가리고 이야기 새로 만들기
- 이름에 동그라미하기: 프린트된 동화를 읽기 전, 등장인물의 이름만 동그라미 치며 빠르게 넘긴 후 짐작되는 이야기하기
- 이름에 괄호하기: 동화에서 등장인물을 다른 사람으로 바꿔 읽기

  [예: (선녀가) 연못에서 목욕을 하고 있었습니다. > (나무꾼이) 연못에서 목욕을 하고 있었습니다.

  하늘에서 (선녀가) 내려왔습니다 > 하늘에서 (엄마가) 내려왔습니다.]
- 사건에 괄호하기: 동화의 사건을 다른 사건으로 대체하기

  (예: 산신령은 손에 나무꾼의 도끼를 들고 올라와 역정을 내었습니다. "제발 좀 조용히 하지 못할까! 나무하는 소리가 호수 밑바닥까지 울리잖아!" 층간소음에 시달리던 산신령은 도술을 부려서 나무꾼을 사슴으로 만들어 버렸습니다.)
- 인물과 사건에 괄호하기: 동화의 등장인물을 다른 사람으로 바꾼 뒤, 그 사람에 맞게 사건의 전개 바꾸기

  (예: 승윤이는 선녀의 옷을 훔치라는 사슴을 크게 혼내고 경찰서에 끌고 갔습니다.)

(3) 주제 중심 동화 만들기

① 마인드맵

마인드맵(mind map)은 소재나 주제를 찾기 위해 많이 쓰이는 방법이다. 정리되지 않은 단편적인 생각들을 나열하는 과정에서 일정한 방향성을 찾을 수도 있고, 나에 대해 더 깊이 알게 될 수도 있으며, 의외의 나를 발견할 수도 있고, 전혀 생각지 못한 어떤 아이디어에 도달할 수도 있다. 내 주변의 일상적인 것에서부터 생각의 가지를 뻗어 보자.

- 좋아하는 대상, 사물이나 활동 등을 주제로 한 마인드맵
- 싫어하는 대상, 사물이나 활동 등을 주제로 한 마인드맵
- 가족을 대상으로 한 마인드맵
- 가정이나 학교 등 장소와 관련한 마인드맵
- 지금 눈에 보이는 사물로 시작하는 마인드맵
- 특정 인물이나 사건에서 시작하는 마인드맵 등

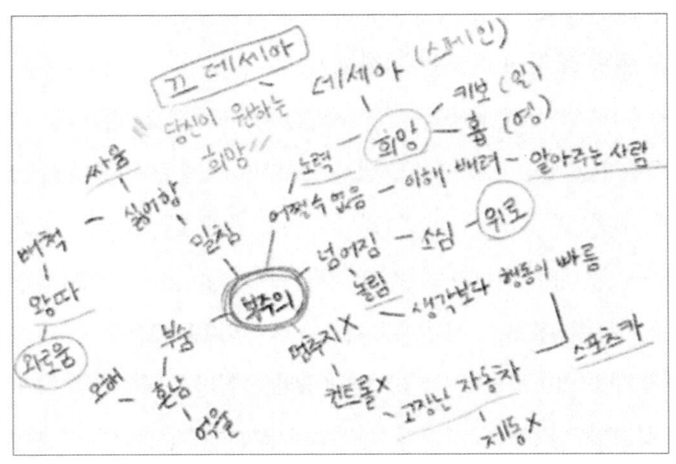

② 랜덤 소재 선택

무엇을 이야기해야 할지 모르겠다면, 랜덤으로 이야기 소재를 정하는 것부터 시작할 수 있다. 랜덤 선택 방식은 강박적 고정관념에서 탈피할 수 있는 계기가 되며, 일상적인 소재들로 이야기를 재구성함으로써 '낯설게 하기'의 효과로 주의가 환기되고 인식 전환을 이루는 단서가 될 수 있다. 주위를 둘러보고, 지금 눈에 보이는 사물의 이름을 무작위로 써 보자. 그리고 이를 소재 삼아 연결하여 이야기를 만들어 본다. 다소 비약적이고, 이상한 이야기가 나올 수도 있다. 그러나 내용 자체보다는 일단 글쓰기를 시작한다는 것, 무언가에 대해서 생각하고, 이를 연결하기 위해 주의를 집중한다는 점이 중요하다. 어떤 장르가 되어도 좋으니 그럴듯하게 소재를 연결시켜 보자. 글은 짧을 수도 있고, 소재를 다 쓰기 위해 길어질 수도 있다. 두세 개의 단어부터 시작하여 5개, 7개, 10개로 점차 소재의 수를 늘려 가다 보면 점차 익숙하게 이야기를 만들 수 있게 될 것이다.

• 랜덤 소재 이야기 만들기 예시

아동1 예: 연필깎이로 연필을 깎았다. 엄마는 다리미로 옷을 다렸다. 머리에 머리핀을 꽂았다. 동전으로 과자를 샀다. 꽃을 샀다. 신호등이 고장나서 고쳤다. 휴대전화로 만화를 봤다.

아동2 예: 학교에 가려고 다리미로 교복을 다려 입고, 연필깎이로 연필을 깎았다. 머리핀을 하고, 휴대전화와 동전을 챙겨서 나왔다. 신호등이 바뀌길 기다리며 화단에 핀 꽃을 보니 기분이 좋았다.

성인 예: 털썩, 나는 의자에 쏟아지듯이 앉았다. 이제 막 출근했지만, 벌써 퇴근하고 싶다. 너무 덥다. 요즘 같은 때는 정말 일하기가 싫다. 리모컨을 들어 선풍기를 켠다. 후덥지근한 바람이 불어온다. 문득 거울을 보니 땀에 젖은 앞머리가 날리지도 않고 이마에 붙어 있다. 끙! 휴지를 둘둘 풀어 땀을 닦아 낸다. 아무렇게나 뭉쳐 휙 던지고, 골인! 휴지통에 쏙 들어가는 휴지를 보니 조금 기분이 나아졌다. 손 소독제를 찍 짜서 비빈다. 요즘 손 소독제는 향기가 좋다. 향기 속에 숨겨진 에탄올 냄새가 코끝을 콕 찔렀다. 내친김에 팔등에도 슥슥 문질러 본다. 손 소독제가 날아가며 선풍기 바람을 잠시 에어컨 바람으로 바꿔 주었다. 음…… 하지만 성냥팔이 소녀의 성냥이 이랬을까. 신기루처럼 날아가 버린 잠시 잠깐의 시원함에 입맛을 다신다. 일하자 일.

랜덤으로 선택된 소재를 개연성 있게 엮어내는 과정을 거친 다음에는 서사적으로 맞지 않는 부분, 의미가 불분명한 표현, 오탈자 등을 수정한다. 이때, 다른 사람이 나의 표현을 이해하려면 보다 쉽고 분명하고 정확한 표현을 사용해야 하며, 이를 상대방에게 설명할 수 있어야 한다.

한편, 내담자가 오탈자나 문법, 틀린 표현 등을 '지적받는다'고 생각하게 되면 더 이상 작업을 진행하려 하지 않거나, 자신감을 잃어버릴 수도 있다. 때문에 내담자에 따라 이 과정이 더 좋은 표현을 위한 연습이며, 틀린 것은 부끄러운 것이 아니고, 모르면 물어보면 되는 것임을 이야기하며 격려할 필요가 있다.

③ 주제 제시

내담자가 주제를 선택하기에 어려움을 보일 경우 치료자가 주제나 주인공의 범위 등을 대략적으로 가이드 함으로써 선택의 범위를 좁혀 줄 수 있다. 혹은 내담자에게 특정 문제에 대한 해결중심적 접근이 필요할 때는 관련 주제나 예시를 제시할 수 있다.

- 자신 또는 자신이 좋아하는 동물을 주인공으로 하여 가상의 하루를 서술하기
- 발달연령에 따라 인지학습이 필요한 주제를 제시하여 이야기를 써 보기
  [예: 숫자 동화 만들기, 시간의 흐름이 들어가는 동화 만들기(어제, 오늘, 내일, 모레, 한 달 뒤, 몇 시 몇 분), 하루 일과, 계절의 변화, 생활, 직업, 관찰, 연구, 여행 등의 주제 제시]

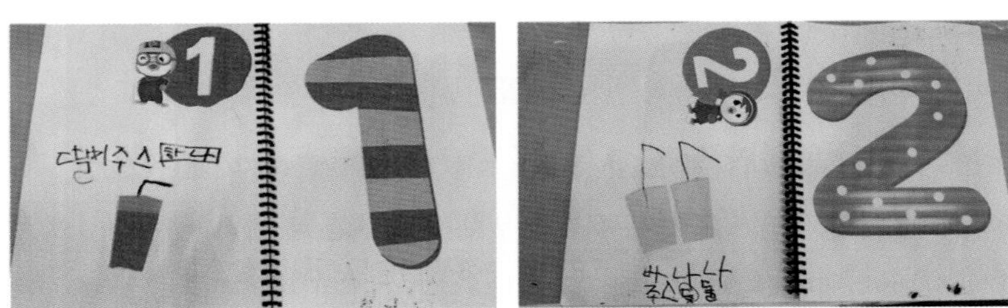

숫자 동화 만들기 과정 中

학교는 즐거워 中

- 책에서 키워드를 찾아 관련된 이야기를 만들기: 치료자가 제시하는, 혹은 내담자가 원하는 동화를 읽고 두려움, 위기, 행복, 슬픔, 불안, 위로, 도전, 부탁, 거절, 수용 등 동화 장면의 키워드를 찾아내어 이를 주제로 이야기를 만들어 본다.
- 제목 또는 문장의 시작만 주고 동화 만들기, SCT의 문장을 활용하기(예: '저런' '그랬더니 그만……' '엄마는……' '아빠는……' '친구들은……')
- 다른 세상 또는 특별한 배경이 있는 세계를 배경으로 하거나, 그러한 세계에 다녀오는 것을 소재로 동화 만들기(예: 마법세상, 과거, 미래 등의 타임 슬립, 깊은 동굴이나 땅굴, 구덩이, 미로, 심해나 블랙홀, 사막 등에 들어갔다가 '돌아 나오는' 이야기, 탑이나 높은 건물, 산을 오르는 이야기 등)
- 가상 여행 동화 만들기: 실제로 경험해 보지 못한 지역들을 인터넷으로 검색하여 사진과 자료를 참고하여 실제로 여행을 간 것처럼 이야기를 만든다.
- 직업과 지식 등 자신의 관심 분야의 정보를 전달하는 동화 만들기(예: 스튜어디스가 된 나나, 세상에서 제일 빠른 비행기는?)
- 결말이 정해진 동화 만들기(예: 무조건 주인공이 행복해지는 동화 만들기, 현실로 돌아오는 동화 만들기, 잃어버린 것이나 새로운 것을 찾는 동화 만들기 등)
- 평범한 시작에 이어 특정 기법이나 소재만 반복 사용한 동화 만들기(예: 반복되는 이야기, 반전 있는 이야기, 다섯 번 반전되는 이야기, 막장의 막장 이야기, 불행한 이야기, 재수 좋은 이야기, 행복하기만 한 이야기, 거부만 당하는 이야기, 거절하는 이야기, 수용하는 이야기, 위로받는 이야기 등)
- 특별한 능력을 얻은 주인공을 소재로 한 동화 만들기(예: 시간을 멈추는 능력, 회귀, 염력, 텔레포트, 전설의 무기, 무공, 마법, 외계의 힘 등. 혹은 아주 사소한 능력을 주제로 특별한 사건을 해결하는 이야기)
- 내담자가 자신을 연상할 수 있는 조건과 성격의 인물, 상황을 설정하여 제시하고, 내담자가 만드는 이야기에 출현시켜 이야기를 전개하기

(예1: 초등학교 4학년 학습부진 아동에게 "초등학교 3학년 남자아이 다다가 시험을 망쳤어요. 다다는 어떻게 했을까?"

예2: "도저히 화를 못 참는 사람이 있었어요. 이 사람의 이름은 '그리즐리' 씨입니다. 그리즐리 씨가 나오는 이야기를 만들어 주세요. 주인공은 그리즐리 씨가 아니어

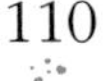

도 되고, 그리즐리 씨가 포함되기만 하면 됩니다."

예3: 만들어진 이야기 속 캐릭터를 치료자가 움직일 수도 있다.

"그렇게 이야기가 끝난 줄 알았지만…… 바로 그때! 그리즐리 씨가 팍! 화를 내었어요. 왜 그랬을까요? 다음은 어떻게 될까요?"

예4: "절대 감정을 말할 수 없는 병에 걸렸어요."

예5: 마음을 말하지 못하는 아이가 주인공인 이야기

예6: "어, 그래."만 말하는 아이가 주인공인 이야기

예7: 친구를 괴롭히는 쪽과 괴롭힘을 당하는 쪽이 주인공인 이야기)

문제행동 수정하기 '세상에서 가장 ~한'이나 '절대 ~하지 않는' '무조건 ~만 하는' 등을 붙여 내담자의 문제를 과장한 주제를 제시해 보자. 예를 들어, '세상에서 참외가 가장 좋아! 참외만 먹는 나나' '세상에서 가장 슬픈, 소로' '세상에서 가장 우울한, 딥' '세상에서 가장 외로운, 히토리' '세상에서 가장 더러운, 더티' '절대 손톱을 깎지 않는, 네일' '무조건 때리고 보는, 때찌' 등과 같은 제목을 제시할 수 있다. 이외에도 편식이나 떼쓰기, 손톱 물어뜯기, 도벽, 폭력, 혹은 자폐 스펙트럼 장애 아동의 이유가 없어 보이는 문제행동 등 내담자가 보이는 행동패턴 등에 관련된 주제를 에둘러 제시하여 내담자 스스로가 문제를 어떻게 바라보고 있으며, 어떤 식으로 해결하고자 하는지를 볼 수 있다.

내담자는 동화라는 창을 통하여 자신의 문제행동을 한 발 떨어져서 바라볼 수 있게 되며, 주인공 외에 다른 등장인물들을 묘사하면서 타인의 마음읽기 또한 연습할 수 있게 된다.

행동수정이 필요한 내담자의 경우 동화 만들기 작업을 진행할 때, 주인공이 이 장면 다음에 어떻게 할지를 질문하며, 내담자의 문제행동을 주인공이 그대로 따라 하면 어떨지 제안할 수 있다. 이는 미러링(mirroring, 거울기법)의 효과를 내는데, 이러한 논의를 통해 내담자가 자신의 행동을 인지하고 직면하게 하고, 이야기 진행을 통해 내담자가 대처목록을 만들어 나가도록 한다. 예를 들어, "아! 이러면 되겠다. 다음 장면에서 다다가 나나를 확 밀어 버리는 거야. 어때?"라고 말하면 보통 적극적으로 동의하거나 반대하는 두 가지 패턴을 보인다. 적극적으로 동의한 경우 다

음 장면에서 나나를 밀치는 다다를 표현한다. 여기서부터는 치료자가 나나의 입장에서 나올 법한 말이나 행동을 예시로 들면서 내담자가 이야기 속에서 이후의 상황을 해결할 방법을 찾아 서술하도록 하며, 치료자의 제안을 반대한다면 "왜 그게 나빠? 그 정도는 민 것도 아니지, 이렇게 밀어야 민 거지."와 같이 내담자의 평소 행동보다도 과장되게 흉내를 내며 내담자가 '밀치면 안 되는 이유'를 스스로 설명하도록 한다.

아동 내담자의 경우 종종 본인과 똑같은 문제행동을 보이는 주인공을 적극적으로 부정하고 타인시하며, 자신은 그런 행동을 하지 않는다고 말하면서 자발적인 행동수정이 일어나기도 한다.

행동수정을 목적으로 한 동화치료의 경우 문제 상황을 설명하도록 하고, 해당 상황에서 할 수 있는 행동을 매우 세분화하여 기록하거나, 실제로 유사한 상황에서 바로 사용할 수 있는 말이나 대화방법을 설명하도록 하는 것이 좋다. 예를 들어, "교실에 들어간다.-자리에 앉는다.-책을 꺼낸다.-필통을 꺼낸다.-선생님을 본다.-속으로 숫자를 100까지 센다."와 같이 교실에서의 착석 방법을 하나하나 그려 볼 수도 있고, 욕을 하는 친구에게 "재미없거든?" "선생님께 말한다?" "반사!" "야! 나쁜 말 하지 마!" "너랑 안 놀아." "뭐래?" 등의 짧고 기억하기 좋아 반사적으로 사용할 수 있는 말을 써 볼 수 있다.

혹은 동화 내용을 매개로 극적인 상황을 연출하는 방법으로 문제행동 수정에 접근할 수도 있다. 역할놀이나 연극과 같은 놀이 상황 외에도 치료자는 때때로 좋은 연기자여야 하고, 내담자의 행동이나 말을 흉내 내고, 때로는 피해자의 역할을 해야 한다.

또는 내담자가 문제의 해결 방법을 제시하면, 능청스럽게 "그건 어떻게 하는 거야? 나는 어떻게 하는 건지 잘 모르겠는데? 네가 한번 어떻게 하는 건지 보여 줘."라고 하며 내담자 스스로 문제행동을 조절할 수 있는 방법을 모델링해 보이게 해 본다. 이때, 치료자는 일부러 틀리게 모방하거나 내담자가 할 법한 행동 혹은 돌발 상황을 만들어 내담자가 제시한 행동을 수행하는 데 실패하는 모습을 보임으로써 내담자가 역으로 치료자의 행동을 수정하고 "이럴 땐 이렇게 하면 되지요."라는 반응을 이끌어 낼 수 있다. 치료자는 이야기 진행과 함께 문제행동에 대한 내담자의 생

각을 끌어내야 하며, 내담자가 미처 생각지 못하는 부분들에 대해서 짚어 줄 수 있어야 한다. 무조건적인 도움보다는 필요하면 도움을 요청할 수 있음을 알려 주고, 내담자가 충분히 고민할 수 있게 하는 것이 좋다.

제목과 주제, 결말을 제시하는 경우의 예

홉, 세상에서 가장 불행한 아이

1) 이 동화에서 사용된 장치

(1) 제목, 주제, 주인공 이름, 문장의 틀, 결말 제시

주제와 함께 문장의 틀을 제시하는 것은 SCT(문장완성검사)에서 주어를 제시하는 것과 같은 효과를 얻을 수 있다. 이 동화에서는 기, 승, 전, 결에 맞춰 이야기의 주제와 문장의 기본 틀 등을 세세하게 제시하고 내용을 채우도록 하였다.

(2) 아이러니를 사용한 이름

주인공 이름 '홉'은 한글로 알려 준다. 누군가는 이야기를 만드는 동안 그 이름에 담긴 은유를 알아차릴지도 모르나, 치료자는 미리 말해 주지 않는다. 그리고 이야기의 종결 후 이름에 담긴 뜻인 Hope(희망)을 알려 준다. 영어 이름의 경우 의미를 쉽게 알아차릴 가능성이 높다면, 영어 외에 일본어나 불어, 독어, 중국어 등 희망 또는 긍정적인 의미의 외국어를 이름으로 제시할 수 있다.

이야기를 시작하기 전과 결말을 만든 다음, 내담자 자신의 느낌 변화, 이름에 숨겨진 뜻을 알았을 때의 느낀 점 등에 대해 이야기 나눌 수 있다.

2) 동화의 전개

'세상에서 가장 불행한 아이'에 관한 동화를 만들며 자신이 불행하다고 생각하는 것들이 개념화되며, 이야기를 전개하는 과정에서 인지수정이 이루어지고, 스스로 대안을 생각하게 된다. 적절한 대안을 만들고 적절하지 않은 대안은 왜 그런지 스스로 질문하고 답할 수 있게 한다.

(1) 기, 승, 전, 결 제시(발단, 전개, 위기, 절정, 결말의 5단계로 나누어도 된다.)

기	홉의 불행. 홉은 ~했다.
승	홉의 불행 때문에 일어난 일. 그래서 ~해야 했다, ~하게 되었다.
전	홉을 행복하게 하는 사건이나 계기. 무엇이 일어났다, 어떻게 되었다, ~해 봤다, ~한 것을 깨달았다, 그래서 ~했다.
결	행복한 홉. 이제 홉은 행복하게 되었다.

(2) 내용 전개하기

전체적인 주제와 주인공, 내용 구성을 함께 제시하였으므로 바로 내용 전개로 들어가서 구체적으로 서술하기, 대화 넣기, 꾸미는 말 넣기 등을 수행할 수 있다. 이때 중요한 것은 홉의 불행에 대하여 최소 20개 이상을 쓰도록 하는 것이다. 내담자에 따라 자신의 이야기가 나오기까지 10개 이상 통상적 내용이 이어지기도 하기 때문이다.

내담자는 이 과정에서 거침없이 작업을 수행하였고, '나는 불행을 많이 겪어 봤기 때문에 이런 것은 너무 잘한다.'고 표현하였다. 비록 불행에 관한 내용이지만 내담자 스스로가 '자신이 잘하는 것'을 찾아서 이야기한 첫 경험으로, 불행한 사람의 상황을 잘 알고, 거기에 공감해 줄 수 있는 점은 장점이 될 수 있음을 피드백하였다.

주어진 문장 틀에 따라 내용이 완성되면, 각각의 문장을 이어 이야기를 이어 준다. 단, 불행에서 행복으로 전환되는 내용을 적을 때에는 '개연성'이 있어야 함을 설명하고, '현실적인 계기'를 추가하도록 한다.

(3) 장면 나누기

불행과 행복의 내용을 요약하여 카테고리를 만들고, 같은 카테고리 안에 있는 내용을 묶어 하나의 장면 또는 연속된 장면으로 만든다. 어느 카테고리에 더 비중이 있는지를 살펴보는 것으로 사례개념화와 같이 내담자 자신이 주요하게 생각하는 내용을 명확하게 알 수 있다. '더 많이 불행하다 생각하는 카테고리 3개만 삽화 그리기'나, 척도질문을 응용하여 '불행한 순서대로 카테고리를 나열하여 차례대로 표현하기'와 같이 이야기의 순서를 정하여 콘티를 짠다.

(4) 시각적 표현하기

내용에 알맞은 그림과 글, 표지를 평면 또는 입체적으로 시각화한다.

예시의 경우 연필 콘티를 스캔하여 디지털 작업을 함으로써 콘티가 곧 스케치의 역할을 하게 되었다. 채색은 채우기(페인트) 기능을 사용하였는데, 채우기 기능을 활용하기 위해서는 스케치를 꼼꼼하게 하여 선과 선이 반드시 맞닿도록 한다. 디지털 작업 시, 레이어를 활용하거나 여러 가지 도구를 사용하는 경우는 순서에 맞춰 작업해야 하고, 다른 도구를 쓰려면 현재 사용 중인 도구를 해제하는 세부적인 단계가 있는데, 이러한 과정들은 잘못 시행하면 작업이 진행되지 않으므로 마무리가 잘 되지 않거나, 충동성이 높은 경우, 계획하기가 잘 안 되는 경우, 단기기억력이 낮은 경우 등에 활용하면 좋다.

(5) 편집하기

완성된 글과 그림을 책의 형태로 레이아웃에 맞춰 배치하고, 스캔한 그림의 색이 잘 나오도록 보정하거나 그림 위에 글자를 배치하는 등의 편집과정을 거쳐 책이 만들어진다. 보통은 전문 편집인에게 작업을 맡기지만, 초등학교 고학년 이상의 경우는 다소 시간이 걸리더라도 한글 프로그램의 응용, 스캐너, 포토샵 등의 사용법을 가르치며 직접 편집하는 기회를 제공하기도 한다. 온전히 자신의 손으로 책을 한 권 만들어 내는 과정에서 내담자는 앞서 말한 디지털 작업이 주는 이점을 반복적으로 경험하고, 디자인적 요소에 대해 스스로 사고하게 되며, 유능감을 갖게 되고, 자기 작품에 대해 보다 애착을 느낀다.

3) 동화의 결말

(1) 주제 제시 동화의 결말은 처음부터 정해져 있다

“그리하여 홉은 더 이상 불행하지 않았어요. 이제 홉은 세상에서 가장 행복한 아이가 되었답니다.”

‘홉, 세상에서 가장 불행한 아이’의 이야기를 끝내고 나면 비록 이야기일 뿐일지라도, 내담자는 적어도 한 사람을 행복하게 만들어 준 사람이 된다.

(2) 행복한 결말을 못 만든다면?

어떤 내담자의 경우, 결말에 대한 가이드가 없다면 결코 행복한 결말을 만들지 못하는 모습을 보인다. 미해결된 문제로 인해 이야기가 마무리되지 못하고, 처음의 문제로 회귀하는 패턴을 보이거나, 비극적인 결말이 반복하여 나타나기도 한다.

보통은 주제를 제시하면 수용하는 편이지만, 경우에 따라 왜 굳이 행복한 결말이어야만 하는지 비판적이 될 수도 있을 것이고, 행복한 결말을 만드는 것에 자신 없어 할 수도 있고, 작품성의 면에서 비극 작품을 만들기를 원할 수도 있다. 우리는 내담자의 이러한 모습에 대해서도 이야기를 나눠 볼 수 있다.

만약 행복한 결말을 만들기 어려워하는 내담자라면, 슬픈 이야기를 만들어도 된다고 전달할 수 있다. 우리는 그 이야기 속에서 ‘슬픔’의 의미를 찾아볼 수 있을 것이다. 있는 그대로를 마음껏 표현하는 것도 의미 있는 활동임은 분명하다. 비극에도 의미가 있고 카타르시스가 있다. 그러므로 내담자가 처음 만드는 동화는 꼭 좋은 의미의 동화가 아니어도 된다. 대신, 이 경우 첫 동화를 통해서 치료자가 내담자에 대해 알고, 내담자는 동화 만들기에 익숙해지게 된 다음에는 2편 혹은 속편, 개정판 등을 작업할 수 있다. 상담의 목적은 상황에 대한 인식 변화, 성장, 일상 회귀, 태도 전환, 문제해결, 인지나 행동수정 등 어느 쪽으로든 현재의 나 자신에서 변화하는 것을 전제로 하기 때문에 동화 만들기 작업 또한 그러한 방향으로 나아갈 필요가 있다. 따라서 행복한 결말이 아니라면 다음 동화를 만든 다음 첫 번째 동화와 두 번째 동화를 비교해 볼 수 있다. 만약 내담자가 두 번째 동화에서도 전환을 어려워한다면, 치료자가 첫 번째 동화와 반대되는 결말이나 후일담 등의 패러디를 제안하거나, 완전히 다른 이야기를 쓰되, 첫 번째 동화와는 반대되는 결말을 쓰도록 제시하여 내담자의 인식을 전환하는 데 도움을 줄 수 있다.

(4) 인물 중심 동화 만들기

인물은 작품에서 가장 핵심적이고 중요한 역할을 맡는다. 이야기의 진행은 인물을 중심으로 이루어지기 마련이며, 그 자체로 상징적인 의미도 가진다. 특히, 동화 만들기를 통한 동화치료에서 인물은 자기 반영이 일어나기 가장 쉬운 대상이기에 더욱 중요한 의미가 있다. 따라서 인물을 먼저 설정하고 인물의 성격에서부터 이야기를 전개할 수 있다.

동화의 인물을 만들 때는 주인공을 먼저 만들고, 주변 인물을 추가로 만들며, 처음 동화를 쓸 때는 사람을 주인공으로 삼기보다 동물을 앞세우는 것이 더 쉽게 접근할 수 있다. 사람은 그 표현이 직접적이고, 가장 현실에 가까운 대상이며, 조형적으로도 표현이 가장 어려운 대상이고, 성격을 표현하기 위해 여러 가지 부가적인 장치나 상징을 설정해야 한다. 반면, 동물은 사람보다 덜 직접적이어서 안전하게 느끼며, 기본적으로 각 대상마다 보편적인 상징이 이미 존재하기 때문에 역할을 설정하기가 쉽다. KFD(Kinetic Family Drawing, 동적 가족화)에서 사람 표현을 대신하여 FFD(Fish Family Drawing, 물고기 가족화)나 동물 가족화를 사용하는 이유도 이와 마찬가지로, 동물을 주인공으로 할 때 내담자는 인물 표현에 대한 부담을 덜고, 덜 저항하게 된다. 때문에 특별한 동기가 없거나, 이야기 만들기에 부담을 느끼는 내담자라면 좋아하는 동물을 중심으로 이야기를 전개하도록 촉진한 후 다음 동화부터 서서히 사람을 등장시키고, 주인공을 사람으로 하는 동화가 나오도록 할 수 있다.

주인공은 제목과 연관되거나 주제를 잘 드러낼 수 있는 성격, 특징이 드러나는 외모로 설정하는 것이 좋다. 판타지적인 요소나 상징적인 요소를 더하고자 한다면 항상 지니고 다니는 물건이나 능력을 설정해도 좋을 것이다. 그리고 이러한 설정들이 그 이름이나 별명, 호칭 등에 반영되면 주인공만 보아도 대략적인 내용을 파악할 수 있게 된다. 현대 소설사의 대표적인 소설가인 이태준은 인물의 중요성을 강조하며 이름을 지을 때 여러 가지 기법을 사용하였는데, 예를 들어 내용과 정반대되는 의미를 지닌 반어적 명명이나 내용을 짐작할 수 없게 하는 약어(예: P군, J에게, 김 군 등)를 사용하였다. 혹은 음성상징을 사용해 강한 성격의 인물에게는 파찰음을 주로 사용하여 인물에 의미를 부여하곤 하였다. 이러한 표현기법을 통해 내담자의 표현을 다양화할 수 있다.

① 캐릭터 이름 짓기

전래동화 「옹고집전」이나 「손톱 먹은 쥐」와 같이 여러 나라의 이야기 속에는 복제된 존재에 의해 이름으로 자신의 존재를 증명하지 못하거나, 이름을 빼앗겨 힘을 쓰지 못하게 되고, 끝내 자신의 터전에서 쫓겨나는 주인공에 대한 이야기가 존재한다.

이름이란 재미있게도 자신의 것이지만, 누군가가 의미를 담아 지어 준 것이자, 언제나 다른 사람에 의해 불리는 것이다. 김춘수의 '꽃'이 말하듯이, 누군가 나의 이름을 불러 줌으로써 내가 의미 있는 존재가 되는 것처럼 이름은 타인과 나를 구분 짓는 일차적인 장치이자 존재의 상징이라고 할 수 있다.

동화 주인공의 이름은 대상에게 작가가 부여하고자 한 상징을 직간접적으로 드러내기 가장 좋은 장치다. 주제가 정해졌다면 그 내용에 따라 주인공에게 어떤 성격을 부여할지 생각해 보고, 이름이나 별명, 수식어, 호칭 등을 지어 본다. 예를 들어, 마음에 대해 놀라우리만치 훌륭하게 표현하고 있는 「인사이드아웃(In side Out)」의 주인공 이름이 '기쁨이' '슬픔이' '소심이' '까칠이' '버럭이'인 것처럼 항상 긍정적인 '오키', 늘 둥글둥글한 '이응이'와 같이 성격을 드러내는 이름을 지어 볼 수 있다. 슬픔에 빠진 '소로', 우울에 잠긴 '딥', 외톨이 '히토리', 시끄러운 '우루사이' 같이 외국어 발음으로 이름을 지어 볼 수도 있다. 혹은 빨'가니', 노'라니', 초'로기' 등 색깔로 이름 지은 「꼬마버스 타요」의 버스들과 같이 외형적인 특징이나 음가를 이름으로 삼아도 좋다. 또는 '윤슬, 다솜, 미리내, 시나브로, 몽니, 가람' 같은 순우리말 이름이나 '검은 곰, 빠른 다리, 하얀 삵' 같은 특징을 살린 우리말 별명을 이름으로 삼아도 좋다. 한글 가나다를 조합하여 의미 있는 이름을 지어 봐도 좋다. 위대한 탐험가 '가가', 자기주장이 강한 '나나', 우다다 뛰어다니는 '다다', 언제나 즐거운 '라라', 엄마가 좋아? 아빠가 좋아? '마마와 바바', 뭐든지 다 갖고 싶어 '사사', 엄살쟁이 '아아', 잠꾸러기 '자자', 힘을 내 '아자', 괜찮아질 거야 '차차', 다 같이 춤을 춰요 '차차', 세상에서 제일 착한 '카카', 화르륵 열 받은 '타타', 땅파기가 제일 좋아 '파파', 정의의 수호자 '타파', 호기심쟁이 '아하', 우리 함께 웃어요 '하하' 등 가나다만 조합해도 수많은 의미 있는 이름을 만들 수 있다.

② 캐릭터 프로필 만들기

캐릭터의 이름을 지었다면 캐릭터가 지닌 성격이나 호불호, 일상 등 프로필을 작성한다. 프로필에는 완전히 새로운 것이 반영되기도 하지만, 종종 내담자 본인의 상황이나 욕구 등이 반영된다. 성격, 좋아하는 것/싫어하는 것, 좋아하는/싫어하는 장소, 하고 싶은 것/하기 싫은 것, 잘 먹는 것/못 먹는 것, 많이 하는 것, 자주 가는 곳, 자주 하는 놀이, 소원, 가족 구성, 친구 등을 설정한다.

③ 캐릭터 개인의 역사 만들기

캐릭터의 현재 상황을 기준으로 왜 그런 상황에 처하게 되었는지 원인사건을 추론할 수 있다. 이를 통해 개연성을 획득하여 이야기의 구조가 더욱 탄탄해진다. 또한, 캐릭터의 개인적인 역사를 만드는 과정에서 내담자의 사고가 형성되는 과정을 관찰할 수 있다.

아동: 파일럿의 가족은 외로운 산골에 살았다. 외로운 산골이지만 사람은 아주 많고, 부자들만 사는 동네였다. 그런데 이곳에는 자손들이 자라면, 열 살쯤 되면, 초등학생이 되면 다시 돌아오지 못하게 하는 법이 있어서 돈만 많았다뿐이지 외로웠다.

치료자: 그런데 그럼 가족들이 보고 싶지 않을까요?

아동: 이제 그 법이 수정되었지만, 너무 멀어서 파일럿은 그걸 몰랐다.

치료자: 아, 그래서 돌아가지 않는 거구나.

④ 주인공 그리기

그림동화의 주인공이 특별한 사유 없이 매 장마다 생김새가 변화한다면 작가는 물론이고 독자 또한 이야기 진행을 따라가기 어려울 것이다. 때문에 이야기를 전개하기 전에 주인공을 먼저 그려 본다. 주인공을 그림으로 표현하기 어렵다면, 동그라미부터 시작하여 간단하고 개성 있게 캐릭터를 표현할 수 있도록 그리는 방법을 알려 주고 연습한 후에 시작하거나, 종이컵이나 자, 스탬프 등의 도구를 이용하게 할 수 있다. 혹은 아예 그림 대신 인형이나 장난감, 사진, 종이접기, 종이오리기 등으로 그림 표현을 대체하거나, 캐릭터 만들기 앱을 활용하여 주인공을 디자인할 수 있다.

눈, 코, 입의 그림 조합, 캐릭터판으로 캐릭터 만들기 그림 표현 발달 수준에 한계가 있을 때, 창의력을 발휘하기 어려운 내담자일 경우 등은 다음과 같은 게임을 통해 독창적인 인물을 만들 수도 있다.

내담자가 종이에 줄을 나누어 신체 부위를 적고, 여러 가지 형태의 신체 부위를 나열하여 그린다. 이후 치료자가 연필이나 펜의 뒷부분을 각 신체 부위의 줄에 놓은 뒤 좌우로 흔들다가 내담자가 '그만'을 외칠 때 멈춘다. 내담자는 치료자의 펜 끝이 가리킨 자리의 신체 부위를 그대로 따라 그려서 각각의 신체 부위를 조합하여 캐릭터를 만들 수 있다.

이 활동은 캐릭터판을 만드는 동안 각 신체 부위에 대한 내담자의 인식이 드러나기도 하며, 선택하기에 대한 중재나 원하지 않는 것이 나왔을 때의 대응 등에 대해서도 중재할 수 있는 계기가 된다.

또한, '그만'을 외칠 때 일정 크기 이상의 소리나 제스처가 동반되지 않으면 멈추지 않거나, 일정 크기 이상의 소리나 제스처가 동반될 경우 작은 자극에도 멈추는 식으로 내담자의 행동이나 표현을 조절하는 연습에 사용할 수도 있다.

내담자는 자신이 원하는 형태를 얻기 위해, 또는 싫어하는 형태를 피하기 위해 캐릭터 판에 집중해야 하며, 치료자가 움직이는 방향과 속도에 공동으로 주목하고, 시선을 따라가야 하며, '그만'을 외쳤을 때 치료자가 반응하는 데 걸리는 속도를 분석하고 유추하여 타이밍을 재야 한다.

간단한 방법이지만 여러 가지 작용이 혼재되어 있으므로 치료자는 내담자에게 필요한 자극을 적절히 제시하고, 충분히 연습할 수 있도록 활동 시간을 단축 또는 연장하는 방식으로 속도를 조절할 수 있다. 캐릭터판의 내용은 동물, 괴물, 외계인의 신체부위, 소품, 사건, 소재, 주제 등 어떤 내용을 나열하느냐에 따라 다른 결정판으로 변형하여 사용할 수 있다.

다음의 그림에서는 캐릭터판으로 정해진 부위를 그대로 조합하여 그리고 나머지 부분을 연상되는 대로 그려 넣고 꾸몄다. 네모진 얼굴과 머리에서 USB 단자가 생각나 관련된 내용을 추가해 넣었다. 완성된 캐릭터의 형태를 보고 제목과 이름을 지어 본다.

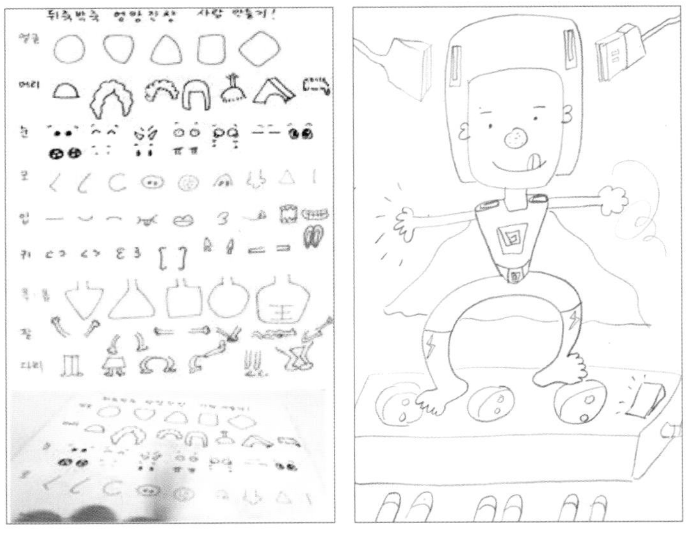

단자 수호대, 대장 '유에스비'

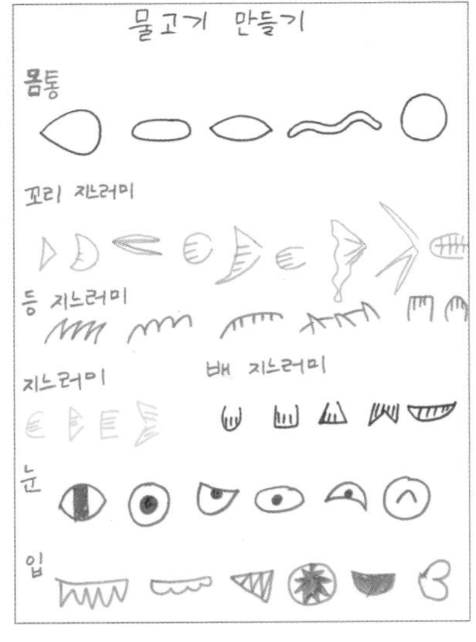

⑤ 콜라주 주인공

주인공을 직접 그리지 않고 잡지나 그림책, 인터넷에서 내려받은 그림이나 사진, 자기 사진 등을 복사하여 오려서 사용할 수도 있다. 혹은 캐릭터 만들기 앱을 활용하면 다양한 표정과 의상의 캐릭터를 만들 수 있다.

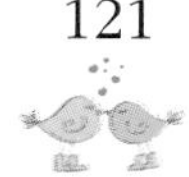

앱을 활용한 캐릭터 만들기–나의 최애캐 (*최애캐: 최고로 애정을 주는 캐릭터)

(5) 구성하기

주제와 인물을 정한 뒤 이야기를 전개할 때 9분할 이야기 구성판 또는 8분할 이야기판을 활용할 수 있다. 구성하기는 이야기의 흐름을 미리 요약하여 서술하는 것으로 '계획하기' '순차처리' '유추하기' 등의 논리적 사고와 관련이 있는 중요 활동이다.

① 9분할 이야기 구성판 만들기

A4 용지를 가로로 제시한 후 가로 선 두 개, 세로 선 두 개를 그어 9칸을 만든다. 가운데 칸에는 주인공의 이름 또는 프로필을 적고, 바깥쪽의 작은 네모 8칸에는 이야기의 소재를 나열하고 핵심적인 장면을 적는다. 소재를 다 채운 후에는 이야기의 순서에 따라 각 칸에 번호를 매긴다.

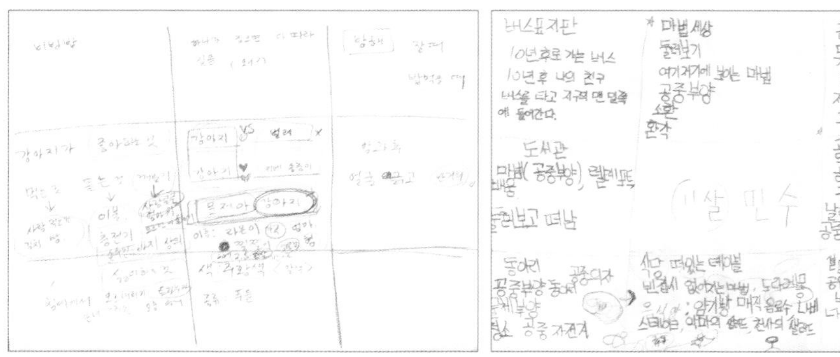

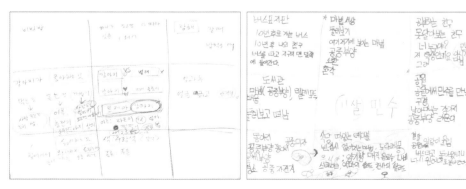

"천진난만한 하루" 9분할 이야기 구성판

⑧ 과자를 좋아한다.	④ 자동차 장난감을 좋아한다.	⑥ 동생이 자기 장난감을 달라고 떼쓴다.
③ 생일 선물	펭귄 다다, 여섯 살 가족: 아빠, 엄마, 여동생	① 유치원
② 집	⑤ 놀기	⑦ 동생이 싫다.

'누구야!' 9분할 이야기 구성판

② 8분할 이야기판 만들기

8분할 이야기판은 9분할 이야기 구성판으로 찾아낸 소재를 서사적 순서에 따라 배치하고, 소주제를 간략히 설명하여 개요를 짜기 위해 사용한다. 이야기 구성판에서 번호를 붙인 장면을 번호 순서대로 요약하여 적는다. 인지 수준이 높거나, 부연 설명이 들어가야 하는 경우 각 줄을 다시 둘로 나누어 16분할 이야기판을 만들어 사용한다. 이외에 이야기 전개에 따라 칸을 더 나누거나 더할 수 있다. 보통 유아의 경우 8~12컷이 일반적이며, 연령 및 인지발달 수준이 높을수록 16~20컷 정도로 장면이 늘어난다. 한 권의 책으로 완성하기에는 최소 10~16컷, 속표지, 서지정보, 면지 포함 50페이지 이내가 적당하나 최대 컷 수는 정해져 있지 않다.

동화 제목: 누구야!
작가: 새로운
소재: 간식시간
주제: 동생한테 다음부터 하지 말라고 말하고 싶어요.
주인공: 오빠 펭귄, 등장인물 : 오빠 펭귄, 동생 펭귄
시간적 배경: 간식시간
공간적 배경: 거실, 방
구성하기: 8분할

1. 오빠 펭귄이 고장난 자동차를 발견함.
2. 오빠 펭귄이 화가 남.
3. 범인을 찾다가 과자 부스러기를 발견함.
4. 과자 부스러기를 따라감. (부스러기가 점차 커짐, 의성어와 의태어 사용)
5. 부스럭 소리가 남.
6. 오빠 펭귄이 몸을 날려 범인을 잡음.
7. 동생 펭귄이 과자를 먹고 있다가 오빠 펭귄에게 과자를 내밈.
8. 오빠 펭귄이 과자를 받아먹고 화를 풀고 동생 펭귄을 용서함.

'누구야!' 8분할 이야기판

③ 더미북 만들기

A4 용지를 8등분으로 접은 다음, 파란색 절취선을 따라 종이를 자르고 접으면 8페이지 더미북을 만들 수 있다. 이야기판에서 구성한 내용을 책으로 만들 때는 한 장씩 그림을 그려 책처럼 제본하거나 더미북 형식으로 제작할 수 있다.

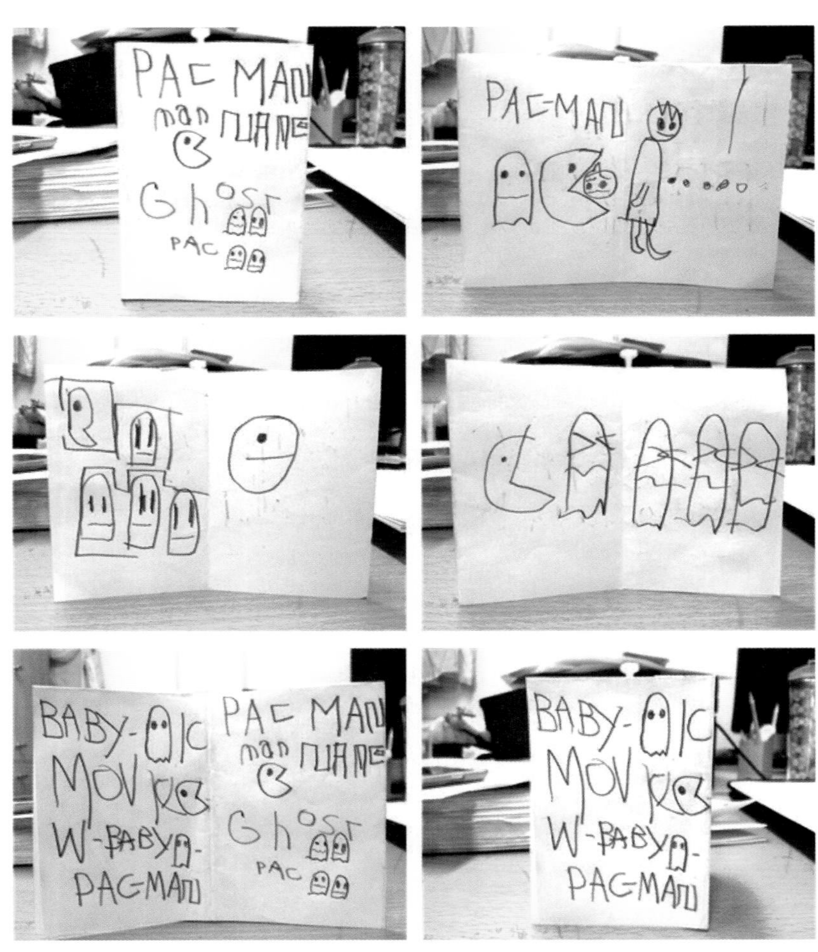

(6) 이야기를 만드는 다양한 기법

① 난화 이야기 만들기

난화란 쉽게 말하면 낙서다. 아무렇게나, 혹은 노래를 듣거나, 일정 시간 동안 휘저은 낙서화를 가만히 들여다보며 숨은그림찾기를 해 본다.

엉켜 있는 선들 사이에서 리본, 물고기, 코끼리, 뱀 모양 등 연상되는 사물을 표시하고 이것을 소재로 이야기를 만들어 볼 수 있다. 또는 형태가 있는 아무 그림을 여러 장 그린 다음, 이를 조합하여 이야기를 만들 수도 있다.

예 1) 복숭아 마을에 봄이 왔어요. 시냇물이 졸졸 졸. 햇빛이 반짝. 포근한 햇살에 꽃이 활짝 폈어요. 나무도 무럭무럭 자라납니다. 인적 없는 산에도 봄이 왔어요. 팔랑팔랑 나비가 첫 날갯짓을 합니다. 숲속 나무 사이로 팔랑 팔랑 잘 날아가네요.

예 2) 어디선가 노랫소리가 들려왔어요. "붐붐 방방 부오오~" 그건 바다고래의 노래였어요. 바다고래는 열심히 노래했어요. "아야!" 하지만 너무 열심이었던 나머지 혀를 깨물고 말았네요.
"엉엉엉!" 바다고래는 병원에 실려 갔답니다.

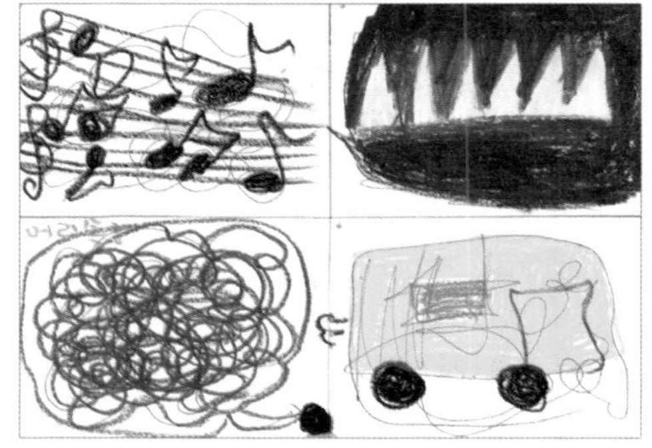

② 우연 동화 만들기

종이를 찢어서 마구 흩뿌리거나, 빈 종이에 아무렇게나 붙인다. 난화 이야기 만들기에서와 같이, 숨은 그림을 찾듯이 종이의 모양이나 배치에서 연상되는 것을 찾고,

그것을 소재로 이야기를 만들 수 있다.

③ 나머지 완성하기

자기 자신이 혹은 집단원이나 치료자가 만든 아무 낙서나 점, 선, 면, 도형 등의 우연적 결과물에서 연상되는 것을 이어 그리거나 꾸며서 이야기를 만들 수 있다.

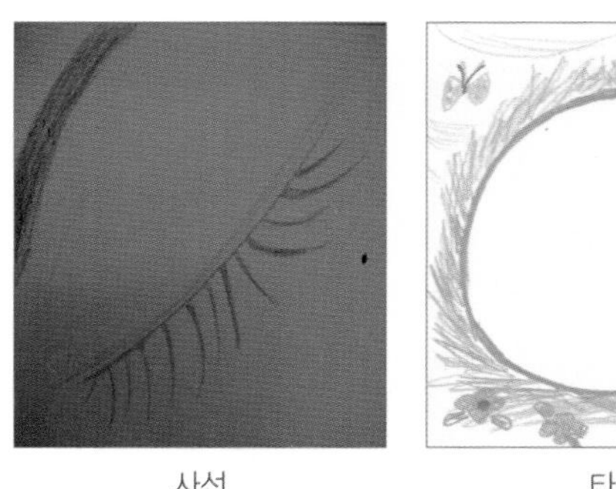

사선

타원

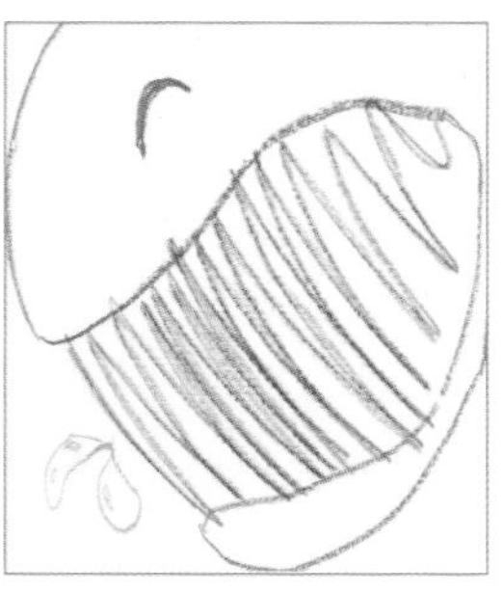

지그재그

④ 카드 고르기와 바꾸기

난화나 우연 동화, 나머지 완성하기로 만들어 낸 이미지를 카드 형식으로 한 컷씩 자른다. 혹은 이야기 그림카드나 타로카드 등의 소재 카드를 사용할 수도 있다. 각 카드에 번호를 매기고, 주사위 굴리기 또는 사다리 타기, 번호 뽑기와 같이 임의의 수를 뽑아서 해당 장면만 골라 이야기를 만들거나, 그림카드를 섞어 놓고 몇 개의 장면만 골라 이야기를 만들 수 있다. 또는, 다른 사람과 무작위로 카드를 바꾸거나, 다른 사람의 카드에서 내 이야기에 필요한 장면을 빌려 와서 이야기를 진행할 수도 있다.

⑤ 책에서 소재 찾기

여러 책의 제목만으로 이야기 만들기, 아무 책이나 펼쳐 가장 먼저 눈에 띄는 단어들로 이야기 만들기 등을 진행할 수 있다.

⑥ 사다리 타기

여러 가지 소재로 사다리 타기 판을 만든다. 혹은 코딩 로봇으로 사다리 타기를

진행하여 자동으로 소재를 선택할 수 있다.

⑦ 이야기 카드와 이야기 주사위 만들어 사용하기

이야기 분석하기 동화를 읽고 이야기를 분석하여 '인물, 배경, 소재, 사건, 결말' 카드나 주사위를 만든다. 육하원칙에 따른 '누가, 언제, 어디서, 무엇을, 어떻게, 왜' 혹은 이야기 문법에 따른 '배경, 계기사건, 시도, 내적 반응, 결과' 주사위를 만들 수 있다. 완성된 카드나 주사위로 이야기를 회상하거나 재구성할 수 있다.

이야기 창작하기 카드를 잘 섞은 후 무작위로 한 장씩을 골라 이야기를 만든다. 1장으로 이야기 만들기부터 시작하여 점차 카드의 수를 늘려 나간다. 인물 카드에서는 조력자, 대적자를, 사건 또는 사물 카드에서는 반전, 촉진, 억제 등의 소재로 카드를 더 뽑을 수 있다. 각각의 내용은 자기 자신의 이야기나 판타지, 추리, SF는 물론이고 학습을 고려하여 사회문제나 수학식, 과학지식, 역사, 특정 시대 등의 범위를 한정하여 골라 적어도 좋다. 한편, 이야기 카드를 만들 경우 각각의 카드에 점수를 부여한 뒤 최종적으로 완성된 이야기에 사용된 카드의 점수를 합산하여 더 높은 등급의 이야기를 만든 사람이 승리하는 이야기 만들기 게임으로 활용할 수도 있다.

카드 대신 주사위 만들기로 대신할 수 있다. 정육면체 전개도를 그리거나 뽑아서 인물 주사위, 소재 주사위, 배경 주사위, 사건 주사위 등을 만든다. 혹은 육하원칙이나 이야기 문법에 따른 주사위를 만들 수 있다. 주사위 놀이를 하듯 여러 개의 주사위를 차례로 혹은 한꺼번에 던져 나온 소재로 이야기를 만들고, 각 면에 주사위 눈을 그리거나 숫자를 매긴다. 이 작업은 각자 자기의 이야기 카드, 이야기 주사위를 직접 만드는 것에 의미가 있다. 한 예로 타로 카드가 있는데, 타로카드가 발생한 지 얼마 안 되었던 시기에는 타로카드를 배우기 위해서는 자신이 직접 카드를 그리고 채색하여 만들어야만 했다. 이는 비단 인쇄기술의 한계와 같은 환경적 문제에서만 기인한 것이 아니라, 카드마다 잠재된 상징과 키워드를 보다 잘 이해하고, 자신의 생각을 분명히 갖게 하며, 상징과 의미를 보다 선명하게 이미지화하기 위한 것이었다. 이야기 카드를 만드는 것도 이와 마찬가지다. 카드를 만들 때 자신이 경험한 것, 경험하고 싶은 것, 피하고 싶은 것들이 주제가 될 수 있으며, 이를 통해 내담자는 자

신의 생각을 보다 구체화하고 이미지화할 수 있게 되며, 그와 관련된 이야기를 자연스럽게 나누는 계기로 삼을 수도 있다. 또한 소재를 조합하여 하나의 이야기를 만드는 과정에서 문장력 향상을 촉진할 수 있다.

한편, 이야기 카드와 이야기 주사위 만들기는 도면을 그리고 오리고 조립하면서 시지각 발달, 공간지각력 향상, 도형과 정육면체에 대한 이해, 입체적 사물에 대한 이해, 소근육 발달 등의 부수적인 효과들을 얻게 되는 장점이 있다.

이야기 주사위 게임 준비물: 주사위 도안, 연필, 테이프, 이야기를 메모할 노트나 포스트잇

- 주사위 도안에 인물, 배경, 소재, 사건, 감정 등을 쓴다.
- 각 칸에 점수를 매긴다.
- 주사위를 던지기 전에 몇 턴을 진행할 것인지 정한다.
- 주사위를 한꺼번에 던져 윗면에 나온 내용으로 이야기를 만들어 메모한다. 이야기를 만들면 주사위 면에 적힌 숫자를 점수로 획득할 수 있다.
- 턴이 끝나면 점수를 합산하여 점수가 더 높은 사람이 승리한다.

이야기 주사위

예) 인어공주 3점 + 강 1점 + 해일 3점 + 사과 2점 = 9점

인어공주가 해일 때문에 육지로 밀려왔다. 인어공주는 배가 고팠는데, 사람들이 사과를 나눠 주고 강에 데려다줘서 인어공주와 사람들은 친구가 되었다. 인어공주

는 강을 따라 바다로 돌아갔다.

왕 6점 + 성 3점 + 마법 상자 5점 + 불났다 1점 = 15점

왕은 성에서 뭐든지 원래대로 되돌리는 마법 상자를 가지고 놀았는데 성에 불이 났다. 왕은 급하게 도망치다가 그만 마법 상자를 잃어버렸다.

인어공주 3점 + 마법 상자 5점 + 하늘 5점 + 마녀가 나타나
집을 매일매일 6개의 케이크로 만들었다 6점 = 19점

바다로 돌아오던 인어공주가 물에 둥둥 떠 있는 마법 상자를 발견했다. 그때 하늘에서 마녀가 나타났다. 마녀는 육지에 있는 집들을 매일매일 6개의 케이크로 만들었다. 사람들은 살 곳이 없어졌다. 그래서 인어공주는 마법 상자에 케이크를 넣었다가 빼서 사람들에게 다시 집을 찾아 주었다(의도적으로 상대방의 이야기와 연결).

⑧ 그림판과 클립아트 동화

한글 프로그램이나 파워포인트 등에는 그림판 또는 클립아트라는 이름으로 내장된 그림들이 있다. 이 그림들 중에서 마음에 드는 그림을 빈 페이지에 꺼내어 놓는다. 그리고 그림의 위치나 크기를 변경하여 페이지에 배치한 후, 해당 장면을 보고 이야기를 만들 수 있다. 다음의 예들은 2006년 초등학교 1~4학년을 대상으로 이루어졌던 한글 프로그램 및 그림판 동화다. 짧은 이야기지만 그 속에 각자의 이슈와 생각이 나타난다. 최근에는 최신 버전의 한글 프로그램이나 파워포인트, 포토샵, 코딩 프로그램인 스크래치 등과 태블릿의 그림 그리기 앱, 만화그리기 앱 등을 활용하고 있다.

이런 프로그램이나 앱을 활용한 동화 만들기는 직관적인만큼 사용이 쉽고, 현대사회에 익숙한 매체로서 오히려 직접적인 미술 매체들보다 거부감이 적고, 도전하고 싶게 하며, 그림을 잘 그리지 못해도 된다는 점에서 안도감을 준다. 또한, 작품의 완성도가 높기 때문에 만족감과 성취감을 쉽게 얻을 수 있다.

이러한 프로그램 사용의 가장 큰 강점은 '취소'가 가능하다는 점이다. 따라서 실

수나 실패를 두려워하는 내담자가 동화 만들기에 접근하기 편하게 만들어 주며, 크기 조절이 자유로워 그림 표현이 작은 내담자가 그림 확대에 쉽고 안전하게 접근할 수 있다.

최신 버전의 한컴 오피스에서는 예시보다도 더 매끄럽고 동화적인 그림이 많이 제시되어 있다. 동화와 직접적으로 관련된 여러 가지 캐릭터도 있고, 배경, 사건, 소재와 관련된 매우 다양한 클립아트가 있어 한글 프로그램만으로도 동화 장면을 만들 수 있을 정도이니 활용해 보자.

바다 속에 바다 친구들이 살고있었어요
친구들이 무엇을 하고 있는지 알아볼까요
펭귄 을 따돌려서 펭귄 혼자만 노내요
펭귄이 친구들에게 바보라고 했어요.
펭귄은그런 적이 업는데 말이에요.

바다 풍경
펭귄이 친구들 이랑놀 러고 바다로오고있습니다.
펭귄이 말하는 순간 꽝 하는 소리가들렸습니다. 그래서 펭귄이 깜짝 놀라 앞을 봤는데 돌고래 들이 달리기대회를 하는거였어요. 그래서펭귄도앞아서 응원을 열심히햇닸니다.
(끝)

숲에서 나무들이 노래를 부르고 있어요.
그런데 단풍잎이 계속 가사를 틀리네요?
화가나 단풍잎을 주렁주렁 달고 있던 갈색 할아버지 나무가 몸을 흔들어 단풍잎을 모두 떨어뜨렸어요. 가사를 잘못 불러 혼나는 단풍잎의 모습이 않돼 보이네요. 하지만 즐거운 노래 시간에 선인장만 졸고 있네요. 그래도 단풍잎은 선인장을 제일 좋아해요. 잔다고 혼은 내지 않거든요. 근데 불쌍하게도 선인장이랑 단풍잎은 말이 안통한데요. 불쌍하죠?

어느 화창한 봄 날 개미가 길을 걷고 있었어요. 그 때 물 속에 있던 개구리가 장난기가 발동했어요. 그래서 개구리는 개미를 물에 빠뜨렸어요. 그 때 비둘기가 산책 겸 삼아 푸른 하늘을 날고 있었어요. 그때 아래를 내려다 보니 개미가 물에 빠져 허우적 대는 것을 보자 개미를 구해 줘야겠다는 생각이 들었어요. 근데 개미가 자기를 잡아 먹는 것 인줄 알고 무서움에 떨었어요. 하지만 자신을 잘 알고 있는 비둘기를 믿었어요. 그 때 비둘기가 나무에서 나뭇잎을 하나 따서 개미에게 줘서 다행이 나뭇잎을 배삼아 땅에 도착했습니다. 개미는 고맙다고 몇 번아나 되풀이 하였습니다. 그리고 그들의 우정도 더 두터워 졌겠지요?

시원하게 그늘 진 곳에서 싸움이 일어나고 있네요. 과연 어떤 일 일 까요?
느리게 기어가는 무당벌레와 푸드득 닭이 이사가는 개미를 보고 입맛을 다시네요. 무서워서 벌벌 떨고 있는 개미와 진땀을 흘리는 개미도 있네요.
무당벌레와 닭이 개미가 자기 먹이라고 싸우고 있네요.
그때 벌집에 나온 벌들이 이 광경을 목격하네요. 그리고 벌들이 재판을 하겠다고 하네요. 과연 어떤 재판을 해줄 것인가요?
드디어 판결이 내려 졌어요. 그런데 닭이 갑자기 무당벌레를 먹었어요.
그리고 이사가는 개미를 보았어요. 개미는 무서워서 벌벌 떨고 있어요.
그러나 닭은 개미를 오히려 살려주었어요. 개미는 목숨을 구할 수가 있었지요. 그날 이후로 개미와 닭은 서로서로 도와주며 행복하게 살았어요 닭이 왜 개미를 살려주었나면 개미가 떨고있는 모습을 봐서 불상해서 그런 짓을 했던 것이에요.

하늘 위로 올라 가는 독수리 한 마리가 여행을 떠난다.
돌고래 한 마리는 헤엄을 치고 또 한 마리 돌고래는 묘기를 부린다.
용두마리는 짝짓기를 하는 것같다.
팬더는 친구가 없어서 대나무를 먹었다. 그래서 답답했다.
그래서 개미랑 거북이랑 놀았다.

펭귄이 토끼랑 놀고 있는데 갑자기 느림보 거북이가 기어와서 웃었어요
그래서 강아지 가와서 혼을 냈어요 또 돌고래가 와서 말렸어요 그런데 비둘기가
와서 하지 말라고 타일렀습니다.
그래서 사이 좋게 지냈지요.

하늘이 파란 가을에 개미 한 마리가 나무에서 쉬고 있었습니다. 개미는 배가고팠습니다. 개미가 나무를 보았습니다. 그런데, 닭이 복숭아를 먹고 있었습니다. 개미가 닭앞으로 다가가 말하였습니다. 닭아주머니! 복숭아 같이 먹어요! 그러자 닭아주머니가 말하였습니다. 그래, 같이 먹자. 개미는 신이 나서 소리를 질렀습니다. 개미는 복숭아를 먹은 뒤, 산책을 갔습니다. 산책을 하다가 개미는 벌을 보았습니다. 벌아저씨 안녕하세요? 벌도 인사를 하였습니다. 안녕 개미야? 벌아저씨 무엇을 하고 계세요? 꿀을 나르고 있단다. 아~ 그럼 안녕히계세요. 개미는 집에 돌아가 잠을 잤습니다.

제목 밤바다 하늘
옛날 옛날에 바닷가에 어둠이 찾아왔어요. 그런데 강아지가 해변에 떨어져 있는 수박을 보고 해변가로 달려가서 수박을 먹고있었는데 야자수나무에 열매가 많이 있는 것을 보았어요. 그래서 해변가에 있는 친구들에게 친구야! 야자수나무에 열매가 잔뜩있어! 라고 말했더니 해변가에 있던 친구들이 우르르 몰려왔어요. 그러자 거북이가 말했어요. 우와! 진짜 강아지말이 맞아! 라고 했더니 진짜였어요. 그래서 해변가 친구들과 강아지는 사이좋게 열매를 나누어 먹었답니다.

시원한 바닷가에서 신나게 놀고있는 동물들. 돌고래2마리는 바다에서 신나게 뛰어 오르고 있습니다. 거북이는 느릿느릿 걸어가고 있습니다. 강아지는 숨을 할닥이면서 뛰어놀고 있습니다. 고양이는 분홍색리본을 달고 사뿐이 걸어가고 있네요. 그리고 하늘의 독수리도 자유로이 하늘을 날고 있네요. 그리고 열심히 일하던 개미들도 잠깐 쉬었다 가는 모습이 보이네요.

돌고래 축구대회
아틸란티스나라가 몰고 가고있습니다.
네!!! 마야팀 중간에 걸리는군요~~~~~~
아!! 아깝습니다. 게들이 거품을 뿜고있습니다. 금붕어형제가 흉내내는군요~~ 네 ~~~ 많은 관중들이 구경하고있습니다. 과연 누가? 이길까요??
궁금하군요.

그림판과 클립아트 동화

클립아트에서 그림을 불러오는 것을 연습한 후 작업을 진행한다. 예시는 모두 중재 전 원본

동화치료와 같은 맥락에서 그림일기도 자주 활용한다. 일기는 생활의 이야기를 담는다는 점에서 내담자의 생활을 직접적으로 이야기할 수 있고, 한편으로는 자주 사용하는 문장 표현, 문법요소, 사고방식, 선호하는 색, 표현양식 등을 알 수 있다.

또한, 오탈자를 수정하고, 문장을 매끄럽게 수정하고, 표현을 명확하게 하도록 도움으로써 언어재활, 학습치료, 인지치료로 접근할 수 있다. 그림일기 역시 직접 그리고 쓰는 방식과 그림판을 활용하는 방식을 모두 사용할 수 있다. 그림판을 사용할 경우 그림을 저장하기 위해서 파일명을 정해야 하는데, 이때 파일명을 정하는 방식에도 내담자의 개성이 드러난다.

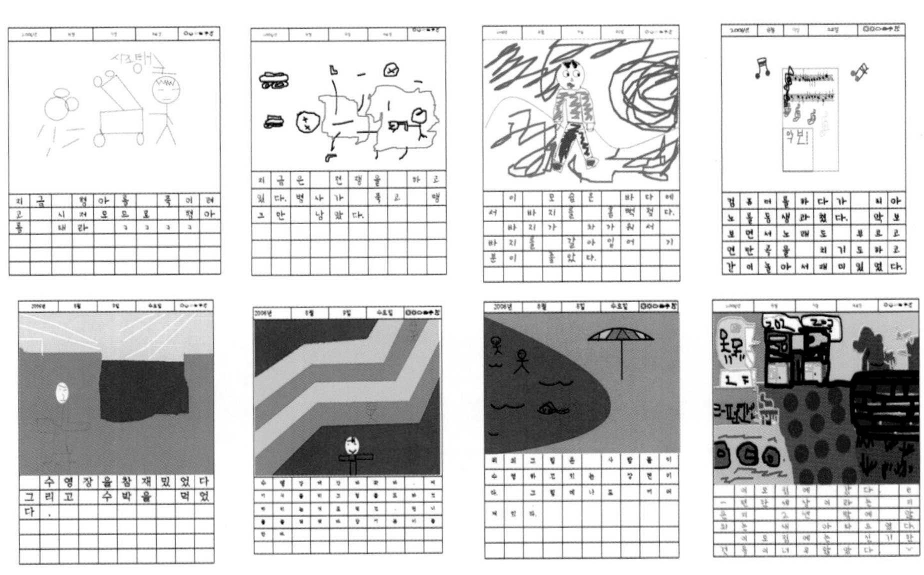

그림판 그림일기

⑨ 스크래치 앱을 활용한 동화

각각의 캐릭터 움직임을 버튼으로 설정한 뒤 재생하면 애니메이션이 만들어진다. 간단한 조작만으로 완성도 높은 표현이 가능하다. 캐릭터와 배경을 먼저 훑어본 뒤 이야기를 먼저 만들고 장면을 만들어도 되고, 장면을 만든 뒤 이야기를 만들어도 좋다. 각 캐릭터의 움직임 설정을 '코딩한다'고 하는데, 버튼 횟수 지정, 반복이나 속도 조절 등 다양한 코드를 활용하여 보다 복잡하고 긴 애니메이션을 만들어 낼 수도 있다.

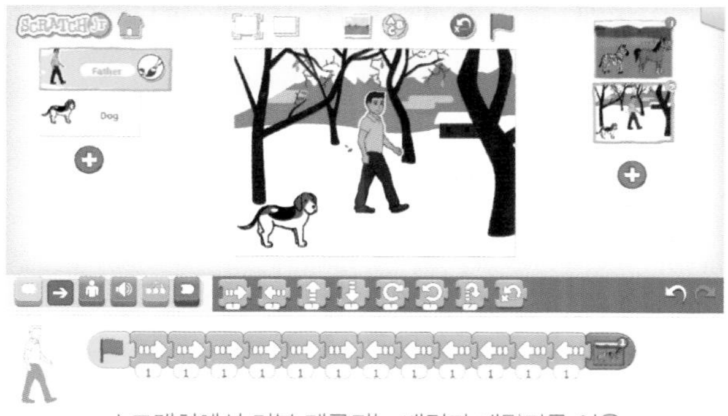

스크래치에서 기본 제공되는 배경과 캐릭터를 이용

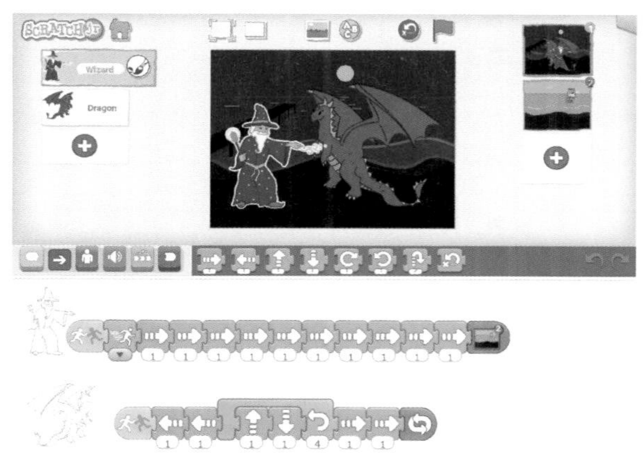

마법사와 드래곤

마법사가 못된 드래곤을 만나 마법을 쏘았어요. "에잇! 내 마법을 받아라!" 드래곤은 훌쩍 날아오르면서 마법을 피했어요. 드래곤은 가까이 왔다가 멀어지길 반복하며 마법사를 놀렸어요.

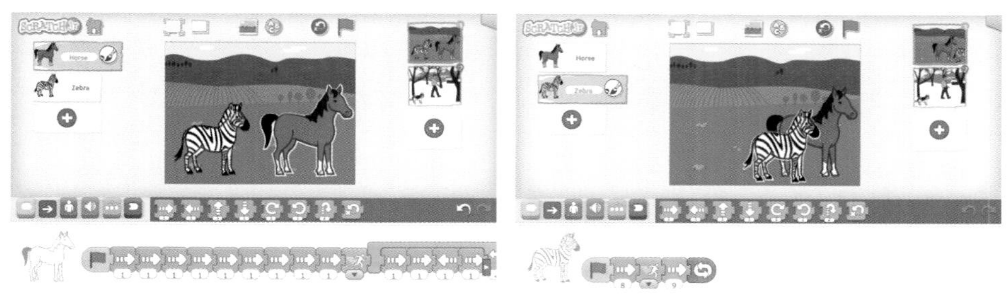

얼룩이와 씽씽이

얼룩이와 씽씽이가 만났어요. 초원을 달리기를 좋아하는 두 마리의 말은 오늘도 달리기 시합을 해요. 씽씽이는 정말 씽씽 달렸어요. 하지만 얼룩이는 달리다가 신이 난 나머지 점프도 하고, 빙글 공중제비도 하느라 씽씽이보다 빨리 달리지는 못했어요. 하지만 아주 즐거워 보였죠.

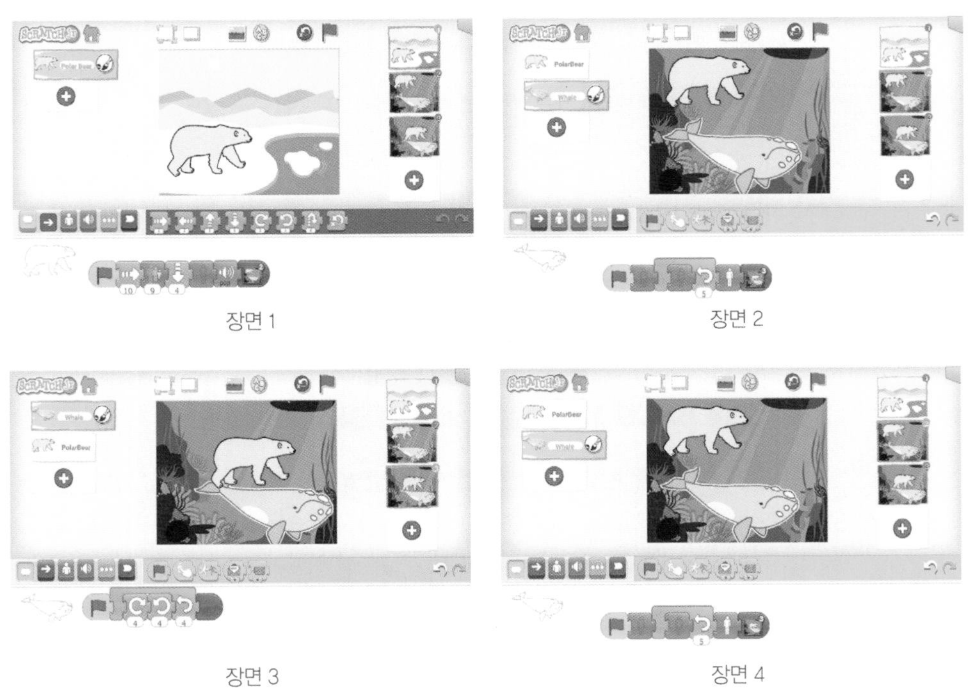

장면 1 장면 2

장면 3 장면 4

장면 1: 곰이 배가 고파서 바닷속에 들어갔어요.

장면 2: 곰은 돌멩이인 줄 알고 밟았는데

장면 3: 갑자기 돌멩이가 움직였어요. 그건 사실 돌멩이가 아니라 고래였죠.

장면 4: 고래는 기분이 나빠서 꼬리로 곰을 퍽퍽 쳤어요. 으아아아! 곰은 고래 꼬리에 맞아 퉁퉁 튕기다가 뱅글뱅글 돌면서 멀리 날아가 버렸어요.

⑩ 이모티콘 동화

- 메신저의 이모티콘 중 아무거나 3개 이상 골라 동화 만들기를 진행해 보자. 사용할 이모티콘 개수는 임의로 변경할 수 있다.

• 최근에 사용한 이모티콘 목록을 켜 보자. 본인이 자주 사용하는 이모티콘들로 이야기를 만들어 보자.

시간적, 공간적, 심리적으로 자기만의 영역을 필요로 하는 십대들은 사이버 공간상에서의 이야기를 휴대전화 잠금 화면 뒤에 두고 외부에 오픈하는 것을 꺼리며, 대화의 내용을 숨긴다. 그리고 종종 사이버 폭력과 같은 문제가 발생하더라도 스스로 해결해 보려고 노력하게 되는데, 보통 사이버 폭력의 경우 개인의 노력에 한계가 있어 하나의 문제가 해결되기도 전에 같은 상황이 반복되곤 한다. 결국 내담자가 더 이상 감당하기 어렵다고 판단되어 요청을 하기까지도 시간이 걸리고, 어떠한 개입이 이루어지는 도중에도 계속적으로 폭력에 노출되어 문제를 더 어렵게 만들 수 있다.

이런 상황에서, 이모티콘으로 이야기 만들기의 경우는 내담자가 자연스럽게 메신저를 열어 공개하는 기회가 된다. 내담자는 메신저의 대화 내용은 공개하지 않고, 사용하는 이모티콘만을 공개하므로 부담을 덜게 되는데, 일단 자기 손으로 공개적으로 휴대전화를 오픈하게 되면서 심리적인 장벽을 낮출 수 있다.

이를 반복하며 어떤 때 이 이모티콘을 사용하는지, 왜 이것을 자주 사용하게 되는지 등을 이야기 이모티콘과 관련된 에피소드에 대해서 보다 편하게 이야기하는 계기로 삼을 수 있다.

그런데 이모티콘으로 이야기 만들기를 수행할 때는 반드시 먼저 체크해야 하는 부분이 있다. 바로 각각의 이모티콘의 의미를 명확히 하는 것이다. 이 색이 자신에

게 어떤 의미가 있는지를 고려하여 색깔 이름을 붙이는 활동과 마찬가지로 어떤 내담자는 이모티콘의 의미에 자신만의 의미를 함축하고 있으며, 의사소통에 문제를 보이는 내담자의 경우 마음읽기가 잘 수행되지 못하여 이모티콘이 지닌 본래 의미와는 전혀 다른 의미로 이모티콘을 사용하고 있다. 예를 들어, 어느 내담자에게 카카오톡에서 최근에 사용한 이모티콘 목록을 보고 각 이모티콘의 의미를 쓰도록 하였는데, 내담자는 총 22개의 글자가 없는 이모티콘 중 6개의 이모티콘에서 일반적이지 않은 의미를 적용하고 있었다. 심심하다를 즐거움으로, 감동을 궁금함으로, 화남을 속상함으로, 부끄러움, 황당함/난처함은 슬픔으로, 손바닥은 하이파이브의 의미로 사용하고 있었던 것이다. 즉, 이모티콘의 뜻을 일반적이지 않은 의미로 사용하는 경우로 인해 모바일 메신저를 통한 표현과 의사소통에 오류가 있었을 것으로 보였다.

한편, 내담자에게 각각의 이모티콘이 나타내는 감정에 대해서 짜증/화남은 빨간색, 슬픔/우울은 파란색, 긍정적 감정은 노란색, 어느 쪽도 아닌 감정은 연두색으로 구분하도록 하였다. 그러자 내담자는 혼나는 것, 속상한 것, 우는 것을 연두색으로 체크하여 어느 쪽도 아닌 '평범한 감정'이라 분류하였고, '슬픔(부끄러움 이모티콘)'의 경우 파란색으로 슬픔/우울이라고 분류하였다. 이에 '슬픔'과 '우는'의 차이에 대해 설명을 요구하자 '우는'이 더 슬픈 것이라 설명하였다. 또한 '최고'나 '하이파이브(손바닥 이모티콘)'는 긍정적 감정이 아니라 어느 쪽도 아닌 감정인 것으로 분류하였다.

이렇듯 이모티콘 동화 작업을 통해서는 동화 만들기를 통한 효과뿐만 아니라 내담자가 주로 사용하는 감정 표현이 무엇이고, 내담자 자신에게 '일반적인 감정'으로 인식되는 감정이 무엇인지, 이모티콘의 일반적 의미와 매칭되지 않는 감정코딩의 오류 여부도 확인할 수 있다. 동화 작업과 함께 이러한 부분에 접근하여 인지 오류나 왜곡을 수정하고, 사이버상의 예절이나 대화 기술 등을 코칭함으로써 의사소통 능력과 사회성의 향상을 촉진할 수 있다.

⑪ SNS 상태 메시지로 글쓰기

요즘 아이들은 줄여서 '상메'라고 부른다는 상태 메시지. 카카오톡이나 라인 등의 메신저에는 이름 옆에 해당 계정의 주인이 쓴 한마디가 노출된다. 이를 상태 메시지라고 하는데, 이 자리에는 자기 생각을 표현하는 말이나 자기 자신에게 힘을 주기 위한 말, 혹은 무언가를 잊지 않기 위한 메모, 관련된 사람들에게 하는 공지 등이 쓰이는데, 종종 누군가에게 대놓고 하지는 못하고, 하고는 싶은 마음의 소리를 적는 란으로 쓰이곤 한다. 그래서 상태 메시지는 타인의 마음읽기를 연습하기 좋은 연습장이 된다.

그리고 종종 어떤 계절의 초입이나 사회적인 이슈가 있는 경우 상태 메시지에 공통점이 많아져서 나와는 접점이 있어도, 서로 간에는 전혀 접점이 없는 사람들이 비슷한 말, 연결되는 말 등을 쓰는 것을 볼 수 있다. 이런 메시지들의 경우 모아 놓고 보면 시나 가사 같기도 하다.

비슷한 상태 메시지들

- 내 메신저 친구들의 상태 메시지 중 이어서 쓸 수 있는 메시지를 찾아서 엮어 보자. 시나 가사로 만들어도 좋을 것이다.
- 친구들의 상태 메시지에서 연상되는 상황으로 이야기를 만들어 보자.

⑫ 자동완성 키보드로 이야기 만들기

자주 쓰는 이모티콘으로 이야기를 만드는 것과 비슷한 방법으로 휴대전화 키보드의 자동완성 기능을 통한 이야기 만들기가 있다. 예를 들어, 키보드의 자동완성 기능을 활성화한 휴대전화에서 메모장이나 메시지 창에 '나' '너' '사랑' 등 특정 단어

를 치면 뜨는 추천 단어들을 클릭하다 보면 본인이 자주 쓰는 단어나 구, 연관 검색 결과에서 추출된 단어나 구가 자동으로 이어져 문장이 만들어진다. 이를 통해 이야기를 만들어 볼 수 있다.

이 방법은 평소 내담자가 인지하고 있는, 혹은 인지하지 못하고 반복적으로 습관적으로 사용하고 있는 단어나 말투 등이 자연스럽게 나타남으로써 내담자 스스로의 모습에 직면하게 되는 효과가 있다. 또한 이모티콘 동화 만들기에서와 마찬가지로 자동완성으로 나타난 단어나 구, 문장 등을 자주 쓰게 되는 이유나 그 대상 등에 대해 이야기할 기회가 될 수 있다.

SNS, 청소년의 가상관계중독

정보가 넘치고, 세상이 혼란한 때문일까? 요즘은 셀프 힐링이 대세다. 힐링 에세이, 여행, 소확행(작지만 확실한 행복), 나를 위한 선물 등이 유행하면서 SNS로 이를 '인증'하는 트렌드도 형성되었다. 그리고 인증이 인기를 끌면서 그로 인해 유명세를 얻고 경제적 이득을 취하고 화려한 삶을 살아가는 사람들을 보면서 너도나도 SNS 스타를 꿈꾸는 시대가 되었다. 그리고 이러한 트렌드는 청소년 사이에서도 예외가 아니다. 'SNS로 유명하다는 것' '인싸(아웃사이더의 반대말)' 임을 증명하기 위해 경쟁하듯 팔로워(follower) 수를 자랑하고, 카카오톡에 등록된 '지인'이 500명, 700명이라며 으스대고, 마치 어른처럼 이렇게 대단한 '지인'이 있음을 과시하고, 실제로는 미약한 인연에 불과한 그들 모두와 막역한 사이인 것처럼 호가호위한다. SNS의 영향력으로 자신을 증명하는 것이 트렌드가 되면서 SNS 인증은 종종 도를 넘어 관심을 구걸하고, 팔로워 증가를 위해 수단과 방법을 가리지 않게 되었으며, 학생들이 스스로는 남들처럼 '인증'할 거리가 없다는 것에 상처받고 억울해하고, 대세인 인물들과 비틀어진 관계에 빠져 스트레스를 받으면서도 계정을 끊지 않고 전전긍긍하게 한다. 스마트폰을 잠시도 손에서 떼지 못하고, 떨어져 있으면 괜히 불안해하고, 무엇을 해야 할지 모르며, SNS 알림음을 수시로 체크하고, '좋아요'와 팔로우 수에 집착하고, 알림이 없을 때에도 강박적으로 접속하여 이웃을 순회하는 모습은 'SNS 중독, 가상관계중독'이라고 하지 않을 수 없다. 인스타그램, 페이스북, 에스크, 카카오 스토리 등의 SNS나 카카오톡, 라인 등의 모바일 메신저 이용이 잦은 요즘, 우리는 가족이 한 집에 있으면서도 이 방과 저 방에서 직접 말로 하지 않고 카카오톡으로 말을 전하고, 연인끼리 마주 앉아서도 스마트폰을 보며, 지하철에 앉고 선 대부분이 스마트폰을 보며 시간을 보낸다. 직접 말로 하는 대화보다 모바일 메신저로 하는 대화가 더 많은 날도 흔하다. 특히 10대와 20대 자녀가 있는

부모님들의 경우 대부분 아이의 휴대전화 중독을 하소연하는데, 이를 좀 더 자세히 들여다보면 보통 게임 아니면 문제적 인터넷 사용을 내용으로 함을 알 수 있다.

상담현장에서 내가 만난 청소년 내담자들의 경우 대부분 일상에 깊숙이 파고든 SNS를 중심으로 한 관계중독, 가상관계중독을 호소하며, 스마트폰의 보급과 SNS 이용 연령이 점차 낮아지면서 SNS 중독을 보이는 연령도 점점 더 낮아지는 모습을 보였다. 이들은 주로 '다른 유명한 누군가는 할 수 있는데 나는 왜 하지 못하는가'에 대한 억울함이나 '가족이나 학교 친구보다 나를 더 잘 이해해 주는 사람들'과의 관계에 대해 이야기하고, 때로는 '그 무리에 속하지 못하는 것은 내겐 끔찍한 것'이라 표현하곤 한다. 어떤 내담자는 그 정도가 특히 과할 뿐만 아니라, 팔로워 수나 인맥을 과시하기 위해 무분별하게 관계를 확장하고, 종종 그 속에서 사이버 폭력의 가해자 혹은 피해자로서 노출되어 있음에도 스스로 이를 멈추거나, 피해를 입었을 때 도움을 요청하지 못해 문제가 되었다. 청소년은 종종 가상공간에서의 '지인들'과 갈등을 빚으면서도, '한때' 마음이 잘 통했기 때문에 이들은 가족보다 더 내게 중요한 사람이란 인식을 가지고 자신의 잘못이 아님에도 그들의 추궁에 1,000자 반성문을 쓴다든지, 욕을 먹으면서도 관계를 이어 갈 것을 요청하고 매달린다든지, 협박에 못 이겨 삭제하고 새로 만든 계정을 다시 알려 주고 그 무리에 돌아간다든지 하는 비정상적인 형태로 관계를 맺고 벗어나지 못하기도 한다.

이뿐만이 아니다. 예전 채팅방에서 일어나던 '귓속말 왕따(왕따의 대상을 두고 모두 귓속말로 대화하는 것)'가 '단톡', '반톡'이 일상화되면서부터 카카오톡이나 라인 등의 모바일 메신저에서도 공공연히 일어나기 시작하고 현실의 관계에도 영향을 미치고 있다. 채팅방에 초대해 놓고 철저하게 대상을 제외하고, 없는 사람 취급하며 방을 나가면 다시 들어올 때까지 수십 번, 수백 번 초대하여 어울리지도 나가지도 못하게 하는 카톡 감옥(혹은 카톡 감금), 수십 명이 한 방에 모여 기다렸다가 대상이 초대에 응해 방에 들어오면 동시에 욕설이나 아무 말을 쏟아 내어 휴대전화를 마비시키는 떼카, 대상을 초대하고는 모든 사람이 채팅방을 나가 버리는 방폭, 같이 뒷담화를 한 뒤 상대방에게 불리한 부분만 캡처하여 뒷담화 대상에게 전달하여 일부러 왕따를 만드는 등 그 수법이 정형화되어 일상적으로 인터넷에 돌아다니는 것이 요즘 학생들이 살아가는 사회다. 또한 멤놀(멤버놀이), 카톡 멤놀, 카스 멤놀 등의 사이버 역할놀이 문화가 어떤 그룹에서는 SNS가 악용되거나 변질되어 언어폭력, 협박, 데이터 갈취, 왕따, 복종 강요 등이 빈번하게 일어나기도 한다. 일상적 대화가 이루어지는 메신저라는 특성과 멤버놀이라는 가상의 세계관 속에서 가해자는 죄책감이 전혀 없이 사이버 폭력을 쉽게 저지르며, 피해자는 여기에서 쉽게 벗어나지 못한다. 피해자 중에서 신고를 하는 경우는 매우 일부에 불과하고, 더러는 극단적인 선택을 하기도 하지만, 피해자는 이를 외부에 알릴 생각 자체를 하지 못하거나 대화의 주제로 삼기를 회피한다. 한번 잘못된 관계가 형성된 경우, 계정을 삭제하는 등의 피해자의 노력에도 불구하고, 서로 이웃이나 공통의 친구 계정에 뜨는 팔로잉과 팔로워 목록에서 피해자를 찾은 가해자가 다시 연락하

거나, 피해자의 약점(말실수나 반성문, 사과문 캡처, 특정 사진, 피해자가 의지하는 특정인, 카스 게시물 등) 또는 개인정보(이름, 나이, 학교, 집 주소, 사진 등)를 빌미로 지속적으로 괴롭히고, 협박하여 헤어나올 수 없게 만들기도 한다. 한번 이러한 관계에 빠진 피해자는 가해자가 소개하는 인맥을 따라 또 다른 관계를 맺음으로써 정상적이고 건강한 커뮤니티를 경험하지 못하여 괴로워하면서도, 자신이 맺고 있는 사이버상의 관계가 비정상적임을 인지하지 못하기도 한다. 심지어 어떤 그룹은 매우 교묘하게 왕따의 대상을 위로하는 이와 협박하는 이, 회유하는 이 등의 역할을 나누어 상대가 심리적으로 빠져나가지 못하게 하기도 하며, 1인 2역을 통해 대상을 속이기도 하고, 역으로 피해자에게 "경찰에 신고를 할 것이다. 가족 중에 판검사가 있는데, 너희집을 망하게 해 줄 것이다." 등의 공갈협박을 일삼는 악질적인 행태를 보이기도 하였다. 심리적 약자의 위치에 있는 피해자는 이러한 협박이 비정상적이고, 논리적이지 못하며, 근거가 없는 거짓말임을 눈치채지 못하고 그 관계에 다시 휘말리기를 반복한다.

내가 맡은 케이스는 아니지만, 타 지역에서는 이런 사이버 폭력의 결과로 실제 자살한 청소년의 케이스도 있었던 것을 생각하면 SNS 세상의 어두운 면을 경계해야 함을 피부로 느낄 수 있다. SNS의 편리함과 네트워크를 통한 긍정적 영향은 누구도 부정할 수 없을 것이다. 그러나 일단 SNS에 중독되고 나서 잘못 맺어진 가상관계는 자기 자신을 망치는 선에서 끝나지 않는다. 튀기 위해서, 혹은 군중심리에 의해 버림받거나 미움받지 않기 위해서 자신도 모르게 사이버 폭력의 가해자로 변신하게 되는 등, 언제든지 중독 자체의 문제를 벗어나 또 다른 문제와 새로운 피해자를 야기할 수 있다는 점에서 경계를 늦추지 말아야 한다.

SNS를 통한 가상관계의 형성은 네트워크다. 개인 단위의 접근은 네트워크를 이기기 어렵다. 또한 SNS 중독은 인터넷 중독의 한 형태이므로 중독 개입전략도 함께 고려되어야 한다. 따라서 SNS를 통한 가상관계중독의 해결을 위해서는 부모, 교사, 학우, 상담사, 공공기관(지역사회) 등 주변 체계의 긴밀한 네트워크 형성이 중요하다.

인터넷 중독에 대한 경계가 많이 일반화되고, 게임 중독 문제로 셧다운제가 생기기는 했지만 아직까지 SNS 중독에 관하여는 세계 여러 나라가 고민 중인 문제다. 세계에서 가장 높은 스마트폰 보급률, 세계 1위의 인터넷 환경 등 우리나라는 SNS 중독이라는 새로운 형태의 중독 문제에서 가장 앞에 서 있다고 할 수 있다. 일상적인 중독인 만큼 SNS 중독에 대한 체크와 상담 또한 일상적이어야 하지 않을까 한다. 우리 생활에서 스마트폰을 떼려야 뗄 수 없는 것인만큼 예방적 차원에서 어릴 때부터 '건강한 관계' '바람직한 SNS 사용' '자기 절제' 등 스마트폰 사용에 대한 통제력을 길러 주는 교육이 무척 중요하다. 또한 'SNS가 주는 위기'에 대한 인식 교육을 통해 잘못된 인터넷 관계 형성이나 사이버 폭력 등의 예시를 충분히 알려 주고, 숨기지 않고 자신의 사용 경험을 나눌 수 있도록 할 필요가 있다. 청소년 내담자들은 사이버 공간상에서의 관계를 휴대전화 잠금 화면 뒤에 두고 외부에 오픈하는 것을 꺼리며, 대화의 내용을 숨기고 스스로 해결해 보려 노력을 하게 되는데, 보통 개인의 노력에 한계가 있어 같은 상황이 반복되곤 한다. 결국 내담자가 더 이상 감당하기 어렵다고 판단되어 요청을 하기까지도 시간이 걸리고, 어떠한 개입이 이루어지는 도중에도 계속적으로 폭력에 노출되어 문제를 더 어렵게 만들 수 있기 때문이다. 그리고 이미 사이버 폭력에 노출되어 위기에 처해 있는 청소년을 위해서는 언제든지 터놓고 이야기할 수 있는 또래상담자, 지속적으로 상호작용이 유지되는 또래집단, 혹은 위기를 인지하고 타인에게 알려 줄 수 있는 사람이 필요한데, 이러한 기능을 수행하기 위해서는 부모, 교사, 학우, 상담사, 공공기관(지역사회) 등 주변 체계를 구성하는 각 인원들 사이에 가상관계 형성에 대한 오픈된 분위기가 형성되어야 한다.

또한, SNS 중독의 핵심은 '자기 중심'이 '본인의 내면'이 아니라 SNS라는 작은 창을 통해 '보여지는 면'과 '좋아요', '팔로우(구독)'로 시각화되는 '외부의 평가'에 치중되어 있다는 점이다. 나를 인정해 주는 사람을 찾고, 이들과 트러블이 생기면 또 다른 지지자를 찾아 나서는 모습은 의존성 성격장애의 특성과도 겹쳐 보인다. 따라서 청소년이 스스로의 난점을 파악하고 인정하며, 강점을 개발하여 자존감을 향상하고 자신감을 갖도록 하여 자기 중심을 갖도록 하는 자존감 수업이나 지지그룹을 형성하는 것이 도움이 될 것이며, 주변체계들이 청소년의 욕구에 대해 무조건적인 반대나 비난, 경계가 아니라 청소년이 생각지 못한 부분을 짚어 주고, '어떻게 말하는 것이 좋은지 코칭'하고 '피드백'해 주며, 앞으로 잘 나아갈 수 있도록 같이 방향을 찾아 주고 조력하는 데 초점을 두어야 한다. 즉, 교육과 상담, 코칭의 균형적인 접근이 필요하다.

(7) 도구 활용하기

① 감정카드

감정카드를 한 장 뽑아서 해당 감정이 주제가 되는 이야기를 만들거나 여러 장을 뽑아서 나의 일상이나 주인공의 일상에서의 감정이 변화하는 내용을 만들어 볼 수 있다. 감정카드를 모두 펼쳐 놓고 원하는 감정을 낚시놀이로 건진 후 스토리텔링으로 엮을 수도 있다. 이때, 내가 가진 감정과 바닥에 남은 감정을 비교하여 어떤 감정이 더 많은지 살피고, 그 이유에 대해서 이야기해 보자.

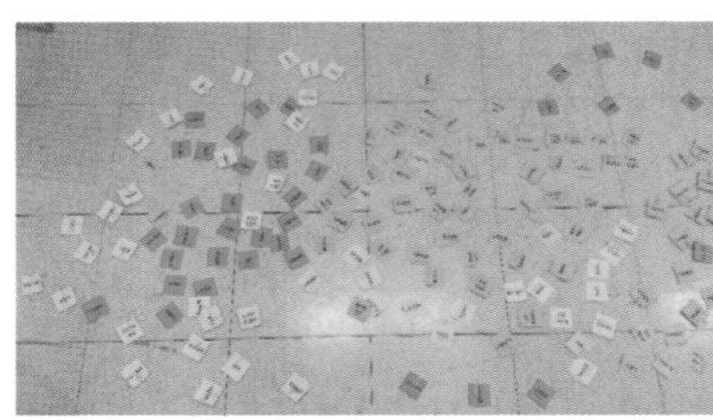
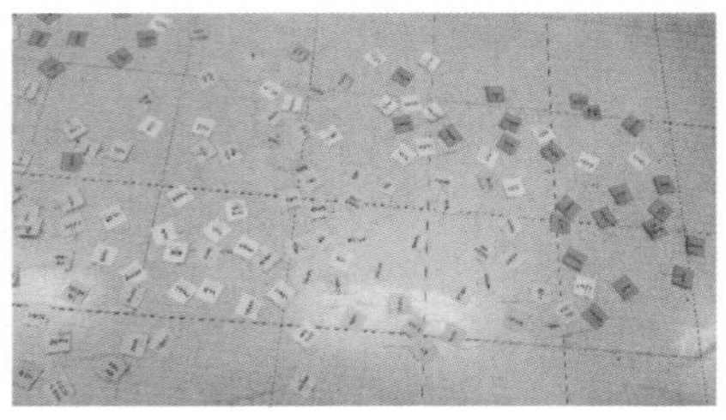

감정 낚시 놀이

원하는 감정을 모두 가져가고 난 뒤에 바닥에 남은 감정들을 살펴본 결과 부정적인 감정의 비율이 더 높음을 발견하여 집단원과 이에 대해 이야기 나눌 수 있었다.

② 스토리큐브(story cube)

종이접기와 오리기, 테이프 붙이기 등을 통한 안수협응, 소근육 발달 등의 부가적인 효과를 위하여 주로 이야기 주사위나 카드, 뽑기를 만들어 쓰고 있는데, '스토리큐브'라고 하는 보드게임이 이미 출판되어 있다. 스토리큐브는 주사위에 그려진 다양한 소재를 엮어 수많은 이야기를 만들어 낸다.

③ 아이디어 블록/크리에이티브 블록

아이디어 블록(Jason rekulak, 2011)과 크리에이티브 블록(Lou Harry, 2011)은 큐브 형태의 책으로 각 장마다 사진이나 짧은 글쓰기 소재를 제시하고 있어 동화 만들기에 참고가 된다.

④ 이야기 길

이야기 길(Madalena Matoso, 2017)은 코딩을 활용한 이야기 만들기로, 각 장마다 이야기의 소재가 단계별로 제시되어 있고, 어떤 소재를 고르느냐에 따라 수많은 이야기 갈래를 만들어 나갈 수 있게 한다. 몇 번 사용해 보면 나중에는 직접 이야기 길을 만들 수도 있다.

⑤ 이야기 만들기 카드의 활용

보드게임에서 스토리가 큰 역할을 하면서 스토리텔링에 기반을 둔 보드게임이나 이야기 만들기 게임 등이 많이 나와 있다. 이런 카드나 게임을 활용하는 것도 좋다.

⑥ 타로카드

타로카드도 이야기 만들기에 유용한 도구다. 타로카드는 메이저 카드(Major arcana) 22장, 마이너 카드 (Minor arcana) 56장으로 총 78장의 그림카드로 이루어져 있으며, 각 카드는 고유의 상징과 의미가 존재한다. 나는 국내에 타로가 그다지 알려지지 않았던 2005년에 타로카드에 입문하여 네이버 지식인에서 디렉토리 전문가 1위도 할 정도로 활발히 활동했었다. 당시 타로를 점술도구가 아닌 상담도구, 자기성찰의 도구로 안내했고, 예술적인 그림들에 반하여 외국 사이트를 돌며 수많은 카드를 찾아보고, 당시에는 낯설었던 해외직구도 해 가며 타로카드를 수집했었고, 친구와 타로카드로 이야기 만들기를 하며 여가를 보내곤 했다. 현재에는 수천 종에 달할 다양한 타로카드들은 시중에 나와 있는 이야기 만들기 카드들에 비하여 훨씬 다양한 그림체와 콘셉트를 가지고 있고, 내용적으로도 수많은 상징과 키워드, 스토리를 포함하고 있어 이야기 만들기에 매우 적합하다.

또한 타로카드를 사용하는 만큼 자연스럽게 타로카드를 통한 심리상담으로 연계가 가능하다. 타로카드는 기본적으로 해석에 있어서 매뉴얼과 이미지 리딩을 베이스로 스토리텔링에 들어가는데, 특정 위치에 따라 질문이 정해져 있는 스프레드(배열법)에 따라 해석하거나, 원 카드, 투 카드, 쓰리 카드 등등 내담자의 질문에 몇 장의 카드를 뽑아 이야기를 이어 가며 해석한다.

스토리텔링은 카드 각각이 가진 의미를 직관적으로 통찰하여 내담자에게 해당하는 키워드를 엮어 내는 것이며, 이미지 리딩은 타로카드에 있는 그림이 주는 인상, 그림에서 특별히 눈에 띄는 상징 등을 위주로 이야기하는 것으로 미술치료에서 그림을 설명하고 해석하는 과정과 매우 흡사한 바가 있다.

타로카드 수련법 중에는 임의의 카드를 뽑아 해석연습을 하는 것 이외에 이야기를 만들어 카드의 의미를 외우는 법이나 인격화 놀이로 외우는 법이 있다. 이야기 만들기는 무작위로 카드를 뽑아 다음 카드로 이어지는 동화나 소설을 만드는 방법과 카드가 나온 순서대로 이야기를 전개하는 방법이 있다.

타로카드를 섞어서 쌓아 두고 한 장씩 열어 보거나, 카드더미에서 무작위로 카드를 뽑아 이야기를 만들 때의 예를 들면, '0. Fool'을 뽑고 시작이란 의미와 그림 속의 청년을 보고 "한 청년이 여행을 떠납니다."라고 한 뒤 다음 사람이 카드를 뽑는

다. 두 번째 나온 카드가 만약 'Two of Cups'라면 해당 카드를 뽑은 사람이 'Two of Cups'의 의미인 '사랑'을 넣어서 "그는 진정한 사랑을 찾고자 했습니다."와 같이 이야기를 이어 간다.

번호 순서대로 이야기를 전개하는 대표적인 예는 메이저 카드다. 메이저 카드는 0번 Fool 카드로 시작하여 21번 세계 카드로 끝나며, 이 카드의 순서에 따른 이야기를 흔히 'Fool's Journey'라고 부른다. Fool은 '바보'라기보다는 아직 세상에 때 묻지 않은 순수함을 의미하며, 'Fool's Journey'는 Fool이 세상에 나가 여러 가지 인물이나 사건과 마주치며 세상을 경험하고 자아를 확립하고 다시 고향으로 돌아오는 이야기이며, 이는 '인생'의 과정에 비유된다. 이외에도 나는 드래곤 카드의 매뉴얼을 '해츨링의 여행 일기'라는 제목으로 판타지를 만들기도 했는데, 이처럼 매뉴얼을 보다 쉽고 재미있게 외우기 위해 이야기를 만들기도 한다.

인격화는 카드를 의인화하여 대화를 만들어 인형놀이처럼 놀이하는 방법이다. 이러한 인격화 놀이를 참고하여 타로카드를 이야기 전개에 활용할 수 있다. 예를 들어, "오늘 기분 어때?"라고 카드에 묻고, 카드 더미에서 한 장을 뽑는다. 만약 '19. Sun' 카드가 나왔다면 "너무 좋은 것."이라고 해석할 수 있다. 내가 사용하는 타로카드는 하인들(Haindl)이라는 덱(Deck)인데, 하인들 타로의 태양카드의 뜻은 '기쁨과 겸소함, 인생은 아름답다, 활력, 활동, 흥분, 낙관주의, 자신감 등'이다. 따라서 이러한 매뉴얼을 의역하여 표현한 것이다. 마찬가지로 동화 주인공이 특정 상황에서 어떻게 행동할 것인지, 또는 어떤 말을 할 것인지를 타로카드를 뽑아 결정할 수 있다. 만약 한 장으로 해석이 되지 않는다면 그 한 장을 보충해 줄 카드를 뽑아서 해석한다.

혹은 이야기 전개에 마녀나 점술사를 등장시켜 주인공에게 타로카드 점을 봐 주는 이야기를 만들 수도 있다. 타로카드에 대한 관심을 폭발시켰던 〈겨울연가〉와 같이 말이다. 그 드라마에서 나왔던 타로카드는 '10. Wheel of Fortune'으로 운명의 수레바퀴를 말하며, 드라마의 내용을 암시한다. 사실 타로카드는 항상 메이저 카드 22장을 유지해야 사용 가능하므로 한 장만 빼서 누군가에게 주는 경우는 없다. 해당 부분은 주인공의 운명적인 만남을 보다 강하게 암시하기 위한 드라마적 연출이다. 아무튼 이런 연출 외에도, 카드를 펼쳐서 잘 섞은 뒤(Shuffle, 셔플), 한 장을 뽑아서 카드의 정방향/역방향에 따라 O, X를 결정하여 동화의 주인공이 어떤 반응을 보

일지 선택하는 데 타로카드를 활용할 수 있다.

잘 만들어진 타로카드는 예술성이 뛰어날 뿐만 아니라 해석을 위한 상징이 잘 배치되어 있어 상담도구로써, 그리고 이야기 만들기 카드로써 유용하게 사용할 수 있다. 특히 타로카드 중에는 아서왕 이야기, 요정카드 등 신화와 전설을 담고 있는 카드도 있으며, 게임이나 스틱 피겨(Stick Figure), 도트그림, 만화 캐릭터 등이나 특별한 콘셉트나 중세를 배경으로 하는 일러스트 카드들이 많아 판타지적 이야기를 만들기에 매우 적합하다.

(8) 그룹 동화 만들기

① 그룹 동화

그룹 동화의 경우 집단원의 수준이나 성향에 따라 다양한 반응이 나올 수 있는데, 토론과 토의, 협동과 협력을 통해 소재 선택부터 주인공 설정, 이야기 진행 등을 모두 함께 결정하여 하나의 이야기를 만들어 나가며, 장면을 나누어 어떻게 표현할지 계획하고, 각자 역할을 분담하여 하나의 동화를 완성한다.

이 과정에서 상대의 마음읽기, 양보와 배려하기, 자기 주장하기, 반론하기, 논리적으로 생각하고 표현하기, 사회성 등 다양한 영역을 자극할 수 있다. 치료자는 분쟁이 일어날 때 이를 중재하는 사회자의 역할을 하며, 이야기가 지나치게 주제를 벗어나거나, 의견 차이가 좁혀지지 않을 때, 문제 상황이나 문제 행동이 나타날 때 규칙을 상기시키거나 분위기를 환기시키고, 필요하면 잠시 작업을 멈추거나 상황을 중재하고, 조언하는 위치에 있다.

만약 보조치료자가 있는 그룹이라면, 사전에 역할 분담과 한계 설정을 확실히 하고, 서로 간에 신호를 정하여 돌발적인 상황에 유연하게 대처할 수 있어야 집단원들의 신뢰를 잃지 않고 혼란을 방지할 수 있다.

그룹 활동에서의 트릭

- 손잡기: 인사 시간이나 워밍업 시간에 여러 사람, 혹은 마주 보는 두 사람이 손을 맞잡게 하고 자신의 손이 어느 위치에 있는지 확인하게 한 뒤, 각 위치에 대

해 의미를 부여한다. 실제로 그런 의미가 있는지 없는지는 중요하지 않다. 이것은 일종의 사회실험 또는 심리적인 트릭으로 지금-여기, 알아차림과 직면, 마음읽기, 생각의 기회 등을 제공하는 것이다.

-손이 위에 있는 사람: 이기적이다, 자기중심적이다 VS 리더십이 있다, 적극적이다

-손이 아래에 있는 사람: 소심하다, 소극적이다 VS 배려심이 있다, 양보를 잘한다

예시와 같이 긍정적이거나 부정적인 한 면에 치우친 이야기를 해 주면 '내가 정말 그런가?' 하고 생각하게 된다. 이때, 다시 한번 손을 맞잡게 하면 대부분이 처음과 같은 방식으로 손을 잡아야 하는지, 아니면 다른 방법으로 잡아야 하는지 생각하고, 상대방의 기분을 생각하며 망설이게 된다. 서로가 만족할 방법을 생각하게 되고, 결론적으로 한 손은 위로, 한 손은 아래로 향하게 하여 손을 맞잡게 되는 결론이 도출된다.

• 심부름: 그룹 활동 시, 준비물을 가지고 와야 할 때, 누군가는 앉아 있고, 누군가는 준비물을 가지러 간다. 이런 현상은 종종 준비물을 각자 가지고 올 것을 지시해도 마찬가지로 나타난다. 누군가는 다른 사람이 가져오길 기다리거나, 부탁하거나, 기다렸다가 가져오거나, 누구보다 빨리 가서 챙겨 온다.

-앉아서 기다리는 사람: 공주님, 왕자님 or 게으르다

-가서 가져오는 사람: 시종 or 부지런하다

-남들이 가져오길 기다렸다가 나중에 가는 사람: 낙천적이다, 느긋하다 or 게으르다

-남들보다 먼저 가서 가져오는 사람: 승부욕이 있다 or 조급하다, 욕심쟁이다

예시와 같이 긍정적이거나 부정적인 한 면에 치우친 이야기를 해 주면 손잡기와 마찬가지로 '내가 정말 그런가?' 하고 생각하게 된다. 이제 다음에 준비하기나 정리하기 활동을 지시하면 집단원의 반응이 달라지는 것을 볼 수 있을 것이다.

② 릴레이 동화

- 집단원끼리 순서를 정한다. 돌아가면서 이야기의 한 구절을 쓰되, 차례가 한 바퀴 혹은 몇 바퀴를 돌고 나면 이야기를 끝내기로 한다. 치료자 혹은 첫 번째 사람이 이야기를 종이에 써서 바톤을 넘기듯 넘겨 준다. 종이를 받은 사람은 자신이 적고 싶은 만큼 이야기를 이어서 쓴다. 마지막 차례의 사람은 반드시 이야기를 마무리지어야 한다. 이야기를 적는 데에 시간이 걸리기 때문에 다른 작업과 병행하거나 하루나 이틀, 몇 시간 등의 기간을 두고 진행할 수 있다.
- 메신저의 단톡이나 댓글, 게시물 등을 활용하면 특별히 순서를 정하지 않고 먼저 쓰는 사람이 다음 이야기를 이어 가거나, 자신의 차례 다음으로 누군가를 지정할 수도 있다. 한때, 이런 방식으로 지정문답, 잔혹동화 100제, 릴레이 댓글, 릴레이 동화 등의 온라인 놀이가 유행했었는데, 요즘은 지속적으로 특정 캐릭터나 인물의 성격을 참고하여 역할을 나누고 일상생활, 말투 등을 연기하여 지속적으로 소통하는 멤버놀이 등의 형태가 더 많이 이루어지고 있는 것으로 보인다.
- 이야기 카드나 직접 만든 소재 카드 등을 잘 섞어 놓고, 윗 장부터 차례로 카드를 뒤집으며 이야기를 만들 수 있다. 앞사람에 이어 카드를 뒤집는 사람은 앞사람의 이야기에 이어지는 이야기를 만들어야 한다. 누군가는 갑작스럽게 이야기를 종결지을 수도 있는데, 아직 이야기를 만들지 않은 사람이 남아 있거나, 소재 카드가 남아 있다면 다음 사람이 이야기를 받아 종결된 이야기를 다시 되살리는 장치를 이야기 안에 넣어야 한다. 반전에 반전을 거듭하며 이야기는 뜻밖의 재미를 선사할 것이다. 카드 대신 이야기 주사위를 사용할 수도 있다.

나나: 그렇게 해서 왕자가 쓰러지고 왕국이 망해 버렸습니다.

다다: 하지만 그때 하늘에서 내려온 신비한 말이 왕국에 내려와 한 바퀴 달린 뒤 올라갔습니다. 그러자 온 왕국에 생기가 돌며 왕자가 벌떡 일어났습니다.

6) 감상 나누기

- 동화 전체에 대한 느낌과 감상을 표현한다.
- 특정한 역할에 대한 느낌을 나눈다.
- 이야기와 역할의 상징에 대해 이야기해 본다. 개인의 갈등, 욕구, 무의식적 주제를 포함한다.
- 그룹치료의 경우 서로 간의 의견 차이에 대한 생각 및 느낌을 나눈다.
- 동화치료 활동을 통해 얻은 것을 정리하고 통합한다.

제2부

동화치료의 활용

독서감상화, 독서일기, 독서 그림일기, 독서신문, 독서 만화, 독서 그래프, 책 표지 만들기, 주인공에게 편지 쓰기, 주인공 인터뷰하기, 도식화, 리뷰 쓰기, 이어 쓰기, 다시 쓰기, 북아트 등 동화 읽기 후의 활동은 매우 다양하게 알려져 있다. 제2부에서는 기존에 알려진 다양한 감상 방법 외에 동화를 통해 확장할 수 있는 여러 영역을 소개한다.

동화 미술치료는 핵심단어와 주요감정 찾기, 장면 및 경험 표현하기, 동화 만들기 등의 시각적 표현 활동에 사용할 수 있는 다양한 매체와 기법을 소개한다. 아동미술이나 유아교육을 전공하지 않은 치료자들의 경우 매체나 기법의 종류나 효과를 잘 알지 못하여 활동에 한계가 생기기도 하므로 공부가 필요하다.

1. 표현 매체 선택하기

매체는 책을 처음 펼친 독자에게 있어서 동화의 전체적인 인상을 좌우하는 중요한 부분이다.

매체를 선택할 때는 매체의 효과와 장단점을 잘 고려해야 하며, 표현하고자 하는 바를 충분히 가능한 재료인지 고민해야 한다. 표현 매체란 존재하는 모든 것에서 비롯할 수 있으므로 그 모든 것을 다 언급하기는 어렵겠지만, 치료실에서 사용되는 대표적인 매체의 예는 다음과 같다.

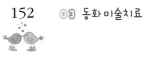

표 3-1 표현 매체의 예

구분		내용
채료		물감(수채화, 유화, 스테인드글라스, 아크릴, 포스터컬러), 크레파스, 연필, 먹물, 페인트, 색 사인펜, 색연필, 색 볼펜, 크레용, 파스넷, 파스텔, 오일 파스텔, 매직(유성, 수성), 캘리그라피 펜, 염료, 잉크, 마블링 잉크, 래커 등
재료	점재	스티커, 모래, 색 모래, 톱밥, 병뚜껑, 눈알, 단추, 솜 공(뽕뽕이/폼폼), 돌멩이, 반짝이 가루, 반짝이 풀, 스팽글, 동전, 소금, 구슬, 방울, 인형 눈, 쌀, 콩, 스티로폼 공, 마카로니, 타일, 비즈, 펄러비즈, 워터비즈, 플레이콘(퍼니콘), 개구리 알, 주사위, 편백나무 칩, 픽셀블록, 타일비즈, 코르크 마개 등
	선재	젓가락, 나무젓가락, 긴 막대, 수수깡, 줄, 빨대, 빵끈, 마끈, 지끈, 가죽끈, 비드, 면실, 털실 등 여러 종류의 실, 모루, 뽀글이 모루, 비닐끈, 노끈, 붕대, 철사, 꽃 철사, 내 맘대로 철사, 전선, 고무줄, 리본, 마스킹테이프, 라인테이프, 라인클레이, 국수, 스파게티, 성냥개비, 이쑤시개, 면봉, 백업, 플라스틱 숟가락, 3D펜, 아이크스림 막대, 설압자 등
	면재	도화지, 색종이, 포장지, 창호지, 골판지, A4 용지, 신문지, 화선지, 습자지, 갱지, 전지, 한지, 박스, 벽지, 카드, 휴지, 사각티슈, 키친타월, 모조지, 크라프트지, 마분지, 주름지, 허니콤, 하드보드지, 하이보드, 코르크판, 폼 보드(우드락), 아이소핑크, 플로랄폼, 스티로폼 보드, 스티로폼 공, EVA(에바폼), 유리판, 아크릴판, 플라스틱 구, 플라스틱 반구, 책받침, 셀로판지, 랩, OHP 필름, 부직포, 티셔츠나 손수건, 가방, 필통 등의 천, 냅킨, 종이호일, 쿠킹호일, 시트지, 종이접시, CD케이스, 우산, 사포, 풍선, 넓적한 돌, 비닐, 코팅지, 투명비닐, 석고붕대, 라텍스 장갑, 부채, 도일리, 슈링클스 페이퍼, 키난빌 반짝커, 글라스데코, 타일, 포스트잇 등
	자유형 재료	• 점토류: 종이죽, 점토, 테라코타, 찰흙, 고무찰흙, 지점토, 칼라 점토, 클레이, 천사점토, 테라코타 점토(인조테라코타), 밀가루 반죽, 전분 반죽 등 • 가루: 밀가루, 쌀가루, 전분, 모래, 뽀송이 모래, 색 모래, 마술 모래(매직 샌드, 물에 젖지 않는 모래), 컬러 샌드, 델타 샌드/키네틱 샌드, 석고가루, 톱밥, 반짝이 가루, 와우 파우더, 송화가루 등 • 액체류: 물, 식용유, 비눗물, 표백제 등 • 기타: 왁스, 실링왁스, 면도크림, 양초, 비누 등
재활용		• 종이류: 박스, 휴지 심, 신문지, 잡지, 헌책, 우유팩, 종이컵, 종이접시, 종이봉투, 과자상자 등 • 비닐류: 비닐, 과자 포장지, 완충제, 뽁뽁이 등 • 플라스틱류: 플라스틱 물병, 페트병, 요플레 통, 음료수 통, 요구르트 병, 텀블러, 과자 포장 통, 포장용 스티로폼, 여러 가지 용기, 헌 장난감 등 • 섬유류: 여러 가지 자투리 천, 헌옷, 스타킹, 수건, 손수건, 스카프, 보자기, 티셔츠, 에코백, 가방, 양말 등 • 기타: 캔, 유리병, 유리 창문 등

자연물	흙, 모래, 자갈, 돌멩이, 바위, 나무, 나뭇가지, 나뭇잎, 풀, 이끼, 토피어리, 바닥, 벽, 곡류, 꽃, 씨앗, 솔방울, 송홧가루, 여러 가지 계절 과일, 피망, 오이, 감자, 당근, 상추, 깻잎 등 각종 채소류
용품 및 도구	붓, 팔레트, 물통, 넓은 그릇, 가위, 물총, 유리판, 아크릴판, 책받침, 비눗방울, 빨대, 밀대, 찰흙판, 자, 칼, 투명테이프, 종이테이프, 꽃테이프, 스카치테이프, 지우개, 못, 침핀, 압정, 망치, 찰흙 칼, 조각도, 풀(물풀, 딱풀, 목공풀, 밀가루풀), 글루건, 바늘, 접착제, 송곳, 본드, 고무그릇, 막대, 쟁반, 다양한 찍기 틀, 쿠키/초콜릿/젤리 틀, 여러 가지 요리도구, 도장, 스탬프, 스펀지, 롤러, 모양가위, 양초, 분무기, 나이프, 칫솔, 다리미, 드라이기, 고데기, 밸크로, 집게, 나무집게, 주사기, 분무기, 펀치, 스테이플러, 타카, 재단기, 제본기, 코팅기, 문서세단기, 카메라(평면표현의 한계를 넘게 해 주는 도구이자 매체), 휴대전화, 태블릿PC, 컴퓨터, 프린터, 스캐너, 빔 프로젝터, 페인팅 앱/프로그램, AR 증강현실 프로그램, VR 가상현실 프로그램, 페인팅 기기 등

랜드가튼(Landgarten, 1988)은 미술매체의 치료적 속성을 정리한 바 있는데, 젖은 점토나 물감, 오일 파스텔 등은 통제성이 낮은 매체로 보고, 연필, 색연필, 펠트지 등은 통제성이 높은 매체로 보며, 통제성에 따라 1~10단계로 나누어 매체를 제시하였다. 통제성이라는 것은 내가 생각한 것을 오차 없이 표현할 수 있는 정도라고 할 수 있다. 통제성이 높은 매체는 주로 단단하고, 변형 시 형태의 흐트러짐이 별로 없는 반면, 통제성이 낮은 매체는 주로 액체와 같이 내가 의도하지 않은 우연적인 효과가 나타날 확률이 높은 재료다.

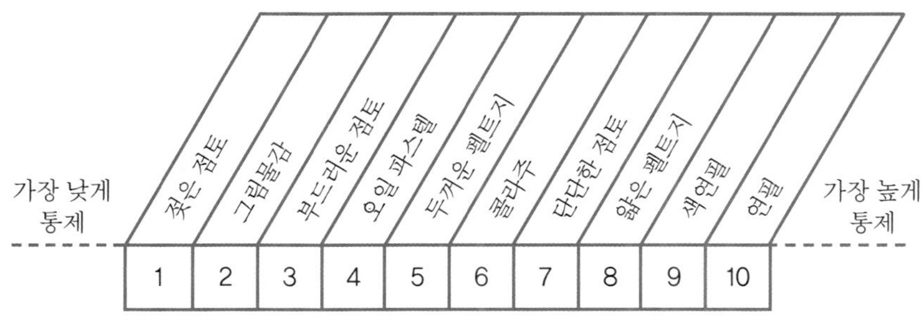

미술매체의 특성(랜드가튼, 1988)

각각의 매체는 고유의 물성이 있다. 랜드가튼의 매체 구분은 우리가 어릴 때 과학 시간에 배웠던 광물의 경도를 나누는 것과 흡사하다. 스케치에 주로 사용하는 연필의 경우 끝에 숫자와 영어로 경도와 농도가 표시되어 있다. H는 Hard, B는 Black의 머리글자로 H로 갈수록 연하고 딱딱하고 잘 번지지 않고 세밀한 표현이 가능하며, B로 갈수록 진하고 무르고 부드럽고 쉽게 뭉개지고 잘 번진다. 통제성을 기준으로 한다면, 연필의 경우 H로 갈수록 통제성이 높고, B로 갈수록 통제성이 낮다고 할 것이다.

연하다, 딱딱하다 진하다, 무르다

9H 8H 7H 6H 5H 4H 3H 2H H F HB B 2B 3B 4B 5B 6B 7B 8B 9B

종이의 경우도 휴지, 티슈, 습자지, 화선지, 창호지, 한지, 갱지, 신문지 등은 무르고 모양 변화가 쉽고 이완 효과가 있는 반면, 도화지, 마분지, 하드보드지 등은 딱딱하고 상대적으로 모양 변화가 어렵다. 그러나 만드는 과정에서 우연적인 모양 변화가 크지 않아 계획한 대로의 결과물을 얻기는 쉽다.

점토 또한 천사점토는 클레이보다, 클레이는 찰흙보다 가볍고 부드러우며 변환하기가 쉬운 특성을 가지고 있다.

매체 자체가 가진 이러한 물성은 미술작업의 과정에서 내담자에게 감각적이고 정서적인 영향을 미친다. 때문에 치료자는 내담자가 선택할 매체의 특징을 잘 파악하고 있어야 하며, 대안이 필요할 경우 이를 제시할 수 있어야 한다. 또한, 내담자

가 어떠한 매체를 선호하고 기피하는지, 어떠한 패턴으로 매체에 접근하는지, 매체를 활용하기 위해 주로 어떤 방법을 사용하는지 관찰하는 것으로 내담자의 특징을 파악할 수 있게 된다. 특별히 어떤 매체 혹은 통제성이 높거나 낮은 매체 중 어느 것이 더 좋다 나쁘다 할 수는 없을 것이다. 다만, 자신이 원할 때 혹은 필요할 때 적절한 매체를 자유롭게 사용할 수 있다면, 보다 다양하고 건강하게 원하는 표현이 가능해질 것이다. 한편, 내담자는 작업 중에 특정 매체에 대한 거부반응, 저항을 보일 수 있는데, 동화의 시각적 표현이나 만들기 작업 중에는 종종 내용을 보다 효과적으로 표현하기 위해 내담자가 회피하거나 저항해 온 매체를 사용하는 것이 더 나을 때가 있다. 이런 경우 '동화 작품이나 동화 만들기'라는 목표는 내담자가 스스로 해당 매체에 접근하게 하는 동기가 되어 줄 수 있다.

2. 재료 중심 접근법

1) 신문지

신문지는 얇고, 가볍고, 가변성이 좋고, 구하기 쉬워 미술활동에 많이 활용되어 왔다. 요즘은 워낙 모바일 기기와 인터넷이 잘 보급되어 있어 신문을 보는 집을 찾아보기 어렵기는 하지만, 신문지는 여전히 매력적인 매체다.

(1) 신문지 옷

반을 접은 신문지에 그림을 그리고 색칠한 뒤, 구멍을 뚫어 옷을 만들어 입는다. 혹은 무늬를 그려 넣고 어깨에 둘러 망토를 만들 수 있고, 종이접기로 모자나 칼 등의 다양한 소품도 만들어 낼 수 있다. 이러한 소품을 만든 뒤에는 스스로 주인공이 되어 주인공의 대사를 외쳐 볼 수 있고, 동화의 한 장면을 화보처럼 연출하여 사진을 찍을 수도 있다.

그룹 활동의 경우, 신문지로 만든 등장인물의 옷을 입고 동화의 한 장면을 연극으로 만들어 볼 수도 있다.

(2) 소품, 배경 만들기

신문지를 여러 장 이어 붙여 양탄자나 동굴을 연출하거나, 큰 종이배를 접어 배를 만들 수 있다. 신문지를 뭉치고 테이프를 감아서 공, 막대기, 눈사람, 나무, 만두, 수박, 김밥, 라면 등 동화와 관련된 여러 가지 사물이나 요리를 만들 수도 있다.

(3) 특수효과

신문지를 찢는 소리, 비비는 소리, 뿌리는 소리 등은 자연의 소리와 닮았다. 신문지 찢기와 퍼포먼스를 통해 눈이나 비, 바람, 바다, 흙이 쌓인 장면 등 자연물과 동화의 배경과 BGM을 연출하고, 해당 장면에 들어가서 움직여 볼 수 있다.

(4) 신문지 운동회

신문지 막대기 림보, 신문지 배턴 릴레이, 신문지 막대를 마주본 두 사람의 배에 걸치고 반환점을 돌아오는 2인 삼각게임, 크게 뭉친 신문지 공 굴리기, 신문지 공 던져 맞추기, 신문지 야구, 신문지 축구, 신문지 펜싱, 신문지로 만든 대형 윷놀이 등 다양한 운동과 게임을 신문지로 재연하여 운동회를 열 수도 있다. 신문지 격파대회를 열어 신문지를 제한 시간 안에 마구 찢거나, 양쪽에서 팽팽하게 당겨 잡은 신문지 면을 태권도처럼 주먹이나 발로 쳐서 찢을 수도 있다. 혹은 한 사람이 신문지를 펼쳐 벽을 만들면, 다른 사람이 손가락에 물을 묻혀 신문지 벽에 구멍을 뚫게 하고, 정해진 시간 안에 온전한 구멍을 더 많이 뚫은 사람이 이기도록 할 수 있다. 혹은 신문지 벽을 만들고 신문지 눈싸움이나 신문지 전쟁을 해 볼 수 있다. 다만, 신문지 운동회는 신체활동인 만큼 활동 전에 접촉의 한계와 돌발 상황에 대한 대처를 설정하여, 예상 행동을 코딩하고 시작하는 것이 좋다.

(5) 신문지 죽, 신문지 반죽

신문지 조각을 물에 담가 주무르면 서서히 풀어지면서 죽처럼 변한다. 대야에 풍선을 불어 넣고, 그 위에 종이죽을 붙이면 탈을 만들 수 있다. 탈뿐만 아니라 신문지 죽을 뭉쳐 물기를 제거하여 점토처럼 찍기 놀이를 할 수 있으며, 다소 내구성은 떨어지나 동화에 나오는 특정 모양의 소품을 만든 다음 물기를 짜내어 말려 사용할 수도 있다. 신문지 죽에 물감을 섞은 뒤 뭉쳐 공을 만들고 과녁에 던져 터트리면 발산 작업이 된다.

신문지 바닷속 잠수 또는 땅속의 씨앗 놀이로 신문지 더미 속에 완전히 들어가 보는 시간을 만든다.

신문지 방청소 게임

신문지 펜싱

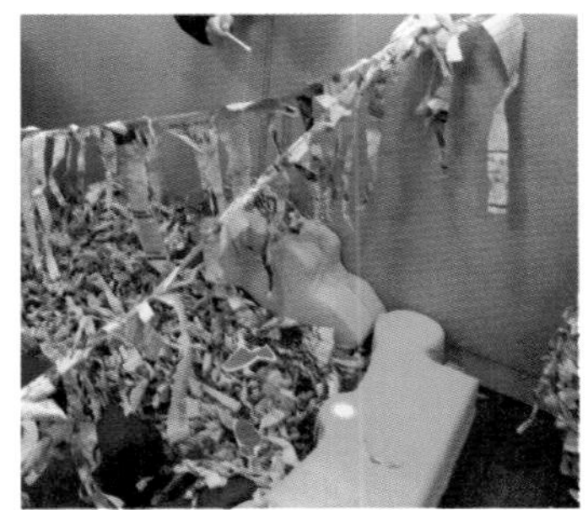

신문지 거미줄과 낚시

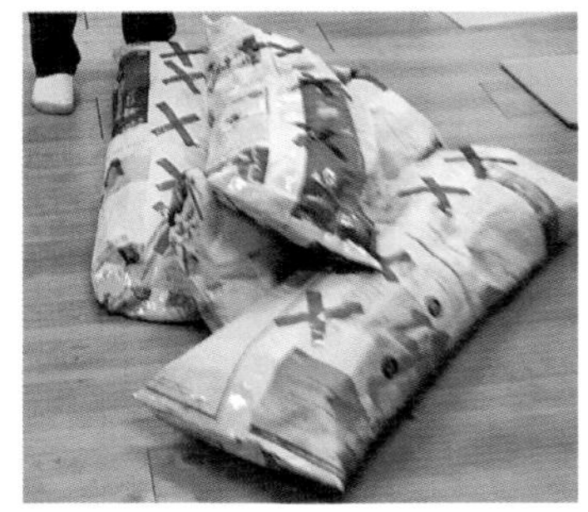

동화 「우리 놀이 우리 문화」

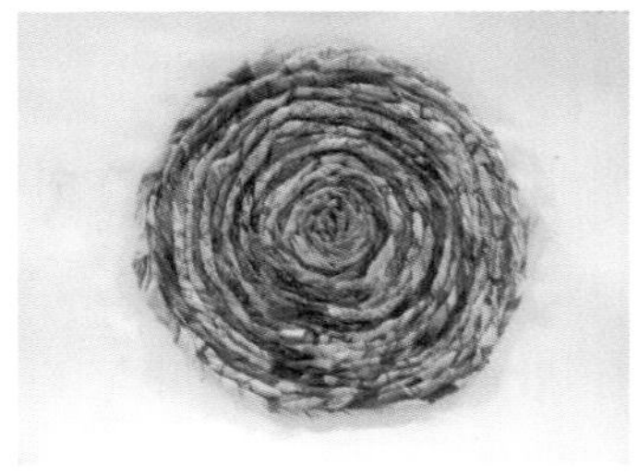

동화 「아낌없이 주는 나무」

동화 「아빠 나한테 물어봐」

동화 「마법소년 마우이와 커다란 물고기」

동화 「터널」

동화 「로빈훗」 신문지 반죽으로 과녁 맞추기

동화 「소가 된 게으름뱅이」 가면

퍼포먼스 활동 후에는 신문지 펜싱이나 윷놀이, 나무, 공, 눈사람, 만두, 떡 등 찢어진 신문을 모아 하나로 뭉치는 활동을 통해 정리하기도 활동의 일부로 넣을 수 있다. 자기 몸보다 큰 윷을 한 번에 안아서 던지고, 스스로 말이 되어 움직이는 대형 윷놀이나 한 손에 들어오지 않는 신문지 막대를 양손으로 잡고 하는 펜싱 등 온몸으로 하는 활동의 경우, 대근육 운동 및 조절이나 충동성 조절 등을 목표로 접근할 수 있다. 뭉치기 활동 외에, 다음 회기가 며칠 안에 이루어진다면, 물통에 물을 받아서 신문지 조각들을 넣어 둘 수도 있다. 신문지가 물을 먹어 녹으면 주물러서 죽처럼 만들고, 물감을 섞어 자기만의 반죽을 만든다. 집단 활동의 경우, 각자 한 가지 색깔만 배정한 뒤 다른 사람의 신문지 반죽과 바꾸거나 합체하여 새로운 색을 만드는 경험을 해 본다. 그리고 발산적 작업이 필요한 경우, 색깔 신문지를 뭉쳐 과녁 맞추기 등도 진행할 수 있다. 시간이 넉넉하다면 이렇게 만들어진 작품으로 후속 활동을 이어 갈 수 있으나, 시간이 없다면 지금 만든 작품으로 다음 시간에 어떤 활동을 할 것 같은지 유추하고 계획하기를 진행하며, 해당 놀이에서 고려되어야 할 점, 지켜야 할

동화 「샘의 눈송이」「크리스마스 난쟁이」

규칙, 하고 싶은 것과 하지 말았으면 싶은 것들에 대해 이야기한다. 다음 회기 시작 시에는 이날 이야기한 사항을 떠올리게 하여 확인 후, 활동을 진행한다.

2) 박스

당일 택배도 가능한 요즘, 박스는 신문보다도 흔히 접할 수 있는 매체가 되었다. 박스는 견고한 두께와 매끈한 겉면, 내부의 골판지의 질감, 물을 잘 흡수하는 특성 등으로 인해 다양한 시도가 가능하다.

(1) 박스에 그리기

박스에 그림을 그리는 것은 일반적인 도화지나 A4 용지에 그림을 그리는 것과는 다른 느낌을 받게 한다. 박스의 표면 아래는 골판지 형태로 되어 있어 그림을 그릴 때 힘을 많이 주면 구멍이 뚫리므로 이를 활용하여 필압이나 충동성이 과도하여 힘

박스에 그리기

박스 뜯기

조절이 필요한 경우에 사용하기 좋다.

(2) 점묘화와 박스 뜯기

반대로 필압이 낮고 소근육에 힘이 없는 경우는 색칠하기 대신 뾰족한 연필로 표면을 찍어 점묘화를 그리거나 박스를 뜯어 면 표현하기, 박스를 뜯어 나온 골판지에 그리기 등을 통해 손힘을 기를 수 있다. 한편, 박스 뜯기는 긴장이나 충동성, 폭력성 등과 같은 특성을 이완시키는 데도 도움이 된다. 스트레스 해소에는 박스 대신 커피 홀더를 사용하는 것도 좋다. 커피 홀더는 박스와 같은 재질이면서 박스보다 더 잘게, 잘 찢어지는 특성이 있다. 카페에 가면 이야기를 하며 홀더를 뜯는 사람들을 심심찮게 만나 볼 수 있는 것도 같은 맥락으로 볼 수 있다. 우드락에 그리기나 스크래치 기법도 비슷한 효과를 낼 수 있다.

(3) 박스에 도안 붙여 소품 만들기

원하는 이미지를 인쇄하거나 그려서 박스에 붙여 장난감을 만든다. 박스는 두꺼워 자르기가 어려운 만큼 소근육 힘을 기르는 데 도움이 된다. 치료자는 적절한 수준의 보조를 통해 내담자가 흥미와 끈기를 유지할 수 있도록 도와주는 것이 좋다.

(4) 동굴 벽화

원시인이 동굴 속에 자신의 이야기를 그림으로 표현했듯이 박스 안쪽에 동화의 한 장면, 동화에서 찾은 감정과 관련된 자기 경험, 자신의 이야기, 나의 역사, 가족

의 역사 등을 그림이나 글로 자유롭게 나타낼 수 있다. 냉장고 박스와 같이 큰 박스라면 임사체험과 같은 형태의 경험도 가능하며, 캠프파이어나 달집 행사처럼 큰 행사와 연계하면 부정적인 감정들을 박스에 담아 태우는 등의 이벤트도 가능할 것이다. 혹은 부정적인 감정들을 박스 안쪽에 표현하고, 지진이나 세월의 흐름 등을 연출하여 박스를 밟아 납작하게 하는 등의 활동도 가능하다.

(5) 박스로 만들기

박스는 어떻게 쌓느냐, 외부를 어떻게 꾸미느냐에 따라 냉장고, 싱크대, 드럼, 기차, 자동차, 배, 집, 성, 로봇, 갑옷, 칼, 방패, 주차장, 도로, 핀 볼 게임기, 동물, 공룡 등 다양한 대상의 표현이 가능하다. '박스로 만들기'를 검색하면 무궁무진한 아이디어를 찾아볼 수 있다. 큰 박스는 일반적인 장난감으로는 경험할 수 없는 재미를 느끼게 해 주며, 이를 통해 동화의 한 장면을 박스로 표현하는 것도 재미있다.

전래동화 「흥부놀부」 박 터트리기

박스 로봇

박스 드럼

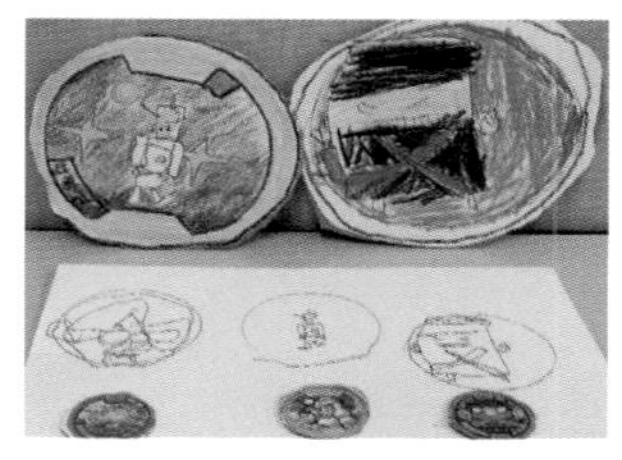

초대형 박스 딱지

박스 바구니

박스와 의자로 만든 마트 카트

커피 컨테이너로 만든 주유소

3) 휴지 심

휴지 심은 집집마다 있는 재료로 구하기가 쉽고, 별도의 가공을 거치지 않아도 원기둥의 형태로 고정되어 있으므로 원기둥이나 관 모양이 필요한 경우에 많이 쓰인다.

(1) 휴지 심 운동회

평소 휴지를 다 쓰고 나면 나오는 휴지 심을 모아 둔다. 휴지 심을 누가 높이 쌓는가, 시간 안에 얼마나 쌓을 수 있는가 등 쌓기 활동은 집중력과 주의력을 길러 준다. 또한 휴지 심을 쌓거나 세워 두고 사격이나 볼링을 할 수도 있으며, 휴지 심을 끼우거나 이어 붙여 종이 칼이나 총을 만들어 펜싱이나 사격 등의 운동 종목을 재현할 수도 있다.

(2) 휴지 심 폭죽과 대포

휴지 심의 한쪽에 주둥이를 자른 풍선을 테이프로 붙이고, 안에 작은 종잇조각을 찢거나 잘라 넣은 다음 풍선을 당겼다가 놓으면 풍선 폭죽을 만들 수 있다. 종잇조각 대신 작게 구긴 종이 공이나 천사점토 공 등을 넣고 풍선을 당기면 대포의 역할도 할 수 있다.

(3) 휴지 심 장난감

휴지 심을 오려 동물을 만들거나, 로켓, 비행기, 자동차, 안경, 망원경, 마라카스 등을 만들 수 있고, 휴지 심을 실로 이어 기차나 뱀 등의 장난감도 만들 수 있다.

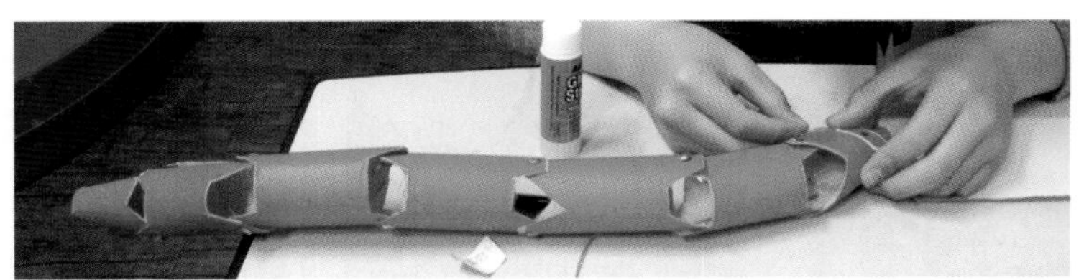

동화 「어린왕자」 휴지 심 뱀

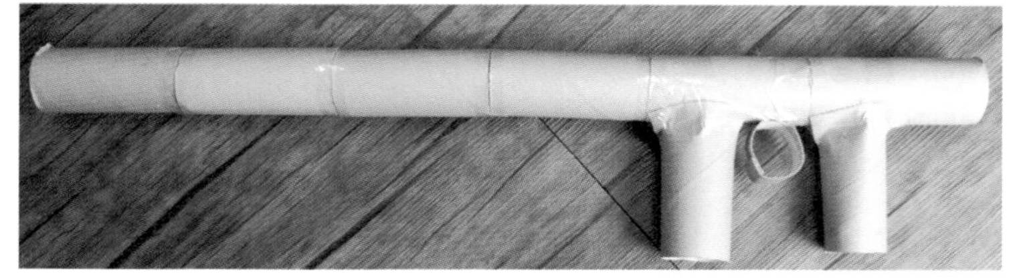

동화「늑대를 잡으러 간 빨간 모자」, 휴지심 총

(4) 웨어러블 휴지 심

휴지 심을 세로로 길게 잘라 벌려서 손목이나 팔목에 감으면 별도의 장치 없이도 신체에 착 감기게 된다. 시계, 팔찌, 용사의 갑옷 등을 만들 수 있다.

휴지 심 팔찌

(5) 휴지 심 브레스

휴지심의 한쪽 끝에 길게 자른 종이를 테두리를 따라 붙인 뒤 반대쪽 구멍에서 숨을 불어 넣으면 종이가 펄럭이며 판타지에 나오는 드래곤의 브레스가 만들어진다. 불을 뿜는 장면이나 아주 크게 소리를 치는 장면 등에서 이 장난감을 활용할 수 있다. 또한, 휴지 심 브레스는 비눗방울 놀이나 풍선불기, 휴지 불기, 계란 판에 탁구공 넣어 불어 옮기기 등과 같이 호흡 운동이 필요한 내담자에게 제시하면 재미있게 활동할 수 있다.

(6) 휴지 심 인형

휴지 심에 색연필이나 사인펜으로 얼굴 표정을 그리거나, 인형의 앞, 뒤, 옆모습을 그린 다음, 색종이나 스티커 등으로 꾸며 인형을 만든다. 혹은 인터넷에서 아동이 좋아하는 캐릭터를 내려받아서 앞뒤로 붙여 줄 수 있다. 앞모습과 뒷모습이 나와 있는 인형 사진이나 레고 인형의 앞, 뒤, 옆모습을 사진 찍어 둔 뒤 휴지 심 크기로 인쇄하여 사용할 수 있다. 인형 대신 내담자 자신의 앞, 뒤, 옆모습을 사진 찍어 인쇄하여 사용할 수도 있다.

이렇게 만든 인형을 두꺼운 책이나 탬버린 위에 올린다. 판치기 놀이와 같이 책이나 탬버린 위의 빈 공간을 손이나 막대로 쳐서 상대방의 인형을 경기장 밖으로 먼저 떨어트리는 편이 이긴다. "앞으로 넘어졌네?" "뒤로 넘어갔다!"와 같이 놀이와 함께 앞과 뒤에 대한 인지적인 자극을 촉진할 수 있다.

탬버린 링과 휴지 심 인형

휴지 심에 종이띠를 붙여 만든 핼러윈 호박인형

4) 도일리

도일리는 종이 자체가 레이스 형태를 띠고 있어 안쪽에 무엇을 그리든 액자 효과, 완성되어 보이는 효과가 있다. 때문에 그림 실력에 자신이 없는 내담자나 그림 표현 단계가 낮아 난화밖에 시도할 수 없는 내담자라 하여도 일정한 성취감을 느낄 수 있게 하는 매체다. 또한 최근에는 도일리의 모양과 크기도 다양하고 색깔도 다양하게 나오고 있어 더욱 유용하다. 그리고 보통 천 원이나 이천 원에 100매씩 팔기 때문에 경제적인 매체이기도 하다.

(1) 도일리 메달

동화에서 메달을 주고 싶은 이를 고르고, 어떤 메달을 주고 싶은지 생각하여 도일리 가운데에 적고, 메달의 색을 칠한다. 도일리 가운데에 칭찬의 말, 위로의 말 등을 적어 자기 자신 또는 주고 싶은 사람에게 메달을 수여할 수도 있다.

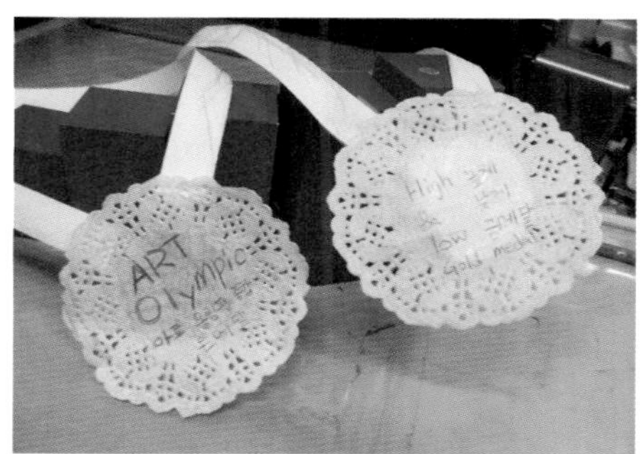

(2) 도일리 동화 만다라 / 도일리 액자

작은 도일리에 동화 장면을 그려 큰 종이에 모아 붙이거나, 지름 18cm 정도의 대형 도일리에 동화 만다라를 그릴 수 있다.

동화 「힐드리드 할머니와 밤」을 읽고, 15cm 도일리 액자

(3) 도일리 모빌과 발

도일리에 그림을 그린 뒤 투명테이프나 스테이플러로 길게 이으면 모빌 또는 발이 된다.

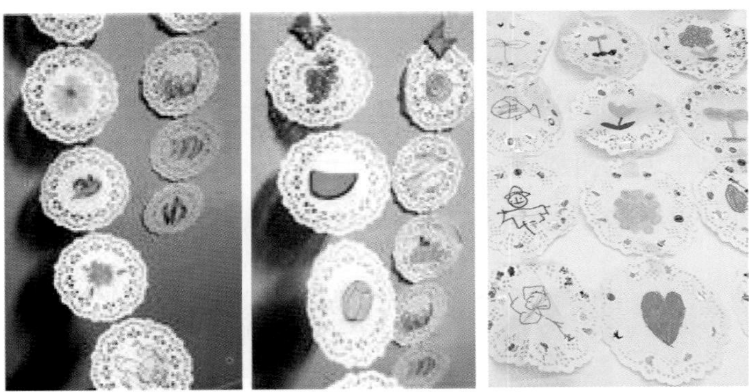

계절 주제 동화 도일리 모빌의 예

5) OHP

OHP(Over-Head Projector)란 투시환등기라고 하는데, 투명한 필름에 인쇄한 자료를 스크린에 비춰 주는 기계로서 여기에 사용되는 필름을 OHP 필름이라고 한다. 요즘은 빔프로젝트가 일반화되어 OHP 자체가 이용되는 경우는 거의 볼 수 없지만, OHP 필름 자체는 투명하고 얇은 특성으로 인해 교육 및 사무 영역에서 여전히 많이 쓰이고 있다.

(1) 스테인드글라스

OHP 필름 위에 매직이나 네임펜으로 그림을 그리고 창문 유리에 붙이면 훌륭한 스테인드글라스가 된다. 이때 사용하는 그림은 자신이 직접 그려도 되고, 스테인드글라스 도안이나 색칠하기 도안을 아래에 깔아두고 그려도 되며, 필름이 투명하기 때문에 동화책이나 좋아하는 그림 등 어떤 도안이든 필름을 올려 본뜰 수 있기만 하다면 제한 없이 적용할 수 있다. 따라 그리기나 본뜨기, 먹지에 대고 그리기는 내담자가 창작에 대한 부담을 덜게 됨으로써 미술 활동에 보다 쉽게 접근할 수 있게 한다. 또한 일정 수준의 완성도가 보장됨으로써 성취감과 자신감을 쉽게 느낄 수 있게

한다. 동화의 여러 장면을 따라 그리거나 창작하여 그린 후 창문에 순서대로 붙여 보자. 화려한 유리장식이 완성되어 햇빛이 들 때마다 멋진 그림이 벽과 바닥에 투영되는 것을 감상할 수 있다.

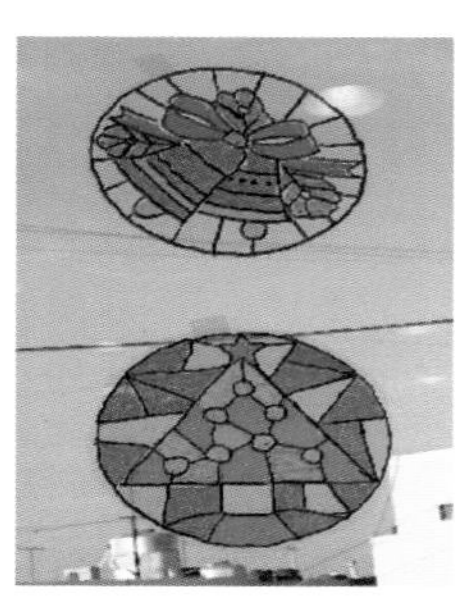

(2) OHP 얼굴 본뜨기와 변신그림

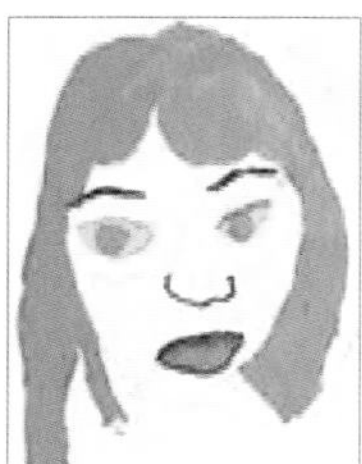

① 얼굴 본뜨기(초상화/자화상)

개별 활동이라면 거울에 OHP 필름을 붙여 놓고, 매직이나 네임펜으로 자기 얼굴을 따라 그려 자화상을 만들 수 있다. 두 사람 이상의 그룹의 경우라면, 두 사람이 마주보고 앉은 다음 한 사람은 OHP 필름을 얼굴 앞에 펼쳐 들고, 다른 한 사람은 매직이나 네임펜으로 얼굴을 따라 그려 서로의 초상화를 그려 준다.

힘 조절이나 충동 조절, 팔의 거리감 조절이 잘 안 되는 내담자의 경우는 OHP 필름 뒤에 투명한 아크릴판을 대어 잡는 것으로 안전한 활동을 도모할 수 있다. 이 활동은 마주 보는 사람 사이에 눈 맞춤 향상의 효과가 있으며, 상호작용이 활발하게 이루어진다.

활동을 마치고 자기 초상화를 받은 후 내가 생각하는 내 모습과 다른 사람이 그려 준 내 모습을 비교해 보고, 차이점을 이야기할 수 있고, OHP 필름을 한 장 더 겹쳐서 수정하고 싶은 부분을 덧칠하여 표현할 수 있다. 또한, 초상화 위에 OHP 필름을 덧붙여 동화 속 인물 묘사에 따라 동화의 등장인물로 꾸며 볼 수 있다.

② 변신그림

동화 그림을 그린 후 그 위에 OHP 필름을 올리고 모서리를 집게나 테이프로 고정시킨다. 필름 위에 매직이나 네임펜으로 그림을 덧그리면 변신하는 그림을 그릴 수 있다. 옷을 입힐 수도 있고, 화장을 할 수도 있고, 날개를 보였다 숨겼다 할 수도 있고, 히어로 만화처럼 변신 장면을 만들 수도 있다. 기존의 그림을 변화시키지 않으면서 더 표현하고 싶은 부분을 표현함으로써 변화에 대한 내담자의 태도, 욕구, 인식 등을 확인할 수 있으며 치료적 효과를 얻을 수 있다.

(3) 실루엣 애니메이션과 그림자 극장

OHP 필름에 배경을 매직으로 그린다. OHP 필름을 활용하면 일반적인 그림자 인형극보다 다양한 색과 모양을 사용할 수 있는 장점이 있다. 때문에 다채로운 표현이 가능하며, 표정 등 보다 디테일한 부분까지 접근할 수 있다.

배경과는 다른 필름에 등장인물, 사람을 그린다. 사람이나 사물은 오려 두어도 좋다. 방을 어둡게 하거나 책상 밑과 같이 어두운 곳에서 휴대전화의 손전등 기능을 켜서 벽 쪽으로 비추어 고정한다. 손전등 불빛 앞에 배경판과 등장인물 필름을 놓고 인형극을 해 본다. 실루엣 애니메이션은 프로젝터의 원리와 같아서 플래시와 벽 사이의 거리에 따라 대상의 크기 변화를 관찰할 수 있으며, 적절한 간격을 조절하고 초점을 맞추는 경험을 준다.

동화 주인공이 입은 옷이나 동화 속 배경을 OHP로 만들어 손전등으로 벽에 비추고 그 속에 들어가 주인공의 옷을 입거나 동화 속에 들어가 볼 수도 있다.

한편, 대화할 때 상대방과의 간격을 지키지 못하거나, 심리적 거리를 고려하지 못하는 내담자의 경우, 손전등과 그림 사이의 간격 차이에 따라 그림의 크기가 달라져서 나에게 맞거나 맞지 않게 되는 현상을 사람과 사람 간의 관계에 비유하여 설명하는 데 활용할 수도 있다.

(4) 레이어 애니메이션

OHP 필름을 레이어로 사용한 인형극이다. 각각의 레이어에 이름을 붙이고, 여러 장을 겹쳐서 배경을 표현한다. 예를 들어, 나무 판, 땅 판, 건물 판, 하늘 판 등을 따로 만든 뒤, 한 장씩 겹치며 새로운 배경을 표현할 수 있다. OHP 여러 장에 다양한 배경을 그려두면, 캐릭터를 여러 번 그리지 않아도 배경을 전환하는 것으로 장면의 전환, 장소와 시간의 흐름을 표현할 수 있다. 레이어의 배치나 삽입 또는 추출을 통해 시간의 흐름, 장소의 변화 등을 표현 가능하게 되므로 보다 다양한 이야기가 가능하다. 각 장면을 사진으로 촬영하여 동영상으로 편집하면 손쉽게 애니메이션을 만들 수 있다.

레이어 애니메이션은 OHP 필름을 필요에 따라 어울리는 색지에 올릴 수도 있으며, 종이나 백업, 플레이콘 등을 활용하여 간격을 띄워 붙인 뒤 세워도 된다. 라이트 테이블이 있다면 주변을 어둡게 하고 불을 켜서 색다른 느낌을 줄 수 있다. 내담자는 필요한 레이어를 구상하고 실현하는 코딩 과정을 거치게 되며, 성격에 따라 지나치게 많은 레이어를 만들기도 하고, 너무 적은 레이어로 대충 마무리하려 들기도 하므로 치료자는 적절히 중재하여야 한다.

(5) 선글라스

OHP 필름에 색칠하고 오려서 안경이나 선글라스를 만들 수 있는데, 색을 칠할 경우 셀로판지를 통해 보는 것과 같이 색다른 시야를 경험할 수 있다.

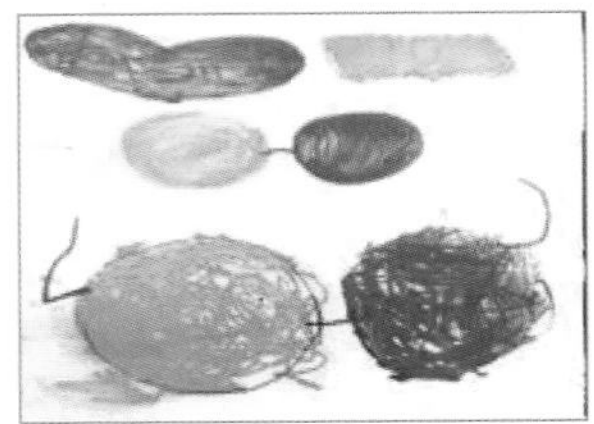

동화 「피터의 안경」

(6) OHP 램프

시중에 판매되는 LED 기판이나 아크릴 램프를 이용하면 나만의 특별한 램프를 만들 수 있다. 그저 OHP 필름에 동화의 한 장면을 그린 후 아크릴 램프의 홈에 맞춰 끼우는 것만으로도 훌륭한 작품이 된다. 같은 방식으로 OHP 필름 앞 또는 뒤에 흰색 A4 용지 또는 색지, 한지 등을 겹쳐 램프를 만들 수 있다.

혹은 LED 촛불을 이용하면 더 저렴하고 간단하게 램프를 만들 수 있다. 그림을 그린 OHP 필름에 종이를 겹쳐 휴지 심처럼 둥글게 말면 원기둥 형태의 램프를 만들 수 있다. 이를 책상에 세워 두고 가운데에 LED 촛불을 넣으면 된다. 램프 안쪽에 종이인형이나 피겨를 세워 둘 경우 램프를 켤 때만 안쪽의 인형 실루엣이 드러나는 실루엣 램프를 만들 수 있다.

동화 「펭귄 365」 OHP 무드등

6) 슈링클스(플라스틱 페이퍼)

슈링클스라는 플라스틱 종이에 캐릭터나 만다라 등 그림을 그려 200℃로 예열된 오븐에 30초~1분 정도 구우면 오린 모양 그대로 1/7크기로 오그라들며 단단하고 두꺼운 장식물이 된다.

플라스틱 종이의 색이 다양하여 필요에 따라 알맞은 색의 선택이 가능하며, 반투명한 종이도 있어 OHP 필름처럼 활용하기도 좋다. 완성된 작품을 필통이나 휴대전화 케이스, 가방, 자석, 옷핀, 단추, 머리핀 등에 붙여 사용할 수 있으므로 일상 활용도가 높다.

그림을 그려 오릴 때 퍼즐 모양으로 잘라서 구우면 튼튼한 플라스틱 퍼즐이 되기도 하며, 굽기 전 펀칭을 하면 줄을 연결하여 열쇠고리나 휴대전화 고리 등으로 사용할 수 있다.

동화 「나도 고양이야!」 슈링클스 활동

* 오븐에 굽기 전의 큰 고양이와 오븐에 구운 후의 작은 고양이를 비교하며 이야기 나눠요.

고양이의 특징은 무엇인가요?

고양잇과 동물에는 무엇무엇이 있나요?

나는 어떤 동물을 닮았나요?

우리 가족은 어떤 동물을 닮았나요?

나의 친구들은 어떤 동물을 닮았나요?

선생님은 어떤 동물을 닮았나요?

우리 가족은 어떤 공통점이 있나요?

우리 가족은 어떤 차이점이 있나요?

나는 친구들과 어떤 점이 비슷한가요?

나는 친구들과 어떤 점이 다른가요?

7) 플레이콘(퍼니콘)

플레이콘은 옥수수 전분으로 만들어져 수수깡보다 부드럽고, 가볍고, 색이 다양하며, 자르기 쉽고, 힘을 주면 형태가 쉽게 변형되며, 물로 붙일 수 있고, 물을 묻혀 종이에 그림을 그릴 수도 있다는 장점이 있다. 알갱이 형태로 되어 있어 색깔변별, 수세기, 가르기와 모으기 등의 인지활동에도 응용 가능하다. 플레이콘은 상당히 직관적인 매체로서 아동의 경우 적응이 빠른 편이고, 플레이콘을 이어 붙여서 나무 만들기, 동식물 만들기, 동화 배경 판 만들기 등 다양한 작업에 매우 적극적이었다. 플레이콘만으로 1년가량 작업을 진행한 성인 장애인 집단의 경우, 처음에는 물 조절과 힘 조절을 잘하지 못하여 플레이콘이 다 녹아 버리거나 찌그러진 형태가 되었으나, 회를 거듭하면서 점차 조절 능력이 길러지면서 6개월 정도 경과하고부터는 플레이콘의 원형을 살리거나, 원하는 형태로 변형하여 활용하는 것이 가능해졌다. 그리고 다음 6개월간은 플레이콘을 자르는 플라스틱 칼이나 벽돌 모양을 만드는 도구의 사용에도 익숙해지고, 테두리에 맞춰 붙이기 외에 입체 작업까지도 가능하게 되었으며, 소근육 조절력이나 시지각-운동 협응, 인지적인 면에서 크게 향상을 보였다. 노인미술치료에서도 플레이콘은 옥수수, 수수깡, 뻥튀기, 전분, 떡, 전통과자, 벽돌 등 노인 내담자의 생활과 관련하여 다양한 소재를 연상하고 회상하게 하는 매개체가 되었다.

동화「아기 돼지 삼형제」 평면에 플레이콘을 잘라 붙인 후 지붕을 붙인, 노인미술치료 작품

동화「구름빵」

동화「커다란 물고기 잡으러 가자」

곰돌이 푸

동화「토끼와 거북이」

플레이콘 카네이션

동화「솔이의 추석 이야기」

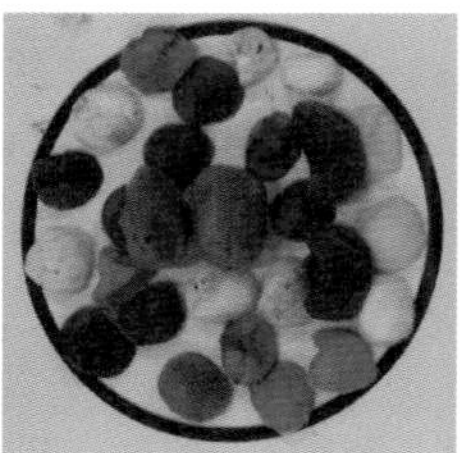

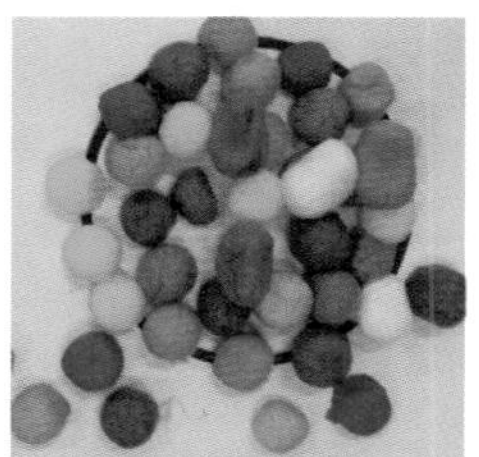

원래의 알갱이 형태를 유지하지 못한 첫 작품

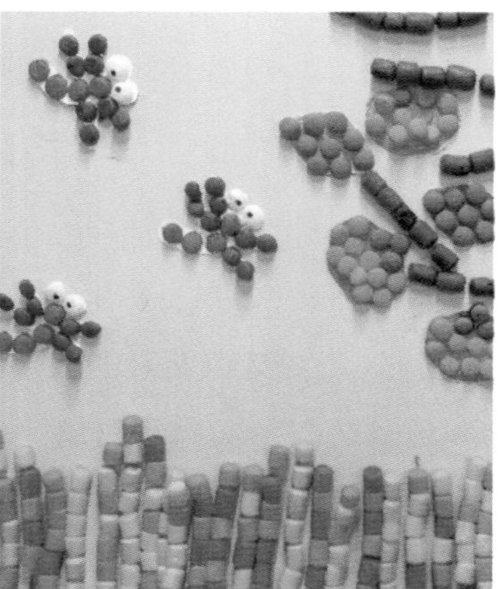

알갱이 형태를 잘 유지하게 된 후기 작품

8) 클레이 아트

클레이는 가변성이 매우 좋고, 색깔이 선명하며, 마르고 나면 가볍고, 형태를 잘 유지하므로 동화 장면 만들기에 사용하기 좋다. 또한, 클레이가 주는 촉감은 그 자체로 내담자에게 정서적 이완의 효과를 준다. 그리고 색을 섞고 모양을 만들기 위해 끊임없이 움직이게 하므로 소근육 발달에도 도움이 된다.

동화「리디아의 정원」클레이 화분 만들기

(1) 촉감과 양감

내담자의 상황에 따라 점토의 종류를 다르게 제시하는 것이 좋다. 천사점토는 얇게 밀면 훅 불어서 날릴 수 있을 정도로 가볍고 부드러우며 색을 만들 때 힘이 덜 들어가며 길게 늘어지기보다 끊어진다. 완성 후에도 작품이 매우 가볍다.

일반적인 클레이는 치즈처럼 잘 늘어나며 색이 선명하고 매끈하다. 끈적임이 있고 손에 열이 많은 경우는 묽은 밀가루 반죽과 같이 클레이가 녹아서 손에 묻은 채로 잘 떨어지지 않으므로 촉각방어가 있는 아동의 경우 지속적인 작업이 어려울 수 있다.

한편, 촉각방어 혹은 양감의 발달이 늦은 경우, 조심성이 많거나 소심한 경우 등은 클레이 통에서 한 번에 많은 양의 클레이를 잡지 못하고, 덩어리를 떼어 낼 때 크게 떼어 내길 어려워하며, 클레이 덩어리에 손가락을 깊숙이 넣어 움켜쥐는 동작 자체를 부담스러워한다. 이때는 적당량을 먼저 떼어 주고 조금씩 그 양을 늘려 나가거나, 노래나 게임 등으로 클레이 찌르기 놀이, 내담자와 치료자가 덩어리의 양쪽을 나누어 쥔 상태에서 여러 가지 의성어, 의태어를 병행하며 줄다리기를 하듯이 당겨서 클레이 늘이기를 먼저 수행하여 매체에 대한 접근성부터 향상시키는 것이 좋다.

또, 정서이완과 소근육 운동을 목적으로 하는 경우 슬라임 만들기도 같은 효과를 기대할 수 있다. 슬라임 활동은 형태 조형이 주가 아니며, 슬라임이 주는 촉감이나

바람풍선, 다양한 재료를 넣어 꾸미는 시각적 효과, 슬라임을 만들고 가지고 놀 때 나는 청각적 자극 등에 초점이 맞춰져 있고, 감각적 자극과 함께 심신을 이완하는 데 작업의 목적이 있다. 유튜브 등에서는 슬라임 만들기의 이러한 점을 살려 슬라임 제작만 전문으로 하는 유튜버도 있으며, 슬라임이 내는 소리를 모아 ASMR 영상 등을 만들어 올리기도 한다.

(2) 색깔 만들기

천사점토와 아이클레이는 색을 섞어서 사용하는 게 좋다. 천사점토의 경우 흰색만 제공되며, 여기에 사인펜, 매직, 물감 등으로 색을 칠하여 여러 가지 색을 만들어 낸다.

아이클레이의 경우도 흰색은 동일한 방법으로 여러 가지 색을 만들 수 있으며, 이때는 파스텔 톤의 색이 나오게 되므로 내담자의 상황에 맞게 활용할 수 있다. 한편, 아이클레이의 경우 원색을 포함하여 여러 가지 선명한 색이 판매되고 있으며, 서로 다른 색의 점토를 섞어 새로운 색을 만들고, 그 비율을 달리 조합하는 것으로 무궁무진한 색을 만들어 낼 수 있다. 치료자가 만들어 낸 색을 먼저 제시한 후 내담자가 색을 조합하여 비슷한 색을 만들어 내는 게임을 할 수 있으며, 이를 통해 색깔 인지, 양감 조절, 어림수 개념 등을 기를 수 있고, 유추하기, 수정하기 등의 코딩 과정을 경험하게 할 수 있다.

동화 「어린왕자」 클레이 작품들

(3) 클레이 그림

클레이 그림은 종이 도안 위에 일정 크기의 클레이를 떼어 붙이고, 손가락으로 밀어 빈 공간을 색칠하듯 채우는 것이다. 그림 그리기를 어려워하는 내담자나, 뇌병변 등으로 인한 편마비가 있어 기능적으로 그림 그리기가 어려운 경우, 소근육 운동이 필요한 경우, 정서적 이완이 필요한 경우, 그림 발달 단계상 직접적인 표현이 어려워 색을 칠하는 과정에 있는 경우, 시각적 변별력이 떨어지는 경우, 시각적 인지 범위의 확장이 필요한 경우 등 다양한 경우에서 클레이 그림은 대안이 될 수 있다.

특히 이러한 클레이 그림을 종이 위에 바로 펼치지 않고 도안 위에 OHP 필름을 겹치고, 클레이 그림을 펼치면 클레이가 마른 후에 작품만 필름에서 떼어 낼 수 있다. 평면조형이 입체조형으로 전환되면서 내담자는 색다르고 창의적인 경험을 하게 되며, 고정된 사물에서 자유롭게 이동 가능한 사물로 전환되는 점에서 해방감을 갖게 된다. 필름에서 떼어 낸 작품은 가방이나 다른 사물에 붙이거나, 액자처럼 장식하거나, 열쇠고리 또는 모빌로 만드는 등 여러 가지로 활용할 수 있다. 일반적으로 클레이 그림에는 아이클레이와 같이 점성이 있고 말랐을 때 갈라지지 않고 형태를 유지하는 클레이를 사용하는 것이 좋다.

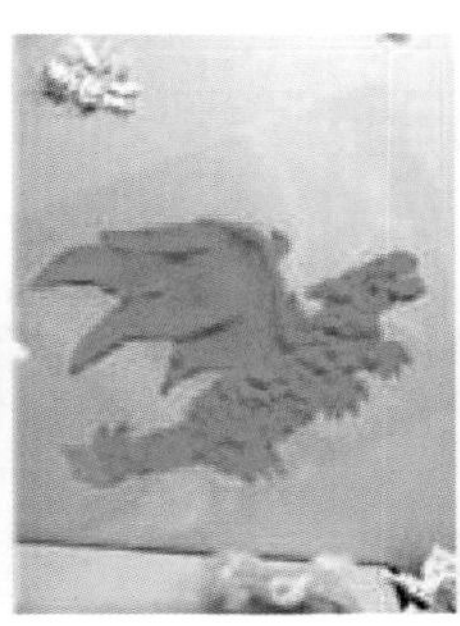

(4) 클레이 피겨와 손가락 인형

클레이로 동화의 주인공이나 등장인물을 만들어 보자. 손가락 끝에 클레이를 씌워 머리 모양을 만들어 말리면 세상에서 하나뿐인 손가락 인형이 될 수 있다. 직접 만든 인형들로 역할극을 해 보면 재미가 배가 될 것이다.

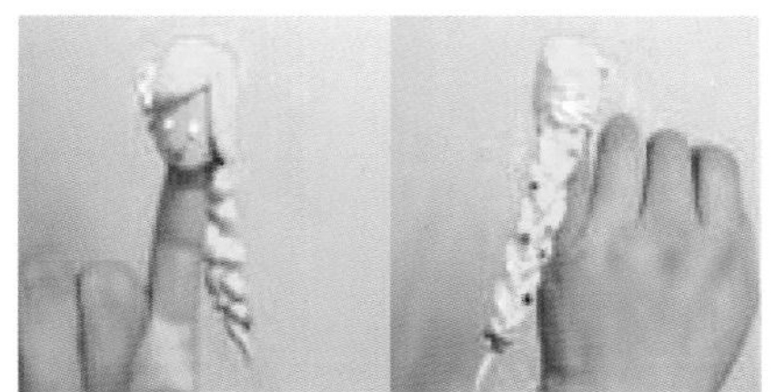

아기 돼지 삼형제

라푼젤

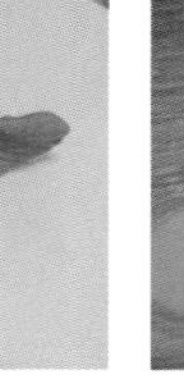

라바 니모 파워레인저

아동학대로 인해 의뢰된 내담자와 동화 「이상한 손님」에서의 이상한 손님을 점토로 만들었을 때다. 내담자는 점토를 세게 쥐거나 누르지 못하였으며, 무조건 '못한다, 딱딱하다, 안 부드럽다, 안 말랑하다'며 저항감을 표현하였다. 내담자는 형태를 다듬는 것을 잘하지 못하였고, 연속된 선을 표현하기 어려워하였다. 반면, 얼굴 만들기에서 도구를 사용하게 되자 눈, 코, 입을 뾰족한 도구로 찍어서 표현하며 내재된 분노를 표출하는 모습을 보였다. 처음에는 서 있는 형태로 완성되었지만, 내담자가 이상한 손님을 앉혀 주고 싶어 하여 자세를 바꾸어 마무리하였다. 그리고 동화의 내용에 맞춰 내담자의 이상한 손님을 데리러 올 인형을 만들고, 그에 따른 이상한 손님의 표정 변화를 표현한 후, 이상한 손님에게 '위로하기, 헤어지는 인사하기'를 진행하고 회기를 마무리하였다.

동화 「이상한 손님」– 나의 이상한 손님 만들기

(5) 클레이 소품

동화에 나오는 소품들을 클레이로 만들어 보고, 연기해 볼 수도 있고, 미니어처로 만들어 소장할 수도 있다.

동화 「헨젤과 그레텔」 과자마녀되기

(6) 클레이 애니메이션

클레이 그림이나 클레이 조형으로 만들어 낸 캐릭터를 평면의 배경 그림 위에 놓고 여러 장면을 촬영하여 컴퓨터나 애플리케이션을 통해 스톱모션 형태의 GIF 애니메이션 또는 동영상으로 취합하면 클레이 애니메이션이 된다.

자신이 만든 애니메이션에 내레이션, 대사 연기 등 성우의 역할을 해 보는 것도 좋은 경험이 된다. 특히 요즘 아동, 청소년 내담자의 경우 유튜버, BJ 등에 대한 관심도가 매우 높으므로 흥미롭게 여겨 적극적으로 참여하는 경우가 많다. 최근의 인터넷 방송의 경우 흥미와 자극적인 소재를 통해 조회 수, 추천, 구독 등을 올리려고 하여 교육적으로, 인성적으로 바람직하지 못한 내용이 많은 만큼, 관련 분야에 관심이 있는 내담자의 경우 콘텐츠 선택에 대한 변별력을 길러 주고, 무턱대고 비도덕적

인 콘텐츠를 모방하지 않도록 건설적인 방향으로 인도해 주는 것이 필요하다.

(7) 클레이 메달

종이컵의 바닥면을 잘라서 분리한 뒤, 뒤집어서 오목하게 들어간 부분에 클레이를 채우고 동화 주인공을 새겨 넣으면 동화 메달, 동화 딱지를 만들 수 있다.

종이컵 바닥을 채워 만든 클레이 메달

(8) 클레이 판

클레이나 점토를 평평하게 편 뒤 구슬치기 등의 게임판이나 지도, 글자나 그림을 새긴 석판 등을 만들어 볼 수도 있다. 클레이를 평평하게 두드리고, 밀대로 밀어 펴는 과정에서 스트레스 해소와 이완의 효과를 얻을 수 있으며, 균일한 두께의 판을 만드는 것은 힘 조절과 균형 맞추기 등에 도움이 된다.

(9) 클레이 작업의 팁

클레이는 종종 여름이 되면 평소보다 더 찐득하고 손에 많이 붙는가 하면 곰팡이가 피기도 한다. 관리를 잘해야 하는 부분이고, 한편으로 처음 구입 시에 클레이가 여름용인지, 겨울용인지를 구분해서 적절한 양을 사 두는 것이 좋다.

"망했다고 생각했는데, 다른 작품이랑 같이 놓이니까 참 다양하고 좋네요."

내면의 이야기를 표현하기 어려워하는 나나에게 천사점토 자유 활동을 제시했을 때다. 나나는 스스로 주제를 정하고 만들기를 시도했지만, 원하는 형태를 만들어 내지 못했고, 처음 계획과는 전혀 다르게 만들어진 형태에서 연상되는 것으로 적당히 이름을 붙여 작업을 마무리해 버렸다.

그래서 이번에는 「토끼와 거북이」 동화치료 활동 중에 등딱지를 잃어버린 거북이를 제시하며, 나나가 자유 작품을 만들고 남은 점토로 거북이의 등딱지를 만들어 줄 것을 부탁하였다. 거북이 등딱지의 모양을 다듬다가 크기를 맞추지 못하거나 너무 얇아지는 등 어려움이 있긴 했지만, 약간의 보조를 통해 적당한 크기의 거북이 등딱지가 완성되었다.

우리는 '목적 없이 만들기'와 '거북이 등딱지 만들기'라는 목적이 주어졌을 때 만들기의 차이점을 이야기하였는데, 나나는 "목적 없이 만들 때는 어렵기도 하고, 망한 것 같다는 생각이 들었어요."라고 평했다. 나나는 자유 활동으로 만든 작품에 내심 실망하고 있었고, 나는 이미 완성된 무인도 클레이 작품을 제시했다. 등딱지가 생긴 거북이를 무인도에 올리고, 처음에 자유 활동으로 만든 작품을 배치해 보라고 하자, 나나는 그 모양이 상어 같다며 무인도 주변의 바다에 작품을 배치하며 새롭게 의미를 부여했다. "망했다고 생각했는데, 다른 작품이랑 같이 놓이니까 참 다양하고 좋네요."라고 말하는 나나의 표정은 홀가분했다.

* 더 생각하기

- 목적 없는 만들기와 목적 있는 만들기는 어떤 차이가 있었나요?
- 등딱지를 잃은 거북을 보니 어땠나요?
- 나에게 등딱지의 역할을 하는 것은 무엇이 있을까요?
- 나의 작품이 다른 작품과 함께 어떤 이야기로 연출되었나요?
- 나의 작품에 더해진 새로운 의미는 무엇인가요?
- 다른 작품과 함께 연출된 나의 작품을 보고 어떤 느낌이나 생각이 드나요?
- 이 장면의 이야기는 앞으로 어떻게 변화할까요?

9) 종이컵

종이컵은 성이나 탑을 만들거나 인형, 갑옷 등 동화의 배경이나 소품을 구현하는 데 다양하게 사용될 수 있다. 쌓기 놀이의 경우 단순한 활동이지만 그만큼 쉽게 몰입할 수 있으며, 높이 쌓기 위해서는 신체 조절, 충동 조절과 함께 집중력이 필요하므로 ADHD 내담자나 신체 조절이 필요한 내담자에게 도움이 된다. 또, 스피드 스택과 같이 빠르고 정확한 동작이 필요한 활동이나 컵으로 박자를 맞춰 연주하는 음악활동으로도 전개가 가능하다. 이러한 활동을 자신이 만드는 동화 속에 주인공이 통과해야 하는 미션으로 제시할 수 있다.

종이컵 쌓기

종이컵 트리

종이컵 인형

종이컵 무드등과 그림자 등

10) 재활용품 이용하기

신문지, 박스, 휴지 심, 종이컵 외에도 플라스틱 컵, 종이봉투, 비닐봉지, 택배 완충제, 뽁뽁이, 병뚜껑 등의 재활용품은 주변에서 공짜로 쉽게 구할 수 있다. 그리고 그만큼 생활환경에 관심을 갖고 둘러볼 기회를 주며, 창의력을 자극하고, 종결 후에도 치료실에서의 활동을 상기하게 하므로 종결 후의 마음 코딩을 돕는다는 점에서 매우 유용하고 활용도가 높다. 특히, 택배 완충제의 경우 악당의 이름을 적고 터트리거나, 폭죽, 전쟁 등의 장면을 활동으로 풀 때 사용하면 좋다. 듣기 싫은 말, 스트레스 요인 등을 적고 터트리기도 한다. 어떤 내담자는 좋은 일을 적고 싶어 하기도 하고, 아무도 알아보지 못하게 글자를 나누어 쓰기도 하는 등 각자 반응이 다르게 나타난다.

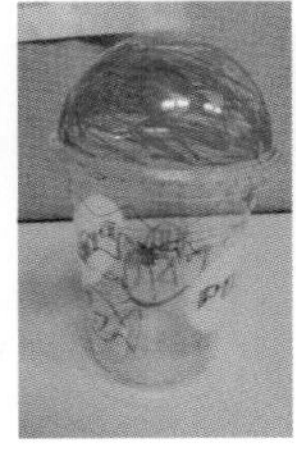

테이크아웃컵 어항

비닐꽃

일회용 접시

택배 완충제 우파루파

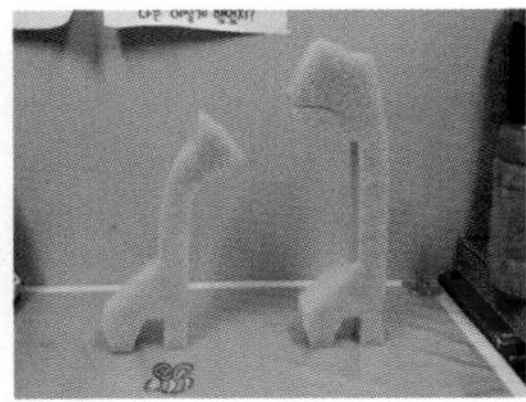

택배 완충제 공룡시대

택배 완충제 터뜨리기 활동

휴지 심, 박스, 이면지 등 종이 재활용품 주제 미술치료 전시작품

한편, 터트린 봉지를 쓰레기통에 버림으로써 나쁜 감정을 해소하는 활동이 가능하며, 여기서도 어떤 내담자는 한 개 한 개 꼼꼼히 줍고, 어떤 내담자는 발로 차서 더 어지르며, 어떤 내담자는 팔을 벌려 한 번에 다 끌어 모아 버리는 등 각자의 행동 특성이 나타난다. 신나는 음악과 함께 지금까지 자신이 해 보지 않은 행동방식으로 움직여 보고 느낌을 나눠 보는 것도 좋다.

11) 휴지

휴지는 생필품의 하나로서 따로 준비하지 않아도 어디서나 구할 수 있는 재료다. 휴지는 매체 분류상 면재이지만, 쉽게 구겨지고, 잘 찢어지며, 흡수성이 높고, 물에 잘 풀어지고, 뭉쳐지는 등 가변성이 높다. 전문 수채화 용지나 한지 등에 비해 훨씬 경제적이면서 유사한 효과를 낼 수 있다는 점에서 유용하다.

(1) 티슈 수채화와 염색

두루마리 휴지나 사각티슈, 냅킨, 키친타월 등에 수성 사인펜으로 점, 선, 면을 표현한 뒤 붓으로 물을 찍어 적시면 사인펜이 번져 훌륭한 수채화가 된다. 사인펜은 통제성이 높은 채료이지만 휴지와 물, 물감 등은 통제성이 낮고 이완을 돕는다. 사인펜 작업 후 물로 확산하기 작업은 이완작업에 거부감을 느끼는 내담자가 불편감 없이, 보다 정감 있게 작업을 시작하게 하며, 물을 뿌렸을 때의 변화를 상상하게 하여 거부감을 줄일 수 있다. 또한 냅킨이나 키친타월은 두꺼워서 잘 찢어지지 않기 때문에 묶거나 접어 일부분만 물감에 적신 후 펼쳐서 말리면 손쉽게 염색하기를 경험할 수 있다. 수채화 표현된 휴지나 염색된 휴지는 잘 말려서 동화의 배경이나 인물의 옷, 신비한 효과 등을 독특하게 표현할 수 있다. 이 종이로 전통의상을 표현하면 잘 어울리기도 한다. 물티슈에 물감으로 그림 그리기나 한지에 그리기나 염색하기 등도 유사한 표현이 가능하다.

한편, 종이에 나뭇가지를 그린 후, 휴지를 작게 뭉쳐 벚꽃이나 눈을 표현할 수 있다. 휴지는 가지 위에 뿌렸다가 불어서 날려 보낼 수도 있고, 목공 풀로 고정시킨 후 벚꽃 색 물감을 찍어 보다 벚꽃에 가깝게 표현할 수도 있다.

(2) 휴지로 만들기

티슈를 접거나 꼬아 만드는 장미, 뜯어서 만드는 빙수와 아이스크림 등 휴지의 다양한 질감을 살려 만들기에 활용할 수 있다. 잘게 찢은 종이, 신문지, 휴지 등을 물에 녹인 뒤, 좋아하는 색깔의 물감을 섞어 얇은 망이나 체, 거름망, 방충망 등에 펴서 말리면 나만의 종이를 만들 수 있다.

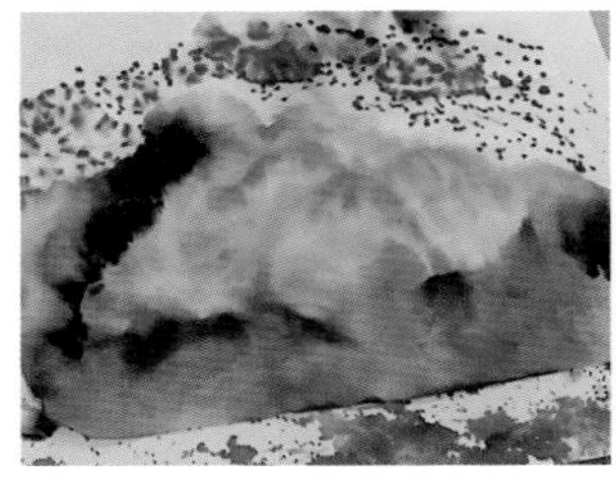
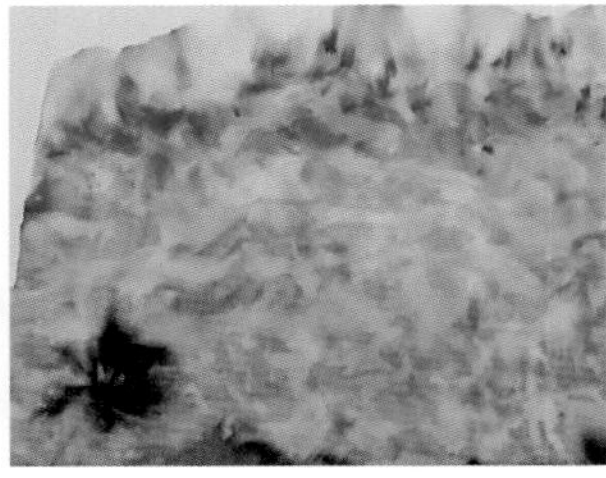
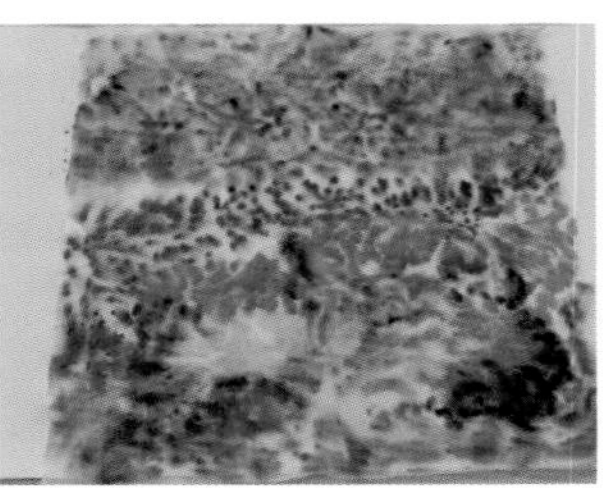

동화 「작은 집 이야기」 – 나의 살던 고향은

정확한 선이 아닌, 점으로 대략적인 실루엣만 표현하면 되므로 노인미술치료에서 고향풍경 그리기 등으로 활용할 수 있다. 활동 참여에 부정적인 경우도 '고향의 봄' 노래와 함께 리듬을 타며 점찍기에 들어가면 쉽게 몰입할 수 있다.

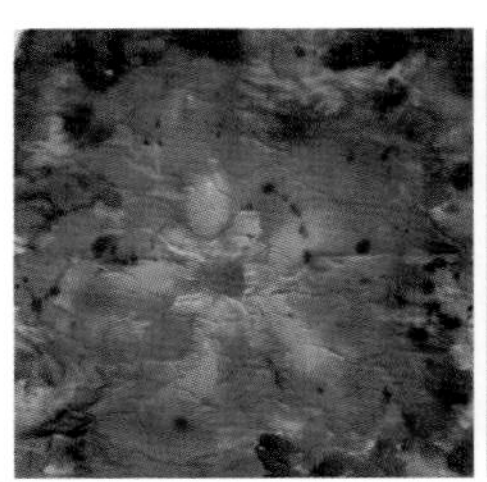

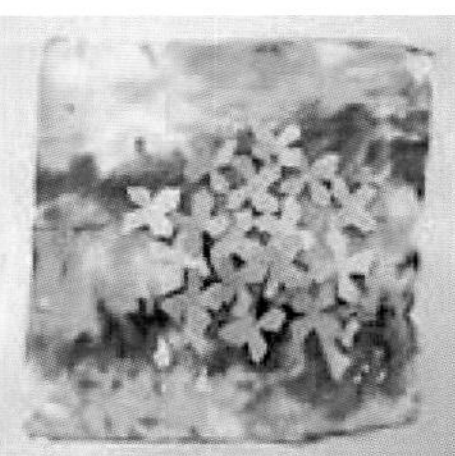

휴지 염색과 휴지 벚꽃

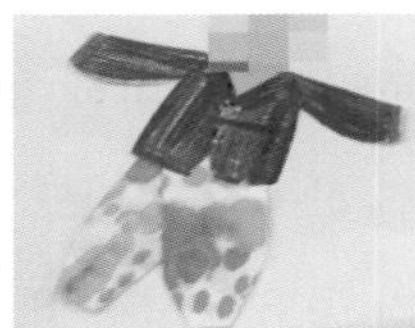

키친타월 염색

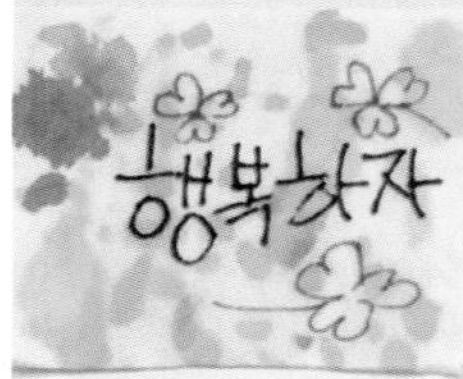

휴지 염색과 캘리그래피

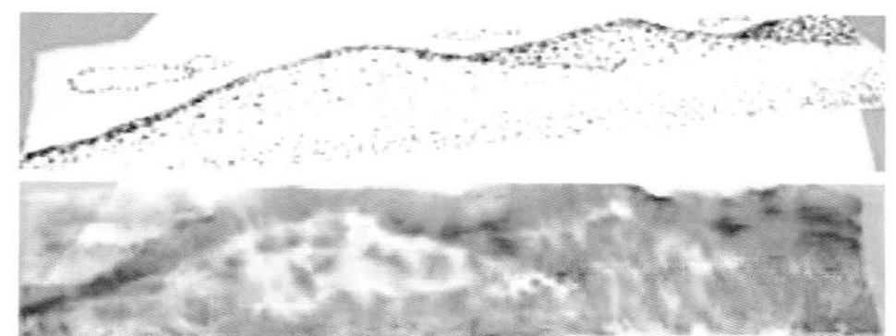

휴지 점묘화 '고향의 봄'

동화 「할머니의 여름휴가」

12) EVA, 펠트지, 백업

EVA는 흔히 에바 폼이라고도 부르는데 말랑말랑한 스펀지 판이다. 두께는 3mm 정도부터 5mm 정도가 자주 쓰이는데, 가볍고 쉽게 구부러지고 가위로 자를 때 별로 힘이 들지 않고 양면테이프로 잘 붙는 등 가변성이 매우 좋은 재료다. 그리고 EVA판에 구멍을 뚫어 줄로 각각의 판을 연결하는 활동으로 시각-운동 협응을 촉진할 수 있다. 끈으로 이어진 판은 마치 천이나 가죽을 깁거나 끈으로 연결한 것처럼 보인다. 때문에 동화에 나오는 옷이나 장신구, 모자, 왕관 등 다양한 소품을 내담자가 원하는 형태로 만들기 좋다. 또한 EVA는 색이 매우 다양하고 발색이 좋으며, 작품을 완성하였을 때 완성도가 높아 보이는 효과가 있어 바람개비, 숫자교구, 모자, 왕관, 가방, 온도계 등 많은 반제품이 EVA를 활용하고 있고, 교육 현장에서 자주 사용된다.

펠트지 또한 EVA와 함께 교구, 교재에 자주 등장하는 요소다. 가방이나 헝겊책, 손가락인형, 벨크로 교구, 게시판 꾸미기 등에 많이 쓰인다. 뿐만 아니라 최근에는 색깔과 두께가 매우 다양하고, 반짝이가 붙은 글리터 펠트라는 종류가 추가되어 반짝이는 이름표, 머리핀, 머리띠 등 다양하게 사용되고 있다. EVA와 펠트지를 활용하면 사실적인 동화 소품을 만들 수 있고, 종이 등에 비해 내구성이 좋아 여러 번 사

모자 도안과 그림을
직접 그려 만든 EVA 모자

모자

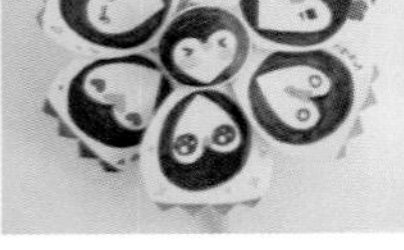

직접 그리는 바람개비

반제품 조립 온도계

펠트지 인형 만들기

거울나라의 앨리스

백업 아이스크림, 어묵, 소떡소떡

EVA, 백업 활동의 예

용하거나 실생활에 쓸 수 있다.

한편, EVA와 같은 스펀지 소재로는 백업이 있다. 백업은 주로 둥근 기둥 형태이며 가위나 칼로 쉽게 잘라서 쓸 수 있다.

13) 자연물

힐링과 자연에 대한 관심이 증가하면서 숲 체험이나 자연물을 활용한 교육이 유행하고 있고, 동화 미술에도 자연물이 적용될 부분이 많다.

(1) 자연물로 만들기

풀각시, 풀 메뚜기, 나뭇잎 인형, 나무 조각으로 만든 곤충이나 사람, 솟대, 미니 장승 등을 만들 수 있다. 또는 자갈이나 솔방울을 이어 붙이고 채색하여 거북이나 곤충, 동물, 선인장, 트리 등을 표현하거나, 어떤 문구를 적어 미니 비석을 만들 수 있다.

(2) 자연물 사진 찍어 배경으로 사용하기

자연물로 연출한 장소를 촬영하여 동화의 배경으로 사용한다.

(3) 자연 만다라와 대지미술

꽃, 풀, 자갈, 나뭇가지, 나뭇잎, 흙 등 다양한 자연물을 눈으로 보고, 소리를 듣고, 코로 냄새 맡고, 손으로 만지고, 부러뜨려 보고, 갈아 보는 등 오감으로 자연을 느껴 보고, 자연의 재료로 대지 위에 만다라를 만들 수 있다.

(4) 자연물 팔레트 만들기

여러 가지 색깔의 나뭇잎이나 돌멩이를 모아 그러데이션을 표현할 수 있다.

(5) 자연물과 채료

돌멩이를 평평한 돌바닥에 그어 그리기, 돌멩이나 나뭇잎에 아크릴 물감 또는 네임펜, 매직 등으로 그리기, 넓적한 돌멩이에 사진이나 그림을 붙인 뒤 아크릴 물감으로 사진과 그림 이어 그리기 등이 가능하다.

(6) 자연물과 점토

점토로 기본적인 형태나 산, 밭 등의 배경을 빚고, 풀이나 낙엽, 나뭇가지, 갈대나 당근, 브로콜리 같은 각종 채소와 과일, 쌀이나 밀, 콩 같은 곡류 등 다양한 자연물을 이용하여 초가집, 울타리, 다리, 들판 등 여러 가지 동화의 장소 배경을 만들거나 소품, 등장인물 등을 구성해 볼 수 있다.

나뭇가지 장승

솔방울 트리

등나무 달집

꽃 만다라

떨어진 꽃잎과 펀치로 만든 액자

양면테이프를 이용한 왕관

(7) 반제품 자연물로 만들기

자연물을 구하는 가장 좋은 방법은 실제로 숲 체험 활동이나 근처 공원, 산 등에 가서 나뭇가지, 흙, 돌멩이, 풀, 나뭇잎 등을 직접 만져보고 수집하는 것이겠지만, 여건상 쉽지 않은 일이기도 하다. 최근에는 솔방울뿐만 아니라 나무토막, 작은 나뭇가지, 씨앗 등을 모아 자연물 만들기 패키지가 나오고 있으므로 이를 활용하는 것이 대안이 될 수 있다.

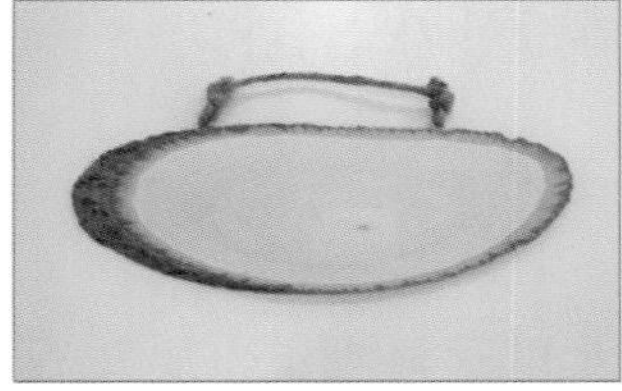

14) 푸드 아트

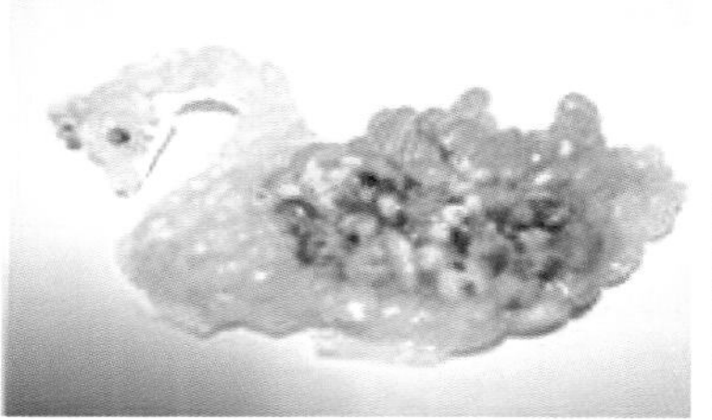

2007년에 제작한 곡물 브로치, 오데트와 곰돌이 반지

각종 과자, 비스킷, 사탕, 팝콘, 송홧가루(다식), 찻잎, 커피가루, 밀가루, 전분, 마카로니, 국수, 스파게티, 펜네, 젤리, 과자, 사탕, 초콜릿 초코펜, 배추, 깻잎, 곡물 등 여러 가지 음식 또한 훌륭한 미술 재료가 된다. 과자 집, 동화 장면, 가면, 나무나 약 등 동화와 관련된 내용을 구성하는 데에 사용할 수도 있고, 곡물 등으로 그림을 그려 액자화 하거나 브로치 등을 만들어 실제로 사용할 수 있다. 푸드 아트 재료들 역시 익숙하고 친숙하며, 주변에서 쉽게 보고 구할 수 있는 재료이며, 직접 만져 보고, 냄새 맡고, 먹어 보는 등 다양한 감각을 경험할 수 있다. 직접 먹을 수 있는 재료이므로 마음을 낫게 하는 약이나 앨리스에 나오는 마법의 물이나 비스킷처럼 나를 변화시킬 수 있는 마법의 음식 등을 만들어 먹어 볼 수 있다.

발달심리상 연령이 낮거나 사회성이 낮은 내담자들은 자기 것을 공유하거나 나누어 먹는다는 개념이 부족할 수 있는데, 이때 음식을 사용한 활동을 진행하여 자연스럽게 먹을 것을 누군가에게 선물하고 나눠 주는 경험을 할 수 있다. 또한 편식하는 습관이나 식사예절을 지키지 않는 경우 등에 대하여 동화와 음식으로 엮어 행동수정에 들어가면 효과적이다. 치료자가 준 비타민 혹은 자신이 만든 과자 약을 먹고 배가 아픈 것이 나았다고 하는 등 과자 약에는 꾀병에 대한 위약효과가 있어서 어린 내담자들에게 종종 사용하고 있다.

한편, 음식이란 일상에 속하는 범주인데, 푸드 아트 활동을 통해 일상을 새롭게 인식할 수도 있고, 음식에 관련된 기억과 오감과 연계된 신체 기억을 회상할 수 있게 한다. 밀가루 반죽하기, 과일 자르기, 김치 담그기, 송편 빚기 등 치매 환자들의 경우 이러한 오감과 인지를 자극하는 활동이 도움이 될 수 있다. 다만, 섭식에 문제가 있는 경우, 활동이 아닌 먹는 것에 집중할 수 있으므로 활동 전에 이 부분을 체크해야 하며, 요양원 등의 경우 간식 시간 등을 기관에 확인하고 활동해야 한다. 만약 실제 음식을 사용하지 못하고 클레이나 종이 등으로 대체하여 상징놀이적인 활동을 할 경우 치매환자가 클레이 등을 먹는 것으로 착각하고 입에 넣지 않는지 활동 내내 유의해야 한다.

동화 「우리집에 나무가 있다면」

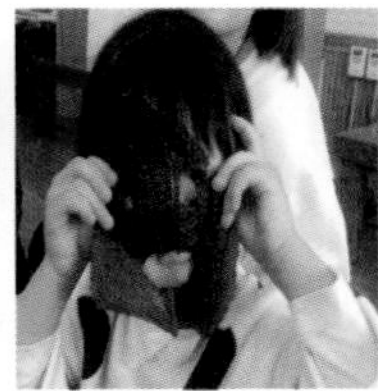

상추와 깻잎을 활용한 가면놀이

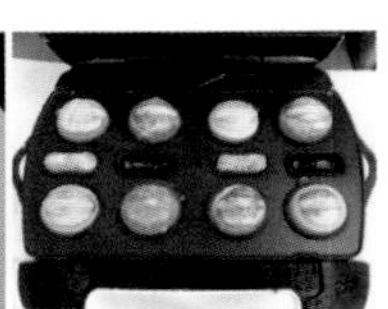

여러 가지 확장활동

- 동화 속 장면이나 소재를 푸드 재료로 만들어 보자(예: 동화 일러스트, 과자집, 나무 등).
- 〈냉장고를 부탁해〉라는 프로그램에서는 유명인의 냉장고를 실제로 가져와서 그 안에 들어있는 음식만으로 유명인의 현재 상황에 맞는 새로운 레시피를 제공한다. 이와 같이 동화 속 등장인물에게 주고 싶은 요리의 레시피를 만들고 이름을 붙여 보자. 그리고 왜 이런 요리를 만들었는지 설명해 보자. 등장인물은 평소 무얼 먹고 살았을까? 좋아하는 음식은? 싫어하는 음식은? 이럴 땐 어떤 요리가 어울릴까? 내가 차려 준 상을 등장인물은 어떻게 생각할까? 나의 요리를 먹고 나서 등장인물은 어떻게 될까?
- 심청이가 아버지께 차려 드린 마지막 상을 만들어 보자.
- 동화에 나온 음식 소재를 조사해 보고 동화 요리 재료 리스트를 만들어 보자. (예: 곶감, 산수유, 개암, 꿀, 떡, 도토리, 좁쌀, 쌀, 콩, 상추, 산딸기, 사과, 수박 등)

15) 석고

석고 가루는 물을 섞으면 잘 녹고, 빨리 굳으며, 입자가 고와 틀에 넣었을 때 형태가 원형이 잘 드러난다. 때문에 석고 방향제나 장식, 모형, 조각 등에 자주 쓰인다. 석고 가루를 굳혀 단단히 만드는 붕대를 석고 붕대라고 하며, 흔히 병원에서 깁스를 하는 데 사용된다.

(1) 석고 방향제

석고 가루를 종이컵에 넣고 물에 녹인 후 물감 등을 타서 원하는 색을 내고, 굳기 전에 만들고 싶은 모양의 틀에 부어 굳힌다. 요즘에는 오유마루 등 몰드를 만드는 손쉬운 방법들이 나와 있어 간단히 원하는 형태의 틀을 만들어 쓸 수도 있다. 석고가 굳은 다음 꺼내어 아로마 오일을 몇 방울 뿌리면 석고 방향제가 완성된다. 치료자는 동화 속 장면과 관련된 형태의 틀을 미리 준비해 두면 좋으며, 아로마 오일의 경우 내담자가 좋아하는 향을 고르도록 하고, 어떤 향에 무슨 효과가 있는지도 알아두면 아로마 테라피의 효과도 기대할 수 있다.

동화「사랑해, 사랑해, 사랑해」

동화「곰 사냥을 떠나자」

동화「마법 소년 마우이와 커다란 물고기」

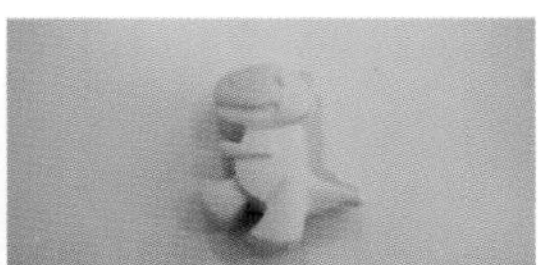
동화「물을 싫어하는 아주 별난 꼬마 악어」

(2) 석고 붕대

깁스를 할 때 사용되는 석고 붕대도 미술활동에 사용할 수 있다. 깁스를 생각하면 막연할 수 있는데, 일종의 석고 팩을 생각하면 된다. 먼저, 본을 뜰 얼굴이나 손의 피부에 크림을 두껍게 바르는데, 크림은 가급적 듬뿍 발라야 떼어 낼 때 눈썹이나 털이 빠지지 않는다. 크림을 바른 뒤에 2~3cm 크기의 조각으로 자른 석고 붕대에 물을 묻혀 팩을 하듯이 피부에 조금씩 겹쳐 올린다. 석고 붕대가 아직 굳지 않았을 때는 손가락에 물을 묻혀 표면을 문지르면 좀 더 매끄럽게 표현할 수 있다. 내담자에 따라 답답함에 신체부위를 온전히 감싸지 못하기도 하는데 이러한 점에 대해서 작품 완성 후 이야기를 나눠 볼 수 있다. 한편, 석고 붕대를 붙이고 굳기까지 상당한 시간이 걸리므로 ADHD 아동이나 가족치료 등에서 서로 손 본떠 주기, 마주잡은 손 본뜨기 등의 공동작품을 만들어 보는 것도 좋다. 석고 붕대가 적당히 굳고 나면 작품을 조심스럽게 떼어 내고, 완전히 말린 후 매직이나 사인펜, 색연필, 물감 등으로 꾸며서 가면이나 동상 등을 만들어 본다.

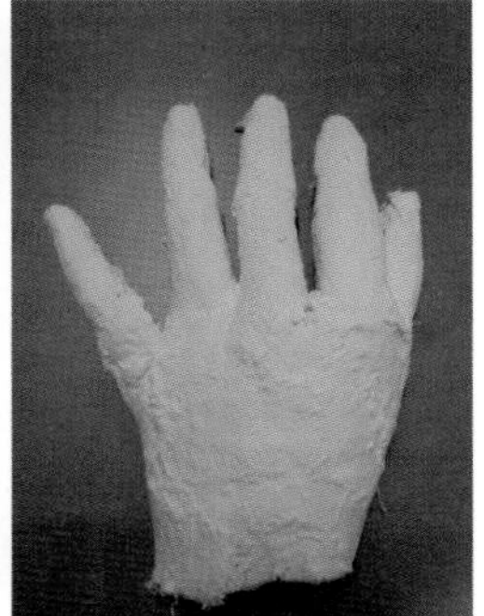

석고 붕대 활동의 예

16) 반제품 활용하기

여러 가지 종이, 나무, 플라스틱, EVA 반제품들을 활용해 보자. 반제품은 손쉽게 작품을 완성할 수 있고, 일정 수준 이상의 질을 보장해 주기 때문에 실패에 대한 부담이 적다.

시간이 부족하거나, 그룹이 큰 경우, 내담자의 작업 속도가 늦거나 기능, 인지, 발달 수준에 따라 적절한 반제품을 사용하면 진행에 도움이 된다. 치료시간 안에 만들 수 없는 소재의 경우 반제품에 그림을 그리거나 재료를 붙여 완성하는 방식으로 새롭고 특별한 경험과 성취감을 얻을 수 있게 한다. 퍼즐 반제품이나 모자, 나무인형, 마트료시카, 컵, 가방, 그리기 전등, 그리기 배지, 투명우산, 꾸미기 공, 종이 또는 EVA 왕관, EVA 바람개비, 나무 바람개비, 부채, 투각등, 연필꽂이, 시계, 팔찌, 모자 등 반제품을 검색하면 다양한 주제의 반제품들을 찾아볼 수 있다.

동화 「강아지 똥」

「흠, 세상에서 가장 불행한 아이」
펼치면 불행한 아이 뒤에
숨겨진 행복한 아이가 나온다.

전래동화 「해님달님」 「장화홍련」
투각등

투명 우산, 투명 공에 스티커와
시트지를 붙여 꾸민 반제품의 예

「신기한 우산가게」 「비야, 안녕!」 「비구름이 찾아온 날」 「비 오는 날」 「비 오는 날은 정말 좋아!」 「이렇게 멋진 날!」 「위를 봐요!」 등 비와 관련된 동화에서 활용할 수 있다.

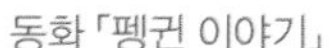

동화「펭귄 이야기」

마트료시카
동화「작은 게 좋아」
동화「커다란 것을 좋아하는 임금님」

도자기 컵에 그리기–동화의 한 장면을 그려 일상에서 사용할 수 있다. 종결시기 등에 이러한 일상 사물 작업을 하면 치료회기 중에 있었던 일들을 생활 속에서 회상하게 하는 아이템이 된다.

그리기 배지–동화를 한 권 읽을 때마다 해당 동화를 대표하는 그림을 하나씩 그려서 동화 메달을 만들어 수집할 수 있다.

3. 기법 중심 접근법

매체 중심 접근법이 매체 자체의 물성이 내담자에게 미치는 감각적, 정서적 영향을 고려한 개입을 목적으로 한다면, 기법 중심 접근법은 발달단계에 맞는 표현력 향상, 언어적 표현의 이미지화, 이미지의 언어화, 콘티에서 계획한 내용을 실행하기, 주제가 중심이 되도록 표현하기, 글과 그림의 배치 시 여백 고려하여 표현하기, 내용을 효과적으로 전달하기 등이 중심이 된다.

대부분 동화 표현에서는 회화의 형태가 가장 많이 시도된다. 그림의 발달 단계는 보통 '난화–점–선–면(도형)–형태(두족화, 기저선, 길, 인물, 사물, 건물, 환경 등)–세부묘사, 공간(투시, 원근, 입체, 확대, 축소, 중첩, 시점 등)'의 순서로 발달하는데, 치료자는 내담자의 수준이 어느 정도이고, 무엇이 가능하고 불가능한지를 파악하여 내

담자가 좌절감을 느끼지 않도록, 혹은 좌절 인내력을 기를 수 있도록 촉진하는 역할을 해야 한다.

요양병원이나 치매예방을 위해 노인미술치료 집단상담을 나가게 되면 어린아이의 그림과 같은 표현을 볼 수 있는데, 이는 인지기능의 문제보다도 '크레파스나 색연필, 사인펜 등을 만져 볼 기회 자체가 없었던' 경험의 부재가 원인인 경우가 많다. 일제 강점기, 6 · 25, 격동하는 근현대사를 살아 낸 지금의 어르신들은 먹고 살기에 바빠 교육의 기회가 없었기에 노년에 들어서 처음 글을 쓰고, 그림을 그리는 경우도 상당하다.

만약 내담자가 그림을 그릴 줄 몰라서 "나는 못한다."라며 회피한다면, 연령을 불문하고 내담자가 할 수 있는 것에서부터 시작하여 그림의 발달 단계에 따라 점차 더 높은 단계의 표현을 촉진하는 것이 좋다. 그림이 아닌 신체활동이나 다른 매체를 통한 표현으로 흥미를 유발하고, 동그라미로 그림 그리기, 연필 판화로 베껴 그리기와 같이 낮은 단계에서부터 형태 인지와 표현을 연습한 후 시작할 수 있다. 또한, 내담자의 수준에 따라 색깔, 크기, 겹침 등을 통한 원근 표현이나, 확대, 축소, 왜곡, 변형, 종이 안에서의 안정적인 구도, 설계, 계획하기, 방향 전환, 입체 표현 등 내담자의 수준에서 약간 어려운 정도로 비계설정을 하여 목표를 달성하도록 할 수 있다. 원근 표현의 경우 실제로 멀고 가까운 것, 중첩된 사물을 관찰하고, 사진을 찍어 비교하고, 사진을 보고 그리는 식으로 다양하게 접근한다.

아는 만큼 보이고, 보이는 만큼 알게 되므로 이 과정을 통해 내담자의 관찰력과 인지가 향상할 수 있다. 특정 배경이나 크기, 공간 사용에 고착된 경우는 사진 확대나 크롭 이미지를 보고 비교하거나, 공간 상징 등을 고려하여 이야기함으로써 내담자 스스로 균형 잡힌 구성을 이루도록 촉진할 수 있다. 동화치료에서 표현하기 단계는 '빨리' 혹은 '완전하게' 해내는 것이 목표가 아니라 그 '과정'이 중요하다. '할 수 없는 것은 할 수 있게, 안 해 본 것은 해 보게, 부족한 것은 채우게, 잘하는 것은 더 잘하게' 하는 긍정심리에 중점을 두어야 한다.

1) 베껴 그리기

흔히 모방은 창조의 어머니라고 한다. 오리지널 표현을 부담스러워하는 내담자라면, 혹은 그릴 때마다 주인공의 모습이 다르게 표현되어 곤란하다면 먹지나 연필 판화, 백라이트, 빔프로젝터를 활용해 그림을 베껴 그려 안정감을 얻을 수 있다. 처음에는 베끼기부터 시작하여 점차 의존도를 줄여 나감으로써 그리기에 대한 부담을 줄일 수 있다.

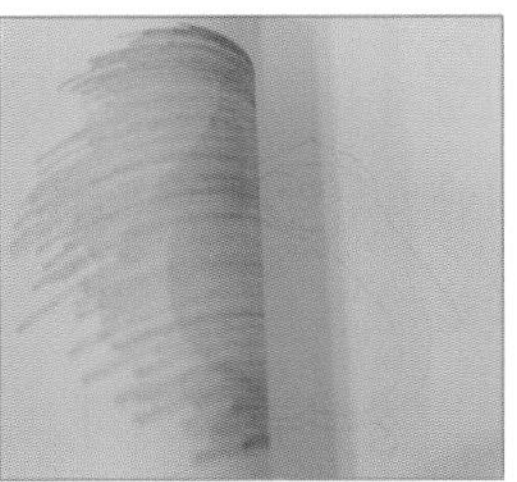

연필 판화

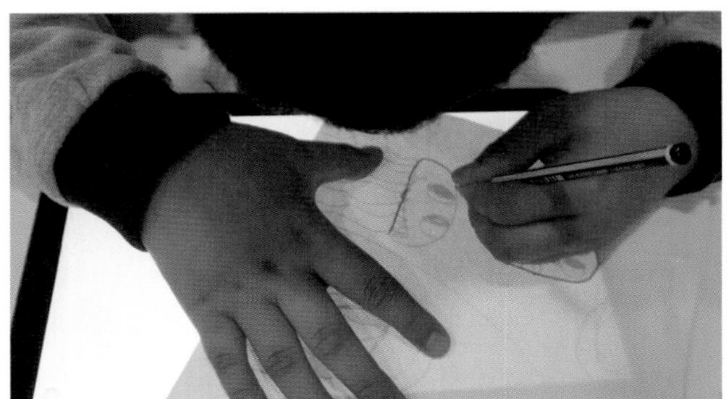

백라이트 활용

2) 도형으로 그리기

'나는 그림을 그릴 줄 모른다.' '나는 그릴 수 없다.'고 생각하는 내담자들은 그림을 그릴 기회가 적고, 그리는 방법에 대해 잘 모르는 경우가 많다. 눈에 보이는 대상을 사실적으로 표현해야 한다는 부담감을 가지고 있기도 하고, 어디서부터 어떻게 접근해야 할지 모르기 때문에 애초에 실패할 것을 가정하고 시도 자체를 하지 않는다. 그러나 대부분 동그라미, 세모, 네모와 같은 기본 도형을 그리라고 하면 큰 부담 없이 그려 낸다. 따라서 이러한 내담자들에게는 세상의 모든 것은 도형을 응용해서 그릴 수 있음을 이야기하고, 기본도형으로 간단하게 그리기부터 시도해 보면 좋다.

3) 자로 그리기

어떤 내담자는 분명하지 않은 선을 긋는 것에 큰 부담을 느낀다. 직선이나 동그라미를 그릴 때 반드시 자를 요구하기도 한다. 학교 미술시간에는 종종 그림 그릴 때 자는 사용하지 않는 것이라고 하지만, 그렇다고 '무조건' 금지할 필요는 없으며, 점진적으로 필요한 경우에만 사용하도록 유도하는 것이 좋다. 자를 활용해도 다양한 표현이 가능하고, 세밀한 표현이나 세부적 표현이 많이 필요한 경우에는 내담자 스스로가 자의 사용을 불편하게 여겨 점차 자 사용의 빈도가 줄어들기도 한다. 자로 그린 그림을 자를 사용하지 않고 다시 한번 그려서 그 과정에서의 느낌과 시각적 효과를 비교해 보는 것도 도움이 된다.

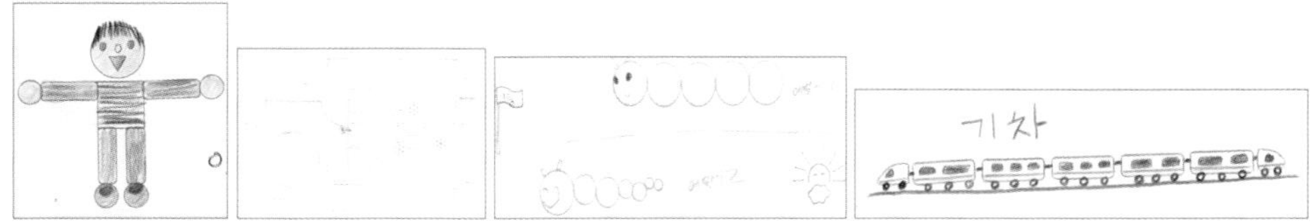

4) 글자 그림 그리기

그림 그리기에 거부감이 있는 내담자의 경우 색다른 방법으로 동화를 표현해 볼 수 있다. 혹은 문장 이해나 쓰기, 학습장애, 난독증, 집중력 향상이 필요한 내담자를 대상으로 수행해도 좋다. 올바른 문장을 그대로 따라 쓰는 과정에서 문법적 지식이 자연스럽게 반복되고, 단어나 문장의 내용을 그림 글자로 표현함으로써 내용의 이해와 암기의 효과가 있다.

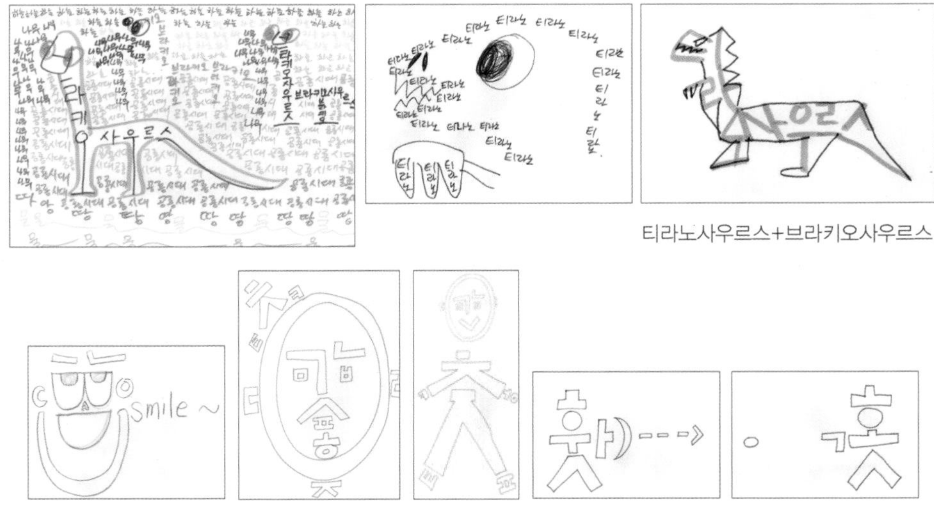

티라노사우르스+브라키오사우르스

5) 동작 표현하기

대개 7세 이상부터는 그림에서 동작 표현이 나타나게 되는데, 이를 잘 표현하지 못하는 경우는 막대 사람이나 크로키 등의 기법을 통하여 인체의 비례, 관절의 움직임 등을 설명하고 동작 표현법을 알려 줄 수 있다.

(1) 스틱 피겨

막대 사람은 인체를 가장 단순한 뼈대만으로 표현하므로 동작을 단순화하여 표현하기 좋다. 동작 표현이 어려운 경우 스틱 피겨로 동작을 그리고, 여기에 살을 붙여 표현할 수 있다.

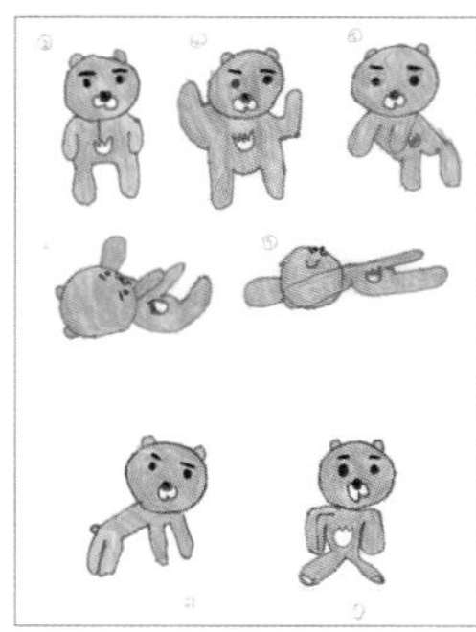
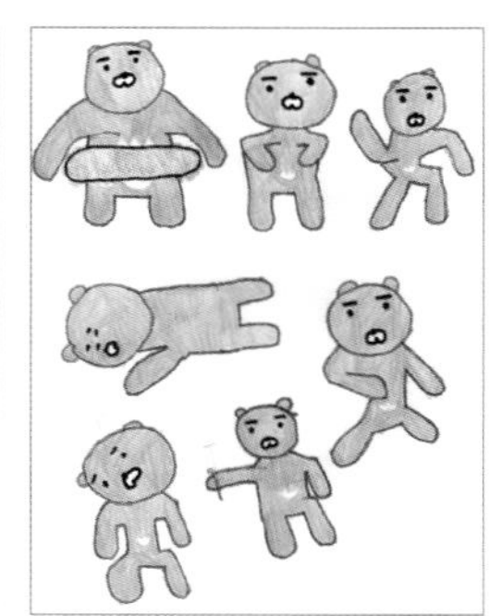

동작 표현하기(그림 완성 후 라벨지에 인쇄하여 스티커로도 사용하였다.)

(2) 크로키

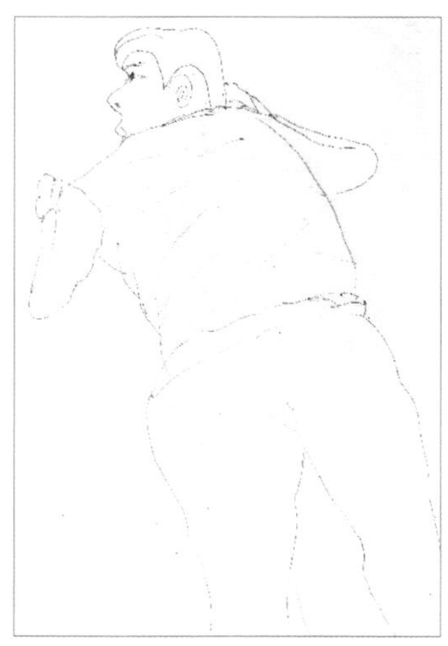

한붓그리기와 같이 연필을 종이에서 떼지 않고 대상의 외곽선의 특징만 따라 그리고, 짧은 시간 동안 대상의 특징과 동세를 파악하여 표현한다.

크로키는 전체적인 비례감과 동세 표현 능력을 향상시켜 준다. 크로키는 짧은 시간 동안 반복수행하는 것이 효과가 좋다. 5분, 3분, 2분, 1분 등으로 제한시간을 줄여 나가면서 부분의 세밀한 표현에 지나치게 집착하는 경우, 경직되고 강박적인 표현을 하는 경우, 한 화면에 대상을 다 표현하지 못하는 경우, 상하좌우의 비례를 맞추지 못하는 경우, 동작 표현을 어려워하는 경우 등에 모두 도움이 된다. 단, 내담자의 개별 특성에 따라 시간제한이나 반복 횟수 등에 지나치게 스트레스를 받는 경우도 있으므로 유연한 적용이 필요하다.

5분 크로키와 3분 크로키(시간이 더 짧은 쪽이 오히려 비례가 맞고 동작이 분명하다.)

6) 모델링과 구도 표현하기

실제 사물로 표현하고 싶은 장면을 연출하여 보고 그릴 수 있다. 종이의 한쪽에 치우친 그림은 구도에 대한 이해나 균형감각이 부족한 경우가 많다. 따라서 안정적인 구도를 설명하고 반복 작업을 통해 구도를 조절하여 균형감을 가질 수 있게 돕는다.

동화 「천진난만한 하루」 中 모델링하여 그리기

한편, 장면에서 무엇이 중요한지 부각되지 않는 경우도 있는데, 이는 무엇을 표현해야 하는지를 모르고, 장면의 핵심이나 주제, 상황 자체를 파악하지 못하는 데에 원인이 있다. 따라서 표현하고자 하는 내용에 대해 충분히 이야기하고, 질문을 통해 내담자 스스로 주제에 근접할 수 있도록 촉진한다.

동화 「홉, 세상에서 가장 불행한 아이」 中

가난한 집 안에 앉아 있는 홉을 표현하는 과정

집 외부–집 내부–정면 구도 스케치 완성

- 집 외부 질문–집 외부만 표현되어 있는데, 홉이 지금 어떻게 하고 있는지 알 수 있나요?
- 집 외부 질문–이 집의 어떤 부분을 보고 홉이 가난한지 알 수 있나요?
- 집 내부 질문–지금 화면의 왼쪽과 오른쪽을 바라보는 시선의 위치가 서로 다른 것 같은데 어떻게 생각하나요?
- 집 내부 질문–주인공인 홉이 앉아 있다고 했는데, 주인공은 어디에 있나요?

7) 확대/축소하여 그리기

그림이 너무 작거나 큰 경우, 구도 표현하기와 마찬가지로 재작업을 통해 안정적인 크기를 조절하여 표현할 수 있게 한다. 내담자는 때때로 경직된 표현에서 벗어나지 못하고, '노력해도 안 되는 상황'에 부딪힌다. 반복 작업에도 불구하고 그림의 크기가 자신의 의도대로 조절되지 않는 경우가 그런데 이는 전체적인 비례나 균형감각, 기준점을 잡는 것이 어렵기 때문이다.

부각시키고자 하는 주제는 확대하여 표현하고, 중요하지 않은 소재는 단순화하며, 거리에 따른 원근 표현 등을 이야기하고, 화면분할이나 기준점, 기준선 제시를 통해 내담자의 표현 한계를 넓힐 수 있다. 내담자가 수의적으로 그림의 크기를 조절할 수 있게 된다면 내담자는 보다 자유로운 표현, 유연한 사고가 가능해진다.

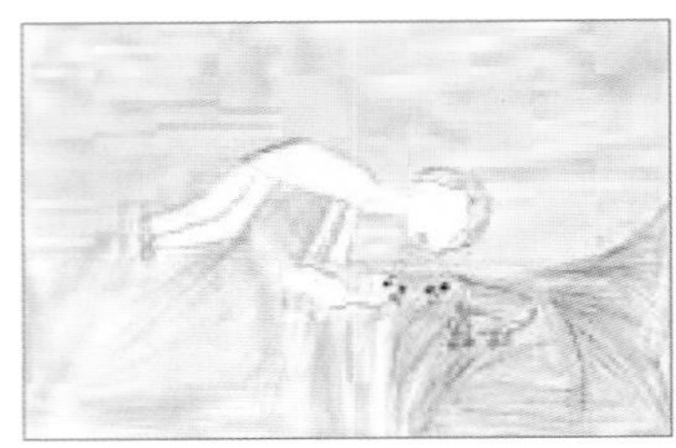

동화 「천진난만한 하루」 中 확대하여 그리기

8) 반쪽이 그리기

반쪽 그림은 좌뇌와 우뇌의 균형 있는 발달을 촉진하는 데 도움을 줄 수 있는 활동이다. 동화의 장면, 표지, 인물, 사물, 식물 등을 인쇄하여 가로 또는 세로로 반을 자른다. 빈 종이에 반으로 자른 그림 중 하나를 붙이고, 나머지 반쪽을 그리고 색칠한다. 반쪽 그림들을 투명테이프나 스테이플러로 세로 방향으로 이어 붙이면 동화 모빌, 동화 발을 만들 수 있다. 창가나 벽에 장식해 보자.

꽃 반쪽 그리기

봄이 되면 여러 꽃 사진을 인쇄하여 반쪽 그림 그리기를 해 보자. 사진에 이어진 반쪽은 사진과 같은 색, 같은 모양이어도 되고, 완전히 다른 표현을 할 수도 있는데, 그렇게 만들어진 개성 있는 꽃을 송이송이 오려서 투명테이프나 스테이플러로 길게 이어 주면 꽃 모빌, 꽃 발을 만들 수 있다. 창가나 창문 유리에 붙여 두면 바람에 휘날리는 모습이 아름답다.

- 동화 「반쪽이」: 반쪽이를 그리고 나머지 절반을 상상하여 그려 본다. 반쪽이의 나머지 반을 로봇이나 특별한 힘이 있는 것으로 꾸민다면 어떤 힘을 부여하고 싶은지 등을 표현하게 할 수 있다. 「반쪽이」의 경우 동화의 내용에 이어서 자연스럽게 신체 본뜨기로 넘어갈 수 있다.

반쪽이 이어 그리기　　피카소의 입체표현을 참고하여 정면과 측면을 모두 표현한 반쪽이

9) 신체 본뜨기

신체 본뜨기 활동은 있는 그대로의 자기 자신을 표현하고 확인하는 것과 함께 타인이 나를 그려 주고, 나의 모습을 꾸미고 아름답게 만들어 줌으로써 내담자가 자기 자신에게 긍정적 인식을 갖도록 전환해 준다. 신체 본뜨기의 방법으로는 그림이나

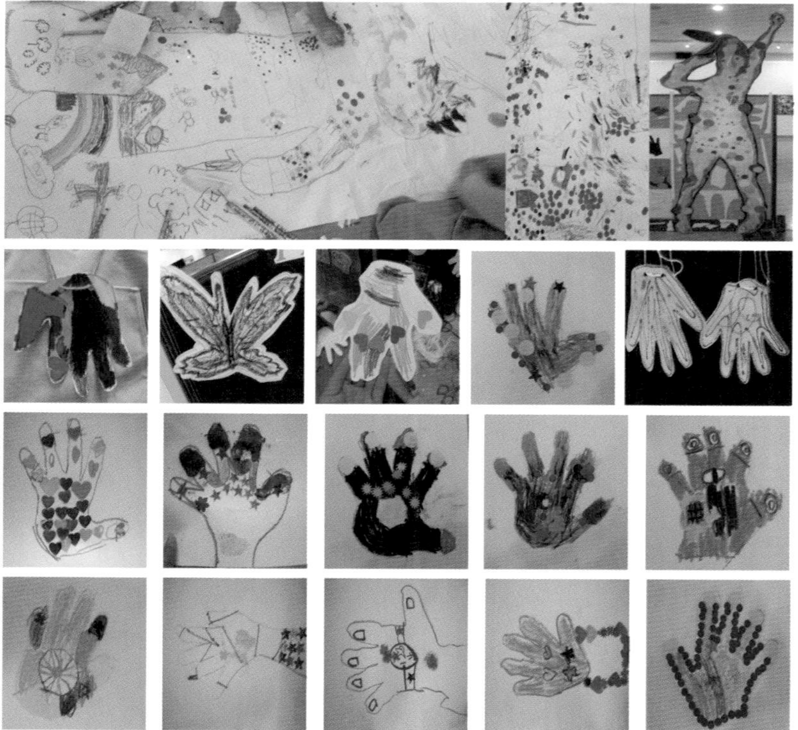

신체 본뜨기

석고, 점토 등으로 손/발/얼굴 본뜨기, 전지 등에 온몸 본뜨기, 신체 사진 찍기, 신체 스캔하기 또는 신체 복사하기 등이 있다. 신체 본뜨기는 자존감 향상, 상처 표현하고 위로하기 외에도 특정 주제의 이야기를 만드는 데 활용할 수 있다.

(1) 신체화 증상

단순언어발달지연 내담자가 하루는 엄마와 떨어지지 않으려 하였다. 모의 보고에 따르면, 학교에서부터 수업 시간이 되자 배가 아팠다고 하였고, 치료실 입실 후에도 아픔을 호소하였으나 배탈 등의 원인은 아닌 것으로 보였다. 그래서 '배가 아파요'라는 동화를 만들기로 하고, 그림으로 배 아픔을 나타내었다. 내담자의 모습을 먼저 그린 다음 OHP 필름을 덮어 배 부분에 아픔을 표현하도록 하자 배를 검게 칠하였다. 그리고 종이로 커다란 주사를 만들어 놓은 뒤, 아픈 검정색을 걷어 내고 배를 문질러 주기로 하였다. 내담자는 노란색으로 배를 문질러 주듯이 칠하였으며, 잠시 후 느낌을 묻자 이제는 배가 아프지 않다고 하였다.

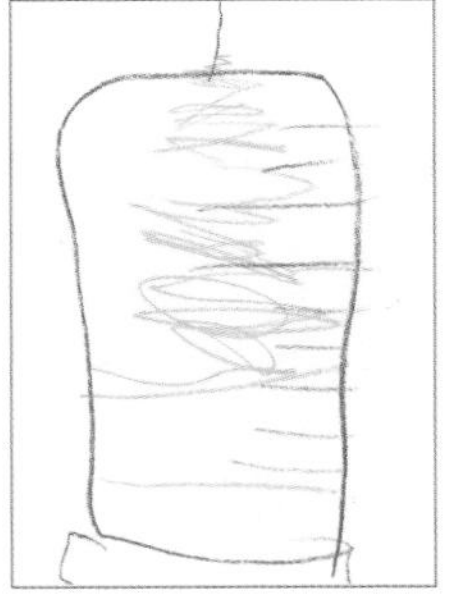

신체화 증상

(2) 자해 중재

자폐 스펙트럼 장애 아동 내담자가 자기 팔을 물어 심하게 멍이 들어 있었다. 내담자의 손과 팔을 본뜬 후, 이로 무는 시늉을 해 보이자 내담자가 직접 이 자국과 팔을 무는 사람의 얼굴을 그려 넣었다. 치료자가 멍 자국을 색칠하자 재미있어 하였고, 치료자가 그림을 만져 주며 "물면 아파. 아팠지? 네가 이렇게 물면 선생님이 슬퍼." 라고 하자 아동 스스로 "아야 아파."라고 적어 넣었다. 다음 회기에 멍 자국은 희미해져 있었고, 새롭게 생긴 멍은 없었다. 이날 내담자는 자기 자신을 상징하는 동물

자해 중재

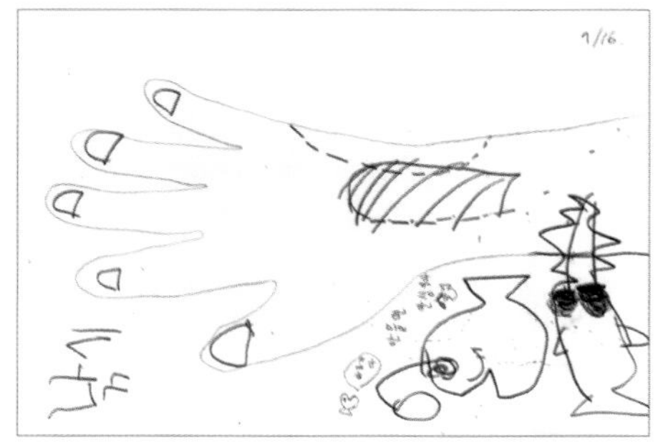

자신이 주로 무는 자리를 자발적으로 그린 그림

불가사리의 위로 "불가사리, 같이 놀아."

이 다른 동물에 물려 잇자국이 나고, 눈물을 흘리는 장면을 그렸으며, 치료자를 보며 "물면 슬퍼."라고 하였다. 내담자가 처음으로 감각보다 감정에 더 주목하여 표현한 것이라 인상 깊은 작업이었다.

(3) 긍정적 신체인식

아동이 직접 만든 동화의 마지막 장면에서 보조기구를 착용한 아동의 발을 본떠서 고양이와 친구가 되어 나란히 걸어가는 모습을 표현하였다. 예시는 아동에게 구도를 설명하며 치료자가 예로 든 것이다. 아동이 그리기를 원하는 방향으로 모델링하였다.

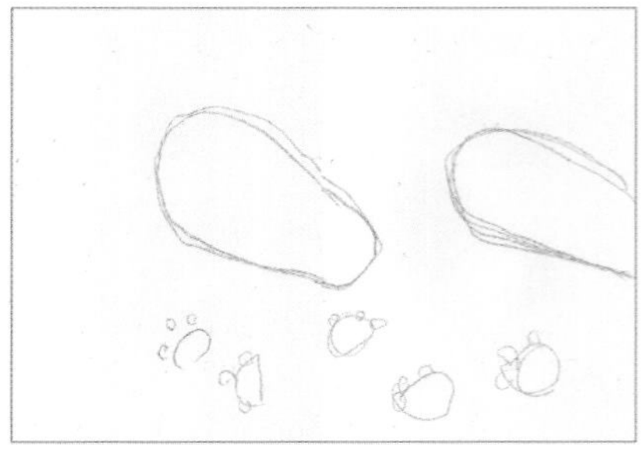

긍정적 신체인식

보조기구 착용 뇌병변 아동의 긍정적 신체 인식과 그림 저항 완화를 위한 신체 본뜨기

인공와우 보청기 착용 아동이 표현한 자화상

수신기와 같이 귀가 길게 표현되어 있다.

인공와우 보청기 착용 아동의 보청기 꾸미기

보청기에 대한 긍정적 인식 재고를 위해 인공와우 보청기 착용 아동과 함께한 꾸미기 활동이다. 아동은 보청기 커버를, 치료자는 인공와우 보청기와 형태가 흡사한 블루투스 이어폰으로 활동 후 함께 착용하였다.

(4) 신체 복사

보이지 않는 벽에 가로막히고, 여러 가지 한계에 옭아 매인 형태를 시각화한 작품 '외침'이다. 얼굴을 복합기로 복사하여 인쇄한 후, 사인펜, 매직, 요술펜 등으로 작업하였다. 복사기의 옆면이 따뜻해지는 것을 생각하여 막연히 스캔 면 또한 뜨거울 것이라 생각했는데, 의외로 스캔 면의 유리는 매우 차갑고 눈이 부셔 생각지 못한 감각과 깨달음을 선사하였다. 당시에는 다소 생소하고 낯선 작품이었는지 모르겠으나, 전시 후 작품을 도난당한 에피소드가 있는 작품이다.

2008년 제2회 모던드로잉-심상 표현전 전시작

(5) 뇌병변, 뇌전증, ADHD

'내 몸 사용 설명서' 'My body map' '내 몸 내비게이션' 뜻대로 되지 않는 신체를 조절하기 위해 나와 주변사람이 어떻게 하면 좋을지 설명한다.

(6) 손톱 물어뜯기, 피부 뜯기 장애, 모발 뽑기 장애

'오늘 네일 샵' '손톱이 없어졌어!' '더러운 손, 깨끗한 손' '내가 108명(손오공, 머털도사의 분신 모티브)'. 스스로 증상을 통제하고자 하는 동기부여를 위해 제시한다.

10) 릴레이 그림 그리기

릴레이 그림은 내담자와 치료자 또는 그룹 내 내담자끼리 그림을 이어서 그리는 활동으로 상호작용과 마음읽기 및 인지적 능력이 요구되는 활동이다. 순서에 대한 개념을 이해할 수 있어야 하며, 부분을 조합하여 전체를 구성해야 하므로 계획하기가 가능해야 한다. 간단한 과제나 단서 제시부터 시작하여 이러한 기능을 촉진할 수 있다.

(1) 마인드 릴레이

내담자가 먼저 책의 소재나 주제를 골라 그림으로 표현한다. 치료자나 집단의 경

우 다른 집단원이 여기에서 연상되는 것을 그림으로 나타내는 식으로 그림을 이어 간다.

(2) 선 릴레이

동화의 등장인물이나 주요 소재를 주제로 하여 상대방과 그림을 이어 그린다. 선 릴레이는 한 번에 몇 개 이상의 선을 그을 것을 약속하고 그림을 시작한다. 치료자는 내담자의 그림 표현 발달 단계를 고려하여 내담자의 그림을 촉진해야 한다. 치료자는 내담자가 이어 그리기 쉽도록 형태가 잘 연상되는 선을 긋거나 언어적 단서를 제공할 수 있다.

- 규칙: 한 사람이 2개의 선만 긋기
- 활동: 나나가 선을 두 번 그어 얼굴 윤곽과 코를 그림.
  다다가 이어서 선을 두 번 그어 눈을 두 개 그림.
  나나가 다시 선을 두 번 그어 귀를 그림.

그림에 부담을 느끼는 내담자의 경우 치료자가 먼저 선을 그리기 시작할 수 있으며, 최소 선의 개수는 정하되 최대 선의 개수는 정하지 않을 수 있다. 이 경우 그림을 더 그리고 싶을 때는 얼마든지 더 그려도 됨을 미리 이야기하는 것이 좋다.

반면, ADHD, 아스퍼거, 성격이 급하거나 산만한 경우, 사회성이 부족한 경우, 규

칙 지키기가 어려운 경우, 감정 조절이 어려운 경우, 자기중심적인 경우 등 타인에 대한 고려나 집중이 어려운 내담자의 자기 통제 및 조절력을 길러 주는 행동수정, 행동 코딩이 목표인 경우는 최소 선의 개수는 물론이고 최대 선의 개수를 설정해 두는 것이 좋다. 한편, 강박적인 내담자의 경우 자신이 상황을 통제할 수 없는 것이나 형태를 완성하지 않고 멈춰야 하는 것 등에 대한 불편감을 호소할 수 있고, 그 느낌에 대해 나눌 수 있다. 내담자는 자기 차례를 기다리는 것, 자기가 표현하고 싶은 부분을 상대방이 해 버리는 것, 잘못된 코딩으로 표현을 완성하지 못하게 되는 것, 상대방이 자기 생각과는 다르게 표현하는 것 등에 대해 반응할 수 있으며, 치료자는 내담자의 특성에 따라 해당 반응들을 중재한다.

그리고 때로는 팀을 이루어 특정 대상을 상대편보다 먼저 완성하는 팀이 이기도록 할 수 있는데, 이때 먼저 그림을 완성하기 위해서는 한 번에 자연스럽게 더 많은 것을 표현하는 방법을 연구하는 시간을 줌으로써 토의 · 토론 능력, 사회성 등을 촉진한다.

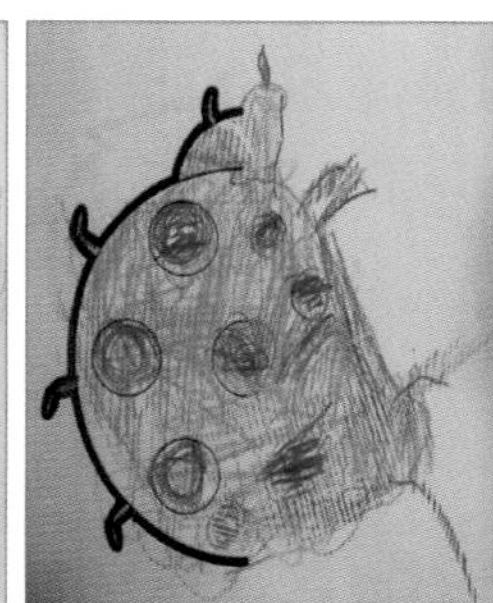
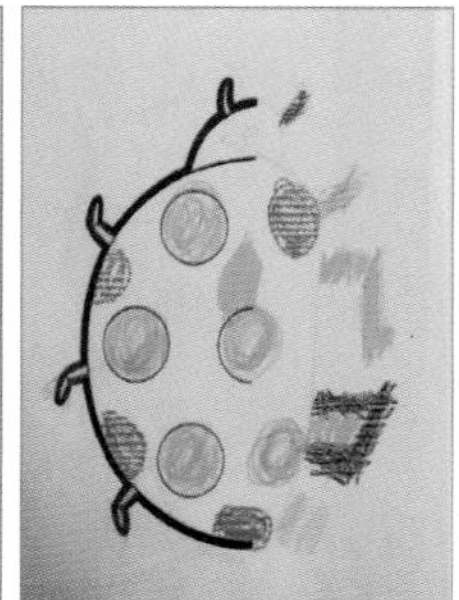

(3) 장면 릴레이

동화의 장면을 나누어 이어 그린다. 장면 릴레이는 필름의 컷이 나눠지듯이 시간 순서대로 장면을 나누어 이어 그리는 것이다. 내담자와 치료자, 동화치료 그룹원들끼리, 혹은 경우에 따라 다른 개별 내담자의 작업과 연계하여 진행할 수도 있다. 작업의 과정에서 다른 사람에게 관심 가지기, 타인의 마음읽기, 사회성 촉진 등이 이루어질 수 있다(예: 나나는 주인공이 집을 나서는 장면을 그리고, 다다는 주인공이 배에 타는 장면을 그린다.).

(4) 그림 전달하기

집단 활동에서는 귓속말 전달하기와 같이 앞사람이 그린 그림을 보고 따라 그린 것을 다음 사람에게 보여 주고, 다음 사람이 이것을 보고 따라 그려서 다음 사람에게 전달하여 맨 마지막 사람이 제일 처음 제시된 그림이 무엇이었는지 맞추는 활동을 할 수 있다.

「마법의 수박」 분할 그림(전지)

(5) 분할그림

동화의 한 장면이나 주요 주제, 사물, 인물, 배경 등 그림의 소재를 정한 후, 스케치한다. 스케치를 사람 수대로 나누어 가진다. 그림을 나누는 방식이나 나누는 모양(가로 줄무늬, 세로 줄무늬, 물결무늬, 바둑판 형식, 사물의 형태를 따라서 등)은 구성원 간에 협의하여 결정한다. 결정된 형태에 따라 스케치를 자른 후 각자 조각을 색칠하고, 다시 이어 붙여 하나의 작품으로 완성한다. 다시 이어 붙여야 하므로 자른 그림을 가져가기 전에 순서대로 뒷면에 번호를 써 놓는 것이 좋다.

동화 카페트를 활용한
오조봇 길 만들기(전지)

(6) 동화 카페트

2~4인이 동화의 내용을 분할하거나, 마법의 양탄자 만들기 같은 주제를 선정한다. 그리고 전지의 각 모서리나 변에서 그림을 그리기 시작하여 가운데서 만나는 선들을 이어 그린다. 서로의 영역에 방해가 되지 않고, 가운데에서 이어지는 그림을 그리기 위해서는 다른 사람의 작업 진행을 고려해야 한다. 때문에 상황읽기나 타인의 마음읽기, 예측하기, 유추하기, 사회성 등에 영향을 주게 되는 활동이다. 그림을 그리기 전에 서로 어떤 충돌이 일어날 수 있

는지 미리 예측하고, 그러한 상황에서 각자 어떻게 반응할 것인지, 자신이 수용할 수 있는 범위가 어디까지인지 생각하여 상대에게 전달하도록 한다.

(7) 한 장 동화

종이 한 장 안에서 동화의 장면을 서로 번갈아 가며 그려 나가는 활동이다. 동화의 발단, 전개, 절정, 결말이 한 페이지 안에 다 들어가도록 한다.

자폐 스펙트럼 장애 아동이 단편적으로 이야기한 단어 '달빛 바다' '인어' '미역' '상어' 등을 엮어 이야기를 만들자, 아동이 글 판에 그림을 추가하였고, 치료자와 아동이 번갈아 가며 그림을 그려 넣어 A4 용지 한 장 동화가 만들어졌다. 아동이 연상한 단어들을 치료자가 구조화함으로써 각 단어의 나열에 의미가 있음을 전달한다. 아동은 이를 자기가 생각한, 혹은 새롭게 연상되는 내용으로 재구성하여 표현함으로써 상호작용이 이루어진다.

치료자가 제시한 문장에 맞추어 삽화를 그리는 식으로 한 장 동화를 만들어 내었다.

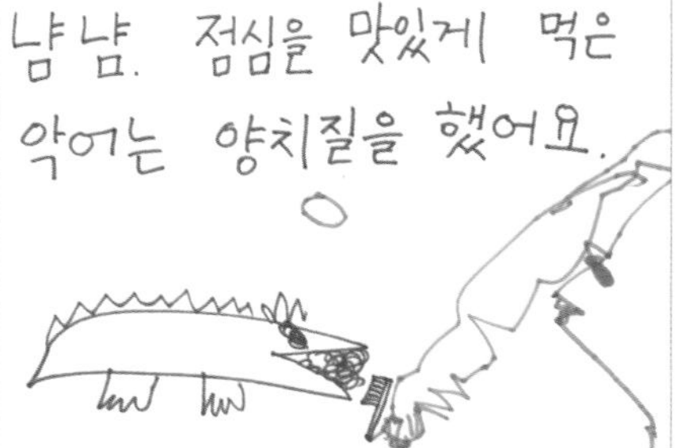

11) 띠 그림 그리기

띠 그림은 가로로 긴 종이를 제시하여 장면을 연속적으로 표현하도록 한다. 주어진 종이의 형태로 인해 자연스럽게 시간 순서나 장소 변화 등이 나타나며, 동일한 패턴이 반복되는 순환의 개념이 드러나기도 한다. 이야기에 시작과 끝이 있듯이 띠지에도 시작과 끝이 있다. 때문에 동화를 그려 내기에도 좋고, 자신에게 일어난 상황이나 인생에 대해 표현하기에도 좋다. 한편, 띠 종이는 두 사람이 서로 마주 보고 앉아서 그림을 그리면 가운데서 반드시 만나게 되어 상호작용과 마음읽기 촉진에도 도움이 된다.

(1) 동화의 길

A4 용지를 길게 이어 붙이거나, 8절지를 가로로 반으로 잘라 이어 붙이는 등 띠지를 만들어 동화의 장면을 표현해 본다. 시간 순서나 움직임 순서 등이 나타날 수도 있고, 와이드한 시점으로 이야기에 나오지 않는 부분까지 상상하여 표현할 수 있다. 혹은 등장인물이나 주요 소재들을 이어 그리거나 오려서 병풍을 만드는 활동도 가능하다.

여러 동화 인물들의 띠 그림
앞모습과 뒷모습을 모두 표현하였다.

(2) 필름 상영

A4 용지 또는 A4 용지의 1/4이나 1/8 크기의 종이나 카드에 동화의 장면, 인생의 장면, 관련된 감정 등을 그린다. 그리고 검은 종이를 그림을 그린 종이보다 위아래로 2cm 정도 넓게 자른다. 제본기에 검은 종이를 가로로 길게 넣고 구멍을 뚫고, 반대쪽도 같은 위치에 제본기로 구멍을 뚫으면 필름 형태의 종이가 만들어진다. 여러 장의 필름 판을 이어 붙인 후, 그 위에 그림 종이를 일정한 간격으로 붙여 주면 필름이 완성된다.

혹은 제본기를 이용하지 않고, 검은 종이에 화이트 테이프로 점선을 그려서 구멍이 뚫린 모양을 대신 하여도 필름과 같은 효과를 낼 수 있다.

GIF 애니메이션과 같이 연속되는 그림이나 연속동작의 사진을 넣으면 보다 더 영화필름 같은 효과를 얻을 수 있으며, 자신이 만든 필름이나 다른 사람이 만든 필름을 보고 연속동작을 재연하는 조직하기, 계획하기, 행동 코딩하기의 활동도 가능하다.

제본기를 활용한 필름 활동 예시

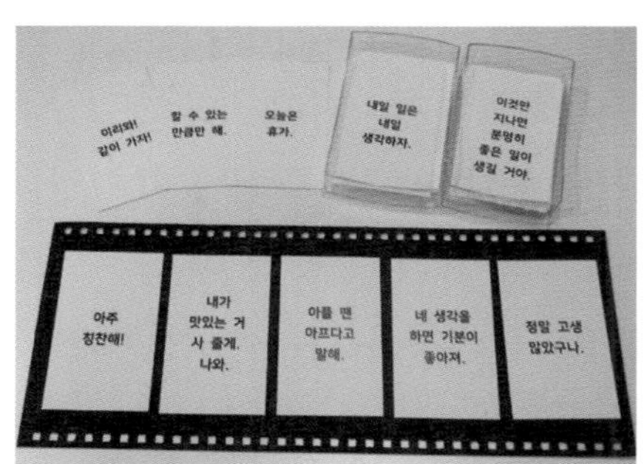

제본기와 좋은 말 샤워 카드를 활용한 필름 예시

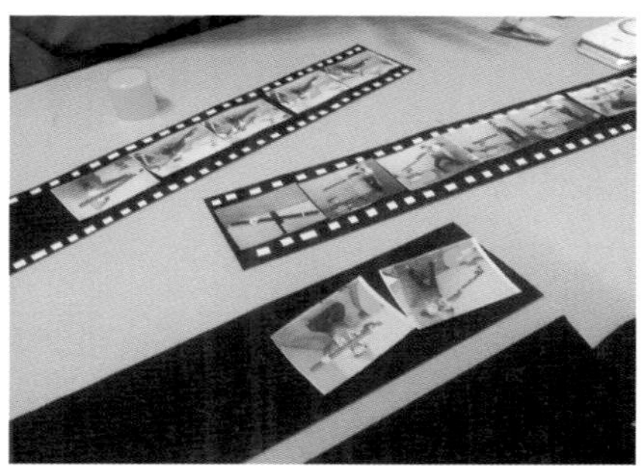

화이트 테이프를 활용한 필름 예시

12) 동화 엽서/카드 만들기와 필름 코팅하기

종이에 동화의 한 장면을 그리거나 관련된 감정 표현, 자기 경험을 그려 엽서나 카드를 만들어 새로운 이야기를 만들 수 있고, 직접 만든 동화 카드로 보드게임을 만들 수도 있다.

동화 그림카드나 동화 보드게임을 만드는 경우 일반적인 종이에 그리거나 인쇄만 하는 것은 다소 볼품없어 보일 수 있다. 따라서 조금 두꺼운 색지에 그리거나, 인쇄하는 것이 좋다. 종이를 코팅하면 튼튼한 카드를 만들 수 있으며, 책받침과 같은 기념품으로 만들 수 있다.

만약 코팅지가 없거나, 매번 코팅지를 사용하기 어렵다면 OHP 필름을 활용하자. 그림이나 인쇄된 면에 풀칠을 하고 그 위에 OHP 필름을 붙이면 코팅과 같은 효과가 난다.

동화 「안 돼! 데이빗!」을 읽고 '안 돼! OOO! (내담자 이름)' 엽서 만들기

잘 보이지 않지만 하단에 노란색으로 자신의 속마음을 표현하고 있다.

13) 동화 만다라

만다라는 '중심과 본질을 찾는 것'이란 뜻을 내포하고 있는 활동이다. 동화 만다라는 개별 및 협동 작업이 모두 가능하며, 동화를 읽고 동화의 내용 또는 감상, 특정 키워드에 대한 이미지를 만다라로 표현하는 활동이다. 동화를 한 장의 그림, 혹은 연속된 여러 장의 그림으로 연출함으로써 그 과정에서 내용을 분석하고 주제를 찾고 정리하게 된다. 동화 만다라는 내담자에게 익숙한 동화라는 주제를 통해 내담자가 보다 쉽게 내면에 접근하고 표현할 수 있게 하며, 학령기 아동의 경우 학습에 필요한 기초능력인 집중력, 표현력, 발표력도 길러 줄 수 있다.

동화 만다라 그룹의 경우 활동 초기에는 치료자의 구조화된 안내에 따라 활동을 수행하게 되나, 동일한 프로세스 안에 동화의 종류나 키워드를 변경하여 적용하는

과정을 통해 점차 내담자 스스로 활동을 계획하고 구성하게 된다. 최종적으로는 내담자 간에 의견을 조율하고 협력하여 계획부터 구성, 실행까지 자발적으로 수행할 수 있게 되며, 내담자는 이러한 과정을 통해 자기 주도적 태도와 토론과 토의를 통한 사회적 학습능력 또한 체득한다.

이는 변화된 교육 과정에서 필요로 하는 기초능력에 부합하는 요소이며, 학습 기초 능력의 향상은 곧 학령기 아동의 학습 수행능력에도 영향을 줄 수 있다.

동화 만다라는 '이완–상상–시각화–집중–몰입–감상–나눔'의 과정을 거친다.

(1) 이완법 수행하기

활동에 집중할 수 있도록 간단한 이완법을 수행한다.

(2) 동화 읽기

동화를 읽고, 핵심단어, 핵심사건이나 핵심감정을 찾는다. 각자 다른 주제를 찾을 수도 있다. 동화의 등장인물, 소재, 내용, 관련된 경험들도 이야기해 본다.

(3) 시각화

만다라의 기본이 되는 동그라미, 세모, 네모, 마름모 등의 도형을 선택하여 그린다. 도구를 활용해도 되며, 도안을 제공해도 된다. OHP 필름에 그리는 경우 만다라 기본 도형을 깔고 OHP 필름에 따라 그릴 수도 있다.

만다라의 기본 도형을 직접 그리는 것은 테두리 그림이 주는 효과를 얻을 수 있다. 내담자는 빈 종이에 일정 구역을 설정함으로써 창작하여 공백을 채워야 하는 데에 대한 부담을 줄일 수 있다.

만다라 기본 도형 안에 동화와 관련된 주제를 선택하여 그림을 그린다. 모양 자나 라벤스부르거 등에서 나오는 만다라 자 등을 활용하는 것도 도움이 된다. OHP 필름으로 동화책의 그림을 본떠도 좋다. 만다라를 그릴 때는 같은 소재를 일정 간격으로 반복하여 그려 패턴을 만들어도 되고, 자유롭게 그려도 무방하다. 장면이 아니라 동화에 나오는 사물이나 배경, '기쁨, 슬픔, 공포' 등의 특정 주제와 관련된 표현을 그려도 좋고, 글자 그림과 같이 동화의 한 구절을 만다라 안에 채워 넣을 수도 있다.

동화 「어린왕자」

동화 「개구쟁이 ㄱㄴㄷ」

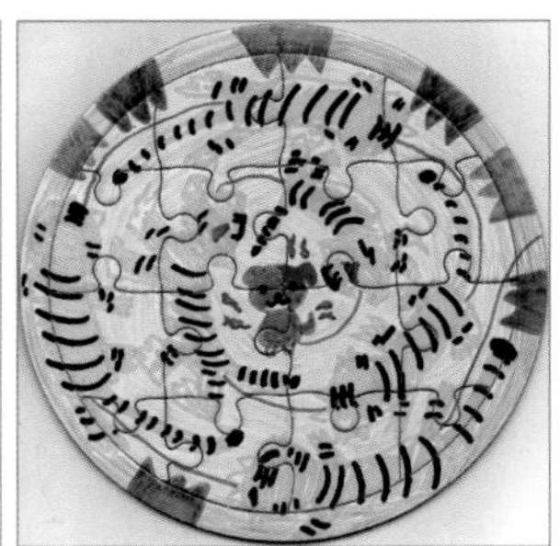
동화 「줄줄이 꿴 호랑이」

(4) 만다라 모빌

만다라 모빌 또한 앞서 말한 도일리 모빌과 같이 만다라 도안을 투명테이프나 스테이플러로 길게 이어 모빌이나 발을 만드는 것이다. 동화 만다라를 이어서 만들 수 있다.

(5) 만다라 액자

만다라를 두꺼운 종이, 종이접시, 액자 등에 넣어 장식 액자로 사용할 수 있다.

(6) 코팅 & 슈링클스 만다라

만다라 그림을 코팅하면 작품을 생활공간에 전시할 때 오염을 방지할 수 있으며, 책받침이나 책갈피, 부채, 가방장식 등으로 활용할 수 있고, 휴대전화 케이스에 오려 붙이거나 여러 조각으로 잘라 퍼즐을 만들 수도 있다. 혹은 플라스틱 종이 슈링클스에 만다라를 그려 구우면 열쇠고리나 장식을 만들 수 있다.

(7) 도일리 만다라

시중에 판매되는 도일리 중에는 손바닥만 한 것부터 접시 크기만 한 것까지 다양한 사이즈가 있다. 이러한 도일리를 활용하여 도일리 가운데에 만다라를 표현하면 도일리 문양 자체로 멋들어진 만다라 액자가 된다. 이렇게 만들어진 만다라를 벽에 붙여 전시하거나, 이어 붙여 모빌을 만들고, 식탁이나 책상 유리 아래 끼우거나 창문에 붙여 주변 환경을 꾸며 볼 수도 있다.

(8) 만다라 퍼즐

최근에는 미술 재료의 다양성이 매우 확장되었다. 시중에 출시된 여러 가지 도형 모양의 퍼즐 반제품에 동화 만다라를 그려 나만의 만다라 퍼즐을 만들 수 있다.

(9) EVA 만다라

EVA에 만다라 도안을 붙이고 따라 그린 후 오려서 장식물로 만들 수 있다. 혹은 EVA에 매직으로 만다라를 바로 그리거나 EVA 조각을 오려서 덧붙여 만다라를 만들어 티코스터나 인테리어 소품 등으로 사용할 수 있다.

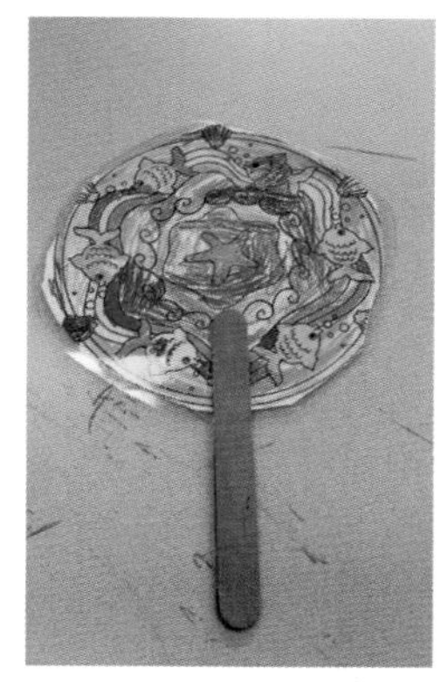

만다라 부채

EVA 만다라 노리개

(10) 만다라 자 활용하기

현재까지는 잘 알려져 있지 않은 것 같지만, 라벤스부르거에서는 소형, 중형, 대형의 만다라 도안을 만드는 자가 출시되어 있다. 소형과 중형은 책상에서 사용하는 것으로 틀 안에 다양한 도안이 원형으로 각인된 자가 있고, 자를 돌려 가며 그림을 그림으로써 만다라를 완성할 수 있으며, 대형은 땅이나 전지 등에 대고 그릴 수 있게 되어 있다. 이야기 내용이나 내담자의 신체적, 인지적 수행능력 수준에 따라 이러한 만다라 도구를 활용하는 것도 좋은 방법이다.

만다라 자로 만든 동화 만다라

(11) 동화 풍경 구성 만다라

LMT(풍경구성법)와 같이 이야기를 소재 등장 순서 혹은 단락별로 끊어서 읽어 주며 해당 단락에서 인상 깊은 장면이나 핵심소재를 골라 연속하여 그리도록 한다. 내담자가 모르는 동화를 활용하면 다음 내용을 짐작하기 어려운 만큼 스스로 추리하고 기대하는 내용들이 풍부해져 효과적이다. 내담자가 아는 동화라면 이야기를 다소 각색하여 의외성을 주어 보다 다양한 반응을 얻을 수 있다.

전래동화 「콩쥐팥쥐」

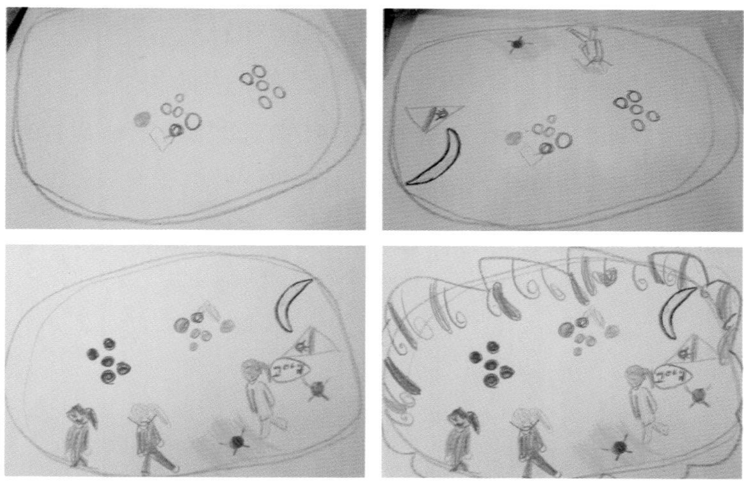

동화「완두콩 다섯 알」

다음은「해와 달이 된 오누이」만다라 예다.

울고 있는 엄마를 중심에 둔 만다라

인상 깊은 장면을 그린 만다라

왼쪽의 만다라를 그린 아동 내담자는 부(父)의 학대로 인해 모(母)와도 분리되어 있는 상황으로, 엄마가 호랑이에게 잡아먹힌 장면 이후로도 "엄마는 어디 있어요?" "엄마는 어떻게 됐어요?"라고 물었으며, 만다라 완성 후 "엄마는 울고 있어요. 동생은 하늘에서 엄마 볼 수 있어요. 오빠도 하늘에서 엄마 볼 수 있어요."라고 하였다.

오른쪽의 만다라를 그린 성인 내담자는 가장 먼저 중앙에 점을 찍은 후 새 동아줄과 썩은 동아줄로 화면을 분할하였고, 호랑이의 죽음을 먼저 그렸으며, 산을 테두리처럼 그린 후 올려다본 하늘을 그리고 싶었다고 하였으며, 해와 달을 동심원으로 표현하였다. 내담자는 "동아줄을 타고 올라가는 부분을 그려야겠다고 생각하고 시작하였는데, 막상 그리고 보니 호랑이의 죽음을 먼저 그리고 있었다. 그리면서 계속 생각해 보았는데, 호랑이의 죽음이 나에게 있어서 힘들었던 지난 일들이 끝났다는 걸 보여 주는 것 같아서 그랬던 것 같다."고 하였다.

다음은 「선녀와 나무꾼」 만다라의 예다.

사슴 만다라는 「선녀와 나무꾼」 중에서 가장 마음에 드는 인물인 사슴을 등장 횟수만큼 반복하여 그린 것으로, 동화 내용을 이해하는 질문을 통해 단기기억 연습 중 특정한 소재다. 내담자가 사슴을 그림으로 표현하지 못한다고 하여, 사슴 사진과 일러스트를 시각적 단서로 제시한 뒤 가로로 긴 타원, 직선과 크고 작은 동그라미를 조합하여 사슴을 그릴 수 있도록 방법적인 지도를 통해 스스로 사슴을 표현할 수 있도록 하였다. 내담자는 처음에 동그라미의 크기를 조절하지 못하여 불균형적인 형태를 그렸으나, 반복적으로 연습하면서 점차 균형을 찾아가게 되었다.

14) 스크래치 기법

스크래치 기법은 검은 화면을 긁어내며 드러나는 빛이 호기심을 일으킨다. 스크래치 판이 긁히며 나는 사각이는 소리는 안정감을 주고, 스트레스를 풀어 주며, 몰입을 돕는다. 그러나 내담자에 따라 지나치게 힘을 주어 삑삑거리는 소음이 나기도 하므로 내담자의 성향, 힘 조절 수준, 청각적 예민함 등을 고려하여 수행한다. 경우에 따라 칠판을 긋는 소리 같은 소음이 싫다고 하면서도 일부러 소음을 유발하기도 하므로 작업 과정에서 내담자의 감각적 반응도 잘 관찰하는 것이 좋다.

스크래치 기법으로 만든 한복과 타로카드의 0. Fool

동화 「폭풍우 치는 밤에」
듣고 인상에 남는 장면 그리기

동화 「폭풍우 치는 밤에」를 듣고 스크래치 그림 작업 후 원작과 비교하여 공통점과 차이점에 대해 이야기하였다. 내담자는 원작의 느낌과 스크래치 기법의 유사성, 비가 오는 장면 등을 공통점으로 이야기하였고, 동화에는 늑대가 오두막에 다가오는 장면이 그림으로 표현되어 있지 않은 것을 차이점으로 이야기하였다. 내담자가 '비교'에 대해 부정적 개념을 가지고 있어 '비교'의 의미에 대해 먼저 생각을 나누었다. 내담자는 작가가 그리지 않은 장면을 그린 것을 '자신이 틀린 것'으로 인식하는 경향이 있었다. 때문에 작가가 이 장면을 그리지 않은 의도 파악하기를 진행하였고, 반대로 내담자가 이 장면을 그리고 싶었던 이유에 대해서 이야기하였다. 내담자는 늑대가 아무것도 모르고 다가오는 것이 생각났다고 하였다.

"이렇게 새로운 친구가 다가오는 상황에서, 친구가 어떻게 했으면 좋겠어요?"

"나에 대해서 뭘 알고 왔으면 좋겠어요. 갑자기 놀리거나 하면 기분 나쁘잖아요."

15) 종이조형

종이조형이라 하면, 종이로 만드는 모든 활동을 통틀어서 말하는 것으로 앞서 소개한 '종이' 매체들도 여기에 포함된다. 그러나 여기서는 특정 형태를 지니지 않은 종이 재료를 활용한 평면조형과 입체조형의 기법을 제시한다.

(1) 모자이크

종이 찢기는 대표적인 이완 작업의 하나다. 동화의 한 장면을 그린 뒤, 잘게 찢은 색종이나 신문지, 잡지 등을 붙여 모자이크 그림을 만들 수 있다. 이때, 내담자의 특성에 따라 종이 찢기의 크기를 조절하는 것으로 변화를 촉진할 수 있다. 예를 들어, 종이의 크기를 일정하게 찢지 못하는 경우 기준이 되는 크기를 제시하여 모방하게 하고, 종이 크기를 매우 작게 찢거나 사각형의 형태를 고집하는 등 강박적인 반응을 보일 경우 치료자와 같이 종이를 마주잡고 찢거나, 그림에서 종이를 붙여야 할 자리를 보고 해당 크기만한 종이가 필요함을 알려 주어 종이 크기를 다양하게 찢어야 하는 동기를 부여함으로써 강박적인 사고를 조절하는 데 도움을 줄 수 있다.

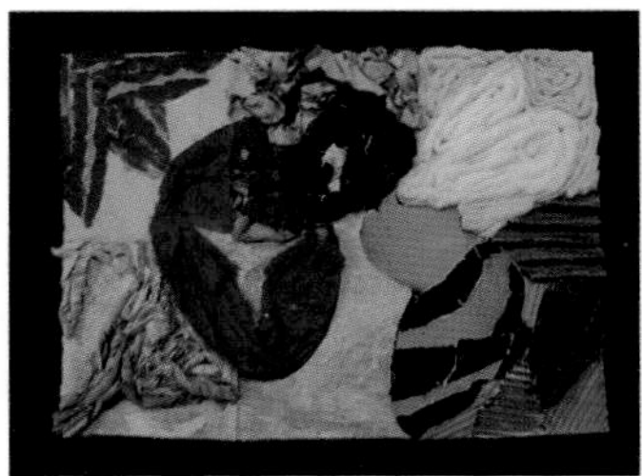

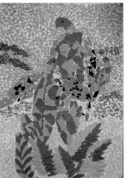

동화「꿀벌 마야의 모험」

동화「파랑새」

(2) 종이 찢어 그리기

종이를 찢은 조각을 배치하여 등장인물이나 관련된 소재나 주제를 바탕으로 나의 경험을 표현해 본다. 이를 통해 내담자의 주의력, 집중력, 강박, 표현 대상에 대한 태도 등을 관찰할 수 있다. 이 활동은 그림 그리기에 저항을 가지고 있는 내담자,

분노 또는 스트레스, 긴장 등을 이완시킬 필요가 있는 경우, 퍼포먼스, 융통성이나 주의력, 창의력 등을 자극하는 활동이 필요한 내담자 등에게 활용하기 좋다.

종이는 흰색이나 단색을 쓸 수도 있고, 여러 가지 색을 사용할 수도 있다. 풀을 사용하여 붙이지 않고 책상이나 바닥에 배치할 수도 있다. 이 활동은 활동 중간뿐만 아니라 정리 활동에서도 내담자의 성향이 나타날 때가 있다. 예를 들어, 종이를 찢어 사람을 표현할 경우 자신이 애착을 가진 대상은 조심조심 곱게 모아 한곳에 두지만 다른 경우는 마구잡이로 쓸어 담거나 불어서 날려 보내기도 한다. 어떤 내담자는 대상의 특징을 매우 꼼꼼히 표현하고자 하고, 할머니와의 사별을 경험한 내담자는 종이조각을 흩뿌리며 애도를 표현하기도 하였다. 한편, 종이 찢어 그리기는 잡지, 천, 기타 여러 가지 재료를 더하여 콜라주로 작업을 확장해 볼 수 있다.

(3) 종이에 그리고 오려서 만들기

등장인물을 종이인형으로 만들면 종이인형놀이는 물론이고, 현실 배경이나 그림 배경 등 다양한 배경으로 등장인물을 초대할 수 있어 보다 다양한 표현이 가능하다. 이외에도 동화에 나오는 다양한 소재를 그리고 오려서 표현할 수 있다.

동화 「채소를 반으로 잘랐더니」

전래동화 「심청전」

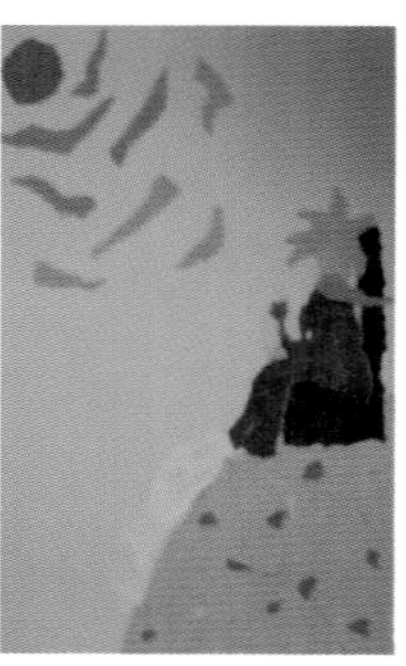

동화 「어린왕자」

동화 「레오, 나의 유령 친구」

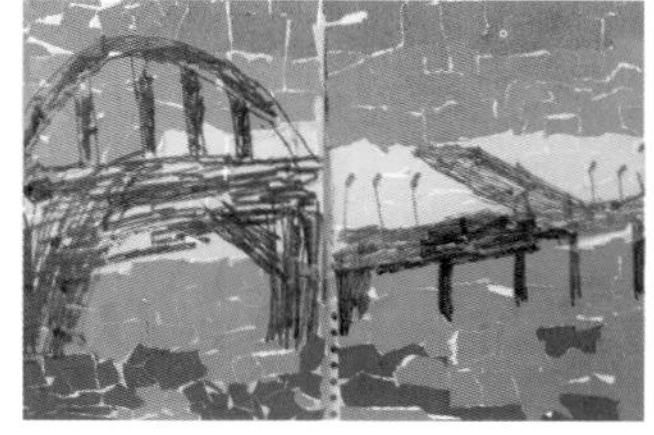

종이 찢어 그리기의 예

(4) 자연 옷 입히기

등장인물을 종이에 그린 뒤 신체 일부 또는 옷의 일부 등을 가위나 칼로 오려 낸 다음 하늘, 풀, 풍경 등의 자연물이나 주변의 사물, 사진, 염색 휴지 등을 배경으로 비치게 하여 촬영하면 그림으로는 표현하기 힘든 다양한 패턴을 만들어 낼 수 있다.

컬러링 도안을 오려 풍경사진을 덧댄 작품

(5) 종이 구겨서 만들기

표현하고자 하는 대상의 색을 칠한 종이나, 해당 색의 종이를 마구 구긴 후 뭉치고 비틀고 접어서 원하는 형태를 만든다. 정해진 도안 안에 색칠하기가 어려운 내담자, 형태를 만들기 어려워하거나 지나치게 정확한 표현만 하려는 경우에 활용하기 좋다.

종이 구겨서 만들기

종이에 마음대로 색칠하여 구겨서 연상되는 것 만들기

종이를 구겨서 원하는 것을 만들고 색칠하여 꾸미기

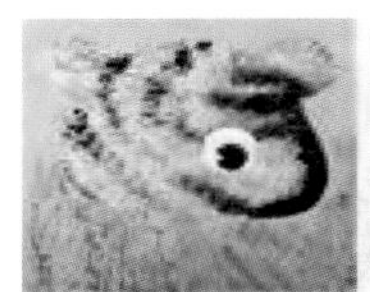

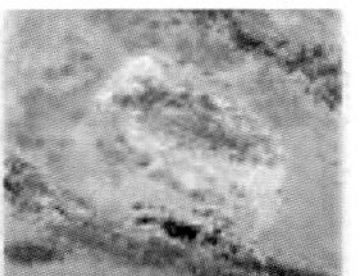

종이 구겨서 물감 찍기 & 우연적인 무늬에서 연상하여 만들기

(6) 지끈으로 만들기

신문지나 지끈을 꼬아 덩굴이나 밧줄, 동아줄, 바구니, 짚신 등을 만들 수 있다. 각자 수박이나 호박, 박을 그리거나 만든 후 끈으로 엮어 서로 연결하여 하나가 되는 경험도 가능하다. 특히, 노인 미술치료에서는 종이를 꼬아 끈을 만드는 활동은 그 자체로 손끝이 자극되는 물리적인 효과와 함께 새끼를 꼬아 금줄을 달고, 장독을 여미고, 자리를 엮고, 굴비를 엮고, 계란을 담고, 짚신을 삼던 기억, 등나무 줄기로

종이를 말아 호박을 만들고 지끈으로 엮은 호박넝쿨

지끈으로 수박 엮기

지끈 꽃과 꽃병

지끈 등나무

소쿠리, 바구니를 엮고, 거기에 담았던 것들에 대한 추억, 수박이나 참외 서리 같은 어릴 적 기억까지, 과거를 회상하게 해 주는 효과적인 기법이다. 그래서 지끈이나 신문지 꼬기 등을 제시하면 새끼줄 꼬기, 머리 땋기, 연등 만들기, 바구니 짜기, 짚신 삼기 등을 떠올려 재연하기도 한다.

(7) 직조 짜기

종이로 씨실과 날실을 만들어 베를 짜듯이 종이 천을 짠다. 선으로 면을 표현하는 것이므로 소근육 운동과 함께 인지적, 개념적 확장이 가능하며, 조직하기에 도움이 된다. 내담자의 수준에 따라 씨실과 날실의 굵기, 무늬 등을 결정하고 점차 높은 단계를 제시한다. 종이로 짠 천을 동그랗게 오려 티코스터로 사용하거나, 하트 형태로 오려 카드를 꾸미는 데 쓰거나, 종이 꽃을 만들어 붙여 액자를 만드는 등 여러 가지로 활용해 보자.

날실은 세로 실로, 한 장의 종이로 만든다. 종이 한 장에 테두리를 남겨 두고 세로선을 긋고, 선을 따라 자른다. 세로선의 경우 치료자가 미리 잘라 두어도 되고, 가위를 사용할 수 있는 내담자라면 자를 대고 선을 그린 뒤, 선이 보이도록 종이를 반으로 접어서 가위로 자를 수 있다.

씨실은 가로 실로, 날실에 엮어 무늬를 만드는 실이며, 여러 가지 색깔이나 질감의 종이를 사용한다. 날실의 가로 방향 길이보다 종이를 길게 자른다. 씨실을 한 번은 날실의 위로, 한 번은 날실의 아래로 끼워 통과시키면 격자무늬가 만들어지며, 조절하기에 따라 여러 가지 무늬를 만들 수 있다.

지끈 꽃바구니

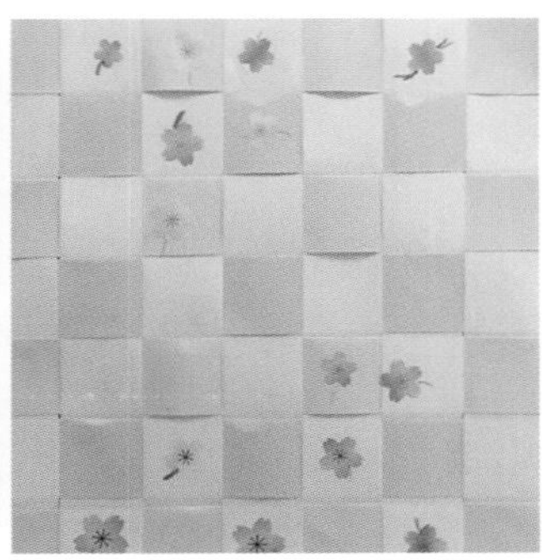
직조 짜기

(8) 종이 장난감 만들기

- **좌우 반전**: 장난감의 디자인을 내담자가 직접 하는 것도 좋다. 직접 그린 한 장의 그림을 사진이나 스캔을 통해 저장한 후 하나는 바로 인쇄하고, 다른 하나는 알씨나 한글 프로그램 등을 통해 그림을 좌우 반전하여 뽑는다. 그리고 양쪽을 테이프로 붙이거나 테두리를 풀로 붙인 후, 가운데에 휴지를 채워 넣어 입체장난감을 만든다. 만드는 과정에서 시각-운동 협응은 물론 소근육 운동, 계획하기, 유추하기, 공간지각력 등의 기초능력과 함께 자존감 향상 및 성취감 고취 등의 효과를 얻을 수 있다.
- **앞모습, 뒷모습**: 인형이나 로봇의 앞모습과 뒷모습을 인쇄한다. 두 도안의 테두리를 풀이나 테이프로 붙여, 가운데에 휴지를 채우면 입체장난감이 된다.
- **종이인형**: 동화의 주인공과 등장인물을 그리고, 옷이나 소품을 같은 크기로 그리고 오려 종이인형놀이를 할 수 있으며, 주인공과 주변인물의 옷을 바꿔 입혀 이야기를 바꿔 보고, 인형을 생활공간 여기저기에 배치하여 사진 놀이로 확장할 수 있다. 그림을 그린 뒤 삼각형으로 접으면 간단하게 인형을 세울 수 있게 되며, 바닥면에 클립을 끼운 뒤 책받침이나 배경 그림 위에 올리고, 아래쪽에서 자석을 대어 인형을 움직일 수 있다. 혹은 나무집게 한두 개로 평면 그림을 집어서 입체적으로 세울 수 있다.

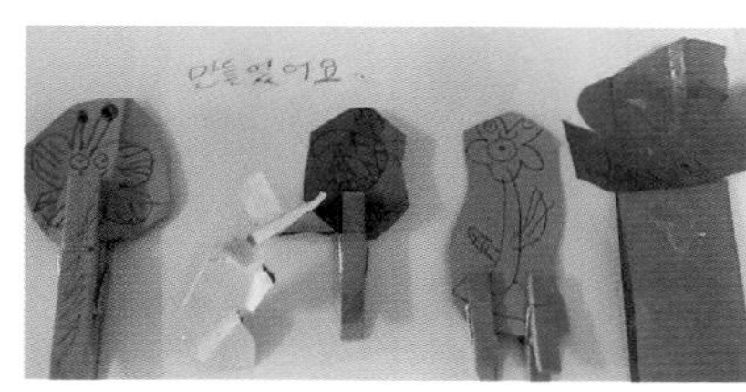

종이인형

- **종이옷**: 종이에 등장인물의 옷이나 넥타이 같은 소품을 실제 크기로 그리고 오려 테이프로 몸에 붙이는 방식으로 코스튬 플레이(costume play)를 할 수 있다. 아동은 A4 용지, 8절 도화지나 8절 색지, 청소년과 성인은 B4 용지, 4절 도화지나 4절 색지를 사용하면 좋다. 이렇게 만든 옷을 입고 역할놀이를 할 수 있는데, 내담자의 인지 수준에 따라 역할놀이의 수준을 조절하고, 스크립트를 짜서 연습하는 과정이 필요할 수 있다. 종이옷은 비용이 많이 드는 포토 존이나 직업체험 놀이 세트를 대체할 수 있다.

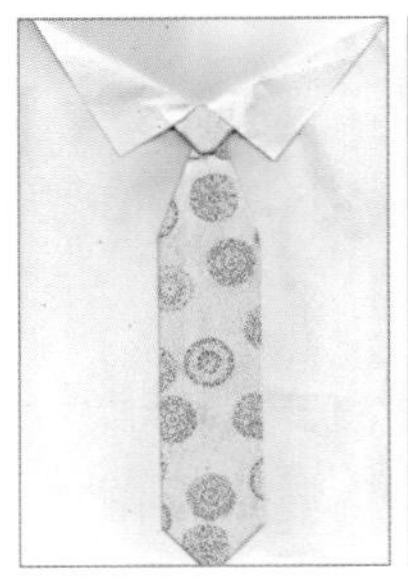
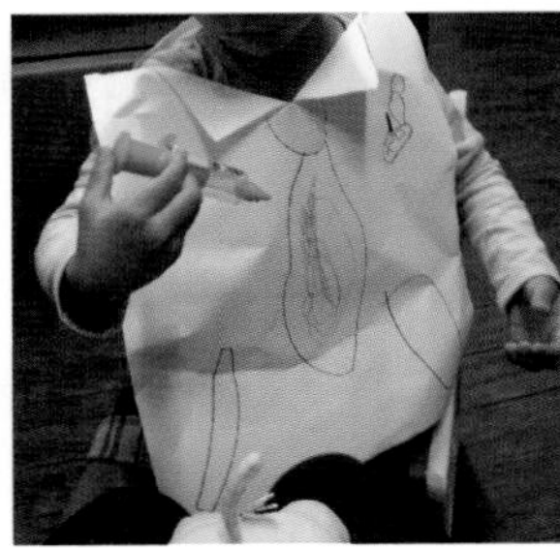

종이로 만든 와이셔츠와 의사 가운, 인형 종이옷

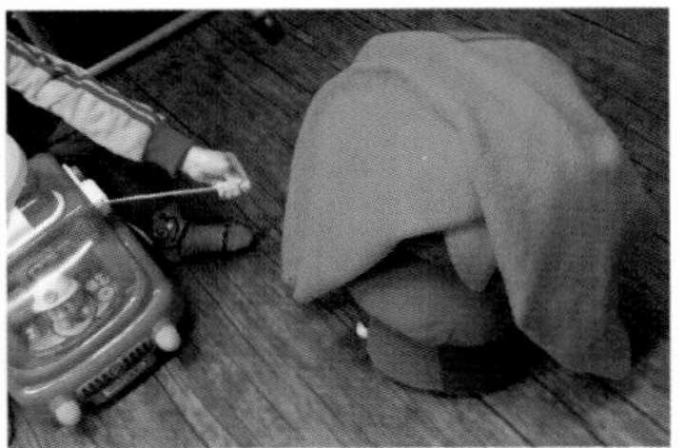

소방차, 공사 안전모, 종이 소방관 옷, 종이 모자 커버의 네 가지 소재를 조합한
119 구조대와 담요로 표현한 불

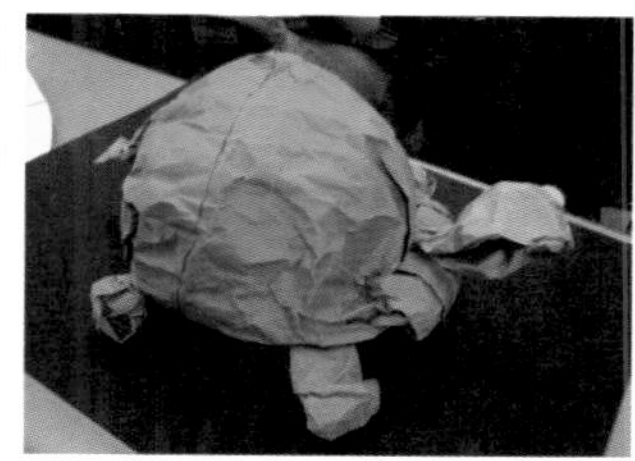

동화 「내 모자 어디 갔을까?」「이건 내 모자가 아니야」「모자를 보았어」 패션 모자 예

이외에도 페이퍼 토이, 종이모형, 종이모형 도안, 종이도안, 만화 또는 자동차, 캐릭터 이름 도안 등을 검색하면 많은 종이조형 도안이 나오는데, 이 중에서 내담자가 원하는 도안을 선택하여 작품을 만들고, 만들어진 작품으로 동화 속의 이야기를 표현하거나 창작동화를 만들 수 있다.

페이퍼 토이 도안을 활용한 종이조형 활동은 내담자가 흥미로워 하는 내용을 담고 있으므로 어느 정도 힘이 들더라도 감내하는 경향이 있으며, 목표의식과 자기 향상의 욕구를 강하게 가지고 섬세한 표현에 도전하며, 성취감을 크게 느끼는 경향이 있다.

(시계방향) 나무집게로 만든 입을 벌릴 수 있는 물고기,
내담자가 인터넷에서 찾아온 만화 '원피스'의 Sunny 호,
내담자가 원하는 '우파루파' 도안이 없어 치료자가 도안을 만들어 작업

내담자가 원하는 모든 도안이 다 있을 수는 없으므로 치료자는 이를 통해 현실적인 제약과 타협에 대해 이야기할 수 있으며, 때때로 창의력을 발휘하여야 한다.

페이퍼 토이 작업의 예

앞의 사진은 자동차를 좋아하는 내담자와 함께 50회기 정도를 낮은 난이도의 자동차 도안부터 높은 수준의 자동차 도안까지 종이조형 활동만을 진행한 예다. 유사 작업의 반복에 의해 완성도가 점차 향상되는 것을 확인할 수 있다. 초기에는 치료자의 도움이 필요했으나 점차 소거하였다. 내담자의 안수협응 수준, 공간지각력, 계획하기 및 설명하기, 순차처리와 동시처리 수준, 자존감 및 자신감 향상 등이 모두 향상되는 종합적인 효과를 얻을 수 있었다.

동화 「엄마의 스마트폰이 되고 싶어」를 읽고 진행한 휴대전화 케이스 만들기

앞의 작품은 특정 인물의 휴대전화 케이스에 집착하는 아동과 진행한 휴대전화 케이스 만들기다. OHP필름으로 코팅하였다. 여러 번 만들며 완성도가 높아졌다. 아동은 다섯 번째 케이스 만들기 후 치료자의 이름을 써 달라 요구하였고, 이를 자신이 만든 휴대전화 케이스에 붙여 선물하였으며, 이후로 집착에서 벗어나는 모습을 보였다.

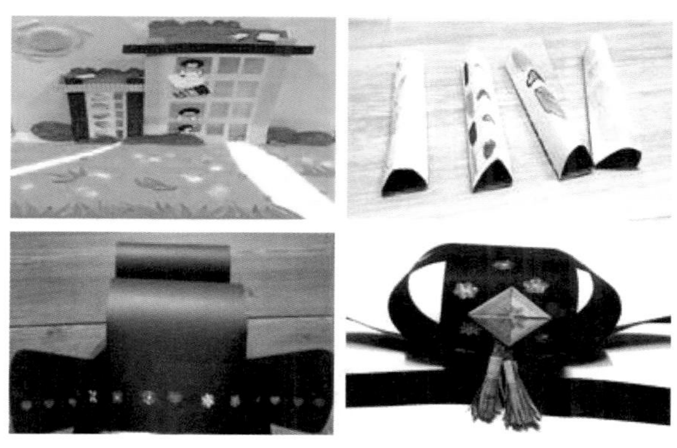

동화 「어제저녁」, 그림책 「사시사철 우리놀이 우리문화」

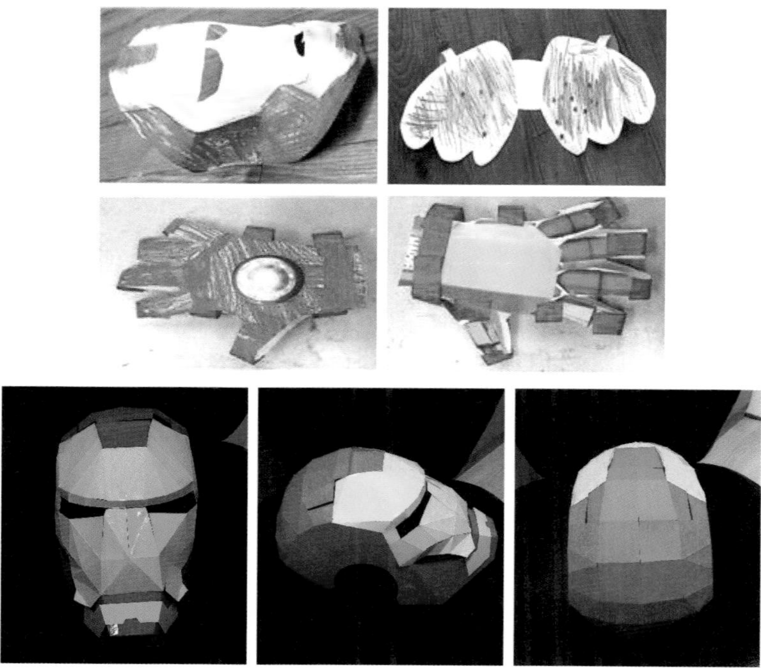

아이언맨과 소원 날개 종이조형

16) 종이접기 동화

종이접기로 동화의 한 장면이나 주제, 감정을 구성한다. 배경만 종이접기로 꾸미고 등장인물은 그림으로 표현하거나 주요 주제나 등장인물만 종이접기로 표현하고 배경은 그림이나 사진으로 대신할 수도 있다.

종이접기 활동의 예

혹은 이야기의 한 장면 전체 또는 부분을 종이접기로 표현할 수 있다. 종이접기는 접는 순서를 따라야 하고, 완성된 작품을 빈 종이 위에 구성해야 한다는 점에서 조직화 및 코딩훈련이 될 수 있으며, 안수협응, 소근육 운동에 도움이 된다. '~도안' '페이퍼토이' 등을 검색하면 보다 사실적이고 다양한 자료를 얻을 수 있다.

종이접기 활동의 예

다음 종이접기 동화의 예에서, 내담자는 처음에는 개연성 없는 대상을 선정하여 장면을 사실적으로 설명하고, 낮은 단계의 종이접기만을 시도하였으며, 전체적인 구도가 불안정하였다. 그러나 두 차례 구도와 내용 중재 후, 스스로 안정된 구도를 형성하였고, 보다 단계가 많고 조립이 필요한 접기를 선택하였다. 또한, 내용적으로도 동화의 형태를 띠며, 문장의 수와 길이가 늘었다.

달동이의
산책
1 나비가 맛있는 꿀을
찾고 있는데 꿀 냄새를
맞고 그 꽃으로 가고 있다
2 달동이의 산책
달동이는 거인?마을에
사는데 산책을 하다
꽃을 보고 있다
놈놈놈
무서운
정이의 사도
곰돌이가 나무위에서
여치를 바라보며 날아
오는 여치를 먹고 있다
그리고 개구리는 나무를
올라가고 있다
무적나로호
1무적나로호
어느 화창한날 나로호가 날라
갔습니다 그것을 개구리가
멋지다 라고 말하고 있었습니다

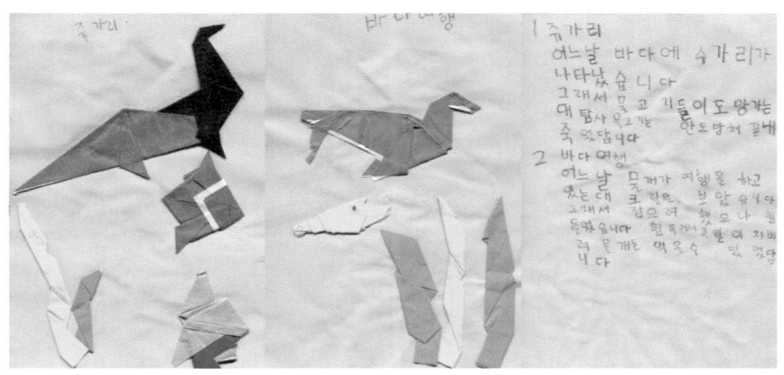

17) 콜라주 기법

여러 가지 매체, 사물, 그림 등을 오리고 붙이고 재구성하여 장면을 표현할 수 있다. 콜라주로 표현한 장면 위에 아크릴 물감이나 매직으로 덧칠하여 보다 회화적이고, 일체감 있는 장면을 표현할 수도 있다.

18) 눈 붙이기

종이에 눈을 그려 오리거나, 다양한 크기, 다양한 형태의 인형 눈을 주변 사물에 붙이는 것만으로도 색다른 소재가 만들어진다. 눈 하나 붙였을 뿐인데 사물이 의인화되면서 자연스럽게 이야기가 전개된다.

- 사물에 눈을 붙여서 등장인물을 만들어 보자.
- 신체 일부에 눈을 붙여서 등장인물을 만들어 보자.
- 자연물에 눈을 붙여서 등장인물을 만들어 보자.
- 한글 자모음이나 영어 알파벳 등에 눈을 붙여 보자.

연필깎이, 블루투스 스피커, 핸디 선풍기

"에휴." / "(히죽히죽) 너 이제 큰일 났다?" / "진짜?"

눈을 붙인 것과 붙이지 않은 것의 차이가 있다. 눈을 붙임으로써 물건의 배치에서 스토리가 생겨난다.

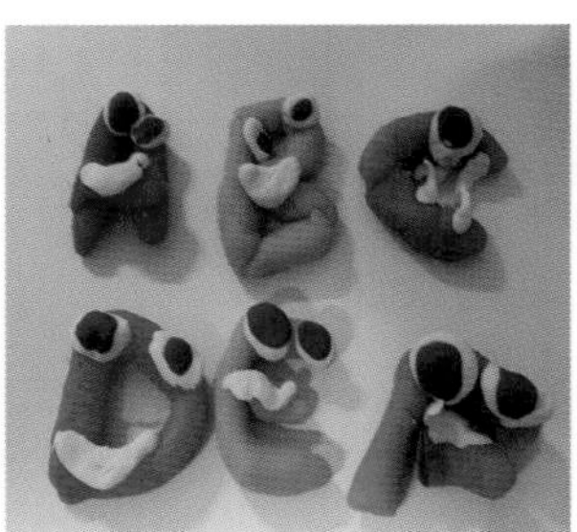

알파벳 몬스터와 숫자 몬스터

달빛 주방

19) 동화 테라리엄과 원예치료

테라리엄(terrarium)이란 수족관처럼 지상의 생물을 기르거나 전시하는 것을 말하는 것으로, 작은 유리관 안에 하나의 세계를 조성하여 꾸미는 것이다.

원예 분야에서는 유리병 안에 식물을 기르는 것을 보틀 가든(bottle garden)이라고도 하는데, 보틀 가든은 광합성을 위한 빛 외에는 외부와 차단된 상태로 길러진다. 보틀 가든 안의 식물은 광합성을 통해 호흡하고, 흙에서 물을 빨아들이고, 증발한 물이 흙에 다시 스며드는 순환과정을 통해 살아가게 된다. 따라서 식물이 건강하게 살아가기 위해서는 처음 조성된 환경의 균형이 잘 이루어져 있어야 하고, 채광을 잘 관리해 주어야 한다. 이러한 테라리엄, 보틀 가든의 원리와 의미를 심리상담에 접목하여 동화 테라리엄, 주인공을 위한 테라리엄, 나를 기르는 테라리엄, 내 아이를 위한 테라리엄 등으로 진행할 수 있다. 테라리엄 완성 후에는 현재의 테라리엄 상황을 묘사하고 무엇을 더하고, 무엇을 더 빼야 균형이 맞을지에 대해 이야기할 수 있다.

* 어린왕자와 장미를 표현하고 이야기 나눠요.

어린왕자와 장미는 서로 어떤 관계인가요?

어린왕자와 장미는 서로 어떤 감정을 갖고 있나요?

어린왕자와 장미는 서로를 어떻게 생각할까요?

어린왕자의 장미는 유리관을 어떻게 생각할까요?

어린왕자가 떠나고, 장미는 무슨 생각을 했을까요?

어린왕자를 기다리는 장미는 어떤 느낌이었을까요?

어린왕자가 없는 동안 장미는 어떻게 지낼까요?

어린왕자가 없는 동안 바오바브나무가 자랐다면 장미는 어떻게 되었을까요?

어린왕자가 없이도 장미가 살아남으려면 무엇이 필요한가요?

어린왕자가 다시 왔을 때 장미는 어떤 말을 하게 될까요?

어린왕자의 장미에게 무슨 말을 전해 주고 싶나요?

어린왕자가 다른 별에서 여행 선물을 산다면 무엇을 샀을까요?

장미는 어디에서 왔을까요?

장미에게는 무엇이 필요한가요?

장미를 돌보는 어린왕자에게는 무엇이 필요한가요?

내가 만약 장미였다면 어린왕자에게 어떤 말을 했을까요?

내가 만약 어린왕자의 섬에 불시착했다면 어땠을까요?

내가 돌봐야 하는 것은 무엇인가요?

나에게 장미의 유리관과 같은 것은 무엇인가요?

만약 장미의 색을 바꾼다면 어떤 색깔의 장미로 바꾸고 싶은가요?

장미에게 구체적인 칭찬을 해 주세요.

어린왕자에게 구체적인 칭찬을 해 주세요.

어린왕자/미녀와 야수 장미

어린왕자와 양

투명한 플라스틱 반구, 혹은 구, 테이크아웃컵 뚜껑을 대고 색지나 OHP 필름에 동그라미를 그린 후 그림, 종이접기, 클레이 등으로 동화의 한 장면을 표현해 본다. 완성된 작품 위에 플라스틱 반구나 구를 붙여 테라리엄을 만든다.

이때, 플라스틱 반구에 하늘을 표현하면 더욱 입체적인 장면을 만들 수 있다. 어린왕자의 별과 같이 동화 하나가 하나의 세계를 이루고 있음을 표현할 수 있으며, 동화 내용에 국한하지 않고 자기만의 별을 표현해 볼 수도 있다.

이끼나 돌, 흙, 숯, 나무, 화분, 다육식물, 토피어리, 모스(이끼) 등으로 동화 속 장면이나 인물을 만들어 보거나 동화를 읽고 난 느낌을 하바리움으로 표현해 보는 등 원예치료와의 접목이 가능하다.

'겨울이 궁금한 곰' 패러디
'봄이 궁금한 곰' 토피어리

'산호초에서의 어느 밤', '우리가 바라는 세상' 하바리움
(미술치료사 김금련)

20) 플립 북 애니메이션

플립 북 애니메이션(Flip Book Animation)은 이야기 속에서 표현하고 싶은 장면을 하나 골라서 수작업으로 애니메이션을 만드는 과정이다. 공책이나 두꺼운 메모지, 연습장, 포스트잇 혹은 여러 장의 종이를 겹쳐 스테이플러나 펀칭으로 고정시켜 준비한다. 동화 속에서 애니메이션으로 만들고 싶은 장면을 고르고, 등장인물을 정한 다음 화면 속의 움직임을 15~30프레임 정도로 나누어서 그린다. 이때, 그림은 각

장의 같은 위치에 표현되어야 하며, 움직임이 없는 배경은 최대한 같은 크기, 같은 모양으로 그려야 애니메이션 효과가 크게 나타난다. 그림이 완성된 후 책장을 빠르게 넘겨 보면 움직이는 그림을 확인할 수 있다.

21) 스캔 변신그림

스캔 변신그림(Scan Animation)은 동화의 한 장면, 관련된 감정 등을 스케치한다. 혹은 변신 전 모습을 그린다. 완성된 스케치를 즉석에서 스캔하여 파일화한 후, 스캔을 마친 스케치 위에 색을 입히거나 변신 후의 모습으로 덧그린다. 그리고 완성된 작품을 다시 한번 스캔하고, 이전에 스캔한 스케치와 동일한 이름을 지정하여 번호를 매긴다. PC 이미지 뷰어에서 앞 그림과 뒷 그림을 전환하게 되면 스케치 전/후 혹은 변신 전/후의 그림으로 변신하는 것을 볼 수 있다. 작업 중간중간 자주 스캔하게 되면 작업의 과정이 단계별로 재생되며, 역으로 재생하면 완성작이 소멸하는 형태의 GIF 애니메이션을 만들 수 있다.

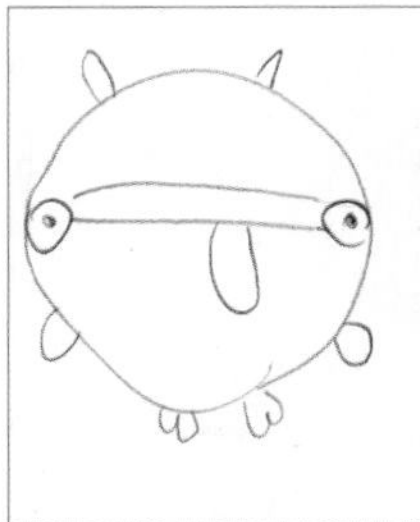

스캔 변신그림의 예

22) 디지털 기기

종이에 그린 스케치를 스캔하여 태블릿 PC로 채색하거나, 컴퓨터의 그림판, 그림 도구 앱을 사용하여 이미지를 표현할 수 있다. 디지털 기기로 그리는 그림은 실수로 잘못 그린 것에 대하여 이전 단계로 돌아가는 '취소' 기능과 앞에 그린 그림에 영향을 주지 않고 덧그릴 수 있는 레이어 기능이 있기에 이와 관련된 효과가 필요한 내

담자에게 활용할 수 있다. 특히 레이어 기능의 경우 전체를 부분으로 나누고, 다시 합치는 과정 등을 포함하므로 이러한 작업과정에 대한 이해나 코딩 학습이 필요한 내담자에게 교육적으로 활용하기도 좋다.

또한, 기술의 발달로 점차 정교하고, 자연스럽고, 다양한 표현이 가능해지면서 수채화, 유화, 수묵화, 연필 스케치, 잉크, 스탬프 등 여러 가지 미술영역이 앱 하나로 실현가능하다. 때문에 실질적인 미술능력이 다소 부족하다 하여도 여러 가지 브러시, 질감이나 색감 효과, 필터, 디자인 폰트 등을 활용하여 손쉽게 멋진 표현이 가능하고, 태블릿 PC만 있으면 언제 어디서든 작업이 가능하다는 점에서 이점이 있는 접근법이다. 나는 주로 Painter, Design, Art Flow, Art Rage 등의 그림 앱을 주로 활용하고 있다.

디지털 드로잉 예

23) 기타

소개된 매체나 기법 외에도, 한지 그림, 사포 그림, 뽁뽁이 그림 등 특징 있는 매체나 기법을 선택하여 동화의 한 장면, 배경, 길, 인상 깊은 소재, 동화 속의 감정, 연상되는 사건이나 상황 등을 표현해 볼 수 있다. 이때, 각 재료를 탐색하고 특징을 관찰하고 활용하는 과정에서 감각적 자극 및 소근육 운동 발달 촉진, 시각-운동 협응력, 동시동작처리, 순차처리 등의 발달적, 인지적 효과도 얻을 수 있다. 크레파스, 사포 그림, 클레이 그림, 박스 뜯기 등은 대근육 운동에도 관여하며, 파스넷은 크레파스보다 부드럽고 물에 녹아 수채화 효과를 내거나, 물티슈로 문질러 색다른 표현이 가능하다. 각각의 매체는 감각적 자극은 물론이고 심리적 자극이나 이완 효과 등이 있으므로 치료자는 각 매체의 특징과 효과에 대해 알아 두어야 한다.

수채화나 수채색연필, 파스넷 등 물을 더해 그리는 경우 종이 질을 좋은 것을 써야 좋은 효과를 볼 수 있다. 주로 와트만지가 가성비가 좋으며, 파브리아노나 아르슈 등 더 좋은 종이는 전시용 작품 활동에서 사용하면 양질의 작품을 얻을 수 있다.

동화 「세상에서 가장 행복한 100층 버스」를 읽고 그린 아동들의 협동 작품과
'향기 있는 사람'이란 신문칼럼에 그린 어린왕자의 장미

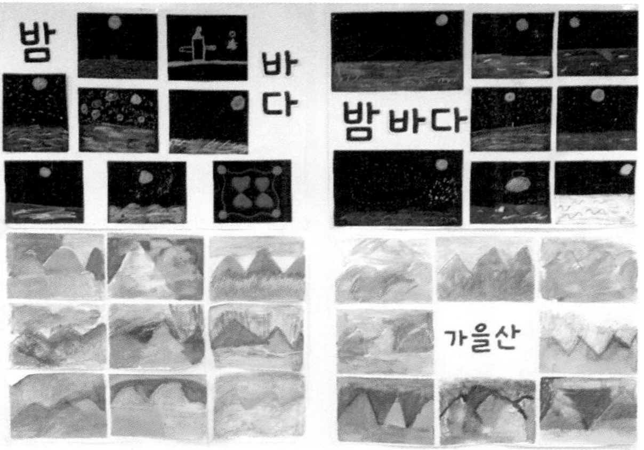

사포 그림과 수채화 및 물티슈 문지르기 기법을 쓴 파스넷 그림

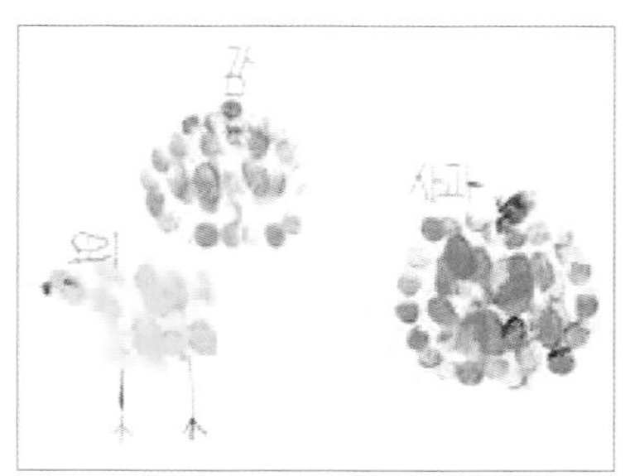

손가락 지문으로 찍어 그린 점묘화

선묘화로 그린 마녀

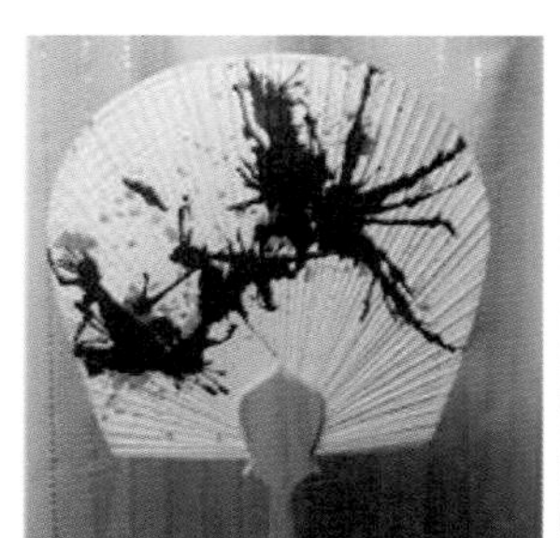

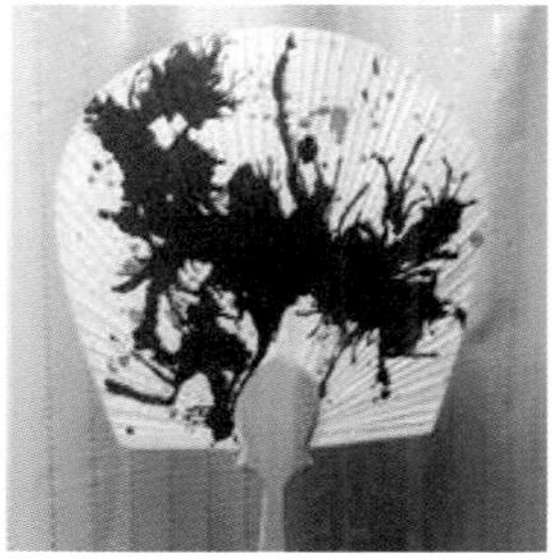

'부채 장수' 활동을 위한 먹물 부채

동화 「백만은 얼마나 커요?」를 읽고 진행한 워터비즈 펭귄 만들기
색깔별 작품에 사용된 전체 워터비즈는 몇 개일까요?

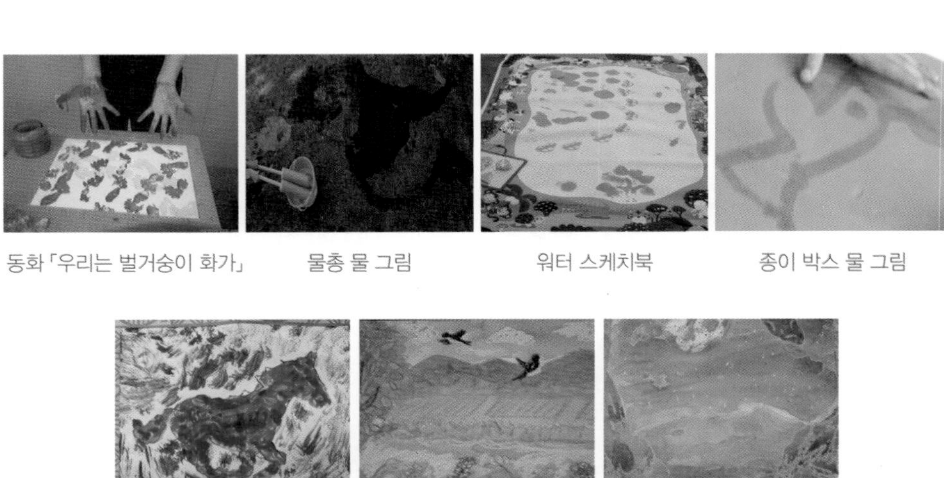

동화 「우리는 벌거숭이 화가」 물총 물 그림 워터 스케치북 종이 박스 물 그림

종이붓으로 그린 말 크레파스 배수 그림 양초 배수 그림

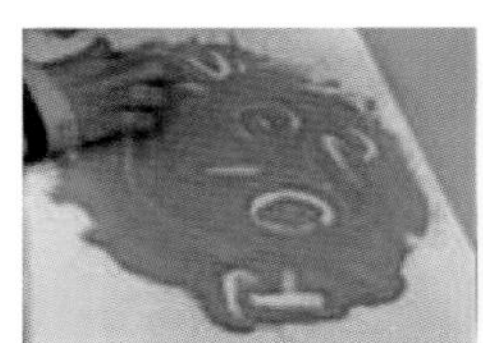

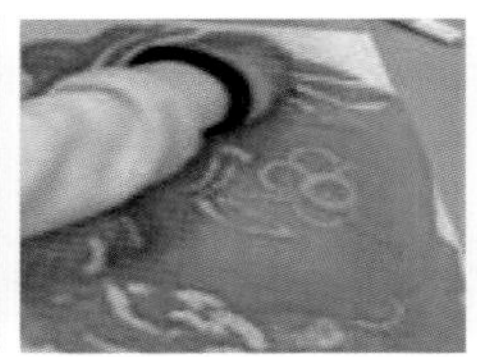

모래 그림과 풀 그림 룸 밴드로 만든 '어린왕자의 독사'

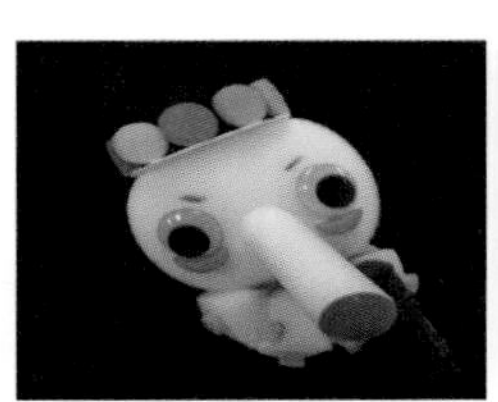

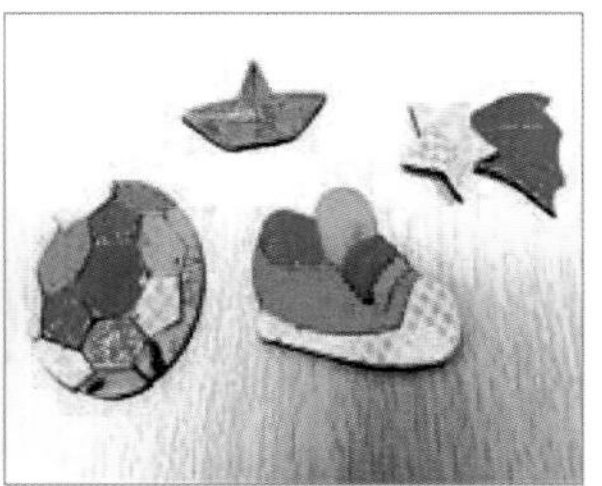

스펀지 문어 마분지 따조 트리 키난빌 반짝커로 꾸민 동화 소품들

1. 피겨와 장난감 놀이

여러 가지 장난감을 활용하여 동화의 장면을 재현할 수 있으며, 연계된 활동이 가능하다. 장난감은 어떤 동화의 한 장면을 구성할 수 있는 세트를 팔기도 하지만, 대부분 그 세트를 다 구성하기 어려우므로 치료실 내에 있는 여러 장난감을 조합하여 응용하는 창의력이 필요하다. 예를 들어,「신데렐라」이야기를 표현하기 위해 클레이 마차와 동물 피겨의 말, 미술재료인 모루, 플레이 모빌의 사람 피겨 등을 조합하여 마차를 탄 신데렐라의 모습을 만드는 것이다. 혹은 색이 변하는 옷을 입는 주인공의 이야기 같은 경우 휴지나 키친타월로 인형 옷을 지어 입힌 뒤 사인펜이나 물감으로 물들여 가며 마법의 옷을 만들 수 있다. 또한, 물총놀이와 초대형 비눗방울 만들기를 통해 전쟁, 마법 등의 장면을 연출할 수 있다. 패러슈트를 활용해 협동하여 집 만들기, 해먹타기, 공이나 풍선 띄우기의 기록 세우기 등의 활동도 가능하다. 〈웃찾사〉의 한 코너인 '윤화는 일곱 살'을 보면 생활용품을 활용한 기발한 놀이가 많이 나오는데, 빨대 음료수로 수류탄과 무전기를 표현하는 것처럼 장난감 외에 생활용품을 활용하는 방법도 있다. 동화와 다양한 놀잇감의 조합을 통해 내담자의 발달연령에 맞는 놀이의 단계를 촉진할 수 있다.

직접 그린 배경을 활용한 레고 동화

피겨 동화

인형 셀카 연출 및 인형으로 만든 드라마

클레이 도구와 피겨, 미술 재료인 모루를 조합한 「신데렐라」

「인어공주」

「니모를 찾아서」와 「헨젤과 그레텔」

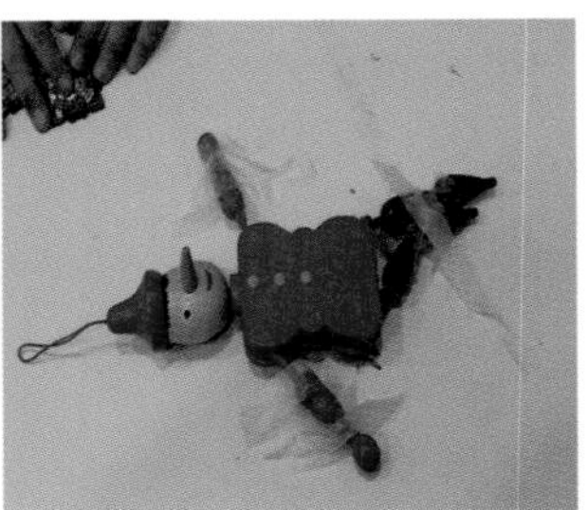

「피노키오」

어벤져스 극장놀이

동화「크리스마스 난쟁이」
신발 썰매

동화「팥죽할멈과 호랑이」 멍석 말이
(김밥 놀이로도 활용)

동화「달팽이 학교」를 읽고 캠핑매트로 표현하기

동화「애앵애앵 불자동차」

동화「뽀로로의 건강한 하루」

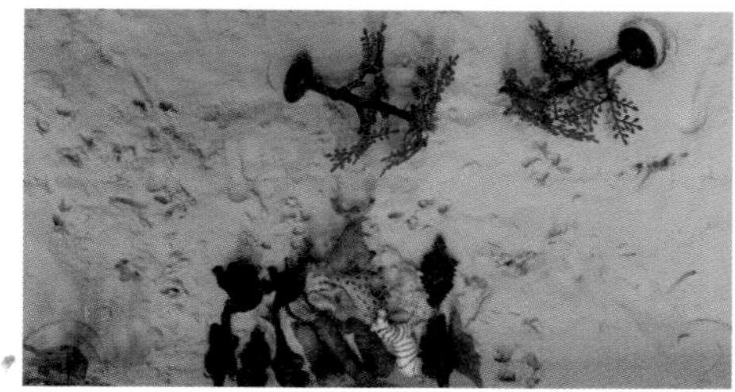

동화「엄마가 유령이 되었어!」 조모와의 사별에 대한 애도작업(grief care), 모래놀이와 피겨

교구 조합으로 만든 앵그리버드 실사 게임

테이프 썰매

고리끼우기로 만든 수갑

평균대로 만든 미끄럼틀

아이스크림 차와
평균대를 활용한 지하철

숫자 빨래

에어베드 보트 놀이

인형놀이를 마지막으로 해 본 것은 언제입니까

-내 인생의 주인공, 나를 소개하는 인형놀이-

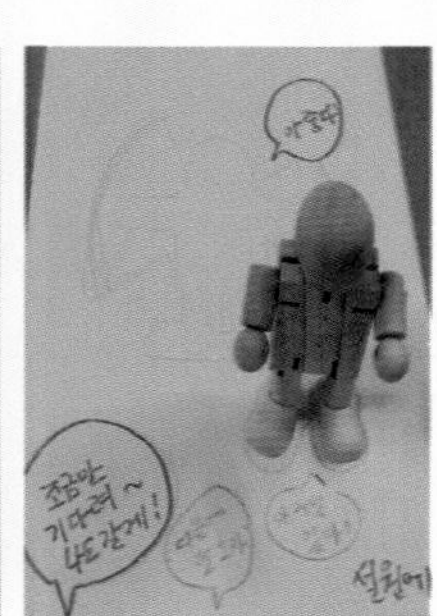

1. 주어진 목각인형(종이인형)은 '작은 나'입니다. 인형에게 옷을 입혀 꾸며 줍니다. A4 용지에 '작은 나'를 올리고 자유롭게 포즈를 취해 줍니다.
2. 인형이 종이에 닿아 있는 부분을 따라 본을 뜹니다. 주변을 꾸며 줍니다.
3. 종이의 한 부분에 이 장면의 제목을 붙여 줍니다.
4. 인형이 지금 말을 한다면 뭐라고 하겠습니까? 인형 옆에 말풍선을 그리고 적어 봅시다.
5. 인형을 본 나는 뭐라고 말하고 싶은지, 자기 쪽에서 나가는 말풍선을 그리고 적어 봅시다. 뭐라고 말하였습니까?
6. '작은 나'의 포즈나 위치를 바꿔 봅시다. 원하지 않는다면 처음 그대로 두어도 됩니다.
7. 다음의 질문에 대해 답해 봅시다.
   - 처음에는 어떤 포즈를 취했습니까?
   - 처음에는 어떤 생각을 했습니까?
   - 처음에는 어떤 감정을 가지고 있었습니까?
   - 포즈나 위치를 바꾼 이유는 무엇입니까?
   - 포즈나 위치를 바꾸고 난 모습은 바뀌기 전과 비교해 어떻습니까?
   - 처음 그대로 두었다면 이유가 무엇입니까?
   - 바꾼 뒤에는 어떤 포즈를 하고 있습니까?

• 바꾼 뒤에는 어떤 감정이 생겼습니까?

• 바꾼 뒤에 '작은 나'는 뭐라고 말하겠습니까?

• 바꾼 뒤에 나는 '작은 나'에게 뭐라고 말해 주고 싶습니까?

8. 앞의 질문을 참고하여 '작은 나'를 통해 자기소개를 해 봅시다.

(예: 안녕, 나는 ○○○라고 해. 나는 빨간색을 좋아해서 빨간 티를 입었어. 처음에는 앉아 있었는데, 더 편해 보이고 싶어서 누웠어. 나는 지금 ~에서 ~을 하고 있고, ~~가 하고 싶어서 여기 왔어. 만나서 반가워!)

9. 소개한 사람의 멘트가 끝나면 박수로 환영합니다. 집단 활동의 경우 궁금한 상대에게 나의 '작은 나'를 보내어 소개 순서를 넘깁니다. 상대방의 '작은 나'를 선택한 이유를 말하거나, 궁금한 점을 물어봅니다.

10. 활동을 마치면 나에게 자신의 '작은 나'를 보내 준 사람에게 가서 "먼저 찾아 줘서 고마워."라고 말하고 상대의 '작은 나'를 돌려줍니다.

11. 활동 후, 나의 '작은 나'가 상대방과 함께 돌아왔을 때 어떤 생각과 기분이 떠올랐는지 나누어 봅시다.

2. 보드게임

1) 이야기 전개 게임

동화는 시간과 장소의 변화와 함께 이야기가 진행된다. 소설과 같이 액자 구성이나 회귀 등 이야기 전개가 섞이는 복잡한 장치가 잘 사용되지 않는다. 또한 이야기가 짧은 만큼 장면의 핵심이 분명하고, 그 수가 많지 않아 게임으로 구성하기에 좋은 조건을 갖추고 있다.

(1) 이야기 사다리

동화를 읽은 뒤 누구나 만들 수 있는 간단한 게임이다. 뱀 사다리 게임이나 부루마블과 같이 게임판을 그린 다음, 이야기의 서사 구조에 따라 시간 순서대로 사건을 기록한다. 주인공의 감정이나 처지에 따라 위로 올라가는 샛길을 만들거나, 아래로 미끄러지는 샛길을 만들고, 앞으로 몇 칸 전진 또는 뒤로 몇 칸 후진과 같은 장치를 더하면 게임을 더 재미있게 만들 수 있다.

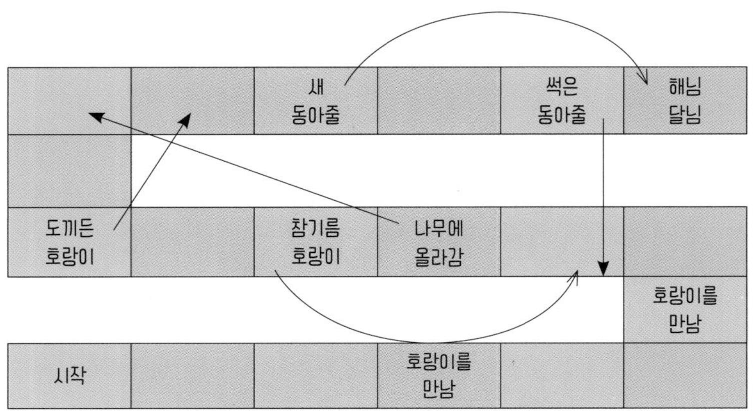

「해와 달이 된 오누이」 사다리 게임 예

(2) 이야기 마을 지도 놀이

- 동화를 읽고 이야기에 나온 장소를 그린다. 시간의 흐름에 따른 장소의 변화를 찾고, 장소별 장면 설명하기를 통해 회상 산출 및 내용 이해, 내용 설명하기의 언어활동으로 연계할 수 있다.

  예) "소가 된 게으름뱅이" 장소 변화

  게으름뱅이 집 > 산길 > 오막살이 > 쇠장 > 농사(농부집, 농촌) > [고향집](틀린 반응. 내담자는 주인공이 실제 가지 않고 생각한 장소도 이야기에 등장한 장소로 생각하였다.) > 무밭 > 오막살이 > 게으름뱅이 집
- 이야기에 나오지 않았지만 필요한 장소를 그린다.
- 더 넣고 싶은 장소를 그린다.
- 각 장소를 잇는 길을 그린다.
- 동화와 관련된 질문지를 만들어 질문 주머니에 넣는다.

• 지도에 적힌 각 장소로 이동하는 지시문을 만들어 일감 주머니에 넣는다.
• 일감 주머니 속에 최종 도착지점의 힌트를 섞어 둔다.
• 시작지점을 정하고, 일감 주머니의 지시에 따라 이동하며 질문 주머니의 질문에 대답한다.
• 도착지점에 들어가면 게임이 끝난다.

콩쥐 마을 지도 놀이 방법

1. 콩쥐가 사는 마을의 지도를 그린다.
2. 콩쥐팥쥐와 관련된 질문지를 만든다.
3. 콩쥐가 해야 하는 일감 여러 장과 잔칫집 초대장 1~2장을 만든다.
4. 질문 주머니를 만들어 질문지를 넣고, 일감 주머니를 만들어 일감과 초대장을 넣는다.
5. 일감 주머니에서 일감을 1개 고른다.
6. 일감에 적힌 장소에 간 다음, 질문 주머니에서 질문을 1개 고른다.
7. 질문에 알맞은 대답을 한 경우, 이전에 받은 일감과 질문을 그 자리에 놓고, 일감 주머니에서 새로운 일감을 고른다. 질문에 알맞은 대답을 하지 못한 경우, 질문 주머니에서 다른 질문을 고른다.
8. 일감 주머니에서 초대장을 얻으면 잔칫집에 갈 수 있다.

   예) 상위 범주어 학습 및 단어 확장, 음소변별, 유추하기 등을 목표로 한 내담자

   콩쥐 마을에는 어떤 장소들이 있을까요?

   • 내담자 반응: 콩쥐 집, 콩쥐 집 밖(마당을 의미), 팥쥐 엄마, 항아리, 옷 만드는

곳, 다리, 물속, 대나무 숲, 농장(벼를 키우는 곳과 과수원을 농장이라고 대답)

- '장소'에 대한 이해가 부정확하여 사람이나 사물을 '장소'로 대답하였다.
- 우물이나 논 등 내용에 직접적인 언급이 없는 장소에 대해서 이해하지 못하여 동화에 나오는 사물과 장소를 연결하는 과정이 필요하였다. 우물–항아리 물, 벼–논, 마을 사람들–마을 사람의 집
- 콩쥐 마을 지도 질문지를 통해 상위 범주어와 단어 의미 습득을 촉진하였다.
- 질문 카드 예

다음 중 양서류는 무엇인가요?
① 황소 ② 양 ③ 두꺼비 ④ 참새

벼를 키우는 장소는 어디인가요?
① 밭 ② 논 ③ 과수원 ④ 농장

선녀가 내려와서 콩쥐 대신
짜 준 것은 무엇인가요?
① 벼 ② 베 ③ 뱀 ④ 벨

물을 뜨러 어느 장소에
가야 할까요?
① 주막 ② 우물 ③ 시장 ④ 대장간

팥쥐와 팥쥐 엄마는 어디에 갔나요?
① 목욕탕 ② 과수원
③ 잔칫집 ④ 촌장집

혼자 남겨진 콩쥐의 기분은
어땠을까요?

할 일이 너무 많은 콩쥐의 기분은
어땠을까요?

팥쥐 엄마는 내 주위에 누구와
닮았나요?
그 이유는 무엇인가요?

- 일감 카드 예

돌 밭에 가서 김을 매시오.

집에서 베를 한 필 짜시오.

- 게임 종료 카드 예

초대장이오~
김판서댁 잔치에 어서 오시오~

• 여러 가지 동화 마을 지도의 예

「혹부리 영감」

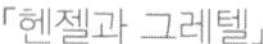

「헨젤과 그레텔」

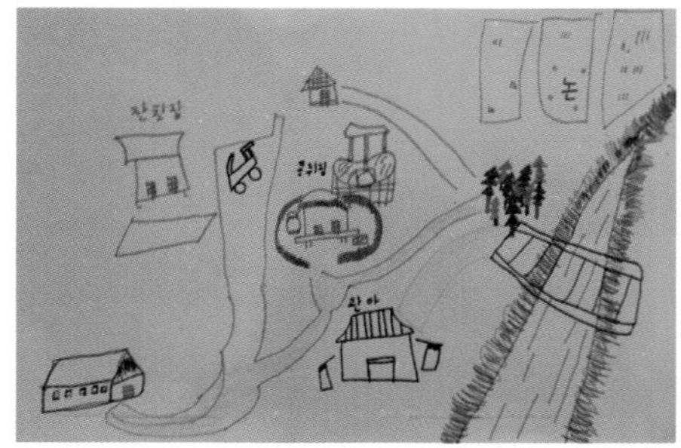

「콩쥐팥쥐」

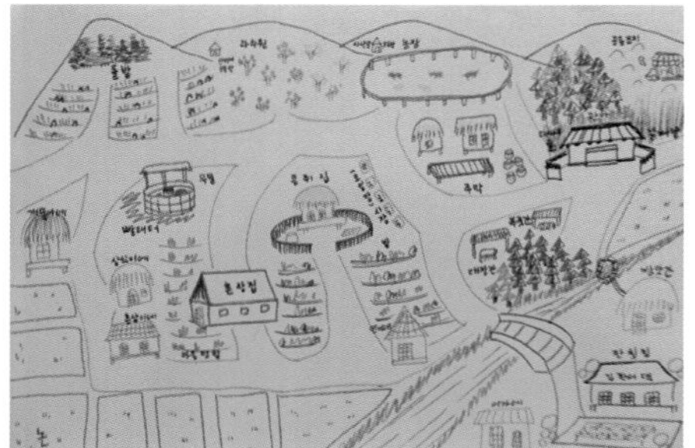

「콩쥐팥쥐」「금도끼 은도끼」「혹부리 영감」

(3) 동화 마을 안내하기

동화 마을 지도를 보고 목적지까지 가는 길을 설명한다. 설명에 따라 작은 장난감 차를 이동하며, 두 명 이상 그룹의 경우 손님과 택시기사, 운전자와 내비게이션으로 역할을 나누어 활동할 수 있다. 손님과 내비게이션 역할은 길을 설명하고, 운전자는 설명을 잘 듣고 설명에 따라 속도나 방향을 맞추어 자동차를 움직인다. 내비게이션 역할의 경우 타이머를 이용하여 실제로 예상 소요시간만큼 길을 돌다가 목적지에 도착하도록 하는 미션을 만들 수도 있다.

• 주인공 택시 태우기: 콩쥐는 일을 마치고 다리도 아프고 짐도 많아 택시를 타기로 했습니다. 택시를 탄 콩쥐는 집까지 가는 길을 설명했습니다. 어떻게 말했을까요?

"돌밭에서 길을 따라서 쭉 내려오다가 갈림길에서 직진해 주세요. 춘삼이네

를 지나서 좌회전해서 직진하면 앞쪽에 연이네가 나오는데, 여기서 다시 좌회전하면 우리집이에요."

"우물에서 쭉 아래로 내려가 주세요. 논이 나오면 왼쪽으로 가 주세요. 앞으로 쭉 가다가 두 번째 갈림길에서 왼쪽으로 들어가서 내려 주세요."

- 내비게이션 안내하기: 콩쥐네 집들이를 가려 합니다. 내비게이션을 켜 주세요. "안내를 시작합니다. 예상 소요시간 3분. 직진하세요. 전방에 과속 주의 구간입니다. 50미터 앞에서 좌회전입니다. 100미터 앞 돌밭 구간입니다. 우회전입니다. …… 목적지에 도착하였습니다. 좋은 하루 되세요."
- 확장활동: 우리 동네 지도를 그리고 집에 가는 길 설명하기, 학교 가는 길 설명하기, 병원 가는 길 설명하기, 심부름 동선 계획하기, 친구와 만날 약속 정하기 등

(4) 동화 여행 가이드

- 세계지도나 한국지도, 지역지도, 지역관광안내도, 관광지 스탬프 투어 지도, 시설 안내도 등 이야기 투어를 위한 지도를 준비한다.
- 동화 주인공을 선택하여 피겨나 종이인형을 준비한다.
- 주인공의 여행 동화: 동화 주인공이 여러 관광지를 구경하는 내용의 동화를 만든다. 인터넷에서 원하는 관광지의 사진을 받아 여행 장면을 그림이나 콜라주로 표현한다.

예) 창작동화: 하양이의 부산 여행 "여기가 부산항 대교구나!"

예) 창작동화: 세계 여행을 떠난 로운

• 주인공과 여행하기: 동화 주인공에게 보여 주고 싶은 여행지를 계획하여 차례로 안내한다. 사진 스크랩이나 기념 사진, 여행안내 리플릿, 그림이나 콜라주 등의 기법으로 시각적으로 표현한다.

예) 별주부전: 관광 기념 사진 '인사동에 간 토끼와 거북이'

예) 이상한 나라의 앨리스: 토끼 관광 가이드 하기 '인사동 거리의 토끼와 나'

"여기는 모두 한글 간판만 쓴대."

- 동화 명탐정 놀이: 일종의 방 탈출 게임을 만드는 놀이다. 지도에서 동화 내용과 관련이 있는 지역이나 상징을 찾아서 수수께끼를 만든다. 한글이나 숫자, 알파벳 배치를 이용한 암호를 만들 수도 있다. 다른 사람이 만든 게임을 플레이해 볼 수 있으며, 여유가 된다면 실제로 해당 지역을 돌아다니며 문제를 풀고 목적지를 찾아볼 수도 있다.

예) 인사동에 숨은 동화 "무슨 동화일까요?"

미션	정답	동화 단서
시작지점: 북인사마당		
미스리를 찾으시오.	별다방 미스리 카페	별
가까운 Antique 가게로 가시오.	소들내	소
H ㅣ G ㅐ 에서 길을 건너시오.	이새	알파벳 암호, 새, '건너다'
똥빵을 찾으시오.	쌈지길	길쌈
달달한 누에고치	꿀타래	실
Mozart 12 Variations on "Ah vous dirai-je, Maman"과 관련된 장소로 가시오.	반짝반짝 빛나는	작은별 노래 가사, 원곡의 주제는 딸이 사랑하는 사람이 있다고 어머니에게 고백하는 내용, 별
옛날 사람들이 천을 짤 때 사용한 기구는?	베틀	베틀
도착지점: 7ㅡ 12ㅏㅡ 6ㅡㅓ1 7ㅡ	스타벅스	숫자 암호, 스타
지나온 길과 관련된 동화는 무엇인가요? 추가힌트: 오설록, 천도교중앙대교당, 작설차	견우와 직녀	단서: 소, 새, 건너다, 사랑하는 사람이 있음을 고백함, 실, 길쌈, 베틀, 여러 번 나온 별=은하수 추가힌트 단서: 오작교

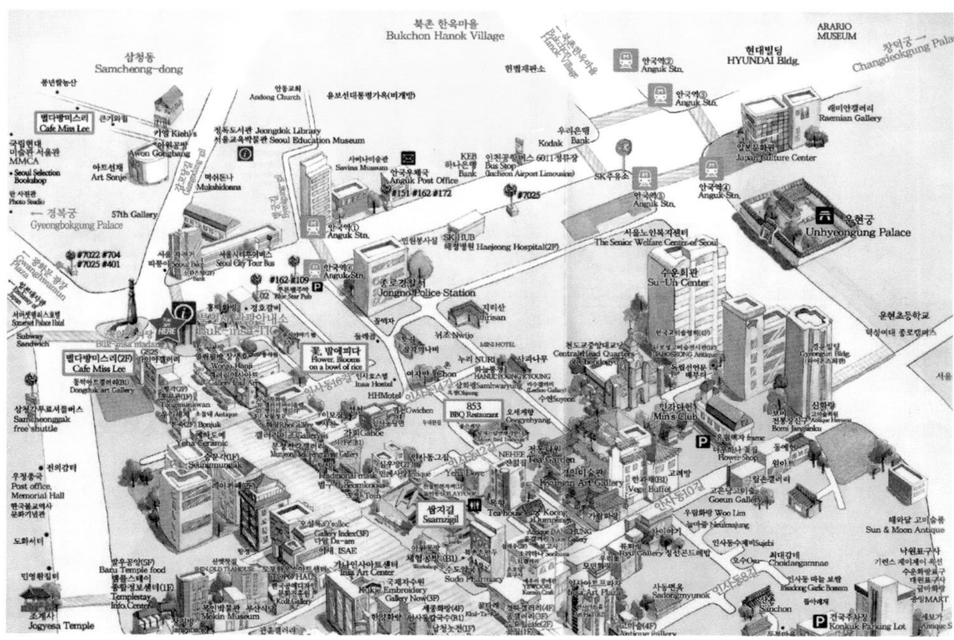

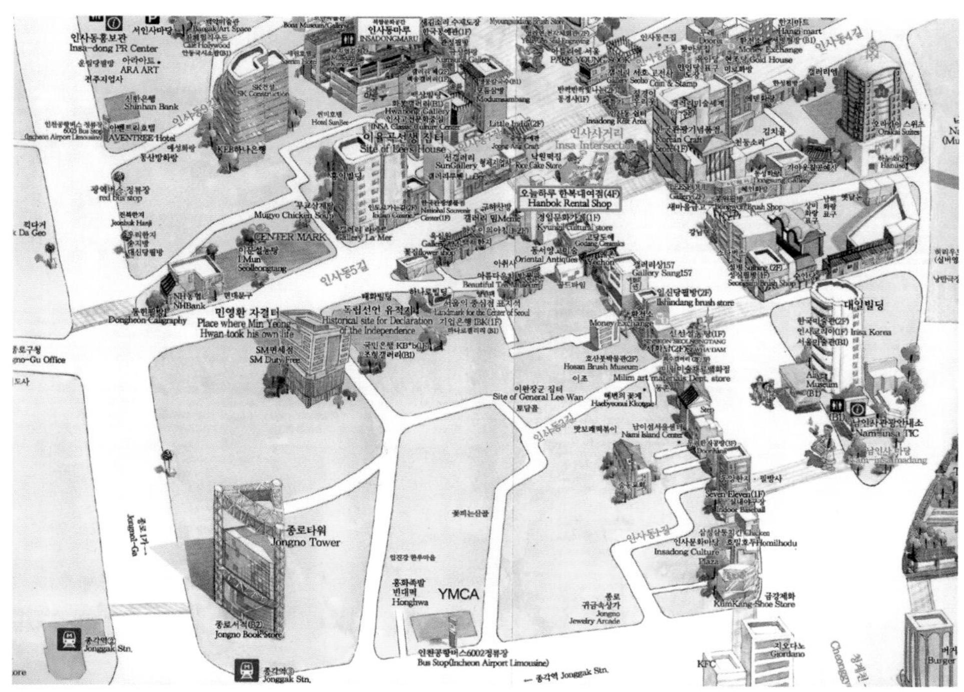

시작지점: 북인사마당

(자료: 인사동관광안내지도)

- 증강 현실 여행 놀이: 실제로 피겨나 인형을 가지고 관광지에 가서 함께 사진을 찍어 본다.

kongnamool #여행스타그램 #경주 #세번째 #하늘 #반사 #논아니고연밭 #또오자 #근데 #나는_사실_나무_안마기

heart_penguin_ #여행스타그램 #하트펭귄 #펭귄스타그램 #하트 #펭귄 #여행 #사랑 #햇살 #나뭇잎_서핑

heart_penguin_ #여행스타그램 #하트펭귄 #펭귄스타그램 #하트 #펭귄 #여행 #사랑 #분홍 #핑크 #꽃밭 #꽃스타그램

heart_penguin_ #여행스타그램 #하트펭귄 #펭귄스타그램 #하트 #펭귄 #여행 #사랑 #노니까좋아요 #아련 #집_생각 #저녁_뭐지

heart_penguin_ #여행스타그램 #하트펭귄 #펭귄스타그램 #하트 #펭귄 #여행 #사랑 #노니까좋아요 #오늘_주인공_나야나

heart_penguin_ #여행스타그램 #하트펭귄 #펭귄스타그램 #하트 #펭귄 #여행 #사랑 #노니까좋아요 #양파_사랑 #미묘하게_하트

2) 동화 주제 보드게임

이야기 사다리 게임에 비해 좀 더 복잡한 규칙이 적용된 것으로 기존의 동화가 가진 핵심 주제를 바탕으로 만드는 보드게임이다.

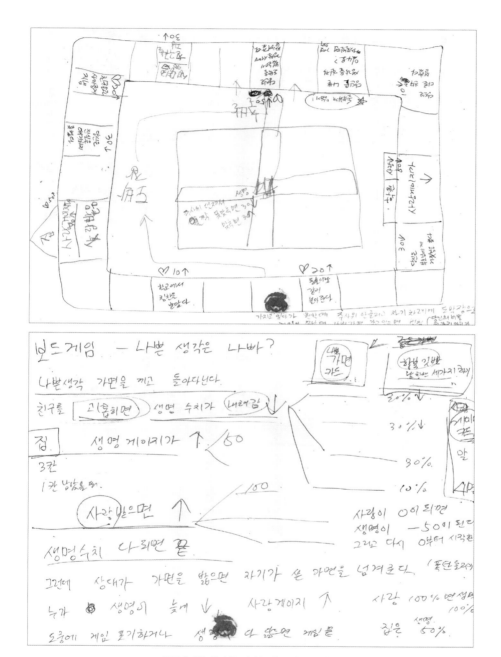

동화 「나쁜 생각은 나빠?」의 주제 보드게임

동화 내용을 활용하여 '나쁜 생각' 칸, '학원' 칸에 도착하면 사랑에너지가 떨어지고, '좋은 일'을 하거나 '집' 칸에 도착하면 사랑에너지가 채워지며, '나쁜 가면' 칸에 도착하면 도박장으로 들어가 생명에너지를 올리거나 내리는 홀짝게임을 하게 된

다. 또한 나쁜 생각을 한 적 있는지에 대해 대화하는 칸이 있으면 좋겠다고 하여 '진실을 말하는 칸'이 있다. 게임판의 형태나 구성품을 아동이 구상하고, 세부적인 점수 계산법 등은 치료자가 보충하여 완성하였다.

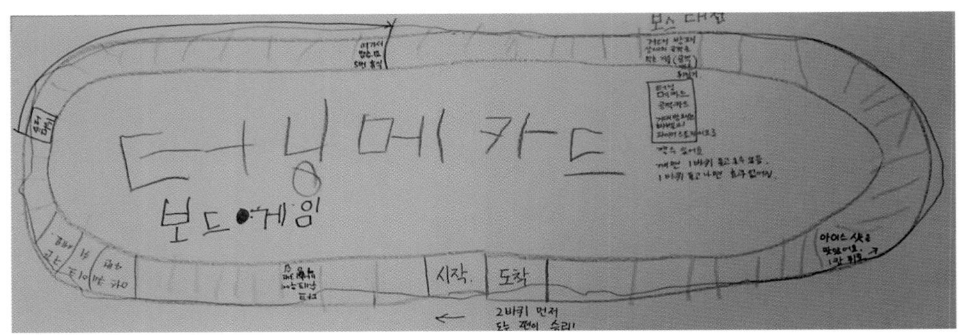

만화 「터닝메카드」의 주제 보드게임

현재 시중에 나와 있는 보드게임 중에서도 이러한 동화를 주제로 한 경우가 있다. 「토끼와 거북이」「아기돼지 삼형제」「피노키오」 등의 경우 완성도가 높고 '동화'와 '게임의 재미'라는 두 마리 토끼를 모두 잡아 낸 좋은 게임이라고 볼 수 있다. 하지만 아직까지 기존의 동화를 주제로 한 게임이 그렇게 많은 편은 아니다. 하지만 이미 나와 있는 보드게임을 동화에 곁들여 더 재미있는 활동을 유도할 수는 있다. 예를 들어, '톡톡 우드맨'이란 보드게임을 「아낌없이 주는 나무」「선녀와 나무꾼」「금도끼, 은도끼」 등의 동화와 함께하면 시너지 효과를 얻을 수 있다.

3) 이야기 만들기 보드게임

보드게임 중에는 이야기를 만들어서 게임을 진행하는 종류가 있다. 그중에서 직접적으로 이야기를 만드는 게임을 추려 보면, 여러 가지 그림이 그려진 주사위를 던져 나오는 그림과 관련된 이야기를 만들어 가는 '스토리 큐브'나, 다양한 동화장면이 그려진 카드로 이야기를 만들어 나가는 'Tell me a story; 동화의 재구성' 'Find a hidden story' '동화꾼' '이야기 길' 등을 예로 들 수 있다. 그러나 이외에도, 최근의 보드게임들은 게임의 진행에 스토리텔링을 접목하고 있는 경우가 많다.

4) 동화 퍼즐

동화 퍼즐에는 두 가지 형태가 있는데, 하나는 2D 기반의 동화와 관련된 그림 퍼즐이고, 다른 하나는 3D 기반의 입체 퍼즐이다. '동화 퍼즐'을 검색하면 우리가 익히 알고 있는 평면의 퍼즐이 많이 나오는데 이것이 바로 2D 기반의 그림 퍼즐이다. 2D 퍼즐의 경우 동화의 한 장면을 그린 다음 원본을 복사하여 판을 만들고, 그림을 여러 조각으로 잘라서 직접 퍼즐을 만들 수 있다. 퍼즐 메이커나 퍼즐 반제품을 사용하면 보다 그럴듯한 퍼즐을 만들 수 있다.

3D 기반의 입체 퍼즐은 다시 두 가지로 나뉜다. 하나는, 동화에 나오는 인물이나 사물, 건물 등의 일러스트를 하드보드나 EVA, 스티로폼 등에 여러 각도로 인쇄한 뒤, 각 부분을 뜯어서 조립하여 완성하는 형태의 퍼즐이다. 다른 하나는, '아기돼지 삼형제 퍼즐게임' '빨간 모자 퍼즐게임' '백설공주 퍼즐게임'과 같이 동화 내용을 모티브로 문제해결력을 기르는 데 초점이 맞춰진 게임이 있다.

"수박 수영장" 퍼즐

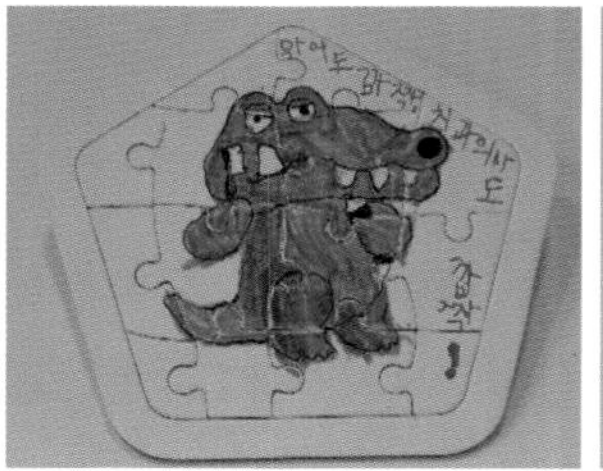

"악어도 깜짝, 치과의사도 깜짝" 퍼즐

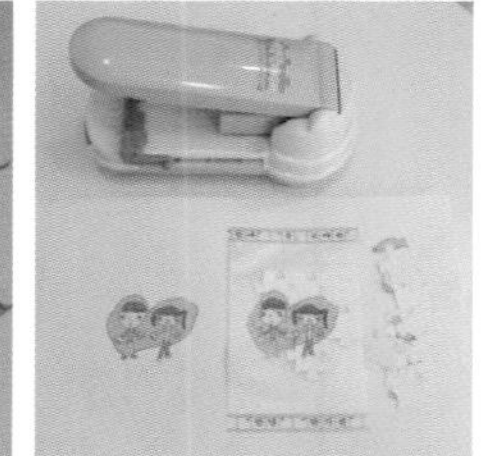

퍼즐 메이커로 만든 "훕, 세상에서 가장 불행한 아이" 퍼즐

5) 동화 빙고

먼저, 3×3, 4×4, 5×5 등의 정방형 격자를 그린다. 각 칸에 동화에 나오는 소재를 글이나 그림으로 채워 넣고, 서로 번갈아 가면서 소재를 부르고 지운다. 지워진 칸이 가로, 세로, 대각선으로 일직선을 이루면 빙고가 된다. 빙고가 1줄이면 1빙고, 2줄이면 2빙고와 같이 세며, 게임 전에 몇 빙고를 목표로 할 것인지 정한다. 만약 3빙고가 목표라면, 먼저 3빙고를 만든 사람이 3빙고 째에 "빙고, 끝!"을 외치면 승리한다.

3. 디지털 놀이

1) 사진작가 놀이

사진 기법을 활용한 놀이는 내담자들이 신기해하고 재미있어 하는 주제다. 동화의 주인공이나 배경, 자연환경, 도구를 표현한 그림이나 조형물, 또는 분장을 준비한 후 휴대전화나 카메라(디지털 카메라, 토이 카메라, 폴라로이드 등)로 사진을 찍어 화보나 액자, 가랜드 등을 만들 수 있다.

(1) 사진 촬영하기

- 촬영 전에 '무엇을 찍을 것인가?'를 계획한다.
- 찍을 대상을 선별한다(피사체 선정하기).
- 찍고자 하는 것에 집중하여 표현한다.
- 구도 및 원근, 배경과의 조화 등을 고려하여 연출한다.
- 찍으려는 대상 이외에 촬영된 부분은 배제하고 재촬영한다.

(2) 연출하기

동화 속 인물의 동작을 따라 하거나 분장을 한 경우 등 동화 속의 인물이나 장면을 연출하는 사진 촬영의 경우, 적절한 장면을 만들기 위해 '다른 사람을 마음대로 움직여 보는 경험'이나 '다른 사람이 나를 마음대로 움직일 때 가만히 따라가는 경험' '다른 사람에게 내 생각을 설명하는 경험' '다른 사람의 설명에 집중하고 이해하며 들어주는 경험' '이미지를 말로 전달하고, 서로의 생각을 비교하고, 수정하며 조율하는 경험' 등 다양한 사회적 상호작용을 경험할 수 있어 사회성에 도움이 필요한 내담자나 사회성 그룹 활동에 유용하게 적용할 수 있다.

① 셀피 연출하기

자기 자신의 모습을 찍는 것을 셀카 혹은 셀피라고 한다. 고화질의 휴대전화 카메

라와 SNS, 뛰어난 사진보정 앱 등이 일반화된 오늘날, 누구나 셀피를 자유롭게 찍고 공유하며, 그만큼 많은 셀피 테크닉들이 알려져 있다. 예를 들어, 얼굴 사진은 우측면 45도 각도, 몸 전체가 나오는 풀 샷일 경우 한쪽 다리를 사선으로 앞으로 내밀고, 상체를 살짝 뒤로 빼기와 같은 공식 같은 것들이다.

누구나 자신의 모습이 더 매력적으로 나오길 원한다. 셀피는 기본적으로 호수에 비친 자기 모습에 반하였던 나르시스와 같이 어느 정도의 자기애와 자신을 보다 매력적으로 내보이고 싶다는 욕구를 담고 있다. 재미를 위한 우스꽝스러운 연출이나 콘셉트 사진들이 존재하기는 하지만, 일반적으로 셀피는 화장이나 장신구와 같이 자기 자신의 단점은 가리고, 매력은 살아난 사진을 공유하곤 한다.

그런데 치료실 내담자들 중에는 사진을 찍는 감각이 부족하여 실물보다 못하게 나오고, 지인과의 기념 촬영을 만족스럽지 못하게 남기거나, 타인에게 박한 평가를 받아 상처입기도 한다. 이러한 내담자들의 공통점은 사진이 잘 나오지 않은 것에 속상해하면서 '나는 원래 못생겼다.' '나는 어차피 사진을 못 찍는다.'고 생각한다는 점이다. 쉽게 말해, '사진 찍는 감각이 부족하다.'라고 하지만, 그 내용을 살펴보면 인지적인 문제가 발견된다. 사진에도 그림 그리기와 마찬가지로 구도가 있고, 주제가 있으며, 강약 조절이나 조명, 초점, 원근과 같은 다양한 표현 요소가 존재하는데, 이 내담자들은 이러한 기초능력이 미성숙하거나, 거기까지 생각이 미치지 못하기에 사진 기술이 늘지 않는다. 혹은, 디지털 기기 이용에 미숙하여 사진 앱의 다양한 기능을 활용하지 못하거나, 셀피에 대한 의욕이나 관심이 적어 셀피를 잘 찍는 방법을 검색해 본 적이 없을 수도 있고, 또래관계의 부재로 인해 일상에서 들을 수 있는 간단한 팁들을 들어 본 적이 없는 경우도 있다. 단순히 '셀피를 못 찍는다.'가 아니라 여러 가지 인지적, 정서적, 사회적 요소가 개입되어 있는 것이다.

포토샵으로 지나치게 자신의 모습을 왜곡하는 것도 문제지만, 지나치게 부정적인 자아상을 가지는 것 또한 경계할 일이다. 때문에 셀피를 잘 못 찍는 내담자라면 함께 '셀피 잘 찍는 법'을 연구해 보는 것도 좋다. 흔히 연예인들의 데뷔 초와 몇 년 뒤의 모습을 비교하며 더 예쁘고 멋있어졌다면서 '카메라 마사지 효과'를 언급하곤 한다. 카메라 마사지 효과란 연예인이 지속적으로 방송에 나온 자기를 모니터링하는 과정에서 점차 자신에게 맞는 화장과 스타일을 찾고, 카메라에 가장 잘 나오

는 각도를 몸에 익혀 자연스럽게 매력이 강화된 것이라 할 수 있다. 이는 연예인뿐만 아니라 모든 사람에게 통용된다. 연예인만큼은 아니어도 자기 모습에 관심을 가지고 반복적으로 모니터링하면 어떨까? 의외로 우리는 하루 중 스스로의 얼굴을 몇 번 보지 않으며, 타인의 평가에 좌우되어 자기 자신에 대해 왜곡되게 인지하는 경우가 많다. 셀피 연출을 연구하며 내담자는 자기 자신의 모습을 자연스럽게 직면하게 되고, 나의 새로운 모습을 발견하고, 자신의 매력을 찾고, 사랑하는 계기를 얻을 수 있다. 자기 자신이 바라보는 '나'와 타인이 바라보는 '나' 사이의 간극을 알게 되고, 주관적 시선과 객관적 시선을 공유하며 타인과의 상호작용에 사용할 긍정적인 수단을 하나 갖게 되는 것이다.

② 셀피를 잘 찍는 법

- 사진을 찍을 때 휴대전화 화면이 아니라 렌즈를 바라본다.
- 셀피로 보이고 싶은 주제와 이에 적당한 거리를 찾는다(예: 오늘의 머리 모양을 강조하고 싶다면? 어느 장소에 왔는지 공유하고 싶다면? 친구와 같이 찍을 때는?).
- 여러 가지 표정을 지어 보고 좋은 표정을 찾는다(예: 이가 보이게 웃기, 무표정, 이가 보이지 않게 미소짓기, 윙크하기 등).
- 조명이 있어야 얼굴이 밝게 나오므로 조명을 바라보는 쪽에서 찍는다.
- 약간 노란 불빛이 사진이 잘 나온다.
- 카메라 렌즈는 외곽으로 갈수록 왜곡이 있으므로 내 카메라의 왜곡 정도를 알아본다.
- 각도 찾기: 휴대전화 카메라로 정면, 정면 상단에서 휴대전화를 앞으로 기울임, 정면에서 휴대전화를 앞으로 약간 기울임, 정면 하단에서 휴대전화를 뒤로 기울임, 좌상단 45도, 우상단 45도, 좌하단 45도, 우하단 45도 등 다양한 위치에서 셀피를 찍고 인쇄하여 각 사진의 장단점을 비교하고, 자신에게 알맞은 각도를 찾는다(예: 정면=눈이 제일 크게 나옴, 정면 틸팅=턱이 가장 갸름하게 나옴, 정면 하단=턱이 제일 둥글고 넓적함, 우상단 45도=머리가 제일 작게 나옴 등).
- 포즈나 도구를 활용하여 찍어 본다(예: 손가락 하트하기, 꽃받침이나 머리카락으로 자연스럽게 턱 갸름하게 하기 등).

- 몸 전체가 나오는 풀 샷일 경우 한쪽 다리를 사선으로 앞으로 내밀고, 상체를 살짝 뒤로 뺀다. 카메라의 아래쪽 선을 발 끝에 맞춘다.
- 카메라 설정이나 사진 편집 앱에서 여러 가지 톤을 적용해 보고 자기 자신과 가장 어울리는 톤을 찾는다.
- 여러 가지 사진 편집 앱을 사용해 보고, 어떤 기능이 있는지 익힌다(예: 사진 자르기, 모자이크, 반전, 회전, 선명하게, 매직툴, 아웃포커싱, 갸름하게, 미백효과, 잡티제거, 밝기, 대비, 액세서리, 데코스티커, 브러시, 각종 특수효과, 사진 액자 등).
- 다른 사람의 셀피를 보고 어떤 테크닉을 사용했는지 분석해 보고, 테크닉을 따라 해 본다.

(3) 평가하기

사진을 찍을 때 피사체의 위치나 초점이 전혀 맞지 않는 등 구도나 주제를 제대로 표현하지 못하는 내담자가 많다. 이러한 특성은 그림을 구성할 때도 동일하게 나타나는 편이며, 따라서 사진 작업을 통해 구도와 주제 표현 등을 촉진하여 그림 표현력 또한 향상할 수 있다. 내담자가 스스로 더 나은 표현을 찾아갈 수 있도록 치료자는 평가 기준을 알려 주는 것이 좋으며, 반복하여 새로운 구도를 찾아 찍어 볼 수 있도록 격려해야 한다. 그리고 내담자가 감을 잡지 못하는 경우 등 필요에 따라서 더 나아 보이는 구도를 직접 찍어 시범을 보이거나, 어느 쪽에서 찍어 보는 것은 어떤지, 더 크거나 작게 표현해 보면 어떨지 등 내담자가 생각지 못하는 방향의 접근을 제시해 줄 수 있다. 다만, 치료자는 내담자의 표현력을 믿고 개성을 침해하지 않아야 하며, 내담자가 치료자의 기준만이 좋은 구도이고 좋은 피사체라고 생각하지 않도록 신경 써야 한다. 자기 평가에 들어가기 전 다음의 항목을 치료자와 함께 고민해 본 후 작업에 들어가면 좋을 것이다.

- 사진의 구도가 어떤 형태를 띠고 있는지 확인한다.
- 좋은 피사체와 나쁜 피사체를 구분해 본다.
- 원근에 따른 대상의 표현이 적절한지 확인한다.
- 의도와 표현한 결과가 일치하는지 확인한다.

• 각 사진의 특징을 설명하고 비교하여 평가한다.

자평기준(의도)

• 표현하고자 하는 대상에 집중하고자 하였는가?
• 대상의 어느 부분을 표현하고자 하였는가?
• 사진에 어떤 이야기를 표현하고자 하였는가?

자평기준(실제 표현)

• 사진을 보았을 때 제일 먼저 눈에 들어오는 것이 무엇인가?
• 처음 의도한 대로 화면 안에 표현하고자 하는 대상이 주인공으로 표현되었는가?
• 대상의 어느 부분이 주로 표현되었는가?
• 사진에 표현하고자 한 이야기가 잘 전달되었는가?

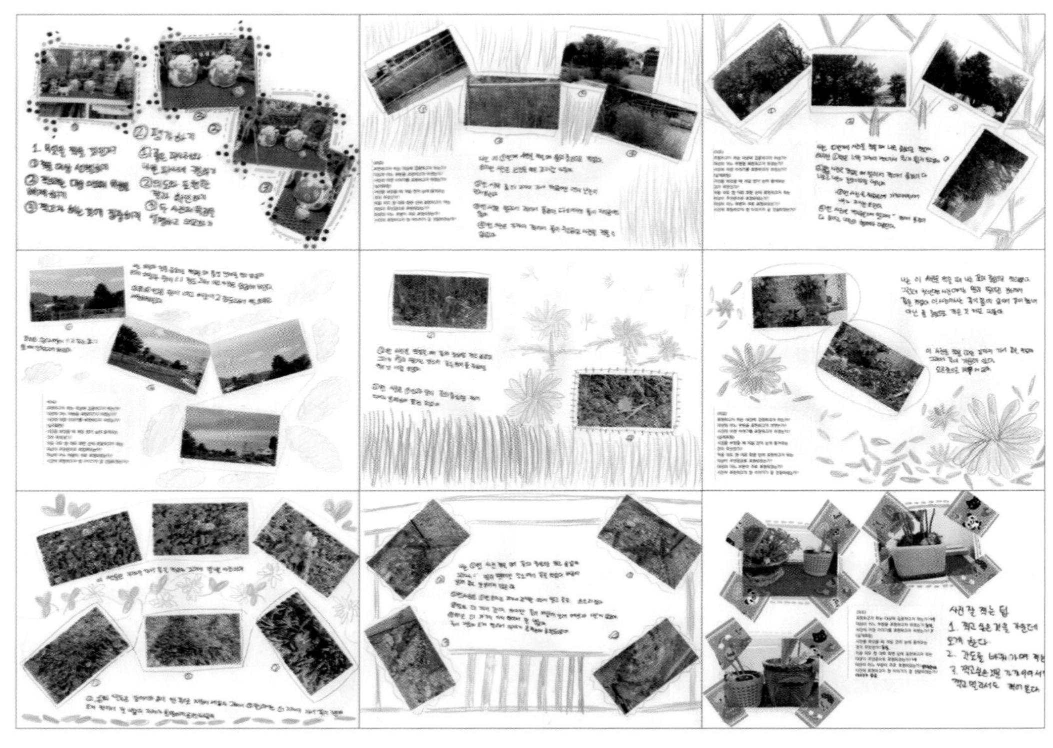

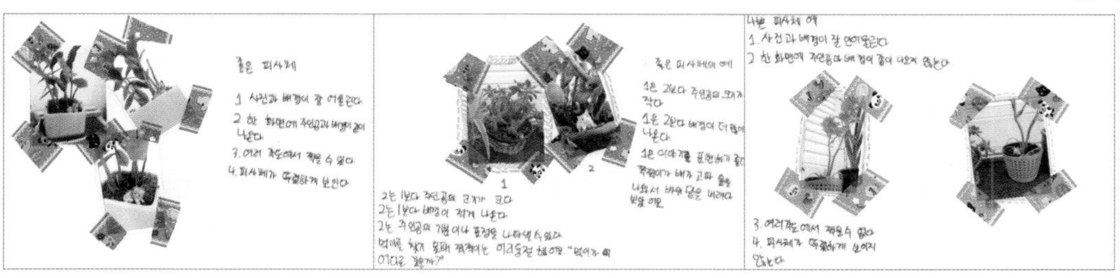

사진작가 놀이 후 직접 찍은 사진들로 만든 스크랩북 예

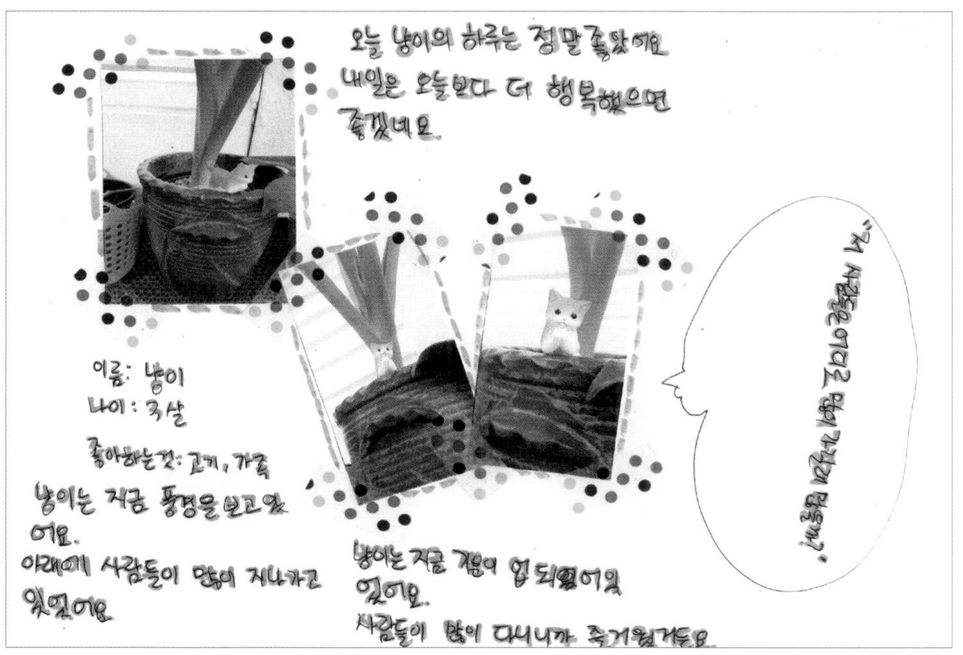

자신이 찍은 사진을 선별하여 짧은 동화 만들기 예

2) 사진 놀이

사진 놀이는 사진 자체를 가지고 노는 작업으로, 사진작가 놀이에 이어서 진행할 수 있다. 사진 놀이는 사진 위에 그림을 그리는 리터치 놀이, 사진을 자르고 이어 붙이는 편집 놀이, 연사를 활용하여 '변신'이나 '특수효과'를 주어 스톱 모션 놀이 등으로 이루어진다.

(1) 리터치(retouch) 놀이

- 사진을 인쇄하거나, 사진 편집 앱을 이용하여 사진 위에 그림을 그리고, 스티커를 붙여 꾸미거나 필터 효과를 준다.
- 사진에 부연설명을 쓰거나, 효과음, 꾸밈말 등을 넣어 꾸민다.
- 사진을 사진 용지나 A4 용지에 인쇄 또는 인화하여 네임펜이나 아크릴 물감 등으로 꾸민다.

Snow 앱의 경우 얼굴 인식을 통해 다양한 증강현실 효과를 얻을 수 있고, 자신의 얼굴을 만화 캐릭터의 특징을 살린 얼굴로 변환해 준다. Paper Camera의 경우 장면 전체를 여러 가지 질감의 종이에 그려진 그림이나 만화 느낌으로 사진을 변환해 준다. Meitu의 경우 인물 사진을 일러스트처럼 변화시켜 주어 자신의 모습으로 전혀 다른 느낌의 주인공을 만들어 낼 수 있다. 또한 아기 얼굴 만들기로 유명한 Snapchat이나 기타 노인 얼굴 만들기가 가능한 앱으로 다양한 연령대의 얼굴을 만들 수도 있다.

Photo Wonder나 Paper Camera, Meitu, Snow, Snapchat Miniature Photo Creator, GIF Maker, Snap Movie, Kine Master 등의 사진, 영상 편집 앱과 휴대전화 자체 편집기능 등이 유용하다.

Meitu를 통해 여러 가지 그림체로 변환된 사진

Paper Camera로 연출한 레고 무비

(2) 편집(editor) 놀이

- 인쇄한 사진을 종이에 붙이고 사진에 이어 그림을 그린다.
- 인쇄한 사진을 돌멩이나 나무 등의 자연물에 붙이고 아크릴 물감으로 이어지는 그림을 그려 본다.
- 먹지나 연필을 활용하여 연필 판화 기법으로 스케치를 하고 채색한다. 기름종이나 OHP 필름을 활용해도 좋다. 연필 판화의 경우 그림 실력에 자신이 없는 내담자가 손쉽게 높은 질의 결과물을 얻을 수 있으며, 특히 자아상이 부정적인 내담자의 경우 자신이 생각하는 자기 모습을 먼저 그려 보고, 이후에 연필 판화로 자화상을 그려 비교함으로써 자기 자신에 대한 인식의 변화를 촉진할 수 있다.
- 판화 기법을 사용하여 아크릴 물감으로 사진 판화를 만든다.
- 사진을 반으로 자르거나, 인물 등의 일부분만 잘라 내고, 해당 부분을 그림으로 채워 본다.
- 사진 외에 다른 재료를 덧붙여 콜라주한다.

(3) 스톱 모션(stop motion)과 영화(movie) 놀이

- 동화의 배경을 그려서 세워 둔 뒤, 인형이나 사물을 조금씩 움직이며 사진을 촬영하고, GIF 파일을 만드는 앱을 활용하여 움직이는 사진으로 만들 수 있다.
- 카메라의 '연사' 기능으로 인물의 움직임을 찍은 다음 GIF 파일을 만드는 앱으로 움직이는 사진을 만들 수 있다.
- 종이인형이나 레고, 인형극 도구 등을 활용하여 연극하는 장면을 촬영하여 영화를 만들 수 있다.
- 대본쓰기, 기획, 연출, 촬영, 음향, 특수효과 등 영화에 필요한 제반 사항을 내

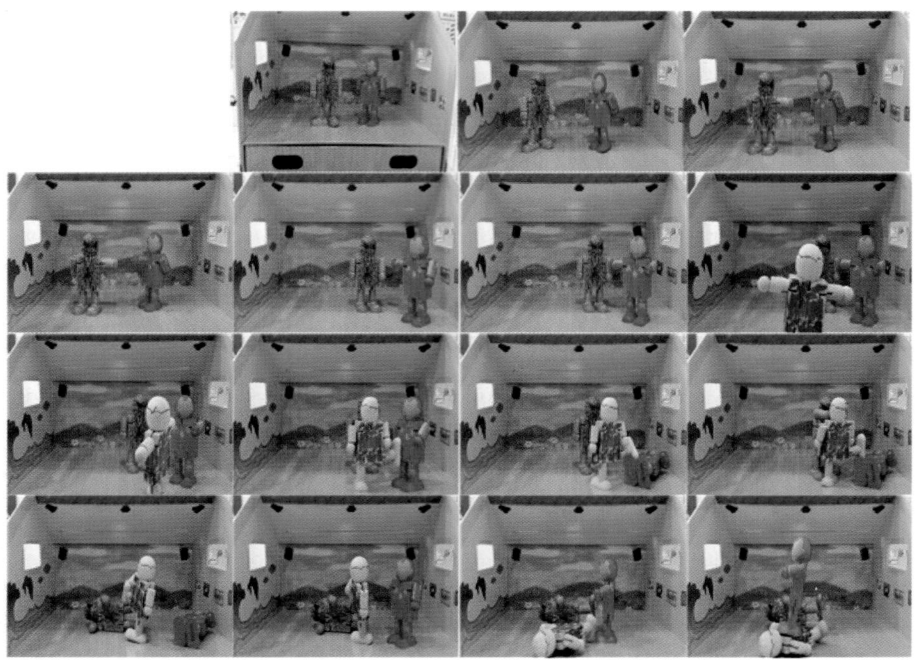

GIF 애니메이션

GIF 애니메이션 제작의 예

담자가 직접 고려하여 프로듀싱 함으로써 전체를 보는 눈이 길러지고, 여러 가지를 고려하며 행동하게 된다.

이 활동만 진행했던 내담자의 경우 초기에는 전혀 글을 쓰지 않으려 하고, 맞춤법이 틀린 2~3어문 형태의 문장 한두 줄을 쓰는데 20분 이상 걸렸다. 그리고 이야기의 줄거리는 내용이 없이 싸움을 반복하고, 한 시간 내내 치고 박는 전쟁 장면만을 표현하였다. 또한 영상을 찍을 때 어디를 중심으로 찍어야 하는지, 어떤 구도로 찍어야 하고, 화면이 잘리지 않으려면 어느 정도 범위를 벗어나지 말아야 하는지 등을 판단하는 데 어려움을 겪었다. 그러나 종결 시점에는 5분 만에 네 줄에 걸친 한 문장의 줄거리를 완성하였고, 적절한 시간 안에 기승전결이 있었다. 또한 영상의 구도를 계획하고 촬영하게 되었으며, 레고 영화의 시작부터 끝까지 한 번도 화면을 벗어나지 않고 안정적인 연출을 할 수 있게 되는 등 전반적인 향상을 보였다. 비록 스톱모션과 영화 만들기라는 한 가지 활동이지만 여기에는 계획하기, 구성하기, 핵심 찾기, 장면 세분화하기, 활동 범위 정하기, 자기 통제, 시지각 및 공간지각 등 종합적이고 복합적인 요인들이 작용하고 있기 때문에 가능한 변화다. 꼭 이 활동이 아니라도, 내담자가 흥미를 보이는 활동 속에서 성취해야 할 목표를 발굴하고 촉진할 수 있다면 보다 즐겁게 작업에 몰입할 수 있을 것이다.

(4) 모델 놀이

다양한 포즈와 분위기로 사진을 찍어 보자.

내담자의 동의를 얻고 내담자나 내담자의 작업 장면을 사진으로 남기다 보면 종종 단순히 변화의 기록을 넘어 또 다른 효과가 나타나곤 한다. 주로 내담자의 변화 모습, 작품을 완성하여 들고 있는 사진, 완성된 동화책을 들고 작가의 포즈를 취하는 사진, 작가 프로필 사진 등을 찍어 가정에 보내곤 하는데, 이렇게 사진을 많이 찍다 보면 내담자가 카메라를 똑바로 응시하는 횟수와 유지 시간이 증가하고, 이후로 내담자가 눈맞춤을 하는 횟수와 지속시간도 늘어났다. 많은 내담자가 이러한 변화를 보였는데, 그중에 특히 기억에 남는 케이스가 있다.

어느 발달장애 내담자는 치료자의 명찰 속 사진과 치료자의 얼굴을 번갈아 바라

보기 시작하더니, 점차 다른 사람의 얼굴을 인식하고 반응하기 시작했다. 또 다른 발달장애 내담자의 경우 어느 날 갑자기 액자나 벽을 치기 시작했는데, 알고 보니 치료자의 자격증에 붙은 사진과 자화상 액자가 치료자임을 알아보고, 이 사진과 그림의 대상이 치료자임을 표현하고자 한 것이었다. 사진이나 액자가 구석진 곳이나, 본인의 시선보다 높은 곳에 있음에도 이를 발견한 것, 각 사진마다 머리 길이나 인상이 상당히 다름에도 동일한 사람으로 인식했다는 점에서 내담자의 변화가 크게 다가온 일이었다. 두 내담자 모두 무발화 내담자였는데 공교롭게도 이 시기를 전후로 하여 수용언어의 향상이 눈에 띄었고, 동작 및 발성 모방에 향상을 보였다.

자폐 스펙트럼 장애가 있는 내담자의 경우 눈을 바로 마주치기 어렵고, 눈맞춤 유지 시간이 매우 짧은 경우가 많다. 이를 두고 그들의 시선에는 어느 한 사람의 얼굴에 수많은 다른 얼굴이 겹쳐 보이기 때문에 시선을 회피하는 것이라는 인터뷰를 본 적이 있다. 사진은 평면적이고 움직임 없이 고정된 것이다. 사진의 이미지와 실제 치료자의 얼굴을 매칭하게 되었다는 것은 수많은 겹쳐진 얼굴 사이에서 치료자의 얼굴을 의미 있는 대상으로 분리할 수 있는 변별력을 갖게 되었다는 것이 아닌가 하는 가설을 세워 보며, 연구해 볼 가치가 있는 부분이라고 생각한다. 사진 찍기가 내담자를 그렇게 변화시킨 결정적인 요소라고 할 수는 없겠지만, 내담자의 변화를 인식할 수 있는 표지자 중의 하나는 될 수 있다.

3) 변신과 특수효과

태블릿 PC와 빔프로젝터를 연동하면 실시간 옷 입히기놀이나, 변신놀이, 특수효과 표현이 가능하다. 먼저, 동화 속 주인공이 입는 옷을 그린다. 종이에 그려서 촬영하거나 스캔할 수도 있고, 태블릿 PC나 그림 앱을 활용하여 바로 그림 파일로 저장할 수도 있다. 암막 커튼 등으로 주변을 어둡게 한 뒤, 프로젝터로 옷 그림을 벽에 비추고, 내담자가 옷 그림에 맞춰 서서 옷을 갈아입는 놀이가 가능하다. 이때,

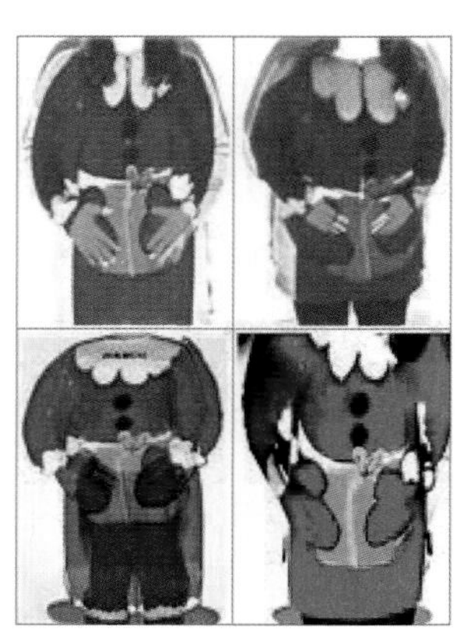

빔프로젝터로 옷 갈아입기 활동의 예

내담자의 옷은 밝은 색이 좋으며, 만약 밝은 색 옷을 미리 준비하지 못했다면 A4 용지나 도화지, 4절지 등 내담자의 몸에 맞는 크기의 종이나, 밝은 색깔 천이나 앞치마, 보자기 등을 앞섶에 부착하여 옷 그림이 더 잘 비치게 할 수 있다. 옷 이외에도 숲이나 바다 같은 배경이나, 마법적인 효과를 내는 장면 등을 연출하며 그 속에 들어가 볼 수 있고, 카메라로 해당 장면을 촬영하면 동화책의 삽화로 활용할 수 있다.

4) 증강현실(AR) 드로잉

증강현실이 게임이나 교육 현장에 속속 반영되고 있는 가운데, 증강현실을 이용한 창작활동의 접근성도 대폭 향상되었다. 여러 가지 증강현실 솔루션이 개발되어 기업이나 전시관 등에서 활용되고 있고, 갤럭시 노트 10부터는 이제 특별한 도구 없이 휴대전화만으로도 실시간으로 증강현실 창작활동이 가능하게 되었다. 증강현실

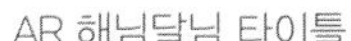
AR 해님달님 타이틀

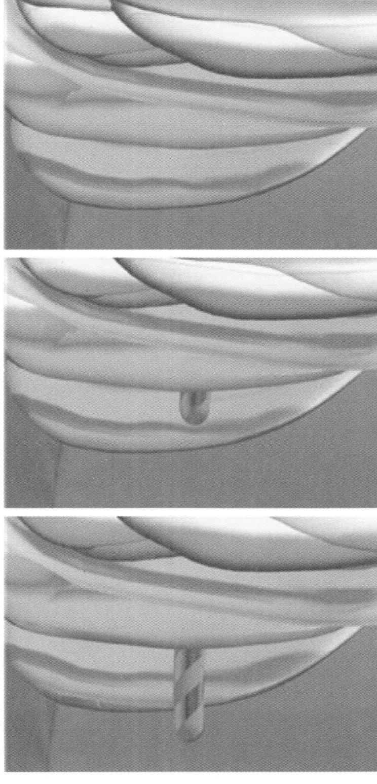

하늘에서 내려오는 AR 동아줄

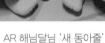

AR 해님달님 '새 동아줄'

AR 선녀와 나무꾼 '두레박'

그림 그리기(Augmented Reality Drawing)는 현실 세계의 배경 위에 위치정보를 저장하여 사용자가 그린 그림이 해당 위치에 고정되어 360도 전 반향에서 감상이 가능하다. 그리는 과정이나 완성된 그림을 여러 방향에서 바라보며 동영상 촬영이 가능하므로 동화의 장면을 실감나게 연출할 수 있다.

5) 크리에이터

동화를 읽는 것을 휴대전화로 녹음하여 오디오북을 만들 수도 있다. 이때, 적절한 타이밍에 배경음악이나 효과음 등을 컴퓨터로 재생하고, 구연동화와 같이 생동감 있게 책을 읽어 주면 보다 완성도 있는 오디오북이 된다. 비디오북 또한 오디오북과 같은 방식으로 작업한다. 다만, 녹음이 아닌 녹화를 사용하는데, 책을 넘기면서 읽

거나, 컴퓨터나 태블릿 PC에서 슬라이드를 넘기며 읽으면 된다.

6) 유튜버

유튜브 등을 통한 개인방송 BJ들의 성공이 이어지면서 요즘 남녀노소를 불문하고 많은 이가 유튜버에 도전하고 있다. 특히 아동·청소년의 경우 유튜버에 대한 동경이 대단한 경우가 많은데, 이런 내담자의 경우 스스로 유튜버가 되어 BJ 별명을 정하고, 실제 BJ 들과 같이 자기소개를 하고, 동화책이나 동화치료 결과물을 설명하고, 동화 1분 또는 30초 요약, 1인극 등의 활동을 해 볼 수 있다.

유튜버 놀이를 하면서 어떤 내담자는 자기소개에서 스스로가 장애인임을 자연스럽게 소개하며 자기 상황을 직면함과 동시에 이를 강점으로 활용하였고, 어떤 내담자는 장난감을 소개하며 NG를 여러 번 내었으나 짜증내지 않고 계속 촬영을 시도하였으며, 반복적인 촬영을 통해 또박또박 정확하고 조리 있게 말하는 법을 자연스럽게 익혀 나가기도 하였다.

또한, 치료 초기에는 이야기 한 줄을 만드는 데 30분이 걸릴 정도로 문장력이 부족하고 상상력이 부족했던 내담자는 만화나 영화를 설명하고, 스스로 이야기를 만들어서 레고로 장면을 연출하고, 그림으로 배경을 꾸며 영화를 촬영하는 과정에서 문장력과 표현력이 향상되어 5분 만에 10분짜리 영상의 줄거리를 만들어 내기도 하는 등 긍정적인 효과를 얻을 수 있었다.

동화 코딩치료에서는 동화 주인공의 사고와 행동의 패턴을 파악하고, 나라면 이런 상황에서 어떻게 행동할 것인지에 대해 생각하며 개개인의 마음 코딩과 행동 코딩 능력을 점검할 수 있다.

1. 코딩

코딩(coding)은 영어 코드(code)에서 유래한 말이다. 코드는 암호나 부호 등을 뜻하며, 각각의 암호나 부호를 연결하여 특정 결과를 도출하도록 엮는 것이 바로 '코딩'이라고 할 수 있는데, 우리가 흔히 전산 분야에서 '프로그래밍'이라 부르는 것이라고 할 수 있다. 어떤 특정한 기능을 가진 프로그램을 만들기 위해서는 관련한 데이터를 모으고, 이를 저장 장치에 어떻게 입력할지 구조화해야 한다. 그리고 저장된 자료를 어떤 명령어로, 어떻게 몇 번씩 실행할 것인지 알고리즘을 짜고 컴퓨터가 이해 가능한 언어(C언어, 자바, 파이선 등)로 입력해야 하며, 이것이 프로그래밍(코딩)이

다. 만들고자 하는 프로그램을 '문제'라고 하면 프로그래밍, 즉 코딩은 그 '문제를 논리적이고 효율적이며 창의적으로 해결하는 과정'이라 할 수 있다. 이러한 과정은 우리가 어떤 문제를 해결하기 위해 생각을 구조화하고 논리적이고 효율적인 대응 방법을 찾아가는 과정과 유사하기에 코딩을 알면 문제해결력과 논리적 사고력, 창의력에 도움이 된다.

그렇다면 코딩은 우리 생활에 어떻게 반영되고 있을까? '프로그래밍'이나 '코딩'이라는 단어에서 컴퓨터 프로그램과 모바일 앱, 게임 등을 떠올리기 쉽지만, 그 외에도 의외로 우리 주변에는 코딩의 결과물을 흔히 찾아볼 수 있다. 휴대전화 잠금 패턴, 주민등록번호, 우편번호, 바코드, QR코드, 엘리베이터 버튼, 자동문, 책의 목차, 포토샵 레이어, 신호등, 야구선수의 수신호, 제스처, 책상 조립 순서, 옷 입는 순서, 데이트 플랜이나 장보기 계획, 여행의 동선을 짜는 것까지 편리하고 합리적인 생활을 영위하기 위한 여러 가지 장치와 효율적인 방법 모두 코딩의 산물이다.

뿐만 아니다. 우리의 무의식적인 행동에도 코딩의 개념은 들어 있다. 갓난아기는 배가 고프면 우는데, 그 결과 우유를 먹어 배가 부르게 되는 경험을 함으로써 '배고픔'에 대한 알고리즘을 완성하고, 이를 반복하여 사용한다. '배고픔Y−울음Y−우유Y−배고픔N−울음N'의 알고리즘이 학습된 것이다. 이는 고전적 조건화나 조작적 조건화 등의 학습이론, 행동주의 이론과도 일맥상통한다. 이외에도 장애물을 통과할 때 몸을 어떻게 움직여야 하는지 떠올리는 것과 같이 동작을 계획하는 것, 과제를 해결하기 위해 해야 하는 일의 순서를 정하는 것, 친구와의 싸움 후 어떻게 화해를 할 것인가 하는 것, 또는 오류가 발생한 일의 순서를 되짚어 보는 것도 코딩이라 할 수 있다.

가만히 살펴보면 '코딩이 아닌 것이 없다.'고 할 정도로, 코딩은 이미 우리 생활 전반에 깊숙이 자리하고 있으며, 알파고와 같이 '무생물을 생물처럼 생각하고 학습하게' 할 정도로 파급력이 있다는 점에서 코딩의 가능성은 앞으로도 활짝 열려 있다.

코딩과 비슷한 개념으로 컴퓨팅 사고력(Computational Thinking: CT)도 있다. 컴퓨터는 주어진 복잡한 문제를 단순화, 분류를 통해 여러 가지 일을 동시에 처리하거나, 우선순위를 정해 순차적으로 처리하며, 시뮬레이션을 통해 오류를 찾고, 수정하여 논리적이고 효율적으로 결론을 도출해 낸다. 이렇게 '컴퓨터처럼 사고하게' 되면 우리 생활에서 발생하는 문제들에 대해서도 논리적이고 효율적인 대처가 가능해진다.

외국에서는 이미 컴퓨터 사이언스(Computer Science: CS)라는 이름으로 이러한 교육이 이뤄지고 있으며, 우리나라도 최근 교육과정에 코딩 교육이 필수 교과로 지정되었다. 현재 공교육 과정에서의 코딩 교육은 언플러그드 코딩 게임과 '엔트리' '스크래치' 같은 프로그램이나, 명령어와 센서를 통해 움직이는 로봇 실습으로 이루어진다.

'언플러그드 코딩(unplugged coding)'은 '수 읽기, 예측하기, 규칙, 순서' 등의 코딩의 원리가 들어 있는 게임들을 주로 지칭한다. 블록, 레고, 맥포머스 등의 현대식 놀잇감은 물론이고, 칠교, 장기, 체스, 바둑, 오목, 오셀로, 땅따먹기, 고누, 사방치기, 한붓그리기, 슬라이스 게임, 다이아몬드, 틱택톡, 구슬치기, 실꿰기, 종이접기, 가베, 테트리스, 러시아워, 부루마블, 뱀 사다리 게임 등 수많은 보드게임과 전통적 놀잇감이 여기에 속한다. 바야흐로 '놀면서 배우고, 게임도 공부'인 시대가 도래한 것이다.

'엔트리' '스크래치'와 같은 코딩 프로그램은 DOS에서 명령어를 쳐서 컴퓨터를 실행하는 것, 태그로 홈페이지를 편집하는 것, 자바스크립트나 C언어 등으로 프로그램을 만드는 것 등과 같은 원리이며, 어려운 프로그램 명령어를 단순화하여 그림과 간단한 순서도를 통해 원하는 장면을 연출하게 도와주는 것이다. 이들 프로그램의 형태나 설정 사항은 파워포인트의 애니메이션 효과 설정하기나 영상편집, GIF 애니메이션을 만드는 방법 등과 유사한데, 코딩 프로그램들은 프로그래밍 과정만 잘 생각하면 드래그 앤 드롭이나 간단한 설정 변경만으로도 누구나 그럴듯한 결과물을 만들 수 있도록 짜여 있다. 간단하게 예를 들어 보자면, (1) 사람이 서 있는 장면, (2) 손을 모은 장면, (3) 고개 숙인 장면으로 세 가지 그림을 두고, 이것을 (1)-(2)-(3)-(2)-(1)의 순서로 그림을 배열하여 실행시키면 인사하는 모습의 애니메이션이 만들어지는 것과 같다. 물론, 단계가 올라가면 점점 더 복잡한 형식을 띠며, 그리하여 최종적으로는 디지털 시대에 맞게 소프트웨어 프로그램이나 애플리케이션 개발까지도 가능한 수준으로 서포트 하는 것이 최근 각광받고 있는 코딩교육이다.

2. 마음 코딩

마음 코딩(mind coding)이란 나의 감정과 그에 대한 반응과 대응에 대해 인지하고, 그 경험을 바탕으로 논리적인 행동 목록, 대처 목록을 만들어 유사 상황에 적용하며, 일반화하는 과정이다.

- 나는 기분이 안 좋으면 어떻게 하는가?
- 나는 스트레스가 쌓이면 어떻게 하는가?
- 나는 화가 나면 어떻게 푸는가?
- 나는 짜증이 날 때 어떤 반응을 하는가?
- 나는 피곤할 때 어떤 반응을 보이고, 그래서 무엇을 하는가?

마음 코딩은 '지금-여기'가 중요하다. 상황을 변화시킬 수 있는 코딩을 하기 위해서는 지금, 내 마음 상태를 있는 그대로 알아차리는 것이 선행되어야 한다. 내가 지금 불안해하고 있음을 알아야 자기 암시나 불안의 요소를 피하거나 제거하는 등의 해소 코드를 사용할 수 있기 때문이다.

마음을 코딩하기 위해서 우리는 마음의 여러 상태를 하나하나의 코드로 지정하고, 필요에 따라 엮어서 하나의 알고리즘을 만들 수 있다. 예를 들어, '화나다'라는 코드를 '화가 풀리다'라는 코드로 바꾸고 싶다면, 그 사이에 '음악을 크게 듣는다'라는 코드를 넣어 볼 수 있다. 그 결과, 화가 풀렸다면, '화가 남-음악 크게 듣기-화가 풀림'이라는 코딩이 완성되는 것이다. 당연하게도, 사용할 수 있는 코드가 많을수록 그리고 잘 표현할수록 더 효과적이고 효율적인 코딩이 가능해진다. '음악 크게 듣기'의 자리에 운동하기, 먹기, 속으로 숫자세기, 자리에서 벗어나기, 수다 떨기 등 넣을 수 있는 대처코드가 많을수록 화는 빨리 풀릴 것이다.

- 나는 상황에 맞는 코드를 사용하는가?
- 나는 얼마나 효율적인 코딩을 사용하고 있는가?

• 이 상황에서 나는 몇 개의 코딩이 가능한가?
• 나는 하나의 코딩으로 얼마나 많은 상황에 대처 가능한가?
• 코딩의 오류를 깨닫지 못해 감정이 풀리지 않는 것은 아닌가?

3. 이야기 코딩

이야기 코딩(story coding)은 이미 전개되어 있는 동화의 내용을 구조화하고, 일화별로 나누어 동화 주인공의 생각과 느낌, 말과 행동의 패턴을 파악하는 과정이다. 이야기 코딩을 통해 분석된 내용을 바탕으로 나라면 이런 상황에서 어떻게 행동할 것인지에 대해 생각하며 개개인의 마음 코딩과 행동 코딩 능력을 점검할 수 있다.

예시 「여우와 신포도」

① 장면의 핵심을 나눠 쓰기

예) 배고픈 여우가 포도밭을 지나간다. 여우는 달콤한 포도향에 포도가 너무 먹고 싶었다. 울타리에 막혀 포도밭에 들어갈 수 없다. 맛없는 포도라고 생각하고 지나간다.

② 반대로 생각하기, 과장해서 생각하기

• 반대로 생각하기: 포도밭에 들어갈 수 없다. >포도밭 울타리가 크게 부서져 있었다.
• 과장해서 생각하기: 여우는 달콤한 포도향에 포도가 너무 먹고 싶었다. >여우는 이 세상의 것이 아닌 것 같은 달콤한 포도향에 완전히 빠져서 눈빛이 변했다.

③ 등장인물의 반응 유추하기

• 생각과 느낌 구분하기: 해당 상황에서 등장인물의 생각과 느낌을 구분하여 적는다.
  –여우의 생각: 포도를 딸 방법이 없다.
  –여우의 느낌: 실망, 배고픔, 아쉬움
• 대처 사고와 대처 행동: 문제를 해결하기 위해 어떻게 생각하고 어떤 행동을 해

야 할지 적는다.

–대처 사고: '저 포도는 너무 시어 맛이 없을 거야.'

–대처 행동: 자리를 떠난다.

「벼락부자가 된 총각」을 통한 동화치료 과정

- 이름에 괄호하기 사용: 주인공 호칭을 자기 이름으로 바꿔 읽는다. (총각 > 지민)
  스트룹 테스트와 같이 시각적 정보와 수행해야 하는 정보가 달라 종종 혼동하여 읽기도 하며, 초기에는 잘 바꿔 읽다가 시간이 흐를수록 집중도가 떨어져 혼동을 보이기도 한다.
- 책을 보지 않고 이야기를 시간과 장소 순서대로 이야기한다.
- 사건, 느낌, 생각, 말과 행동으로 카테고리를 나누어 이야기를 분석한다.

사건	느낌	나의 생각	말과 행동
도둑으로 오해받은 지민	억울함	누명을 씌우다니! 꼭 밝혀내야겠어! (하지만 이야기 전개상 주인공은 죽으려고 했어요. 무슨 생각이었을까요?) > 내가 죽어서 진실을 알리자.	산에 감
누가 타일렀음	엄마가 보고 싶은 마음	설득력이 있다. 그건 그래, 아직 한참 남았는데. 누명을 씌우다니! 꼭 밝혀내야겠어!	산을 내려옴
도깨비를 만나서 물리침	무서움	이길 수 있을 거야. 약점을 잡으면. "호랑이 굴에서 정신만 차리면 산다더니."	약점을 말하게 유도함
도깨비가 도망갔다가 다시 와서 돈을 뿌림	와~ (신남)	이제 벼락부자다! 이 멍청한 도깨비!	무서워하는 척하면서 "그래, 그래, 더 뿌려라!"

- 도깨비 주제 생각 말하기와 단어 확장

  치료자: 도깨비는 왜 멍청한 걸까요?

  아동: 순수하니까요. 총각이 도깨비한테 무서운 것을 말하면 자기도 말하겠다고 했는데 그걸 믿고 그냥 진짜 말해 줬잖아요.

  치료자: 그런데 '멍청하다'와 '순수하다'가 완전히 같은 의미는 아닐 텐데, 그럼 어떤 차이가 있을까요?

아동: 멍청한 것은 아예 생각을 못하는 것이고, 순수한 것은 모든 말을 믿는 거요. 그런데 진짜로 사전에 그렇게 되어 있어요?

치료자: 그럼 사전을 직접 검색해 봅시다.

* 사전적 의미: 멍청하다(자극에 대한 반응이 무디고 어리벙벙하다.), 순수하다(사사로운 욕심이나 못된 생각이 없다.)

아동: 그러면 도깨비는 멍청해요. 근데 순수한 것도 같고…….

치료자: 남이 하는 말을 의심 없이 믿는 것을 표현하는 말로 '순진하다(꾸밈없이 순박하다. 물정을 모르고 어리숙하다)'가 있어요.

아동: 아, 그럼 도깨비는 멍청하기도 하고, 순진해요.

4. 이야기판 코딩

이야기판 코딩(story board coding)은 동화 내용에서 핵심 소재나 장소를 파악하여 보드게임의 형태로 재구성하는 것이다. 게임판의 형태와 진행에 코딩을 접목하여 문제해결력을 기를 수 있다.

① 빙고판과 같이 5×5 이상의 격자무늬의 언플러그드 코딩판을 만든다.

② 출발 칸과 도착 칸을 정하고, 각 칸에 동화의 핵심 소재나 인물, 장소, 도구 등을 적거나 그려 넣는다.

- 화살표 게임 방식: 코딩 판을 눈으로만 보면서 특정 소재를 가지고 도착지점에 닿기 위해서는 화살표가 몇 개 필요한지 세어 본다.

  예시 「해와 달이 된 오누이」

- 화살표가 5개뿐이라면 어디로 가야 호랑이를 피할 수 있을까?
- '부엌'에서 '도끼'를 가져와 '나무'에 올라 '새 동아줄'을 얻어서 '해님달님'이 되려면 어떤 화살표가 몇 개 있어야 할까?
- 주사위 게임 방식: 주사위를 굴려 나오는 눈의 수만큼 말을 움직여 필요한 물건이나 장소를 거쳐 누가 먼저 도착지점에 닿는지 대결한다.

참기름			새 동아줄		해님달님 (도착)
	부엌		나무		썩은 동아줄
		도끼			
초가집 (출발)			호랑이		수수밭

5. 로봇 코딩

로봇 코딩(robot coding)은 시중에 나와 있는 코딩 교육용 로봇을 활용하는 방법이다. 코딩 로봇은 주어진 길을 임의로 이동하다 특정 색깔 코드로 명령을 입력하면 이를 순서대로 수행한다. 진행 방향이나 속도 등을 설정할 수 있어 동화의 진행에 맞춰 로봇을 움직일 수 있다.

1) 동화 지도

동화마을의 지도를 그리고 오조봇을 주인공으로 하여 이야기를 만들어 나간다. 지도 곳곳에 사건이나 인물 단서 카드를 배치하고 오조봇이 지나가는 카드를 모아서 이야기를 진행할 수 있다.

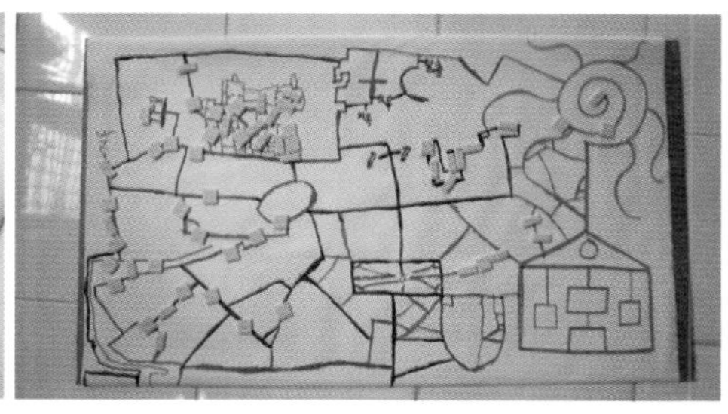

「해와 달이 된 오누이」나 「빨간 망토」와 같이 길을 따라 진행되는 이야기의 경우 이야기의 동선을 코딩 로봇이 가는 길을 그려서 표현할 수 있다.

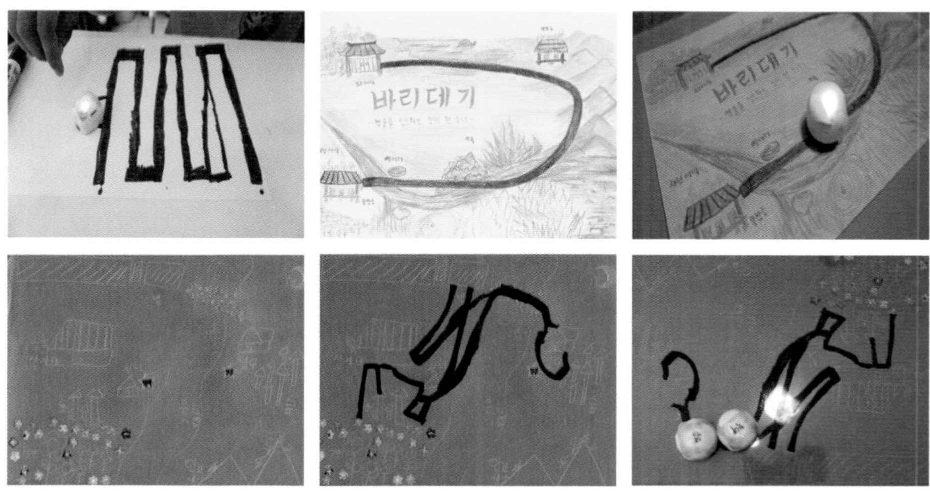

「견우와 직녀」 하늘나라 지도

수식 코드를 일정 개수 이상 풀어야만 다음 이야기로 넘어가는 등의 장치를 통해 학습과 연계할 수도 있다.

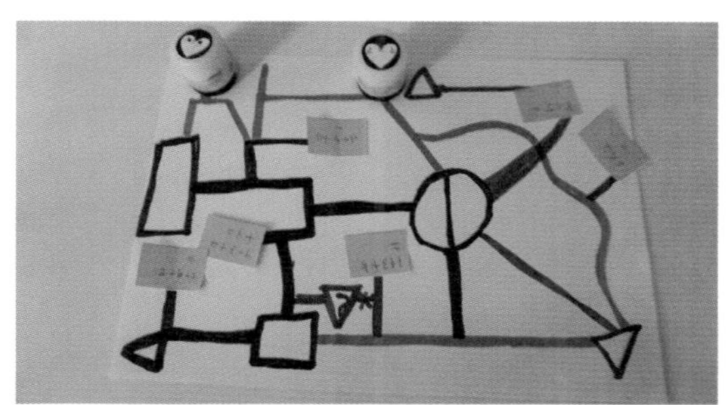

「라푼젤」이나 「잠자는 숲속의 미녀」와 같이 '구출' 소재가 있다면, 블록이나 물병 뚜껑으로 성을 쌓아 안에 든 주인공을 구하거나, 미로를 통과해 주인공을 구하는 놀이가 가능하다.

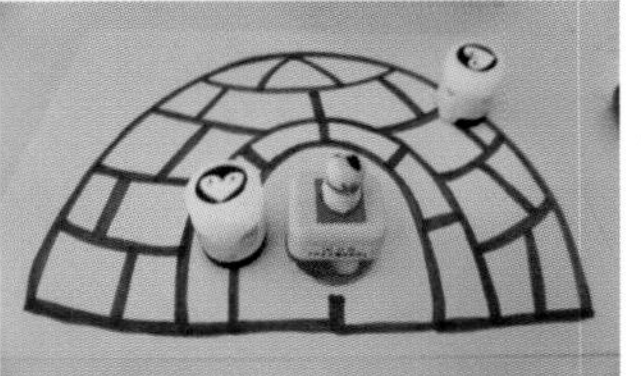

'구출' 또는 '미로' 소재의 코딩 놀이

마을 지도 위에 OHP 필름을 올려 로봇 코딩을 위한 길을 그린 후 분리하면 약도가 된다.

심청이네 마을 지도

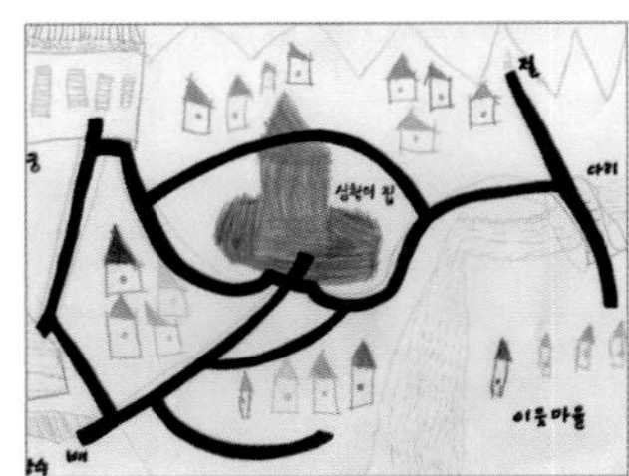

OHP 필름 위에 그린 길

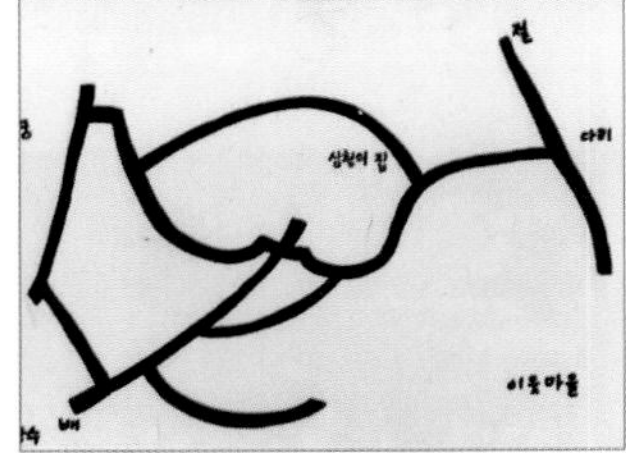

필름만 떼어 낸 약도

2) 랜덤 선택 지도

일종의 사다리 타기 방식으로, 무작위로 선을 그은 뒤 도착점을 여러 개 만들어 코딩 로봇이 어디에 도착하느냐에 따라 어떤 방향으로 이야기를 마무리할지 선택할 수 있다. 이때, 내담자의 심리 상황에 따라 긍정적 결말의 수나 부정적 결말의 수가 차이가 나는 것을 볼 수 있는데, 다음 그림에서 아동은 세 곳의 지옥과 한 곳의 좀비 세상, 인생 끝, 천국 등의 선택지를 만들었다.

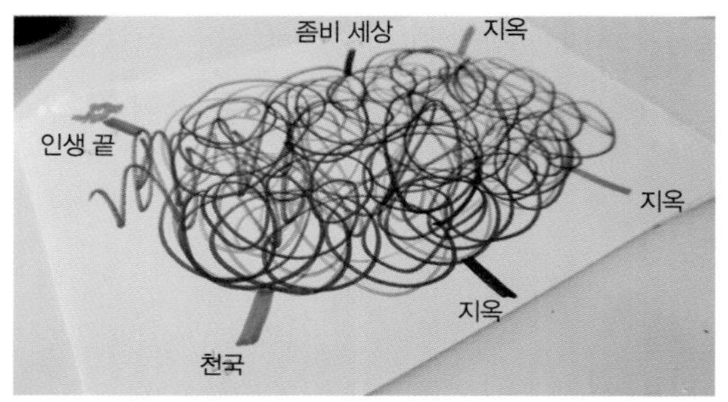

6. 행동 코딩

행동 코딩(behavior coding)이란 코딩의 원리를 활용하여 특정 상황에서 자신이 취할 행동을 순서대로 계획하고 수정하여 상황에 맞게 표출하도록 하는 것으로, 자기 암시를 통해 자기 통제력을 기를 수 있게 하는 과정이다. 또한 행동 코딩의 과정에서 차례 지키기, 대화 순서 지키기, 말 속도 조절하기, 기다리기 등을 학습할 수 있다.

1) 행동 코딩 카드

동화 주인공의 동작이나 말, 행동 등을 선택하여 코딩 카드를 만든다. 카드 순서에 따라 인형을 움직이거나, 자기 자신 또는 다른 사람이 카드의 지시를 따라 움직이며, 동작을 수행하지 못하면 벌칙을 받는 놀이를 진행할 수 있다. 동화에 나온 순서 외에 새로운 동작을 넣거나 순서를 바꾸어 보면 색다른 재미를 얻을 수 있다.

그룹 활동에서는 다른 사람이 취할 수 있는 동작만을 기획해 줄 것을 강조하여 타인을 배려하는 법, 다른 사람의 마음 읽기, 서로 곤란한 것을 피하기 위해 타협하는 법 등을 체험할 수 있게 하여 사회성 증진에 도움을 줄 수 있다.

예시 1 「해와 달이 된 오누이」에서 호랑이의 행동 코딩하기

손 내밀기	엄마 목소리 내기	발 내밀기	호랑이 소리 내기	나무 타기 흉내	썩은 동아줄 잡기	좌절

예시 2 원작동화와 다르게 각색하여 새로운 결말을 만들어 낼 수 있다.

"호랑이는 오누이를 쫓아내고 따뜻한 방에서 잠을 잤어요."

문 부수기	아들 잡기	아들 내놓기	딸 잡기	딸 내놓기	눕기	잠자기

각각의 동작 카드에 지속 시간이나 횟수를 부여하여 움직임을 더욱 어렵게 통제할 수도 있다. 이러한 동화 동작 루틴을 여러 개 만들어 연결하면 한 편의 동작극이 만들어진다.

손 내밀기	엄마 목소리 내기	발 내밀기	호랑이 소리 내기	나무 타기 흉내	썩은 동아줄 잡기	좌절
2초	3초	1초	3초	5초	4초	2초

예시 3 아동의 로봇 놀이 코딩

1차 시도

기름칠	고기	똥 싸기	밟다	싸우다	뛰다	공격

2차 시도

싸우다	밟다	고기	똥 싸기	기름칠	뛰다	공격

3차 시도

고기	똥 싸기	기름칠	뛰다	공격	밟다	싸우다

아동은 자신이 원하는 움직임을 만들기 위하여 반복적으로 코딩을 시도하여 동작의 오류를 발견하고 수정하며 맥락에 맞는 동작을 코딩하는 데 성공하였다.

아동의 로봇 놀이 코딩

2) 동작 코딩

동작 코딩은 책을 듣거나 읽는 중간에 특정 단어를 '동작 명령어'로 정하고, 해당 '동작 명령어'가 나오면 취할 동작을 정한 후 이야기 전개 중 '동작 명령어'가 나오면 해당 동작을 수행하는 것이다. 수준에 따라서 한 가지 동작 명령어에서 점차 두 가지, 세 가지로 명령어의 개수를 늘려 나간다. 이야기에 주의를 기울여야 하므로 청각적 주의집중력, 순발력, 작업기억력, 행동통제 훈련이 되며, 응용하기에 따라 조음기관 운동(교호운동), 행동수정에도 유용하게 사용할 수 있다.

■ 이야기와 전혀 상관없는 단어 설정

예시 치료자가 이야기를 읽는 중간에 '딸기'라고 하면 놀란 표정을 짓는다. 타이밍을 놓치면 벌칙을 받는다.

- 동작 명령어: 딸기
- 수행 동작: 놀란 표정

옛날 옛날 어느 마을에 순이가 살았습니다. 순이네 가족은 대가족입니다. "딸기" 증조할머니, 할아버지, 할머니, 아빠, 엄마, 고모, 삼촌, 오빠, 언니, 순이 그리고 강아지 솜이, 밥 먹으러 오는 길고양이 나비까지, "딸기" 아직 10까지도 다 못 세는 순이에게 가족을 세는 건 너무 어렵습니다.

■ 이야기와 관련 있는 단어 설정

치료자가 책을 읽어 주거나, 내담자 본인이 책을 읽는 중간에 동작 명령어가 나오면 동작을 수행한다.

예시 1

- 동작 명령어: 주인공 이름
- 수행 동작: 멋쟁이 제스처
  - 주인공의 이름이 나오면 멋쟁이 제스처를 한다.

예시 2

- 동작 명령어: 팥죽
- 수행 동작: 털썩 앉기
  - 서서 이야기를 듣다가 '팥죽'이 나오면 자리에 앉는다.

예시 3

- 동작 명령어: 할머니 대사
- 수행 동작: 허리를 굽히고 주먹으로 허리를 두드림
  - '할머니'가 말을 하는 동안은 상체를 숙이고 허리를 두드린다.

예시 4

- 동작 명령어: 사또 대사
- 수행 동작: 팔짱끼기
  - '사또'가 말을 하면 팔짱을 낀다.

예시 5

- 동작 명령어: 사또
- 수행 동작: 손바닥 비비기
  - '사또'라는 단어가 나오면 즉시 손바닥을 비빈다.

예시 6

- 동작 명령어: 바람
- 수행 동작: '만세' 하고 몸통 흔들기
  –'바람'이라고 하면 '만세'를 하고 팔과 몸통을 휘청휘청 흔든다.

■조음치료 활용

예시 1

- 동작 명령어: 주인공 이름
- 수행 동작: 혓소리로 똑딱
  –이야기 중 '주인공 이름'이 나오면 혓소리로 '똑딱' 소리를 낸다.

예시 2

- 동작 명령어: 그런데
- 수행 동작: 입술 떨기
  –이야기 중 '그런데'가 나오면 입술을 푸르르 떤다.

예시 3

- 동작 명령어: 차
- 수행 동작: 혀 떨기
  –이야기 중 '차'가 나오면 혀로 '드르르르르' 소리를 낸다.

예시4

- 동작 명령어: 풍선, 빵
- 수행 동작: 볼 부풀리기
  –이야기 중 '풍선'이나 '빵'이 나오면 볼에 바람을 넣어 부풀린다.

■감상 태도 코딩

착석 유지 시 행동이 산만하고 동작이 큰 경우 LED 센서등을 활용하여 감상 태

도를 수정할 수 있다. 치료실 내부를 암막커튼 등으로 어둡게 한 후, 내담자의 옆에 LED 센서등을 배치한다. 치료자는 내담자와 조금 떨어진 자리에서 이야기를 들려주며, 이야기가 끝날 때까지 LED 센서등에 불이 들어오지 않으면 미션 성공, 불이 들어오면 미션 실패로 간주하여 벌칙을 수행할 수 있다. 또한, 타이머가 울릴 때까지, 신호를 줄 때까지, 혹은 책을 다 읽을 때까지와 같이 어느 시점을 정해 주고 특정 수행 동작을 유지하는 미션을 수행할 수 있다.

7. 사회성 코딩

대인관계 등 사회성에 어려움을 보이는 내담자의 상당수는 왜곡된 인지, 상황 이해의 부족, 부적절한 말과 행동을 보이며, 특정 상황에서 어떻게 말해야 하고, 자신의 감정을 어떻게 전달해야 하는지 구체적인 방법을 모른다. 때문에 상황에 맞는 말과 행동을 일일이 연습하는 것이 필요하다. 사회성 코딩(social skill coding)은 동화를 통해 상황 이해력, 마음읽기, 화용언어, 대처사고와 대처행동 능력을 점검하고 자기표현을 연습할 수 있는 과정이다.

1) 콩쥐야, 놀아줘

놀아줘 활동을 통해 내담자가 관심 있는 놀이, 같이하고 싶은 대상, 거절의 태도, 놀이를 거부하는 이유에 반영된 내담자의 상황 등을 알아볼 수 있다. 놀이 규칙을 모르거나 이해가 부족하여 친구들이 놀이하는 데 합류하지 못하는 경우도 많은데, 내담자는 이 활동을 통해 놀이 방법을 논리적으로 설명할 수 있게 되며, 내 마음에 완전히 드는 놀이가 아니어도 같이 놀기 위해 상대의 제안을 수용하는 연습이 될 수 있다.

① 콩쥐와 팥쥐의 역할을 나눈다.
② 팥쥐가 콩쥐에게 "콩쥐야, 놀아줘."라고 말한다.
③ 콩쥐는 이를 수용하여 재미있는 놀이를 제시하고, 놀이 방법을 설명한다.

④ 팥쥐는 콩쥐가 제시한 놀이가 마음에 들든 들지 않든 무조건 이유를 대고 거부한다.

⑤ 콩쥐는 팥쥐가 좋아할 다른 놀이를 제시한다.

⑥ 팥쥐는 다시 무조건 이유를 대고 거부한다.

⑦ 콩쥐는 손바닥에 놀이 이름을 쓰는 척한 뒤 손바닥을 앞으로 하여 팥쥐에게 보여 준다.

"그럼, 이 놀이는 어때?"

⑧ 팥쥐는 콩쥐의 손에 하이파이브를 하며 놀이를 수용한다.

"그래! 바로 이거야! 너 좀 놀 줄 아는구나!"

⑨ 역할을 바꾸어 수행한다.

⑩ 활동을 종료한 후 요청과 거절의 순간에 자신의 기분, 몸의 반응, 실제로 거절당했던 경험들에 대해서 이야기를 나눈다.

⑪ 또래관계가 적절하게 형성되지 못한 경우 종종 "내가 네 부하를 할 테니까 같이 놀자."와 같이 '친구관계'의 '대등함'을 잃고 왜곡된 형태로라도 관계를 형성하고 유지하고자 하는 경우가 있다. '콩쥐야, 놀아줘' 게임을 통해 상대방이 끝까지 같이 놀지 않을 때는 언제인지, 무엇 때문인지, 나의 잘못이 아닌 데도 배척하는 경우 어떻게 할 것인지 등에 대해 이야기하고 대처목록을 만들어 보는 것도 좋다.

팥쥐: 놀아줘.

콩쥐: 그래. 그럼, 우리 공기놀이 하고 놀까? 이렇게 공깃돌을 한 개 던지고 남은 공깃돌을 잡는 건데, 한 개씩, 두 개-두 개, 세 개-한 개, 네 개 한 번에 잡기를 하고 나면 손등에 올렸다가 띄워서 잡은 공깃돌 수만큼 나이를 먹어.

팥쥐: 싫어! 그게 뭐야, 나는 그런 거 못해. 그리고 나는 나이 먹기 싫어. 그런 걸 누가 해. 시시해.

콩쥐: 어…… 그럼, 고무줄 놀이할까? 완전 재미있는 건데 이렇게 고무줄을 서로 잡아 주고 노래에 맞춰서 밟거나 건너는 거야.

팥쥐: 싫어! 그렇게 재미없는 거 누가 해? 다리도 아프고 딱 싫단 말이야!

콩쥐: (손바닥에 뭔가 적는 시늉을 한 뒤 앞으로 내밀며) 그럼, 이 놀이는 어때?

팥: 그래! 바로 이거야! 너 좀 놀 줄 아는구나!

2) 놀부의 심술박 터트리기

친구의 놀림이나 따돌림을 무시하지 못하는 경우, 지적 능력의 부족으로 인해 언어적으로 적절한 대응을 하지 못하는 경우, 정서적으로 감정기복이 심하여 행동이 먼저 나타나는 경우 등 자기 방어 능력이 부족한 경우 스트레스 해소뿐만 아니라 자극을 무시하고, 감정을 조절하는 경험, 자기 방어를 위한 표현 연습이 필요하다.

① 택배 완충제에 놀부의 심술을 적어 심술박을 만든다. 놀부 심보를 가진 누군가의 말과 행동을 적어도 된다.
(예: 불난 집에 부채질하기, 호박에 말뚝박기, 다 된 밥에 재뿌리기, 우는 아이 쥐어박기, 간식 뺏어 먹기, 놀리기, 호통치기, 따돌리기, 주먹으로 때리기, 발로 차기, 할아버지 수염 잡아 뜯기, 상투 잡아당기기, 시샘하기, 의심하기, 업신여기기)

② 심술박을 바닥에 뿌린 뒤, 눈싸움하듯 심술박을 던진다. 이때 심술박을 터뜨려서는 안 된다. 활동 중에 호명되는 사람은 잠시 멈춰 서고, 다른 그룹원들은 호명된 사람에게 심술박을 모아 뿌린다. 호명된 사람은 1~10을 천천히 거꾸로 세며 모든 자극을 무시한다. 카운팅이 끝나면 다시 던지기 활동으로 돌아간다.

③ 모든 그룹원이 심술박 세례를 받은 뒤에는, 다 같이 도깨비가 되어 심술박을 밟아서 모두 터트린다.

④ 도깨비 역할을 할 때 "싫어, 안 돼, 하지 마, 그만해, 이거 놔, 저리 가, 떨어져, 아파, 기분 나빠, 난 안 해, 너랑 안 놀아, 건드리지 마, 시시해, 뭐래, 유치해, 왜 나만 그래, 다 이를 거야" 등과 같이 간결한 대응언어를 소리내어 연습해 볼 수 있다.

⑤ 활동에 대한 느낌과 생각을 이야기한다.

- 심술박을 만들 때 어떤 생각이 들었나요?

- 심술박이 몸에 쏟아질 때 기분이 어땠나요?
- 심술박을 무시하는 동안 어떤 생각이 들었나요?
- 심술박을 어떻게 하면 더 쉽고 편하게 무시할 수 있을까요?
  (자리를 피한다, 눈을 감는다, 잠을 잔다, 눈이 온다고 생각한다 등 대처행동이나 대처사고를 유도한다.)
- 심술박을 터트릴 때 어떤 생각이 들었나요?
- 심술박을 터트리고 나서 기분이 어땠나요?

⑥ 어떤 내담자의 경우 좋은 내용을 적어서 터트리고 싶어 하기도 한다. 축하 폭죽의 의미로, 택배 완충제에 소원하는 것, 응원하는 것 등 흥부 박을 만들어 터트려 볼 수 있다.

택배 완충제 터뜨리기 활동

3) 그래, 그랬어, 고마워

■ 동화 주인공으로 진행하기

	등장인물이 되어 말하기		등장인물에게 말 걸기	
1. 감정 말하기: 과거, 현재, 미래의 어떤 특정 시점을 붙여서 말해도 좋다.	A	나는 헨젤이라고 해. 난 오늘 너무나 슬펐어.	A	그레텔, 너 숲에서 길을 잃었을 때 무섭지 않았니?
2. 그래: 상대는 등장인물의 말을 수용한다.	B	그래, 표정이 너무 힘들어 보여. 무슨 일 있니?	B	물론이지, 캄캄하지, 동물 소리도 멀리서 들리지, 정말 너무 무서웠어. 오빠가 아니었으면 꼼짝도 못했을 거야.

3. 그랬어: 등장인물은 상대에게 이유를 설명하고, 상대는 이에 공감한다.	A	너무 충격적이라서 어떡해야 할지 모르겠어. 나랑 내 동생이 숲에 버려졌거든. 동생은 그저 길을 잃은 줄 알지만, 나는 알아. 설마 했는데…….	A	오빠도, 너도 정말 고생이 많았구나. 그리고 정말 용감하구나.
	B	세상에 어떻게 이런 일이! 정말 큰일이구나. 걱정이 많겠다. 내가 뭘 도와줄 수 있을까?	B	지금 생각해 보면 어떻게 그런 용기가 났는지 나도 신기해. 이제는 추억이지 뭐.
4. 고마워: 서로에게 감사를 표한다.	A	고마워. 내 얘기 들어주고, 위로해 줘서.	A	결과가 좋아서 다행이다. 네 이야기 들려줘서 고마워.
	B	나야말로, 나를 믿고 네 이야기를 들려줘서 고마워.	B	이렇게 편하게 이야기할 수 있게 될 줄 몰랐는데, 물어봐 줘서 고마워.

▣'나'와 '너'로 진행하기

	'나'로 시작		'나'로 시작	
1. A는 감정에 '나'를 붙여서 말한다. 과거, 현재, 미래의 어떤 특정 시점을 붙여서 말해도 좋다.	A	나 기분 좋아.	A	나 오늘 슬퍼.
2. 그래: B는 A의 말을 수용한다.	B	그래, 정말 기분 좋아 보인다. 오늘 뭐 좋은 일 있니?	B	그래, 많이 슬프구나. 무엇이 너를 슬프게 했니?
3. 그랬어: 상대에게 이유를 설명하고 공감한다.	A	그래, 오늘 오랜만에 친구들이랑 놀러가거든.	A	요즘 내 사람을 다 잃을 것 같아서 힘들었어.
	B	그렇구나, 좋은 추억 많이 만들어. 지금 이 시간은 다시 돌아오지 않으니까!	B	그래, 관계라는 게 쉬운 일이 아니지. 마음고생이 심했겠네.
4. 고마워: 서로에게 감사를 표한다.	A	물론이지! 말하고 보니까 점점 더 기대되고 좋네. 물어봐 줘서 고마워.	A	말하니까 좀 낫다. 내 얘기 들어주고, 위로해 줘서 고마워.
	B	나야말로, 기분 좋은 이야기 들려줘서 고마워.	B	나야말로, 나를 믿고 네 이야기를 들려줘서 고마워.

	'너'로 시작		'너'로 시작	
1. A는 감정에 '너'를 붙여서 말한다. 과거, 현재, 미래의 어떤 특정 시점을 붙여서 말해도 좋다.	A	너 좀 우울해 보여.	A	너 다섯 살 때 행복해 보인다.
2. 그래: B는 A의 말을 수용한다.	B	그래, 우울해. 친구들이 안 놀아줬거든.	B	그래, 그때 엄마한테 칭찬을 들어서 정말 행복했지.
3. 그랬어: 상대에게 이유를 설명하고 공감한다.	A	그 느낌 참 힘들었겠다.	A	상상이 된다. 그럴 때 정말 행복하지.
	B	정말 그래. 내가 잘 못 달린다고 놀이에 안 끼워 주거든.	B	맞아. 그땐 참 작은 걸로도 행복했는데.
4. 고마워: 서로에게 감사를 표한다.	A	네 기분 솔직하게 들려줘서 고마워. 우리 같이 방법을 찾아보자.	A	기분 좋은 이야기 나눠 줘서 고마워.
	B	고마워, 내 마음 알아 줘서.	B	나도 고마워, 좋은 기억 떠올리게 해 줘서.

4) 신학기 고등학생 사회성 중재

부적응과 왕따로 인해 학교생활을 힘들어하고 우울해하는 고등학교 1학년 내담자와 함께 입학 전 진행한 학교 이야기. 내담자를 직접적으로 괴롭히던 친구들과 다른 학교로 진학하기로 하여 신학기에 새 친구를 사귀는 것을 목표로 진행한 이야기 속에 사용한 내용이다. 이야기에 사용한 멘트는 내담자의 실생활에 가깝도록 현지(부산) 사투리로 적고, 역할극을 반복적으로 진행하여 체득할 수 있도록 하였으며, 친구에 대한 왜곡된 인지를 수정하기 위해 동화의 주인공이 친구를 사귀기 위해 메모하는 형식으로 행동목록을 만들었다.

동화 "신학기" 대본

–교실에서

"저기, 여기 앉아도 되나? 안녕, 너는 어느 학교에서 왔어?"

"친한 친구들 같이 왔나? 나는 멀리 떨어졌는데. 나도 같이 밥 먹으러 가도 되나?"

-버스정류장에서 같은 반 친구를 만났을 때

"어? 너도 이쪽 방향이가? 매일 여기서 타나? 자주 보겠네?"

동화 「단짝친구만 친구라고?」 中 나나의 친구 사귀기 프로젝트!

- 등하교 친구, 짝지, 밥 같이 먹는 친구, 좋아하는 가수 얘기를 같이 할 친구 사귀기
- 친구랑 말할 때는 팔 하나만큼 떨어져서 말하기
- 모르면 모른다고 하기
- "고마워, 미안해" 자주 쓰기
- 항상 깔끔하게 하고 다니기

5) 동화 속 날씨 변화와 일기예보

■동화 속 날씨의 변화에 따라 이야기 전개하기

예시 혹부리 영감: 흐림, 착한 혹부리 영감 나무하러 가기-비, 산속-비 피하기, 낡은 집-맑음, 혹 떼고 부자됨-맑음, 욕심쟁이 혹부리 영감-흐림, 낡은 집-맑음, 혹 붙이고 벌 받음

■동화 내용을 날씨에 비유하기

예시 혹부리 영감: 착한 혹부리 영감 이야기, 맑음-욕심쟁이 혹부리 영감, 흐림-도깨비가 준 벌, 맑음

■등장인물의 마음을 날씨에 비유하기

예시 1 착한 혹부리 영감: 비가 와서 나무도 못하고, 비 피할 곳이 없음, 흐림-낡은 집에서 비를 피해서 좋지만 무서움, 불안지수 100-노래로 무서움을 떨쳐냄, 기분이 좋아짐. 점차 갬-도깨비를 만나 깜짝 놀라고 불안함, 천둥번개-도깨비가 혹도 떼 주고, 금은보화도 줌. 매우 맑음

예시 2 욕심쟁이 혹부리 영감: 혹 뗀 혹부리 영감이 질투남, 회오리바람-착한 혹부리 영감을 다그침, 태풍-기대에 부풀어 산속 낡은 집에 감, 봄바람-도깨비에게 혼나고 혹만 하나 더 붙임, 마른 하늘에 날벼락

■마음 날씨로 나와 주변 사람 표현하기

예시 1 학교에 갈 때까지는 기분이 좋았어. 하지만 학교에서 친구가 내 앞에서 경보를 하면서 나보고 "오리 궁둥이, 꽥꽥 오리"라고 놀리는 바람에 갑자기 기분이 확 나빠지고, 맞서 싸우지 않을 수가 없었어.

- 지금 내 마음 날씨는 [갑자기 흐림]
- 마음 기단 [학교]
- 마음 기압 [저기압]
- 마음 풍향 [친구에서 나에게]
- 마음 습도 [60%]
- 마음 전선 [폭력전선]
- 마음 지수 [불쾌지수 100], [분노지수 200]
- 주의보/경보 [분노경보]
- 마음 온도 [200℃]

예시 2 엄마랑 싸웠어. 사실 내가 약속을 어겼거든. 엄마는 화가 나서 기분이 나빴고, 나는 엄마한테 미안했어. 한참 그러고 있을 때 아빠가 하하하 웃으며 맛있는 치킨을 시키셨지. 그래서 다음부턴 꼭 약속을 지키기로 하고 엄마도 나도 기분을 풀고 치킨을 맛있게 먹었어!

- 지금 내 마음 날씨는 [비, 차차 맑음]
- 마음 기단 [집]
- 마음 기압 [저기압 > 고기압]
- 마음 풍향 [엄마에게서 내게, 아빠에게서 엄마와 내게]
- 마음 습도 [50%]
- 마음 전선 [한랭전선 > 사랑전선]

- 마음 지수 [사랑지수 80], [슬픔지수 60 > 10]
- 주의보/경보 [엄마의 한파주의보]
- 마음 온도 [−10℃]

■마음 날씨로 일기 예보하기—예상되는 마음 날씨, 대처행동, 대처사고 형성하기

예시 1 신데렐라: 신데렐라의 마음 날씨는 계속 흐리고 비가 내릴 예정이나 무도회 날을 중심으로 일주일간 점차 맑아질 것으로 예상되며, 왕자의 고기압으로 인해 신데렐라의 저기압 전선이 밀려 올라가고 한동안 매우 맑고 쾌청한 날씨가 계속될 것으로 보입니다. 왕자와 신데렐라의 사랑지수가 높은 만큼 계모와 언니들의 질투지수가 상승할 것에 대비해 미리 질투 방지 크림을 발라 주면 좋을 것으로 보입니다.

예시 2 중학교 1학년 여학생의 마음 기상청, 나나 특별시 주간 일기예보

	월	화	수	목
예보	시험 시작. 태풍전야.	비바람, 태풍의 눈. 점점 심함.	시험 끝나는 날. 눈비 예상.	다 같이 연극 본다고 함. 살짝 기대.
생활정보 (마음지수)	모르는 건 고민 안 하고, 앞뒤 안 보고 찍는 선글라스 준비!	어제 기분을 막아 주는 마음 우산 준비!	너무 잘하려고 긴장하지 말기.	예쁨지수 90 틴트 준비.
당일 날씨	친구랑 시험지에 그린 낙서 바꿔 보고 웃긴 말해서 기분 좋음.	짝지가 계속 필통 안 가져와서 펜 빌려 감. 아깝지만 빌려 줌.	너무 어려움. 나는 아마 안 될 거야. 매우 흐림.	친구들이랑 얘기하는 게 더 재미있음.
최저/최고	4℃ / 16℃	16℃ /18℃	16℃ / 10℃	20℃ / 17℃

<table>
<tr><th></th><th>금</th><th>토</th><th>일</th><th>다음 주 대비</th></tr>
<tr><td>예보</td><td>자리 바꾸는 날.
두근두근.
봄바람.</td><td>심심한 날.
게임 많이 할 수
있어 기쁜 날씨.</td><td>찜질방 재미있을
것 같음.
햇빛 쨍쨍.</td><td rowspan="4">친구랑 말할 때
나오는 대로 할 말
다 하지 않기.

친구 반응이 어떨지
걱정됨.

친구한테 내 기분
미리 말하고,
오해하지 않게 하기.</td></tr>
<tr><td>생활정보
(마음지수)</td><td>너무 티내지
않기.</td><td>게임 적당히 하기.
보조 배터리나
충전기 준비.</td><td>신나게 놀기.</td></tr>
<tr><td>당일 날씨</td><td>내가 싫어하는
친구가 와서
실망함.</td><td>게임 중간에 쉬다가
하니까 머리 안
아프고 재미만 있음.</td><td>애들이랑 말싸움.
천둥번개치고
흐리고 우울함.</td></tr>
<tr><td>최저/최고</td><td>20℃ / 15℃</td><td>25℃ / 25℃</td><td>26℃ / −10℃</td></tr>
</table>

6) 마음 날씨를 통한 ADHD 아동 행동 중재

신문지는 여러 가지로 변신할 수 있는 재료라서 다양한 표현이 가능하다. 신문지를 찢다가 보면 스트레스도 풀리고, 신문지의 바스락거리는 소리는 파도소리와 같아서 마음이 안정되기도 한다. 신문지 더미 위에 혹은 신문지 더미를 덮고 누우면 상상 이상으로 따뜻한 기분이 든다. 그래서 신문지 퍼포먼스 활동에 들어가면 반드시라고 할 정도로 신문지 더미 속에서 깊이 이완되는 집단원이 있다.

① 준비물: 날씨나 감정과 관련된 동화, 신문지, 테이프, 가위, 여러 가지 색깔 스카프(두루마리 휴지나 앞치마 등 주변 사물로 대체 가능)

② 대상: ADHD 아동 그룹

③ 활동 목표

- 장기목표: 또래관계 개선 및 사회성 향상
- 단기목표: 신체접촉을 포함한 놀이상황에서 행동 코딩을 통해 타인과의 객관적인 신체적 거리감 형성하기, 마음 날씨 예보를 통한 자기표현과 타인의 마음 읽기 수행하기

④ 활동 진행

- 날씨나 감정과 관련된 동화를 읽는다.
- 날씨와 감정의 공통점을 찾는다.
- 자신의 마음 날씨를 이야기한다.
- 신문지의 형태, 재질 등을 탐색한다.
- 신문지로 할 수 있는 놀이에 대해 이야기한다(예: 신문지 찢기, 공이나 방망이 만들기, 거대 윷놀이와 종이접기, 신문지 나무, 신문지 미라, 신문지 격파, 신문지 옷 등).
- 신문지로 날씨를 표현하는 방법에 대해 이야기한다(예: 신문지를 찢어 신문지 비, 신문지 눈, 신문지 바다와 파도, 신문지 화산, 신문지 눈사람, 신문지 눈싸움 등).
- 매 회기 시작과 끝에 마음 날씨를 이야기한다.

⑤ 행동 코딩: 치료자의 이야기 신호에 따라 장면이 변화할 것임을 이야기하고 활동 중에 일어날 수 있는 충돌에 대해서 이야기하고 다 함께 지켜야 할 규칙을 만든다.

- 다른 사람과 이야기할 때는 팔 하나만큼의 거리를 떨어져서 말한다.
- 다른 사람의 공간에 말없이 들어가지 않는다.
- 내가 어떤 의도를 가졌든지, 다른 사람의 몸에 손을 대기 전에 허락을 받는다.
- 다른 사람과 닿아야 하는 활동을 할 때에는 '이 정도면 괜찮은지' 상대방에게 물어본다. 나에게는 톡톡 쳐서 부르는 정도가 상대방에게는 툭툭 때리는 것으로 느껴질 수 있음을 확인한다.
- 놀이 중에 닿아도 되는 신체 영역을 그림으로 표현하고, 게임식으로 혹은 반복적이고 기습적인 질문을 통해 해당 부위를 인식하고 있는지 확인하고 놀이를 진행한다. > 놀이 과정 중에도 수시로 이를 확인한다. > 놀이과정이 종료된 후에 다시 한번 오늘 지킨 규칙을 확인한다.
- 부딪힐 수 있다. > 내가 움직일 자리에 다른 사람이 있는지 살핀다. > 만약 부딪히면 바로 사과한다. 부딪힌 사람은 사과를 받아 준다.
- 밀어서 기분 나쁠 수 있다. > 어느 정도가 '미는 것'에 해당하는지 이야기하고 각자 시범을 보인다. > 밀치기 전에 비켜 달라고 말한다.
- 때려서 아프면 화가 난다. > 어느 정도가 '때리는 것'인지에 대해서 이야기하

고, 박수 소리의 크기로 자신이 생각하는 '때리는 것'을 시각적, 청각적으로 표현한다. > 때리기 전에 화가 난다는 것을 상대방에게 알린다.

- 신호에 따라 자기 몸의 움직임을 변화한다. > 신호를 듣지 못했거나 전환이 빠르게 일어나지 않는다면? > 서로의 움직임을 시각적, 청각적으로 관찰하여 내 몸의 움직임을 맞춘다.

⑥ ADHD 아동 그룹의 마음 날씨 프로그램 진행과 변화

(1) 바닷가 마을, 폭풍우 치는 밤

- 신문지 바다를 만든다.
- 자유롭게 찢고 던지고 뿌리며 상호작용한다: 동작이 점점 커지고, 가만히 서서 찢기보다 손으로는 찢고, 발로는 차거나 날리고, 서로의 얼굴을 향해 마구 던지기 시작하였다. 팔이 긴 아동은 자주 상대방을 아프게 했으며, 어떤 아동은 선뜻 다른 아이들 사이에 들어가지 못하고 한발 물러나서 관찰하였다.
- 종소리를 통해 장면 전환을 알린다.
- 활동에 날씨를 접목한다.

"여기는 마음별입니다. 마음별은 날씨가 마음대로 변하기로 유명한 별입니다."

"어느 날, 마음별 아이들이 신나게 뛰어노는데 갑자기 뭉게구름이 몰려왔어요."

"그러더니 주루룩 주루룩 비가 내리기 시작했지요."

"비가 점점 더 많이 왔어요!"

"쏴아– 쏴아– 빗소리는 마치 파도소리 같았죠."

"바람이 불기 시작했어요."

"파도가 점점 더 높아졌어요."

"그건 마음별에서 처음 보는 태풍이었어요."

"번쩍번쩍 우르릉 쾅쾅! 천둥번개가 치고! 해일 같은 파도가 바닷가를 덮쳤어요."

"아이들은 여기저기 떠밀려 갔어요."

"까만 밤이 찾아와 온 세상을 뒤덮었어요. 아무것도 보이지 않는 밤이었어요. 아무도 그 자리에서 움직이지 못했어요. 아이들은 떠내려갈까 숨을 죽이고 있었죠." (조도를 낮추거나 불을 끈다. 태풍 소리를 점차 크게 틀었다가 줄인다.)

- 이야기 전개에 따라서, 모든 아동이 움직임을 완전히 멈출 때까지 다음 이야기를 진행하지 않는다. 단, 초기에는 아동들이 가만히 있는 것을 매우 힘들어하여 전체가 조용해지길 기다리다가 더 산만해지는 수가 있으므로, 처음과 비교하여 어느 정도 조용해진 수준에서 이야기를 진행해야 할 때도 있다.
- 이야기를 재개한다.
  "얼마나 시간이 지났을까요. 드디어 온 세상이 고요해졌어요. 격렬했던 밤을 지나, 태풍과 해일과 파도는 언제 그랬냐는 듯 잠잠한 아침이 왔지요." (조도를 올리거나 불을 켠다.)
  "여기저기에 아이들이 잠들어 있었어요. 아주아주 깊은 숨을 쉬고 있었죠."
  "숨이 점점 빨라지더니 아이들이 하나둘 기지개를 켜며 일어났어요."
  "아이들은 이렇게 말했어요."
- 각자 눈을 뜨며 한마디씩 이야기한다.
- 정리한다: 타이머나 놀이를 활용한 신문지 정리, 활동 중에 있었던 일 이야기하기, 놀이 전에 어떤 규칙을 만들었는지 확인하기, 내가 사용한 행동 코딩과 결과 이야기하기, 다음 시간 활동 예고하기
- 후속 연계 가능 도서: 『폭풍우 치는 밤에』『힐드리드 할머니와 밤』

(2) 바닷가 마을, 눈 내리는 밤

- 지난 회기보다 행동 코딩을 더 강조하고, 지난 회기에 습득한 것을 확인한 뒤 다른 행동 코딩을 추가한다.
- 자유롭게 찢고 던지고 뿌리며 상호작용한다.
- 종소리를 통해 장면 전환을 알린다.
- 활동에 날씨를 접목한다. 한 명씩 기상 캐스터나 날씨의 신이 되어 원하는 날씨로 바꾸는 기회를 제공한다.
- 각자 한 번씩 날씨를 바꿔 본 후 종소리를 통해 장면 전환을 알린다.
  "즐거운 오후를 지나, 이제 땅거미가 지기 시작했어요."
  "하늘에서 펄펄 눈이 내렸어요."
  "모두들 사박사박 쌓인 눈을 밟고 집으로 돌아갔어요."

"길가에는 밤새 소복소복 눈이 쌓이고, 아이들은 편안히 잠자리에 들었어요."

- 조도를 낮추거나 불을 끈다.
- 어두운 조명 아래 파도소리, 자갈마당 소리 등을 틀고, 동작 멈추기, 60초 기다리기의 순서로 정적인 단계를 유도한다: 파도소리 듣기에서는 조금 전까지 바다와 바람이 되어 활동했던 여운이 남아서 분위기가 정리되지 못하였다. 아동들은 해소되지 못한 에너지를 발산하느라 자꾸만 바스락 바스락 소리를 내었다. 하지만 점차 규칙을 상기하며 동작을 줄여 나갔고, 마침내 일정 수준 이하로 동작이 줄었을 때, '가만히 있는 것'과 '주변 소리에 귀 기울임'을 완전히 경험하는 데 성공하였다.
- 완전한 침묵을 1분간 유지한 뒤 조용히 감상을 묻자, 모두가 '가만히 귀 기울이는 것'에 대해 작은 목소리로 "좋았다. 편했다."고 말하게 되었다.
- 후속 연계 가능 도서: 『자장자장 잠자는 집』『졸린 걸 어떡해?』『조용조용 사자왕이 졸리대요"』

(3) 세상이란 정원에서, 나는 정원사

- 움직임이 가장 많은 아동이 이 세계를 대표하고 생명을 잉태하는 세계수(중심나무)가 된다. 세계수가 된 아동은 다른 아동들이 신문지와 테이프로 나무를 꾸며 주는 동안 움직이면 안 된다.
- 나무를 꾸며 주는 아동들은 작업 중에 나무가 아프지 않고 불편하지 않도록 한다.
- 세계수가 된 아동을 뺀 다른 아동들에게는 원하는 신체 부위에 반짝이 스티커를 붙여 주며 해당 부위에서 날씨를 조절하는 초능력을 부여한다. 스카프를 활용하여 자기 날씨를 나타내는 동작을 만들어 본다.
- 뒤죽박죽 마음별 날씨: 각각의 날씨가 번갈아 가며 움직이며 자기 날씨를 몸으로 표현하고, 나무는 날씨에 맞게 반응한다. 날씨 변화의 순서는 치료자가 호명하여 바꾸거나, 자발적으로 나서서 차례를 바꾼다. 자기 차례가 아닐 때는 각자 세계수 옆에서 자라난 나무가 되어 날씨에 맞게 반응한다. 날씨의 유지시간은 각 날씨 초능력자가 정할 수 있으나 최대 30초, 1분 등 하나의 날씨가 유지되는 최대 시간을 정하고 움직일 수 있다. 처음에는 날씨와 상관없는 행동이

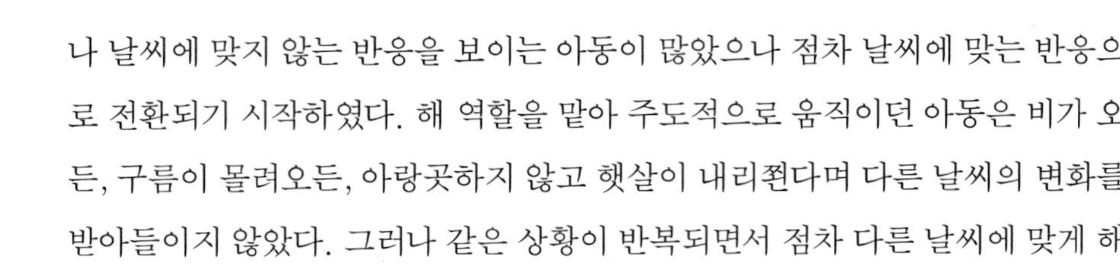

나 날씨에 맞지 않는 반응을 보이는 아동이 많았으나 점차 날씨에 맞는 반응으로 전환되기 시작하였다. 해 역할을 맡아 주도적으로 움직이던 아동은 비가 오든, 구름이 몰려오든, 아랑곳하지 않고 햇살이 내리쬔다며 다른 날씨의 변화를 받아들이지 않았다. 그러나 같은 상황이 반복되면서 점차 다른 날씨에 맞게 해를 움직이게 되었고, 정해진 구호에 따라 기다렸다가 자기 차례에 움직일 수 있게 되었다.

- 나무의 날씨: 세계수가 "목마르다." "덥다." 등 자신에게 필요한 것을 이야기 하면 날씨 초능력자들이 나서서 나무에게 필요한 날씨를 선물한다.
- 세계수(중심 나무) 바꾸기와 숲 가꾸기: 두 번째 세계수에는 행동이 많으나 활동에서는 겉돌던 아동이 자원했는데, 이때 마음읽기를 어려워하는 다른 아동도 나서서 자기가 나무가 되기를 원한다고 하였다. 두 아동은 각각 혼자서 나무가 되고 싶어 했지만, 누구도 물러서지 않았기 때문에 팽팽하게 맞섰다. 결국 집단원의 토론을 통해 두 아동이 함께 나무가 되어 가로수가 되어 줄 것을 부탁했고, 두 아동은 이를 수용하였다. 다시 활동을 시작하려고 하자, 이번에는 가만히 지켜보던 또 다른 아동이 자기도 나무가 되고 싶다고 하였다. 가로수가 되기로 한 두 아동은 둘 사이에 제3자가 끼어들자 언제 맞섰냐는 듯이 연대해서는 끼어든 아동을 배척하는 모습을 보였다. 나뭇잎이 될 신문지를 서로 많이 가져가려 싸우고, 다른 아동이 자기 것을 가져갔다며 몰아세우는 등 갈등이 나타났다. 다시 토론 과정을 거쳐 아동들은 날씨 조와 나무 조로 나누기로 하고, 세 아동이 하나의 큰 숲을 표현하기로 하였다.

  날씨 조는 숲이 더 크고 넓어질 수 있도록 날씨를 조절하며, 자기 역할이 끝나면 나무가 되어 숲이 커진 것을 표현한다.

  날씨 조가 나서는 순서를 정하는 것을 보고 나무 조가 날씨 조의 움직임보다 다소 빨리 반응하기도 했으나, 대체적으로 상황에 맞게 반응하였고, 날씨와 상관없는 행동을 조절하는 모습을 보였다.
- 계절의 변화 표현을 통한 정리하기: 모든 아동이 나무가 되어, 치료자의 신호에 따라 몸으로 표현한다. 숲의 씨앗 부분이 되자 별도의 지시 없이도 모든 아동이 즉각적으로 씨앗 역할을 수용하고 반응하였다.

"마음별에 숲이 만들어졌습니다. 그러자 뒤죽박죽이던 마음별의 날씨가 일정하게 변하기 시작했어요."

"봄이 왔습니다. 숲속의 나무들은 한들한들 기쁨의 춤을 추었지요."

"여름입니다. 여름비를 쭉쭉 빨아들인 나무들이 쑥쑥 자라났어요."

"가을이 되었습니다. 빨갛고 노랗게 물든 나뭇잎이 한 장, 두 장, 바람의 손짓에 따라 낙엽이 떨어졌습니다. 무성하던 나뭇잎이 떨어지자 나무는 조금 작아진 것처럼 보였습니다."

"봄, 여름, 가을을 지나 마침내 긴 겨울이 왔습니다. 나무는 몸을 잔뜩 움츠렸습니다. 숲의 씨앗을 언 땅 속에 꼭꼭 숨겼습니다."

"펄펄 눈이 내립니다. 소복소복 눈이 쌓이고, 휘이잉~ 겨울바람이 눈밭을 스쳐 갑니다. 씨앗들은 몸을 꼭꼭 감싸고, 눈을 감았습니다. 그러고는 깊은 겨울잠에 빠졌습니다. 깊이, 깊이, 봄이 오기를 기다리면서……."

- 이야기를 멈추어 가만히 있는 시간을 만든다. 아동들이 수용 가능한 한계시간보다 약간 더 침묵의 시간을 유지한 뒤 이야기를 재개한다.

"12월이 가고, 1월이 가고, 2월이 가고, 드디어 따뜻한 3월이 되었습니다. 씨앗들이 조용히 눈을 떴습니다. 그리고 발을 쭉 펴봅니다. 팔도 쭉 올려 봅니다. 있는 힘껏 기지개를 폅니다."

"새싹들이 흙을 밀어내며 하늘을 향해 일어납니다. 영~차!"

"새싹이 팔을 쫙 벌리며 외칩니다. 야호!"

- 숲이 되었을 때, 씨앗이 잠든 동안, 씨앗이 눈을 뜬 순간, 새싹이 땅 위로 올라온 순간 등의 느낌에 대해서 이야기한다.
- 후속 연계 가능 도서: 『리디아의 정원』『우리 집에 나무가 있다면』

■마음 날씨 활동 이후

직접적인 마음 날씨 활동 이후에도 매 회기 활동을 시작할 때와 마칠 때, 마음 날

씨 말하기를 수행하자 점차 모두의 마음 날씨가 맑아지기 시작하였다.

10회기 정도가 지나자 아동들은 놀이 시작 전 마음 날씨 이야기에서 자기가 하고 싶은 놀이를 적극적으로 주장하였고, 짜증나는 상대와 감정적으로 대립하지 않고 "너가 그렇게 말하면 나는 짜증난다."와 같이 직접적으로 자기감정을 이야기할 수 있게 됨으로써 자연스러운 중재가 가능하였다.

그로부터 다시 6회기 정도 지나고 나서는 마음 날씨가 자기 기분에 충실한 표현과 다른 아동과의 관계지향적인 표현의 두 가지로 나타나기 시작하여 신문지 활동 이외에 신체놀이 활동으로 전환하였다.

이때, 어떤 아동은 당일 활동이 '오징어 다리' 놀이임을 알고 나서, 마음 날씨 말하기에서부터 다른 아동들이 작전을 짜서 자기만 공격하지 않았으면 좋겠다고 명확하게 말하게 되었다. 이 아동은 술래 역할을 잘 수행했는데, 자신이 도망치는 역할에서 잡히는 상황이 오자 게임 종료 후 책상 밑에 들어가 숨어 버렸다.

다른 아동들이 몇 번이고 이유를 물어보자 "마음 날씨 때 분명히 나만 잡지 말라고 분명히 말했는데, 아무도 들어 주지 않고 나만 잡았잖아!"라고 대답하였다. 그러자 다른 아동들이 이 아동에게 "아까 말한 걸 잘 못 들었어. 이제 너만 안 잡을게."라며 다시 같이 놀자고 하였고, 놀이는 다시 재미나게 진행되었다. 초기에는 서로 스치기만 해도 소리를 지르고 욕하고 때렸다며 싸우던 아동들이었는데, 이제 치료자의 개입 없이 아동들 스스로 갈등을 원만하게 해결할 수 있게 된 것이다.

이때 이후로, 아동들은 마음 날씨를 말할 때, 그날의 놀이에서 무슨 상황이 발생할지 예측하고 분석하여 원하지 않는 상황을 방지하기 위해 다른 사람들에게 미리 이야기하고, 자기 뜻이 통하지 않았어도 울지 않고 설명하고, 다른 사람이 동의하면 바로 게임에 다시 복귀하게 되었다. 그리고 마지막 2회기쯤 되자 놀랍게도 다른 사람의 마음 날씨를 기억하고 어느 아동의 기분이 왜 그런지를 다른 아동에게 이야기해 주는 아동도 생기고, 모든 아동이 그동안 진행했던 놀이의 규칙을 모두 기억하고 설명할 수 있게 되었다. 또한 서로 상의해서 놀이에 적용할 규칙을 정하고, 아동들끼리만 모여서 놀이를 진행해도 초기와 같은 갈등이 없는 상황이 되었다. 행동이나 말을 멈춰야 할 때 멈출 수 있게 되고, 상대방 마음읽기가 가능하게 된 것이다.

마음 날씨를 이야기하는 것으로 시작한 것이, 자기 마음을 표현하고 다른 사람의

마음을 읽는 데까지 도달하였다. 그리고 ADHD 선별검사 중 하나인 코너스 교사용 평정척도를 기준으로 품행, 과잉행동, 부주의 요인이 전반적으로 개선되었고, 일부 아동은 각 지수가 또래 수준으로 회복된 것으로 나타나기도 하여 모두에게 박수를 치며 프로그램을 마무리할 수 있었다.

역할 분담을 통한 동화 연극, 동화의 장면을 몸으로 재연하는 무용극, 동극, 간단한 소품만을 사용해 동화의 한 장면을 연출하고 해당 장면 속에서의 역동을 활용하는 심리극, 프로젝터로 배경화면을 띄워 진행하는 인형극, 그림자 연극, 종이인형이나 클레이 인형을 만들거나 피겨를 활용하는 인형놀이, 연주나 음악극, 앞서 소개한 스톱 모션(stop motion)과 영화(movie) 놀이, 신체놀이 등 동화를 주제로 한 모든 플레이(play)라 할 수 있다.

1. 역할극

극의 경우 연극치료 등 심리극에 관한 전문적인 지식을 갖춘 치료자에게는 이미 익숙한 내용일 것이다. 동화를 극으로 만들기 위해서는 극본을 만들어야 하며, 배경 및 인물을 연출해야 한다. 극본을 만드는 과정에서는 인물과 사건, 배경에 대한 이해가 이루어지게 되며, 인물의 대화와 동작에 감정이입이 일어난다.

극본은 동화의 장면을 그대로 재연할 수도 있고, 새로운 역할을 즉석에서 추가하거나, 동화와 다른 결말 만들기, 희극을 비극으로, 비극을 희극으로 바꾸기 등을 통해 자신에게 의미 있는 형태로 만들어 갈 수 있다. 극본을 혼자서 만들 경우는 피겨 등을 활용하여 인형극을 연출해 볼 수 있고, 치료자는 이때 상대역을 하거나, 연출가, 혹은 감독의 역할을 넘나들며 내담자의 역동을 이끌 수 있다.

집단의 경우 집단원들의 토의를 거쳐 이야기를 각색할 수 있으며, 치료자는 감독의 입장이 되어 집단원들을 지휘하여 집단에 필요한 역동을 촉진하거나 이완시키는 등의 적극적인 개입이나 감상 시간을 통한 의미 나누기 등을 중재할 수 있다.

연극 활동의 경우 동영상 촬영을 이용하면 자신이 움직이는 모습을 제3자의 시선으로 바라볼 수 있는 경험을 제공할 수 있다.

레이어 방식으로 만든 액자 극장

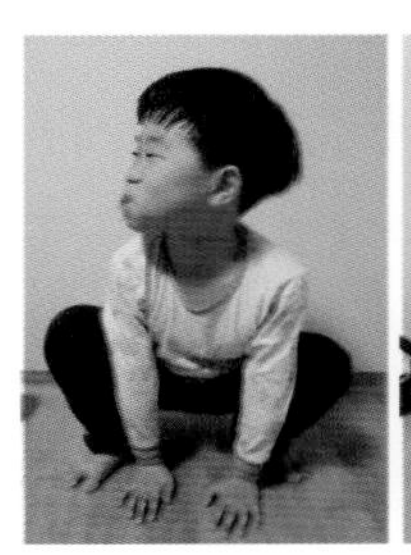

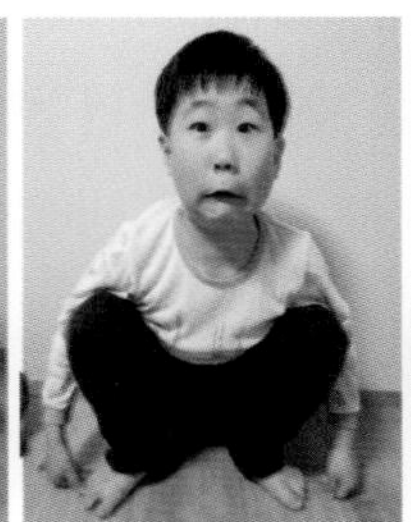
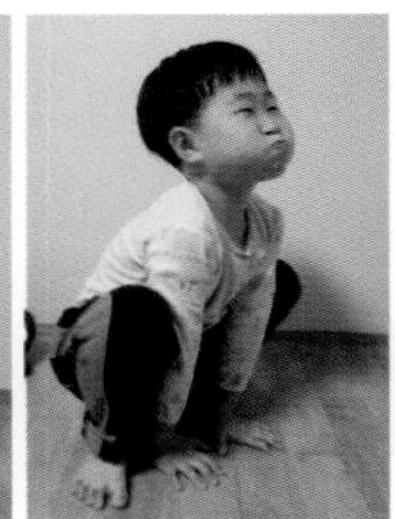

개구리 왕자

아빠 "(긁적긁적) 리모컨 어딨니?"

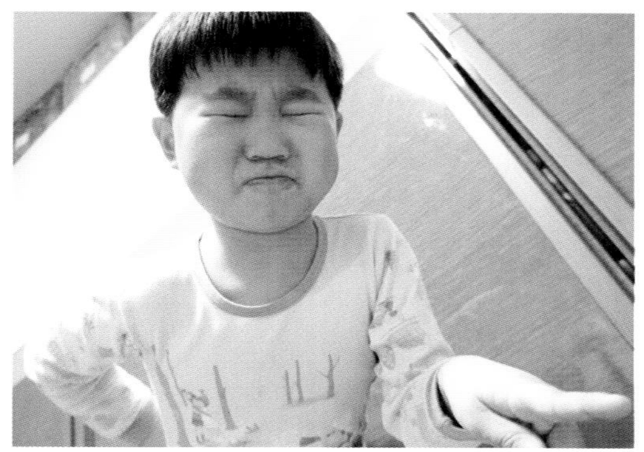

야단치는 할아버지 "아~니, 야, 이놈아!"

생활 속 사건과 연극의 연결

학교 상황에서의 사회성 중재가 필요한 내담자와 영웅과 악당이 함께 다니는 학교를 만들어 레고 연극을 진행하였다. 레고 연극을 통해 상황인지, 감정표현, 대처사고와 대처행동의 형성을 촉진하였다.

1. 연극의 주인공이 될 레고 인형을 고른다.
2. 영웅과 악당이 함께 다니는 학교의 내부 지도를 그린다(예: 교실, 급식실, 도서관, 아지트, 교무실, 강당 등).
3. 수업 시간표를 만든 후, 수업 시간별로 일어날 수 있는 사건을 쪽지에 하나씩 적어 사건 주머니를 만든다.
4. 수업 시간표대로 연극을 진행한다. 사건 주머니에서 각자 사건을 하나씩 꺼낸다. 사건 쪽지에 적힌 수업 시간이 현재 수업 시간과 일치하면 사건이 벌어진 것으로 연극을 하고, 현재 수업 시간과 일치하지 않으면 이번 시간에는 아무 일도 일어나지 않은 것으로 하고 다음 수업 시간으로 넘어간다.
5. 연극 활동 후 사건 쪽지별로 등장인물의 느낌과 생각, 사용한 말과 행동, 나라면 어떻게 했을지에 대해 이야기한다.

상황	주체	느낌	생각	말과 행동
국어 시간에 스파이에게 아이언맨이 스컹크를 내밀었다.	스파이	얄밉다. 이상하다. 약오른다.	크억! 아이언맨 녀석, 초콜릿도 아닌 스컹크를 선물해 주는 이유가 뭐야?	아동: (울먹이며 선생님께 이른다.) 치료자: 어, 그런데 이렇게 울먹이면서 말하면 선생님이 알아들을까? 아동: 네! 치료자: 이상하다? 선생님은 초능력자가 아닌데 어떻게 알아들을까? 아동: 그러면 이렇게 하면 되죠. 선생님! 아이언맨이 저에게 스컹크를 내밀어 놓고는 스컹크로 방구 세례를 먹였어요. ㅠㅠ
로빈훗이 지뢰를 보지 못하고 지뢰를 밟아 한 달 동안 입원하게 되었다.	로빈훗	짜증난다.	누구야! 잡히기만 해 봐라!	선생님! 누가요, 지뢰를 복도에 깔아놨어요!
악당들이 제일 싫어하는 콩밥을 파일럿이 쌀밥이랑 바꿔 버렸다. 악당들은 콩 탑을 만들어 버렸는데 심지어 오늘은 잔반없는 날이었다.	나라면	화날 것 같다. 토할 것 같다.	내가 제일 싫어하는 게 콩인데!	아동: 선생님, 파일럿이 쌀밥을 콩밥이랑 바꿔 버렸어요! 치료자: 그러면 콩밥을 안 먹을 수 있을까요? 문제는 내가 콩밥을 먹어야 한다는 건데, 어떡하죠? 아동: ㅠㅠ ㅠㅠ 치료자: 울기만 해서는 선생님이 어떻게 해 줘야 하는지 모르실 거에요. 뭐라고 하면 좋을까요? 아동: 오늘만 봐주시면 안되나요? 노력했지만 도저히 못 먹겠어요.
악당들이 아지트에 숨어서 메롱을 하는데, 절대방어가 걸린 아지트여서 아무도 혼낼 수 없었다.	아이언맨	약오른다.	두고 보자! 학교 전체를 다 불태워 버리겠다!	아동: 선생님! 쟤네들이 나오면 꿀밤 50,000대 주세요! 비겁하게 숨어서 놀려요!
	나라면	약오른다.	창문 열고 들어가서 똥침 해 버릴까 보다!	아동: 선생님, 쟤네들 아지트에서 나오면 반성문 2만 장 쓰게 해 주세요. 치료자: 반성문 2만 장 쓰면 용서해 줄 수 있을 것 같아요? 아동: 네! (본인이 원하는 해결방안과 이를 수치화하기 시작함)

국어 시간에 악당들이 계속 발표를 한다고 손을 들고 틀린 답을 100번 말해서 공부를 방해했다.	나라면	화나겠다.	때리고 싶다.	아동: (때리지는 않고) 야! 그러다 니네 쫓겨난데이. 너네 퇴학당할 수 있어. 치료자: 그 말을 들으면 그 친구들 기분이 어떨까요? 아동: 나빠요. 치료자: 한 단계 낮춰서 말해 보면? 아동: 그러다가 너네들 선생님이 0점 줄 수 있어. 치료자: 조금 더 레벨 다운 하면 어떻게 할 수 있을까? 아동: (바로 대답하지 못함. 예시 제공) 얘들아, 일단 집중하자. 듣고 나서 물어보면 어떨까?
악당들이 여러 가지 방법을 썼지만, 영웅에게 하나도 통하지 않았다.	악당들	후회한다.	다시는 안 와. 헛수고 했어.	상대방 분석하기 >무기에는 능력이 없다는 걸 알았다. >영웅의 정체가 귀신인 걸 알아냈다. >악당들은 영웅을 귀신이라 놀렸다. (교류와 협상, 타협의 과정이 없음) >그러자 귀신인 걸 숨기고 싶었던 영웅이 폭주해서 악당도 잠재우고, 아군마저 잠재우고, 우주 전체를 잠재워 버렸다. 그리고 자기도 펑 터졌다. (다른 아이들은 지식이 모자란데 많은 것을 알고 있는 자신이 지는 것이 억울한 현실과 연관되어 있으며, 문제의 본질은 해결되지 않은 채 비극적 결말로 마무리되어 행복한 결말을 촉진함)
		실망했다.	왜 우리만 아무것도 안 통해.	
		막막하다. 답답하다.	복권도 하나도 당첨 안 되더니 우린 정말 불행해. 불행의 아이콘이야.	
		억울하고 분하다. 불공평하다.	걔는 기타 말고 아무 능력도 없는데 능력이 있는 우리가 당하다니!	

6. 활동의 결말: 행복한 결말을 위한 조건을 달성하고, 다시 갈등이 발생했을 때의 대체행동을 이야기한다.

평화협정서

1. 악당과 영웅은 다른 차원에서 산다.
2. 서로 싸우지 않는다.
3. 만약 시비를 먼저 걸면 시비를 건 쪽의 초콜릿을 다 뺐는다. (왜냐하면 스파이가 초콜릿을 먹고 무기로 쓰기 때문이다.)
4. 영웅 포코가 귀신이란 사실을 함부로 폭로하지 않는다.

5. 설사맨은 꼭 아지트에서 응가를 하지 말고 밖에 화장실에 가서 응가를 한다. 똥 위에서 잠자기도 금지! "왜냐하면 몸에서 냄새가 나서 싸울 수가 없어!"
6. 이제 영웅과 악당은 직접 싸우지 않고, 노래로 대결을 펼친다.

7. 활동의 마무리: 대처행동을 어떻게 실행할 것인지 시뮬레이션하고, 활동 내용을 정리한다.

평화협정서 활동 후 새롭게 적을 등장시켜 평화협정서에서 제시한 새로운 방법을 실행해 보도록 하였다. 학교에 쳐들어온 '코코'라는 공공의 적과 영웅 '포코'가 노래 대결을 펼치게 되었는데, 대결 도중 코코가 악기가 아닌 방귀로 연주를 하여 모든 사람이 쓰러져서 영웅과 악당이 힘을 합해 공공의 적인 코코를 물리치게 되었다. 연극 후 아동과 코코와 포코의 경연곡을 정하고 개사하여 노래에 맞춰 불렀는데, 음악 활동 후 아동은 영웅 '포코'가 노래 후에 관중에게 자신이 사실 귀신이라는 비밀을 스스로 밝히는 모습을 연출하였다. 아동은 '포코'가 이전에는 귀신임을 숨기고 싶었고, 그것이 밝혀져서 폭주했던 과거와 달리 이제는 자신의 정체를 말해도 괜찮고, 폭주하지도 않는다고 하며 활동을 마무리하였다.

* 코코의 노래 '도레미송' 전체 개사 및 랩 가사 작사

나는 코코 노래를 진짜 진짜 못하지
왜냐면~ 나~는 방귀 연주가니까
나는 그동안 사람들을 속여 왔네
나는 초등학교에 공연을 왔~네
Rap)
그런데 방귀 연주가 발각되고 말았네
그래서 나는 우주로 날아가는 벌을 받게 되었네
나는 반성 중 나는 반성 중
내가 무엇을 잘못했는지 말이야.

* 포코의 노래 '라쿠카라차' 부분 개사

영웅들이 전진한다 악당을 몰아내러
영웅학교 전교생들 뛰어와서 쳐다보며
싱글벙글 웃는 얼굴 학생들도 싱글벙글
급식소의 조리사도 우리 반의 선생님도
라쿠카라차 라쿠카라차 하하호호 웃는 얼굴
라쿠카라차 라쿠카라차 희한하다 그 모습
라쿠카라차 라쿠카라차 포코가 떠오르면
라쿠카라차 라쿠카라차 배를 잡고 다들 웃네

2. 동화 조각, 동화 마네킹

동화 조각이란 조형 활동의 하나인 환조나 부조와 같이 직관적인 의미를 넘어서 그림책의 한 장면을 나 또는 타인의 몸으로 표현하는 것이다. 흔히 타인 조각하기, 가족 조각하기라고 불리는 기법으로, 서로가 언어적 의사소통을 제한한 상태에서 조각가 역할을 한 사람이 자기 자신 혹은 다른 사람을 자신이 원하는 형태로 움직이고, 조각 대상이 된 사람은 조각가의 의도에 따라 움직인 후 주어진 자세를 유지한다.

동화의 한 장면을 두고 각자가 다른 사람을 조각해 볼 수 있다. 다른 사람을 마음대로 움직여 보는 경험과 다른 사람이 나를 마음대로 움직이는 경험 사이에서 각자의 느낌을 나눠 볼 수 있을 것이다. 조각가가 된 사람은 자신이 원하는 동작을 상대가 취할 수 있는 동작을 제시해야 한다는 점에서 타인에 대한 배려와 내 뜻대로 조종되지 않는 타인에 대해 어떻게 대응하고 있는지, 또는 어떻게 대응해야 할지를 경험할 수 있다. 반대로 조각의 대상이 된 사람은 상대방이 나를 어떤 대상으로 표현하려는 것인지, 어떤 동작을 원하는지에 대해 생각하며 상대방에 대한 마음읽기와 소통, 상대의 의도를 읽지 못했을 때 자신의 반응 등에 대해서 느껴 볼 수 있다. 조각 작업 이후 조각가는 자신이 조각한 작품에 대해 제목을 붙이고, 왜 이런 형태를 구상하였는지, 이 동작의 의미는 무엇인지 등을 설명함으로써 자신의 생각을 표현하는 기회를 얻을 수 있다. 그리고 자신의 조각 과정에 대해 상대방이 어떻게 느끼고, 무슨 생각을 갖게 되었는지 나눔으로써 상대와 나의 생각 차이나 거리감의 차이를 체감할 수 있으며, 그 차이를 수용하고 소통을 이루는 긍정적인 경험을 할 수 있다.

언어적 의사소통을 제한한 작업 이후에는 제스처나 눈짓을 통한 의사소통만으로 조각하기, 언어적 의사소통을 사용하여 조각하기 등으로 단계별로 활동을 진행함으로써 의사소통의 기초와 기술을 학습하여 사회성 향상에 도움을 받을 수 있다.

조각하기와 비슷한 것으로는 '마네킹 챌린지(혹은 마네킹 놀이)'가 있는데, 일행 모두가 각자의 포즈를 취하고 멈춰 있으면 카메라를 든 사람만이 그들 사이를 움직이

삼계탕

닭다리

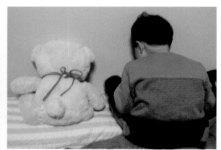

의기소침

며 촬영하는 것으로, 마네킹처럼 멈춰 있는 사람들 때문에 마치 시간이 멈춘 것 같은 느낌을 주면서 한때 외국에서 매우 유행했던 놀이다.

한편, 주의집중력이 부족하거나 대근육 조절이 원활하지 못한 경우는 동작을 유지하기 어려우므로 적절한 유지 시간을 제시해야 하며, 유지 시간이 지나고 나면 동작을 풀도록 한다. 유지 시간을 늘리는 대결을 하거나, 마네킹 챌린지와 같이 정지 동작을 촬영하되, 점차 촬영 시간을 늘리는 목표를 세워 보다 오래 동작을 유지하게 함으로써 신체 조절 훈련을 병행할 수 있다. 혹은, 자신이 취한 동작을 기억했다가 주어진 신호에 맞춰 모두가 동시에 각자의 동작을 취하게 하거나, 지금까지 자신이 취한 동작을 차례대로 취해 보는 등의 활동으로 작업 기억력을 촉진하는 데 활용할 수도 있다.

3. 표정 놀이

우리는 하루에 몇 번이나 거울을 볼까? 의외로 자기 자신의 표정을 마주하는 시간은 적다. 그래서인지 종종 본인이 생각하는 만큼 감정이 충분히 표정에 드러나지 않아 오해를 사기도 한다. 의사소통에 있어서 표정이 차지하는 비중이 큰 만큼 감정 표현이 서툴거나 표정읽기가 어려운 경우 표정 놀이를 통해서 도움을 받을 수 있다.

1) 말풍선 그리기

배경 그림이나 사진 위에 주인공과 등장인물 종이인형을 올리고, 말 주머니를 바꿔 올리며 대화 장면을 만든다. 장면을 나누어 여러 가지 말 주머니를 준비하여 바꿔 가면서 각 장면을 촬영하여 웹툰이나 스톱모션 애니메이션을 만들 수 있다.

말풍선 놀이

2) 내 맘대로 철사 말풍선과 감정 표현 놀이

내 맘대로 철사나 포스트잇으로 말 주머니를 만든다. 특정한 표정을 지은 뒤 말 주머니를 얼굴 옆에 오게 들고 사진을 촬영하여 말 주머니 채우기, 제목학원 놀이를 할 수 있다.

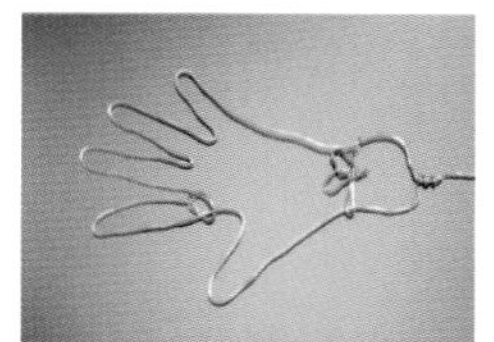  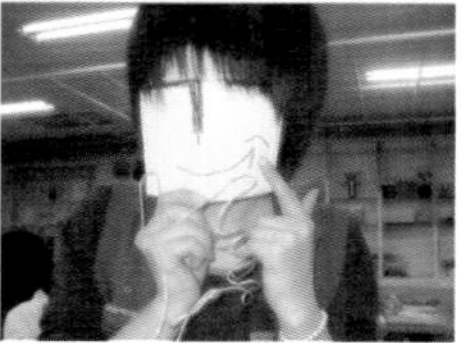 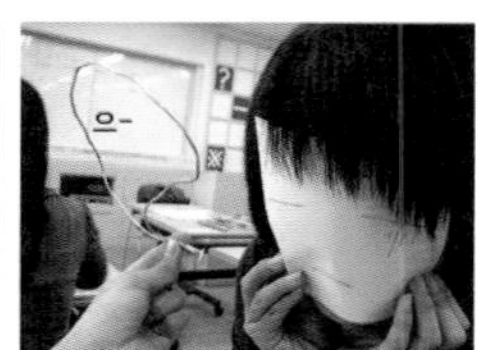

감정 표현 놀이

3) 표정으로 이야기 전달하기

동화를 읽고 각 상황에서의 인물의 감정과 이야기 전개에 따른 인물의 감정 변화에 대해서 이야기한다. 각 장면에서의 인물의 핵심감정을 찾아서 표정으로 나타내고 사진을 찍는다. 각각의 표정을 이야기 순서에 맞추어 배치하여 표정 동화를 만들어 본다. 표정 동화 작업 후에는 표정 사진만 보고 어느 장면 또는 인물인지 맞추기, 장면을 설명하면 해당하는 표정을 짓는 스피드 표정 퀴즈 등을 진행할 수 있다.

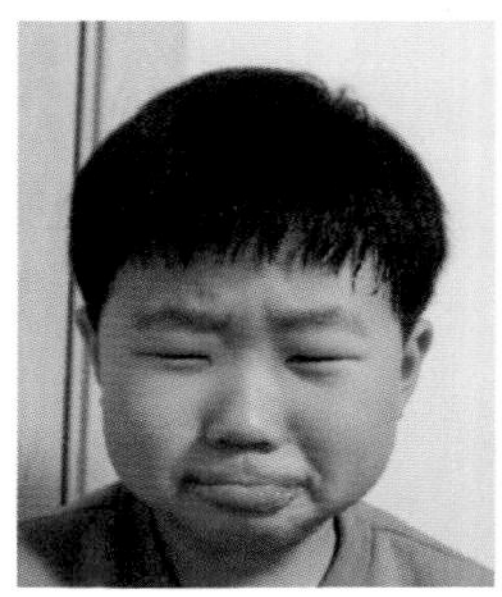

"아이고, 형님! 쌀 한 가마니만 도와주십시오. 우리 애들이 사흘간 피죽 한 그릇도 못 얻어먹었습니다요."

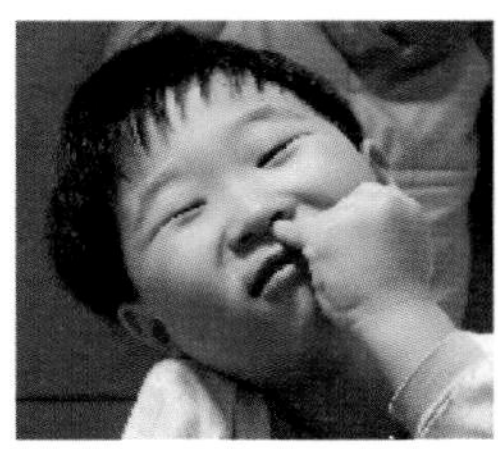

그러자 놀부가 흥부에게 말했습니다. "이놈아~ 일없다! 어서 썩 물러가거라! 한 집안의 가장이 되었으면 노력을 해야 할 게 아니냐! 노오력~."

세상에! 박에서 금은보화가 홍수처럼 쏟아지다니!

4) 감정 표현 코칭

미국의 심리학자 엘버트 메러비언(Albert Mehrabian)은 인간의 의사소통에서 언어가 차지하는 비율은 불과 7%에 불과하며, 나머지 93%는 비언어적인 표현으로 이루어진다고 하였다. 비언어적인 의사소통은 표정, 제스처, 용모, 태도, 음성 등 언어 이외의 수단을 말하는데, 그중에서도 대화 상황에서 표정과 제스처는 대표적이고 직접적인 비언어적 의사소통 수단이라 할 수 있다. 그런데 표정 놀이를 하다 보면 자신이 생각하는 표정과 실제 사진으로 나타나는 표정이 다른 경우가 있다. 전달하고자 하는 자신의 감정 정보와 실제 전달되는 감정에 차이가 있는 것이다. 마치 자신의 목소리를 녹음해서 들으면 내 목소리가 아닌 것처럼 들리듯이, 내가 지었다고 생각하는 표정과 타인에게 보이는 표정 사이에 간극이 있기 때문이다. 이 경우 본인은 분명히 자신의 감정을 표현했다고 생각하나, 타인이 보기에는 표정 변화가 적기 때문에 당사자의 기분이 어떤지 알아보기 어렵고, 그로 인해 감정적인 오해가 생기기도 한다. 비언어적 의사소통이 제대로 이루어지지 않는 것이다.

어떤 아동 내담자의 경우 본인은 친구의 장난을 싫다고 표현했다고 하나, 정작 표정은 웃는 표정을 짓고 있어 상대 아동은 장난을 받아 준 것으로 생각하여 지속적으로 장난을 걸어 갈등이 계속되기도 한다. 혹은 화를 낼 때 입술을 앙 다물거나, 아랫입술을 깨무는 등의 보편적 표정 특징을 캐치하지 못하여 상대방이 화를 내고 있음을 인지하지 못해 갈등을 빚는다. 어떤 경우는 부모의 표정이 경직되어 있고, 감정에 따른 목소리 변화가 적어 아동이 부모의 감정을 쉽게 알아차리지 못하기도 한다.

말로는 칭찬을 하고 있지만, 부모의 표정이 칭찬할 때와 평소 말할 때, 혼낼 때의 차이가 크지 않은 나머지 아동이 지금 자신이 혼나고 있는 것인지, 조언을 받고 있는 것인지, 칭찬을 받고 있는지 구별하지 못하게 하는 것이다. 이 경우 부모 자신이 자기 표정을 인지하지 못하고 있는 것으로, 부모−아동 간의 원활한 의사소통을 위해 부모와 아동 모두에게 표정코칭이 필요하기도 하다. 보통 아동과 부모가 함께 놀이하는 상황을 녹화하여 함께 보면서 반응방법을 코칭하는 비디오 피드백이나 부모−아동 상호작용치료 등과 같은 개입을 하는데, 여기서는 간단히 사진으로 하는 표정코칭을 안내하고자 한다.

① 공통적으로 표현할 감정 목록(예: 기쁨, 슬픔, 화남, 피곤함, 짜증남, 지루함, 즐거움)을 만든다.

② 각자 감정 목록을 하나씩 가지고 자신이 나타낼 감정의 순서를 번호로 매긴다.
- 부모: 기쁨 1, 슬픔 5, 화남 2, 피곤함 7, 짜증남 3, 지루함 4, 즐거움 6
- 아동: 기쁨 4, 슬픔 3, 화남 5, 피곤함 6, 짜증남 7, 지루함 2, 즐거움 1

③ 상대방에게 어떤 표정인지 말하지 않고, 서로의 표정 사진을 찍어 준다.
(예: 1번 표정, 2번 표정…… 7번 표정)

④ 상대방 표정/감정/마음읽기: 각자의 표정 사진을 인쇄하여 서로 바꾸어 표정이 나타내는 감정을 맞춰 본다.

⑤ 자기표정코칭: 원본이 되는 자기 자신의 표정 사진 목록에 각 표정이 나타내는 감정을 적어 둔다. 사진의 사본을 뽑아서 잘라 잘 섞은 뒤 각 표정이 어떤 감정을 나타내는지 맞춰 본다.

⑥ 서로 상대방의 표정 중 표현력이 부족한 사진을 고른 뒤, 상대의 표정에서 포인트를 잡아 코칭한다(예: "우는 표정이니까 입꼬리를 더 내려 봐. 지금 살짝 웃는 것 같아. 눈은 조금 더 작게 뜨고, 입술을 앞으로 내밀면 좋겠어. 지금 딱 좋아, 하나, 둘, 셋 찰칵!").

⑦ 표정 사진을 활용한 표정 훈련 게임: 거울을 준비한다. 표정 사진을 뒤집어서 잘 섞어 쌓는다. 나이가 어린 사람부터 먼저 표정 사진을 한 장 뒤집는다. 이때, 카드를 뒤집은 사람은 자신과 상대방 중 누가 이 표정을 수행할 것인지 '표

정 수행자'를 지정한 후, 주사위를 굴린다. 표정 수행자로 지정된 사람은 주사위 눈 수와 같은 시간 동안 해당 표정을 지어 보인다(예: '웃는 표정, 주사위 눈 6'의 경우 웃는 표정을 6초 동안 유지한다.).

표정의 판정은 표정 수행자 외에 다른 사람들의 과반수 이상의 결정에 따른다. 표정 수행자가 결과를 납득하지 못할 경우 거울로 자신의 표정을 보여 주거나 사진으로 찍어서 원본 사진과 비교하고, 결론을 합의한다.

사진과 같은 표정을 짓지 못하거나, 정해진 시간 동안 표정을 유지하지 못하면 벌칙을 받는다(예: 무표정으로 거울보기, 딱밤 1대, 인디언 밥 등).

⑧ 일정한 시간 간격을 두고 표정 사진을 다시 보고, 각 표정이 나타내는 감정이 무엇인지 다시 한번 맞춰 본다.

⑨ 표정 사진을 빙고판에 붙여 표정 빙고 게임을 해 본다.

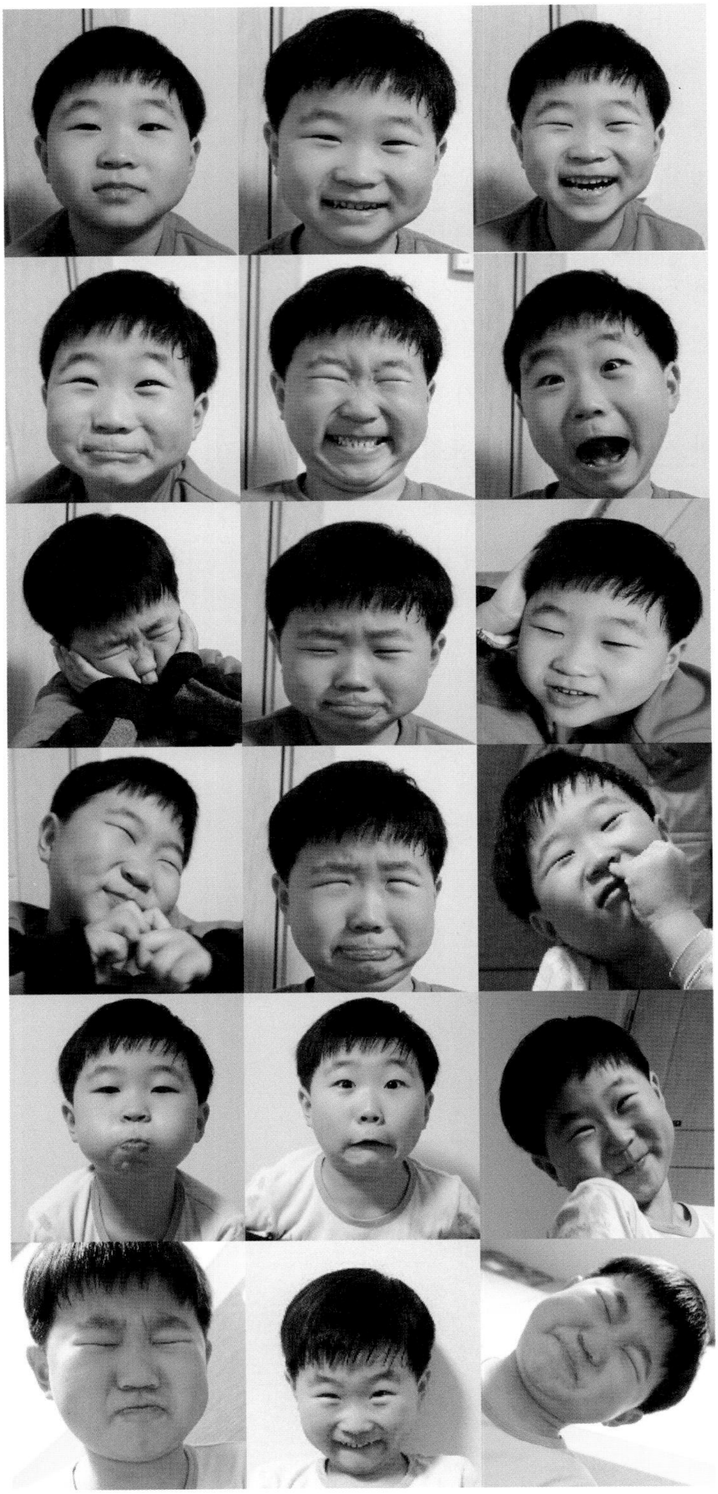

07 동화 음악치료

1. 음악 생활화하기

1) 인사 및 정리하기 노래

(1) 인사 노래

안녕, 안녕, 선생님~ 안녕, 안녕, 친구들~
오늘 우리(다시) 만나 반갑습니다. 안녕, 안녕, 아안~녕!

인사하기는 생활예절에서의 인사의 의미도 있지만, 여기서는 안부를 묻는 언어적 표현, 지난 회기와 이번 회기 사이에서의 일상에 대한 질문과 대화, 내담자의 태도 등을 관찰하는 과정 전체를 말한다. 특히, 영유아나 발달장애 내담자에게는 '안녕, 안녕 인사' 노래를, 노인 내담자 그룹 등에서는 '안녕, 안녕 인사' 노래나 유명한 가요나 민요를 개사한 인사 노래를 꾸준히 사용하면 효과가 좋다.

나는 종종 "인사 노래는 장난감이자, 청진기이며, 때로는 그 자체로 약이 된다."고

말하곤 한다.

인사란 예의다. 예의는 '사회의 도덕적 규칙'이고, 내담자는 인사 방법과 예절을 배움으로써 사회성이 촉진된다. 인사는 혼자 하는 것이 아닌 주고받는 것이므로 상호작용 및 대화의 기초 능력을 배양할 수 있다.

인사를 나눔으로써 치료자와 내담자의 라포가 형성되기 시작한다. 특히 아동 내담자에게 노래와 율동을 통한 인사는 어색함을 줄이고, 호기심을 자극하며, 즐거움과 재미를 주어 내담자와 빨리 친해지게 한다. 다만, 치료실에 억지로 온 경우에는 내담자가 반항적인 의도를 표현하기 위해 대화를 거부하며 고개를 돌리거나 회피하기도 하는데, 이런 반응은 그 자체로 이미 '반응'하고 있는 것이기도 하거니와 '나는 인사를 하기 싫을 정도로 기분이 안 좋지만 선생님이 그것을 알기를 바란다.'는 비언어적 표현이기도 하다. 따라서 여기서부터 질문을 통해 대화를 시작하여 라포를 형성할 수 있다.

인사를 하는 과정에서 치료자는 내담자의 시선추적, 공간지각, 동작모방, 동시동작, 운동협응, 안수협응, 발화 유무, 발성의 질, 조음능력, 운동/발화 강도 조절, 시각적/청각적 주의집중력 등 전체적인 발달정도, 심리 정서적 상황, 당일 컨디션까지도 확인이 가능한데, 이렇게 관찰한 동작 및 발성 모방, 운동 조절 등에서 '안 되는 것을 되게 함으로써' 그 자체로 치료적 효과를 지닌다. 인사 노래를 하는 동안 내담자는 눈 맞춤('눈과 눈을 딱 맞춘다'는 개념보다 '마주 보기, 상대 주시, 선택적 주의집중'의 개념)과 착석을 유지하고 있기 때문에 자연스럽게 일상 이야기로 넘어갈 수 있으며, 인사에 이어 5분 정도 일상 이야기를 하며 내담자 파악, 지난 회기 활동 내용에 대한 기억이나 이번 회기에 하기로 계획한 내용을 확인할 수 있다.

또한 내담자는 '인사'라는 단계를 통해 활동의 시작과 끝을 구분할 수 있게 되므로 활동과 종료에 대한 마음의 준비를 할 수 있게 되며, 익숙해지면 스스로 준비하기, 계획하기, 정리하기를 수행하게 된다.

치료적 입장에서 보자면 '인사'는 짧지만 가장 지속적으로 반복할 수 있는 유용한 기법이다. 활동의 시작과 끝에 반드시 인사를 하게 되기 때문이다. 그리고 내담자 누구도 인사 노래 자체를 공부나 특정한 활동이라 생각하지 않으며, 매 회기 2회씩 수행하여도 반복한다는 것에 거부감을 표현하지 않는 장점이 있다. 다만, 만 6세 정

도면 율동을 포함한 인사 노래는 부끄러워하거나 잘하지 않으려고도 한다. 아동들이 생각하기에 노래와 율동으로 하는 인사는 '어린애' 같다고 여기기 때문이다.

그러나 그룹 치료에서는 나이와 상관없이 구성원 간 주고받는 영향에 의해 여전히 효과를 보인다. 그룹 속에서 인사를 주고받으며 내담자는 자신이 '지금-여기'에 함께하고 있음을 인지하게 되고, 나를 위해 나와 함께 노래하고 춤추는 사람이 있다는 것을 깨달을 수 있다.

한편, 노래와 율동을 통한 자기표현의 기회를 주며, 박수치기를 통한 감각적, 신경적 자극을 제공하고 상호작용을 촉진하므로 노인심리상담에서도 긍정적인 효과가 있다.

(2) 정리하기 노래

내담자들은 종종 활동을 종료하는 것을 어려워한다. 아무리 길게 활동해도 정해진 회기 안에 원하는 만큼 충분히 활동하지 못했다고 여기기도 하며, 중간에 활동을 멈추는 자체를 참지 못한다. 혹은 자신이 어지럽게 벌려놓은 장난감들을 하나의 작품으로 생각하여 치우고 싶어하지 않기도 한다. 시간 개념이 부족하고, 다음 시간에 다른 사람이 올 것임을 이해하지 못하여 집에 가기 싫다고 고집을 부린다. 때문에 마치기 전에 활동 종료에 대해 마음의 준비를 할 시간을 줄 필요가 있다. 처음에는 10분 뒤에 정리할 것을 알리고, 점차 5분 뒤에 정리하기, 3분 뒤에 정리하기 등으로 시간을 단축하여 내담자가 스스로 놀이를 계획하고 정리할 수 있게 도울 수 있다. 그리고 정리하기 노래와 마치는 인사 노래로 활동의 종료를 체감하도록 한다.

- 시간 알려 주기: "10분 뒤에 정리합니다."
- 확인하기: "몇 분 뒤에 정리한다고 했나요?"
- 예고하기: "이제 5분 남았습니다. 5분 뒤에 정리할 거예요."
- 확인하기: "몇 분 남았다고 했나요?"
- 알람 울리기: 예고한 시간에 알람이 울리게 한다. 알람이 울리면 즉시 활동을 종료하고, 정리하기 노래와 함께 정리를 시작하며 정리가 끝나면 마치는 인사 노래를 부르고 퇴실한다.

모두 제자리~ 모두 제자리~ 모두 모두 제자리!

뚝딱뚝딱 뚝딱 집에 갈 시간~ 뚝딱뚝딱 뚝딱 정리합시다.
뚝딱뚝딱 뚝딱 다음 시간에 만나요~ 뚝딱뚝딱 뚝딱 안녕히 가세요!

안녕, 안녕, 선생님~ 안녕, 안녕, 친구들~ 다음 시간 만나 재미있게 놀자~ 안녕, 안녕, 안~녕!

2) 음악 감상

클래식을 위주로 한 음악 목록을 활용하는 음악치료와 같이 전문적인 훈련이 필요한 음악치료는 음악치료사를 통해야 하겠지만, '음악을 통한 심리, 정서, 발달적 치료의 효과'라는 면에서라면 누구나 쉽게 접근할 수 있는 치료적 기법들이 있다.

(1) 연령과 특성에 맞는 음악 선택

음악을 선택할 때는 내담자의 연령에 맞게 선택하는 것이 좋은데, 아동의 경우 동요, 청소년과 성인의 경우 좋아하는 대중가요나 트로트, 노인의 경우 트로트나 민요를 기본으로 명상음악, ASMR, 뉴에이지, 재즈, 클래식 등의 다양한 음악을 추가할 수 있다.

그러나 연령이 어려도 〈사랑을 했다〉와 같이 유아동이 호기심을 갖고 쉽게 따라 부를 수 있는 곡의 경우 동요보다 효과적일 때가 있으며, 노인성 치매 내담자는 트로트는 몰라도 어릴 때 부르던 동요의 기억은 남아 있어 동요에 더 많은 반응을 보이기도 한다.

성인 장애인들의 경우 보호기관에서 종종 쉬는 시간에 가요를 들려주는데, 연령을 고려하여 동요는 잘 들려주지 않는 경우도 많다. 그러나 발달 수준이 낮을수록 가요보다는 짧고 단순하고 반복적인 동요를 더 잘 기억하고, 쉽게 반응한다.

따라서 연령 기준을 잡을 때는 생활연령보다는 발달연령을 기준으로 하여 선곡하는 것도 필요하며, 내담자의 특성을 고려하여 선곡에 반영하여야 한다.

(2) BGM List / Play List

들어서 좋고, 들어서 위로가 된다면 음악 그 자체로 이미 치유의 효과가 발휘되고 있는 것이다. 내담자가 평소 즐겨 듣는 노래, 좋아하는 노래로 목록을 만들어 보자.

청소년 내담자의 경우 좋아하는 아이돌 노래 리스트를 BGM으로 틀어 놓고 미술 작업을 하기도 하는데 "치료실에 와서 노래를 실컷 들어서 스트레스가 풀린다."고 한다. 이렇게 틀어 놓은 BGM은 종종 백색소음의 역할을 하여 내담자가 작업에 몰입하는 데 도움이 된다.

(3) 나와 파장이 맞는 노래 찾기

누군가는 조용한 클래식을 들어야 마음이 안정되고, 반대로 누군가는 록 음악을 들으면 스트레스가 해소되면서 마음이 편안해진다고 한다. 자기 몸의 리듬에 맞는 곡을 찾아보자. 자신의 원래 취향 외에도 다양한 시대, 다양한 지역, 다양한 장르의 곡을 들어 보며 감상을 나누며 좋은 곡을 찾아보면 좋다. 의외로 생각지 못한 장르나 가수에게서 나와 파장이 맞는 노래를 발견할 수도 있다.

나는 중학생 시절 음악으로 전 세계를 돌았다고 할 정도로 다양한 음악을 찾아 듣곤 했는데, 그중에 마음을 편하게 하는 노래들이 일정 기간마다 변하는 것을 느꼈다. 발라드 > 록 > 가야금 > 명상음악 > 팝 > 샹송 > 합창 > 피아노 > 올드팝으로의 변화를 보였는데, 시기를 따져보면 중학교 > 고등학교 > 대학교 > 사회생활 > 대학원 등의 생애발달주기를 따라 이러한 변화가 찾아옴을 알 수 있었다. 어릴 때와 성인이 되어서의 입맛이 달라지듯 음악의 취향도 달라지게 된 것이다. 원래의 음악적 취향이나 특정 가수에 대한 선호도는 달라지지 않았지만, 힐링이 필요할 때면 고정적으로 플레이하는 목록이 있다. 최근 몇 년간은 데클란 갤브레이스(Declan Galbraith)가 10세 때 발매한 올드팝 커버 앨범 〈England〉를 듣고 있는데, 신기하게도 아무리 마음이 바쁘고 힘들고 실제로 머리가 아파 와도 이 앨범을 듣고 있으면 조급함이 사라지고, 기분이 나아지며, 일이 잘 풀리기도 하며, 두통도 사라지는 것을 경험한다. 재미있는 것은 코니 탤벗(Connie Talbot)이나 오연준과 같은 아동이 부른 올드 팝의 경우 좋아하기는 하여도 데클란 갤브레이스의 곡과 같은 효과는 나지 않는다는 점이다. 심지어 데클란 갤브레이스의 15세 이후의 앨범을 들어도

같은 효과를 체감하진 못했다. 정확한 분석을 해 본 적은 없으나 그 차이가 확연한 만큼 〈England〉 앨범에 실린 시기의 데클란 갤브레이스의 목소리와 나의 파장이 잘 맞는 것이라 여기고 있다. 이처럼 자기 자신과 잘 맞는 곡을 찾는다면 기분이나 행동 조절 등 생활에 많은 도움을 받을 수 있다.

(4) 주제가, 테마곡 찾기

- 동화 또는 등장인물에 어울리는 노래를 찾아보고 그 이유에 대해 이야기 나눈다(예: 심청전, 심봉사의 테마곡—포지션, 〈I Love You〉. 심청이 엄마와 심청이를 모두 잃은 슬픔과 어울려서).
- 나에게 어울리는, 나를 상징하는 노래를 찾아보고 그 이유에 대해 이야기 나눈다.
- 내 인생의 등장인물들에게 어울리는 노래를 찾아보고 그 이유에 대해 이야기 나눈다.

(5) 음악 선물하기

- 등장인물에게 선물하고 싶은 노래를 찾아보고 그 이유에 대해 이야기 나눈다.
- 나에게 선물하고 싶은 노래를 찾아보고 그 이유에 대해 이야기 나눈다.
- 내 인생의 등장인물들에게 선물하고 싶은 노래를 찾아보고 그 이유에 대해 이야기 나눈다.
- 각종 음원사이트에서 제공되고 있는 것처럼 '음악 선물하기' 화면(곡명, 가수, 앨범 이미지, 선물 메시지가 포함된 화면)을 만들어 본다.

(6) 노래 교환하기

- 교환일기처럼 내담자가 추천하는 노래와 치료자가 추천하는 노래 교환하기: 청소년 내담자가 힘들 때 들으면 힘이 나는 노래라며 BGM을 신청하여 치료자가 내담자 또래에 들었던 노래를 들려주었는데, 음악 장르나 언어가 생소했을 것임에도 불구하고 매우 적극적으로 경청하였으며, 또 다른 곡을 추천해 줄 것을 요구하였다.

- 가사가 이어지는 노래 교환하기: 가사 내용이 비슷하거나 서사적으로 앞이나 뒤에 올 수 있을 가사의 노래를 찾아 준다.
- 답가 교환하기: 상대방이 들려준 노래 제목이나 가사에 답이 되는 노래를 찾아 준다.

(7) 외국 노래 익히기: 번역과 노래하기

어느 날, 청소년 내담자가 〈센과 치히로의 행방불명〉을 보고 와서 거기 나오는 OST를 배우고 싶다고 하였다. 일본어 곡이지만 "이걸 하면 일본어 실력도 늘 것 같아서 해 보고 싶어요."라고 하며 학습에 대한 의지를 보였다. 학습적으로 성취가 낮고, 향상심이 부족한 내담자였는데 처음으로 자발적인 학습 의지를 보인 것이라 인상적이었다.

(8) 노인미술치료에서 음악의 역할

요양원에서 미술치료를 할 때 자주 들은 말이 "나는 이런 거 못한다. 노래나 해 봐라."라는 말이었다. 할 줄 아는 노래가 많지 않았던 나는 민요 가야금 곡을 가져가 블루투스 스피커로 크게 틀었다. 그러자 어르신들이 자발적으로 노래를 하고, 박수를 치기 시작하였다. 또한 리듬에 맞춰 미술활동에 참여하기를 촉진하자 이전에 비해 적극적으로 활동에 참여하였다. 한편, 스피커로 노래를 틀기 시작한 후 예상치 못한 반응이 있었는데, 활동이 힘들 정도로 몸이 불편하여 병실에 머물러야 했던 어르신들이 "듣기만 해도 좋다."며 호응을 보인 것이다. 활동이 진행되는 홀에서는 미술과 음악의 통합치료가 진행되었다면, 각 병실에서는 스피커를 통해 음악 감상을 통한 치유적 효과가 있었던 셈이다.

3) 목소리

목소리는 신이 주신 가장 아름다운 악기라는 말이 있다. 그만큼 매우 다양하고 섬세한 표현이 가능하다. 목소리는 성문분석을 통해 개인을 변별해 낼 수 있는 것처럼 지문과 같이 개개인의 특성이 존재한다. 우울한 내담자의 경우 기본 주파수가

낮고 목소리 강도가 낮은 것, 화가 났을 때 목소리가 커지는 것과 같이 목소리에는 말하는 이의 감정이나 심리 및 건강상태 등이 반영된다. 때문에 목소리를 통해 청지각적으로 내담자의 상태를 대략적으로 파악할 수 있으며, 치료자의 목소리의 높낮이를 상황에 맞게 변화시킴으로써 내담자의 행동을 강화하고 촉진하거나 제지할 수 있다.

반대로, 자신에게 맞는 발성 방법과 음역을 찾아 습관을 바꾸는 것으로 심리적인 변화를 이끄는 행동주의적 접근도 가능하다. 우울이 상당한 고등학생 내담자에게 긍정적인 말이 적힌 '좋은 말 카드'를 매 회기 읽도록 하였는데, 읽는 동안 점차 목소리가 커지고, 리듬을 탔으며, 다 읽고 나서 "기분이 좋아졌고, 개운하다."고 하였다. 또 다른 아동 내담자는 '좋은 말 카드'를 읽는 동안 기분이 고조되어 몸을 들썩였으며, 후반부에 가서는 카드로 랩을 만들어 읽는 등 흥겨운 모습을 보였다.

자기 목소리 녹음하기

내가 생각하는 표정과 실제 거울을 통해 보이는 표정이 다를 때가 있듯이 목소리 또한 그렇다. 특히 우리가 듣는 자기 목소리는 공기로 전달되는 소리 외에 우리 몸 내부의 진동으로 전달되는 소리가 합해진 것이므로 녹음을 통해 듣는 목소리 쪽이 실제 내 목소리에 가깝기 때문이다. 이렇게 목소리를 녹음해서 들어보면 자신의 습관이나 특성이 보다 명확하게 드러난다.

심리치료를 공부하기 전의 일이다. 학습코칭 그룹에서 한 중학생이 "선생님은 목소리가 왜 그렇게 날카롭게 말해요?"라고 질문한 적이 있다. 한 번도 내 목소리가 날카롭다고 생각한 적이 없어서 당황스러웠는데, 옆에서 다른 학생이 "선생님 목소리는 원래 그렇잖아."라고 대답하는 것에 충격을 받았던 기억이 난다. 다음 시간부터는 강의를 녹음하여 들어 보았는데, 과연 학생들이 느낀 바와 같이 날카로운 목소리를 사용하고 있었다. 학생들의 입장에서는 이유 없이 비난당하는 기분이 들었을 것 같아 미안했고, 이후로는 강의할 때 목소리를 신경 써서 사용하게 되면서 학생들이 보다 편안하게 발표하고 공부하게 되었다. 이처럼 자기 목소리를 객관적으로 들어보는 것으로 시작하여 주변과의 관계를 개선하고 활동을 촉진할 수 있다.

4) 손유희와 율동

주로 어린이집이나 유치원에서 많이 사용되는 손유희와 율동동요는 대부분 길이가 1분 내외로 짧고 가사에 충실한 동작으로 이루어져 있다. 유튜브 등을 통해 많은 예시를 볼 수 있는데, 꼭 정해진 동작을 따라 할 필요는 없고, 가사에 맞추어 동작을 만들어 보면 된다.

'반짝 반짝'은 손을 털듯이 흔들어 주고, '안녕 안녕' 하면 빠이빠이를 하는 것처럼 포인트가 되는 가사를 골라 일반적으로 연상되는 동작을 표현해 주는 것으로 충분하다.

〈곰 세 마리〉 율동에서 나오는 '집'이나 '뚱뚱해' '날씬해' '귀여워' '으쓱으쓱' '잘한다'나 〈곰 세 마리〉를 이어 국민 동요가 된 〈상어가족〉 율동과 같이 직관적인 동작들이 가장 인상적이다.

2. 소리 이용하기

1) 책 소리

여러 가지 책을 펼쳐 두고 신문지 막대나 북채 등으로 표지를 두드려서 나는 소리를 들어 본다. 서로 다른 소리가 나는 책들로 타악 연주를 해 본다. 하드커버와 무선제본, EVA, 헝겊책 등 다양한 재질의 책을 활용하면 보다 여러 가지 소리를 찾아낼 수 있다. 노래에 맞추어 실로폰 막대로 책장의 책들을 두드리거나 여러 권의 책을 가로로 긁는 등 다양한 소리를 내어 본다. 박자에 맞춰 짧게, 혹은 길게 그어 귀로(güiro)나 스크래치 같은 소리를 연출할 수 있다.

2) 즉흥연주와 소리 찾기

여러 가지 악기를 탐색하며 즉흥연주를 해 보자. 우리가 생활 속에서 비교적 많이

접하는 트라이앵글, 캐스터네츠, 탬버린, 심벌즈, 실로폰, 플룻, 펜플룻, 우쿨렐레, 기타, 바이올린, 피아노, 리코더, 오카리나, 쉐이커, 핸드벨, 단소, 장구, 북, 징 등과 함께 음악치료실에서 볼 수 있는 비브라톤, 오션드럼, 레인스틱, 썬더드럼, 멀티 톤 블록, 윈드차임, 카바사, 슬라이드 휘슬, 귀로 등 여러 가지 악기를 활용하면 보다 개성 있고 풍부한 표현을 찾을 수 있다.

(1) 즉흥연주로 동화 표현하기

놀부소리, 홍부소리, 제비소리 등에 어울리는 악기나 사물을 찾아 소리를 내어 본다. 큰북으로 놀부를, 작은 북으로 홍부를, 귀로로 톱질 소리를, 책상을 두드려 박이 터지기 전 긴장감을 표현하고, 징으로 박이 터지는 소리를 내는 등 인물과 상황을 대표할 수 있는 소리를 찾는다.

(2) 즉흥연주로 나의 하루 표현하기

악기를 연주하지 못해도 좋다. 우쿨렐레나 탬버린 한 가지, 혹은 혼자서 바꿔 가며 소리를 낼 수 있는 악기 두세 가지를 앞에 놓고, 반복되는 일과의 테마를 나누어 제시한다. 내담자는 악기를 두드리거나 튕기며, 도레미 음계가 아닌 악기 소리의 강약이나 떨림, 길이, 소리패턴 등을 달리하여 각 장면을 표현하며, 테마가 바뀔 때까지 같은 패턴으로 계속 연주한다. 연주 장면을 녹음 또는 녹화해도 좋다.

예시 1

하루 루틴: 아침 기상, 양치질, 밥 먹기, 등교시간, 운동장 조회 나가는 시간, 교장 선생님 훈화, 1교시, 2교시, 쉬는 시간, 3교시, 수업 시간에 친구랑 몰래 얘기하다 걸렸을 때, 4교시, 점심시간, 5교시, 하교 시간, 간식 시간, 숙제 시간, 저녁 시간, 게임 시간, 취침 시간

예시 2 우쿨렐레로 표현한 나의 하루

- 등교 시간: 한 줄씩 경쾌하게 튕긴다.
- 운동장 조회: 줄 전체를 위아래로 빠르게 긁어 웅성이며 달려 나가는 소리를 표

현한다.

- 교장 선생님 훈화: 낮은 음의 줄을 띄엄띄엄 퉁긴다.
- 수업 시간: 일정한 간격으로 중간음 또는 낮은 음의 줄을 퉁긴다.
- 하교 시간: 운동장 조회보다 더 빠르게 전체 줄을 퉁긴다.
- 숙제 시간: 아주 천천히 끊어질 듯이 이어지는 불규칙적인 패턴으로 낮은 음의 줄을 퉁긴다.

3) 동화 음악극

여럿이서 악기 각각의 소리를 하나의 대본으로 엮음으로써 음악극을 만들 수가 있다. 동화에 어울리고, 서로 하모니를 이루는 소리를 찾기 위한 노력 속에서 서로가 서로의 소리에 귀 기울이고, 관계를 맺어가는 과정을 경험할 수 있다. 음악극은 악기 자체가 주는 치료적 힘을 동화치료로 끌어 올 수 있으며, 동화라는 액자 속의 세계를 현실로 가져와 연주함으로써 '지금-여기'에 내가 존재하고 있음을 자각하게 한다.

동화 음악극은 구성원의 수에 따라 역할을 나누고, 리더의 인도에 따라, 혹은 대본을 보고 순서대로, 역할극을 진행하듯 각 역할의 소리를 주고받고 얽고 풀어낸다. 이때, 해설이나 대사가 들어갈 수도 있고, 각 역할의 소리로 대사를 대신할 수도 있다. 자기 차례를 놓치지 않기 위해 기다리고, 집중하며, 귀 기울이고, 차례와 규칙을 지켜 주고받는 합주와 음악극 활동은 주의집중력 향상과 함께 '공동지시-공동행위-차례 맡기'의 의사소통기술의 토대 또한 다질 수 있게 한다.

또한, 음악극을 구성하고 만들어 가는 창조적 과정을 통해 집단원들은 자기 생각과 개성을 표현하고, 서로 소통하고 공감하며 긍정적인 관계를 형성하는 경험을 하게 되어 유대감을 가지게 되며, 완성된 작품을 완주함으로써 성취감과 유능감, 나도 할 수 있다는 자신감 등을 갖게 되고, 이를 바탕으로 최종적으로는 사회성 향상 또한 촉진할 수 있게 된다. 그리고 이러한 음악극 활동을 통해 본인의 흥미와 재능을 발견할 수도 있다.

나는 고등학생 때 작사를 시작하여 2007년에 대중음악 작사가로 데뷔하였는데, 비

록 유명하지는 않더라도 내가 쓴 가사가 인정받아 발매된 점, 미발표될지언정 10년 이상 꾸준히 해 오고 있다는 점, 이를 통해 적게나마 저작권료라는 경제적 이득을 얻고 있다는 점, 지속적으로 내 감정을 정제하여 나를 표현하고 있다는 점 등에서 많은 힘을 얻곤 한다.

이처럼 녹음이나 녹화를 통해 음악극을 기록하여 작품을 소유함으로써 차후에도 긍정적 경험에 대한 재인에 도움을 줄 수 있으며, 한 발 더 나아가 음악극을 공식적으로 발표할 수 있는 공연이나 음원 발매 등의 후속 작업이 이어질 수 있다면 음악극을 통해 얻은 내용을 더욱 강화해 줄 수 있을 것이다. 공연이나 음원 발매의 경우 관객이나 청중이 존재하므로 이들의 긍정적 피드백을 통해 사회적 지지를 경험할 수 있다. 물론, 부정적 피드백이 우려된다면 초대 관객에 제한을 둘 수 있다.

3. 가사로 풀어내기

1) 동화 챈트

챈트(chant)의 기본 뜻은 '구호, 구호를 외치다.'이다. 대한민국 국민이라면 누구나 알고 있을 구호 "대~한민국! 짝짝 짝 짝짝!"과 같은 것이라 생각하면 이해가 빠를 것이다. 그렇다면 동화 챈트는 무엇인가? 동화에 나오는 대사나 핵심이 되는 사건을 간결하게 반복하는 것으로 동화 내용을 표현하는 것이다.

챈트의 멜로디는 딱히 정해져 있지 않다. 조금 과장되게 말하거나, 의성어나 의태어의 느낌을 살려서 말할 수도 있고, 평소 말하는 어조를 그대로 살려 노래하듯 말하거나, 억양을 강조하여 말할 수도 있다. 또한, 구연하듯이 율동이나 표정 변화를 곁들이거나 신체나 사물, 악기로 박자를 맞추는 것도 재미를 살릴 수 있다. 다음은 「홍부 놀부」 챈트를 만든 예다.

요리 딱! 조리 딱! 요리조리 딱딱!
놀부 주걱 홍부 뺨에, 요리조리 딱딱!

아이쿠! 아이쿠! 홍부 살려! 아이쿠! 아이쿠! 홍부 살려!
그런데 홍부 앞에서, 제비 다리가 뚝! 제비 다리가 뚝!
명주실로 칭칭! 명주실로 칭칭! 제비 박씨가 딱! 제비 박씨가 딱!
슬근슬근 톱질하세! 슬근슬근 톱질하세!
번쩍 번쩍 금은보화! 번쩍 번쩍 금은보화!
에헤라디야 풍년이요~ 에헤라디야 풍년이요~
아, 그걸 보고 놀부가! 제비 다리를 뚝! 제비 다리를 뚝!
명주실로 칭칭! 명주실로 칭칭! 제비 박씨가 딱! 제비 박씨가 딱!
슬근슬근 톱질하세! 슬근슬근 톱질하세!
우당탕탕 도깨비다! 우당탕탕 도깨비다!
매타작하세 풍년이오~ 매타작하세 풍년이오~
아이쿠! 아이쿠! 놀부 살려! 아이쿠! 아이쿠! 놀부 살려!

2) 동화 작사와 개사

노랫말을 가사라 하고, 가사를 짓는 것을 작사라고 하며, 기존의 가사를 고쳐서 새롭게 가사를 붙이는 것을 개사라고 한다. 작사는 곡이 있을 때는 작곡가가 붙인 멜로디에 맞춰서 음을 따고, 글자 수를 맞추어 짓거나, 가사를 보고 작곡가가 곡을 붙이는 식으로 진행되는데, 보통은 가사보다 곡이 먼저 있는 경우가 대부분이다. 때문에 작사는 한정된 글자 수 안에 표현하고자 하는 말을 넣기 위해서 같은 말을 여러 방식으로 바꾸어 보는 연습이 필요하며, 단어 선택 또한 동의어나 유사어를 탐색하는 과정을 거치게 된다. 내담자는 이 과정에서 인지적 자극이 촉진될 뿐만 아니라, 사고력이 자극되고, 감정을 압축하고 함축하여 표현하면서 자기감정을 보다 깊이 탐구하고 객관화하는 경험을 하게 된다. 또한, 그 감정을 적절하게 표현할 수 있는 비유나 상징, 중의적 표현 등을 찾아내는 창조적 순간 그리고 이를 노래로 풀어내는 발산적 순간이 주는 카타르시스를 얻을 수 있게 된다.

(1) 가사와 심상

아른아른 아른거린다. 지난 기억 사이로 네가
자꾸만 네가 떠올라 날 미치게 한다.
눈물인지 술인지 내겐 너무 쓰기만 하다.
마실수록 심장이 너무 아프다.

엘케이(LK) | 〈사랑증후군〉 | 작사 강새로운, 작곡 이창재

가사에서 단어의 선택은 중요한 부분인데, 각 단어에는 개개인의 역사가 반영되어 다른 이미지를 갖기 때문에 내가 표현하고자 하는 의미가 청자에게는 다르게 전달되기도 한다. 엘케이의 〈사랑증후군〉이라는 가사를 썼을 때다. 이 곡의 가사에는 '아른아른 아른거린다.'는 표현이 있는데, 당시 작곡가들에게 이 표현이 상당히 호평을 받았었다. 가사를 들으면 그 장면이 생생히 그려진다고 하였는데, 그중에 이 구절이 되면 '담배연기가 아른거리는 방 안에 혼자 앉아 이별의 아픔에 잠긴 남자의 모습'이 떠오른다고 하였다. 하지만 사실 나는 담배를 싫어하기 때문에 가사를 쓰면서 담배 연기가 아른거리는 장면은 한 번도 생각한 적이 없었다. 내가 가사를 쓰면서 떠올렸던 장면은 '눈물이 가득 고였지만 쏟아 내지도 못하고 천장을 바라보며 앉아 있는 남자의 모습'이었다. 가사를 쓸 때면 실제 경험하지 못했던 상황에도 감정적 동화가 일어나는데, 이 가사에 반영된 '나의 슬픔'은 가사의 상황과 달리 '이별의 슬픔'이 아니라 '현실적 좌절의 슬픔'이었다. 겉으로 드러나는 현상은 같은 '슬픔'이나 그 내면적인 이유는 다르기 때문에 듣는 이에 따라 심상이 달라질 수 있는 것이다.

하나 더 예를 들자면, 씨엔블루(CNBLUE)의 〈외톨이야〉를 듣고 누군가는 고독을, 누군가는 이별 후의 외로움을, 누군가는 가족을 잃은 슬픔을, 누군가는 왕따를 당한 고통을 '외톨이야'라는 단어에 감정을 이입할 수 있다. 이처럼, '아' 다르고 '어' 다른 상황을 넘어, 같은 단어를 가지고 서로 다른 심상을 갖게 되는 만큼, 내담자의 단어 선택 과정을 관찰하여 어떤 의미가 담겼는지, 그 배경을 알아보면 좋을 것이다.

(2) 가사의 비유적 · 상징적 · 중의적 표현과 언어유희

상징은 추상적인 개념을 유사성을 가진 특정한 대상을 매개로 하여 구체화하는 고도의 정신작용의 하나다. 종교나 꿈, 예술(시, 문학, 가사) 등에 나타나는 상징들은 개인이 속한 환경, 문화(신화, 의례), 인간의 무의식적 욕구나 욕망을 반영하며, 이를 받아들이는 이들의 감정이나 생각, 행동에 영향을 미친다. 대중가요에서도 이러한 상징이 흔히 나타나는데, 위너(WINNER)의 노래 중 〈AIR〉에는 디퓨저와 공기를 사랑하는 대상에 비유하는가 하면, 〈EVERYDAY〉에서는 '사랑'을 '종교(신)'에 비유해 '매일 > 일주일 > 주일'로 표현하고 있다. 송민호의 〈아낙네〉에는 '아낙네'와 '알았네'와 '나 가리'와 '나가리' 같이 발음의 유사성과 띄어쓰기로 인한 중의적 표현이 나타나고, 〈걔 세〉와 〈MILLIONS〉에도 제목의 중의적 표현과 기역, 니은, 디귿, 원, 투, 쓰리 등 발음의 유사성을 활용한 독특한 언어유희가 나타난다. 이외에도 많은 가사들이 이런 표현방식을 사용하고 있는데, 이는 짧은 가사 안에 많은 이야기를 함축적으로 담아야 하는 가사의 특성과 상징의 함축성이 이해의 일치를 보였기 때문이다.

비유적 · 상징적 · 중의적 표현과 언어유희를 활용한 가사 쓰기는 내담자가 자신의 내면 깊은 이야기를 표면적으로 안전하게 드러내게 하며, 이를 표출하는 것에서 정화작용이 일어난다.

예시 1 이별을 지워지지 않는 얼룩과 발자국에 비유한 가사

내 몸 여기저기에 이별이 묻어
털어 낼 수도 지울 수도 없는데,
내 안에 너의 자리 다시 느껴져
내 가슴 하염없이 무너진다.

유지욱 | 〈이별자국〉 | 작사 강새로운, 작곡 이창재

예시 2 이별 후 상황을 '있다'와 '잊다'로 중의적으로 표현한 가사

아무리 애를 써도 난 너를 안녕히 잊지 못해
미안해 사랑보다 미움이 많아도 날 기억해

아무리 이제 내가 싫어도 I love you so
이건 정말 잊지 마 I love you so
이건 정말 잊지 마 언제나 Come on baby

안혜은 | 〈안녕히 있지 못해〉 | 작사 강새로운, 작곡 윤한규

(3) 가사와 감정 승화

비가 개인 하늘에 해가 뜬지 오랜데
나의 맘 한구석엔 아직까지 흐리네
우두커니 서서는 그댈 차마 못 잡아
말도 없이 떠나간 슬픈 미소만 남아
물속 깊이 잠긴 듯 숨 쉬기조차 힘들어
내 맘 미처 모른 듯 남기고 떠난 그대가 미워
그대여 어디 있나요 / 눈물 삼킨 마음에 갈라지고 메말랐던
이별하는 눈물이 쉬지 않고 더해만 가죠
내 눈물 어떡하나요 멈추지 않아요
해가 지는 하늘에 푸른 빛이 덮이네
내 맘 안에 슬픔이 아직까지 넘치네
내 눈물 물결이 되어 그대만 찾아서 흘러

페넬로피(Penelope) | 〈푸른 눈물〉 | 작사 강새로운, 작곡 윤순영

페넬로피의 〈푸른 눈물〉은 「공무도하가」와 정지상의 「대동강」을 접하고 담아 두고 있던 감정을 풀어낸 것이다. 나는 두 작품을 처음 접한 후 어떤 감정적 역동을 겪었는데, 그 감정에 정확한 이름을 붙일 수가 없었다. 이 느낌은 내게 미해결된 과제가 되었고, 언젠가 「공무도하가」나 「대동강」을 주제로 무언가 해야겠다고 몇 년이나 벼르다 구체화된 곡이 〈푸른 눈물〉이다. 곡 발매 후 그 어느 때보다도 후련한 느낌이 들었는데, 이후로는 「공무도하가」나 「대동강」을 소재로 한 어떤 작업을 해야겠다는 생각이 들지 않았다. 〈푸른 눈물〉을 통해서 두 작품에 대해 내가 갖고 있던 감정을 충분히 승화시켰기 때문이라 생각한다. 발매 당시에도 그때 해소된 감정이

무엇이었는지 미처 알아차리지 못하였지만, 지금 생각해 보면 '상실과 죽음'에 대한 불안이 아니었을까 한다. 노래를 듣는 많은 청중이 '딱 내 이야기 같은 노래'들에 공감하고 울고 웃으며 위로를 받는 것처럼, 미해결된 문제를 노래로 풀어내어 승화시키다 보면 내담자의 생각이나 방향에 전환점이 찾아올 수 있을 것이다.

(4) 개사

'신데렐라는 어려서~'로 시작되는 〈신데렐라〉 동요나 〈피노키오〉 〈아기 돼지 삼형제〉 〈돼지 삼형제〉 등은 물론, 스마트 펜이 보편화되면서 아동 도서마다 삽입되기 시작한 창작 동화 노래 등으로 인해 많은 이가 동화를 노래로 접해 보았을 것이다. 그처럼 우리가 동화를 노래로 만들어 낼 수 있다면 가장 좋겠지만, 휴대전화로 각종 악기 연주가 가능하고, 루프만들기가 가능하여 쉽게 곡을 만들 수 있는 요즘이라도 음악적 역량이 부족한 일반인들에게 작곡이란 여전히 접근하기 어려운 개념이다. 때문에 완전히 새로운 곡을 창작하기보다 기존 곡을 활용하면 좋다.

가사가 붙여지기 전의 멜로디와 반주가 있는 파일을 MR이라고 하는데, 보통 MR은 노래방 반주기에서 흔히 들어 볼 수 있다. 우리는 기존의 곡에서 멜로디와 가사의 글자 수만을 참고하여 동화와 관련된 가사로 개사하고, 발매된 MR을 내려받거나, 유튜브 등의 사이트에 올라오는 노래방 MR을 틀어 놓고 개사한 곡을 부르고 녹음할 수 있다. 개사의 좋은 예시로 개그콘서트의 〈렛잇비(Let it be)〉가 있는데, 비틀스의 'Let it be'에 사회생활의 에피소드를 개사한 코너로, 개사의 개념에 쉽게 접근할 수 있게 한다.

① 개사의 내용

- 동화의 줄거리, 인물의 심리나 감정, 인물이 처한 상황 등 동화 자체를 반영

〈작은 별〉 개사–전래동화 「금도끼 은도끼」

1절 / 옛날 옛날 한 옛날 / 깊은 산속 숲속에
나무꾼의 도끼가 / 연못 속에 빠졌네
이 도끼가 네 거냐? / 신령님이 물었네

2절 / 우리 착한 나무꾼 / 솔직하게 말했지
금도끼도 아니요 / 은도끼도 아니요
옛다! 네가 다 해라 / 신령님이 다 줬네
(아싸! 계획대로!)

- 동화 작품 내에서 파악한 핵심감정이나 키워드를 주제로 자기 이야기(생각, 상황, 사회환경 등)를 반영

〈똑같아요〉 개사 – 동화 「괜찮아 아저씨」
이 눈치 저 눈치 보고 살다
자꾸만 아파요 몸도 맘도
내 맘이 편한게 제일 좋아
가끔은 쉽시다 괜찮아요.

- 주인공에게 하고 싶은 말을 반영

〈섬집아기〉 개사–전래동화 「콩쥐팥쥐」
1절 / 콩쥐야 괴로울 땐 조금 쉬어도 돼
충분히 아파하고 울 때는 울고
한 발짝 쉬어 가도 늦지 않단다.
서두르지 않아도 그 날은 온다.
2절 / 콩쥐야 힘을 내렴 잘하고 있어.
힘들고 외로워도 끝은 있단다.
언젠가 네 얼굴에 웃음꽃 피고
오늘의 너의 꿈이 이뤄진단다.

② 개사의 방법

- 내담자가 음을 익히 알고 있는 기존의 동요나 대중가요를 사용

- 핵심이 되는 사비 부분만 남기고 개사

〈어른들은 몰라요〉 개사
사람들은 몰라요. 아무것도 몰라요.
넌 아무것도 못 한다고 하죠~
사람들은 몰라요. 아무것도 몰라요.
내가 진짜 잘할 수 있다는 걸요~

- 원곡의 일부분을 개사 후, 원곡 가사를 모두 지워 시로 만들기

김하온(HAON) 〈붕붕〉 부분 개사로 완성된 고등학생 시

〈나의 감정〉
우울에서 눈물이
눈물 다음엔 기쁨
기쁨에서 행복
행복에서 더

난 알 수가 없네
힘들어서 자꾸 눈물이 나
우울 불안 또 외로움에
괴로워

놀리고 따돌려
무시해 싫어해 하지만

걱정할 필요는 없어
나도 행복하고 싶어

이젠 내 멋대로 할 거야
괜찮아
시간 지나 내가 어른 되면
변하겠지

불가능은 아니야 현실을 봐
난 가능해 너희는
모르고 있지 나의 노력을
너희들은 모를 나를 향한 믿음이야

• 가사 전체를 개사

〈똑같아요〉 개사
사람들 나보고 뚱뚱하데
그게 뭐 어때서 그러는데
내 뱃살 투자한 돈 아까워
나는요 안 해요 다이어트

(5) 개사와 학습

한편, 노래로 만들어 부르기는 예전부터 학습영역에서 많이 사용되어 왔다. 학습 내용으로 노래 만들기, 랩 하기 등의 공부법이 많이 사용되다가 최근에는 학습동요도 많이 나오고 있으며, 유아동 교육에도 적극적으로 반영되고 있다. 그만큼 효과적인 작업이며, 개사를 통한 학습은 동화 만들기뿐만 아니라 초 · 중 · 고등학생 자기주도학습 코칭이나 학습장애 내담자의 학습 코칭에도 도움이 된다.

그리고 이렇게 개사한 내용을 피아노를 치면서 부를 수 있는데, 피아노를 치지 못하는 내담자의 경우에는 피아노 건반과 가사에 색깔을 넣어 같은 색을 찾아 누르는 색깔 악보 연주를 통해 노래하며 연주하기가 가능하다. 다양한 감각적 자극이 필요한 학습장애 내담자에게 이 과정은 좋은 경험이 된다.

예시 1 〈작은 별 개사〉

'단군왕검' 동화와 사회 교과과정 중 '최초의 국가 고조선' 부분과 연계

최초 국가 고조선 환인 아들 환웅과
곰에서 사람이 된 웅녀가 결혼하여
낳은 단군왕검이 건국했다 합니다.

예시 2 교과서 읽기-사회, 역사, 도덕 교과

교과서를 읽고 각 단어의 의미를 학습한 뒤 노래를 만들고, 색깔 악보로 연주한다.

〈작은 별 개사〉 삼강오륜
삼강오륜 따르면 백성들은 나라에
충성하고 부모와 웃어른 공경하며
남녀 간의 도리를 지켜야만 합니다.

〈작은 별 개사〉 삼강행실도
충신 효자 열녀의 이야기를 모아서
백성이 잘 따르게 글과 그림으로써
세종대에 만든 게 삼강행실도래요.

3) 색깔 악보 연주하기

음악치료를 위하여 내담자가 상담 전에 악보를 읽는 능력과 악기연주가 가능해야만 하는 것은 아니다. 악보에서 같은 계명, 같은 화음에 같은 색깔을 지정하고, 피아노 건반이나 각 악기에 같은 색의 스티커를 붙이면 색깔만 보고 곡을 연주할 수 있다. 색깔악보는 STROOP Test와 같이 색깔과 계이름을 다르게 지정하고 어느 하나의 정보만 사용하여 연주하도록 하여 반응억제력과 선택적 주의집중력을 훈련할

수 있는 방법이기도 하다.

노래하며 연주하기 활동은 시각-운동 통합적인 활동이며, 눈으로 보고, 귀로 듣고, 입으로 노래하고, 손을 움직이는 등 동시동작을 유도하며, 집중력을 향상시켜 몰입을 경험하게 한다.

그룹치료의 경우라면 각자 다른 악기를 들고, 자기가 담당한 색깔악보의 차례가 되면 악기의 소리를 내는 것으로 합주의 경험을 할 수 있다. 색깔악보는 영유아 피아노 교구나 장난감, 유아 음악교육 교재 등에서 쉽게 찾아볼 수 있으며, 치료자가 필요에 따라 내담자에게 어울리는 곡을 선택하여 직접 색깔 악보를 제작할 수도 있다. 가사 부분을 비운 색깔 악보를 제시하고 하단에 가사를 적도록 하면 보다 수월하게 글자 수나 음을 맞춰 개사할 수 있다.

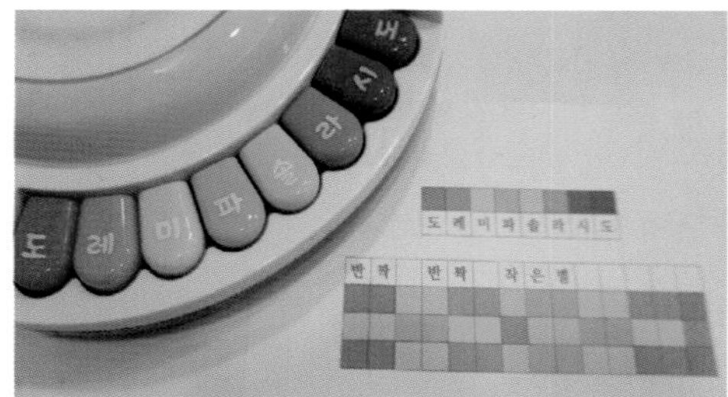

색깔 악보 보고 치기

스티커로 만든 나만의 색깔 악보

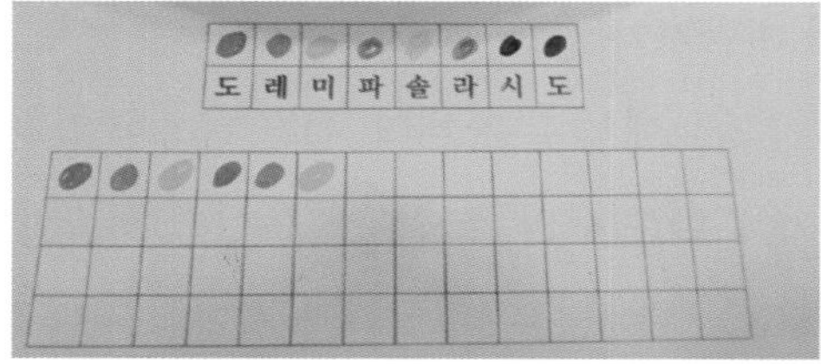

사인펜으로 만드는 나만의 색깔 악보

색깔 악보로 연주하며 개사한 노래 불러 보기

반짝반짝 작은 별에 맞춰요("팥쥐엄마")

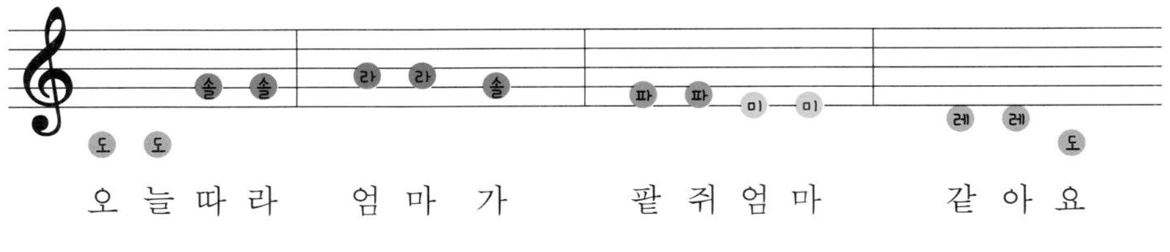

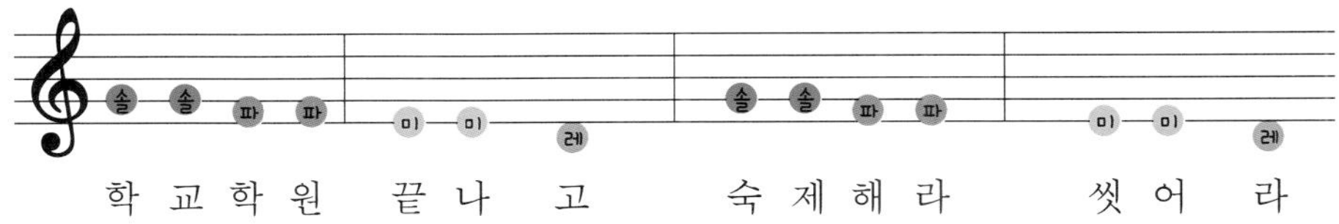

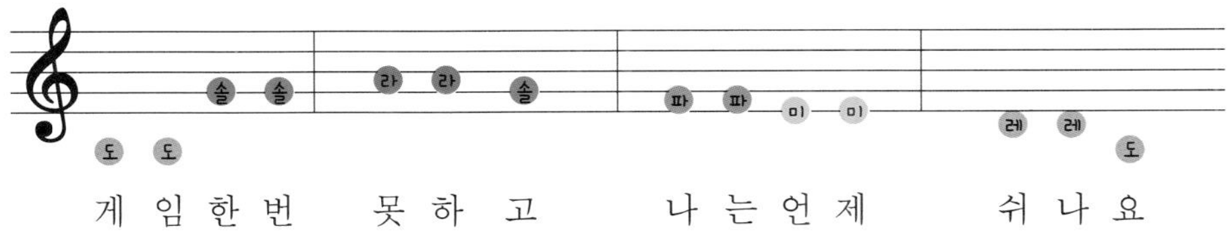

4. 활동 확장하기

1) 노래로 동화 만들기

발단, 전개, 절정, 결말이 있는 이야기와 같이 음악에도 스토리가 있다. 때로는 잔잔하고, 때로는 격렬하게 클라이맥스로 치닿는 곡조와 대중가요의 가사에 숨겨진 이야기를 동화로 풀어 본다.

(1) 노래 제목으로 이야기 만들기

- 곡명 바꿔 쓰기: BTS(방탄소년단) '작은 것들을 위한 시' > '친구인 척하는 것들을 위한 시'
- 곡명 연결하여 시 쓰기: 여러 가수의 노래 제목을 엮어서 짧은 구절을 만든다.

- 앨범 만들기: 앨범은 여러 곡을 하나의 패키지로 묶은 것으로, 앨범에 수록된 곡들의 순서대로 하나의 스토리가 되도록 구성된 경우가 많다. 빌보드를 누비며 센세이션을 일으킨 BTS(방탄소년단)의 경우는 '화양연화'나 LOVE YOURSELF 시리즈와 같이 앨범과 앨범 사이에도 스토리를 연결하여 장대한 서사시를 만들기도 했다. 이러한 형식은 전 세계적 마니아를 보유한 마블의 시네마틱 유니버스를 떠올리게 한다. 그와 같이 하나의 주제나 테마, 스토리를 가지고 여러 가수의 노래를 모아 자신만의 앨범을 만들고, 앨범의 이름을 지어 볼 수 있다(예: 나를 위한 노래, 너를 위로해, A Map Of My Mind).
- 각각의 작업 후에는 결과물에 어울리는 이야기를 만들어 보고, 자신과의 연관성을 찾아본다.

(2) 가사 내용으로 이야기 만들기

작사나 개사와는 반대로, 좋아하는 노래의 가사를 주제로 한 이야기를 만들어 보는 것도 좋다.

대중가요는 대체로 대중의 홍미를 끌고 기억에 오래 남을 수 있도록 중독성 있는 음이나 공감적인 가사로 쓰여진다. 작사가가 곡의 감성을 최대한 끌어내기 위해 선별하고 압축한 언어들을 풀어쓰고, 한정된 글자 수와 행간에 생략된 장면을 상상하여 이야기를 만들어 보자. 곡과 가사의 감성을 따라 글을 쓰다 보면 공감되는 이야기, 자신의 이야기를 담은 드라마가 만들어지게 될 것이다.

혹은 노래를 듣고 가사를 분절하여 그에 맞는 장면을 그리거나, 스토리가 있는 플래시 동요나 뮤직비디오를 보고 컷을 따와서(캡처), 거기에 맞춰 이야기를 만들 수 있다. 또는 여러 노래를 이어서 이야기를 만들 수도 있다. 가사와 컷을 원하는 부분만 가져와서 한 편의 이야기를 만들거나 코드가 비슷하게 이어져 자연스럽게 섞어 부르곤 하는 음악들, 같은 가사에 서로 다른 음이 붙은 곡들을 믹스하여 이야기를 만들 수 있다. 작업 분량이나 가사 내용상, 유아~학령기 아동의 경우 동요를, 청소년~성인은 본인이 좋아하는 노래를 선택하여 작업하면 좋다.

내담자에게 선곡을 맡기면 초등학생 아동의 경우 만화나 게임음악을 자주 고르곤 한다. 내담자들 덕분에 여러 가지 만화 주제가나, MMORPG부터 공포게임까지

다양한 장르의 게임 음악을 접하게 되었는데, 이들 주제가에는 영상과 함께 여러 가지 스토리가 있어 곡에 쉽게 몰입할 수 있다. 원작의 이미지가 강렬하여 변주가 어려울 때도 있지만, 이런 곡이 있어 노래로 이야기를 만든다는 것이 어떤 것인지 아이들에게 쉽게 전달되기도 한다.

성인 내담자의 경우 좋아하는 대중가요를 선택하여 가사를 보고 소설을 써 볼 수 있다. 가사에도 화자가 있고, 상황을 짐작할 수 있는 내용들이 들어 있다. 분명 작사가 또한 어떤 장면을 떠올리고, 화자에 감정을 이입하여 쓴 가사이므로 뮤직비디오 시나리오를 쓴다고 생각하고 장면을 상상하여 이야기를 만들어 갈 수 있다. 작사가 한경혜의 '사랑을 잃고 나는 쓰네'에는 자신의 가사와 함께 가사를 쓸 때의 에피소드, 뮤직비디오 스토리, 노랫말 뒤에 담긴 이야기들에 대해서 쓰고 있는데, 이와 같이 노래에 얽힌 사연을 만들어 보아도 좋을 것이다.

예시 '다다의 하루'

- 사용된 음악 목록: 너의 이름은 뭐니? / 아주 예쁜 내 이름 / 우리 엄마는 박씨 / 둥근 해가 떴습니다 / 일어나요 / 싹싹 닦아라 / 이를 닦아요 / 채소 / 두 손이 반짝반짝 / 쿵~쿵~ 머리 좀 감아 / 쏴아~ 쏴아~ 샤워 / 학교 종 / 공부시간 / 삐쭉이 빼쭉이 / 안녕! 잘 가 / 텔레비전 / 작은 별

하루의 일과와 자발적인 언어 표현, 그림으로 동작 표현하기의 촉진이 필요한 발달장애 청소년 내담자와 작업한 동화의 음악 목록이다. 내담자는 하루 일과 그림 샘플과 동요를 보고 듣고 따라 하며 자신의 색과 이야기로 동화를 그려 내었다.

다다의 하루

2) DJ / 음악PD / 뮤직 소믈리에

DJ는 상황에 맞게, 혹은 주제를 가지고 음악을 선곡하여 분위기를 만드는 사람이다. 디제이의 역할은 치료자와 내담자가 번갈아 가며 수행할 수 있다. 주제 제시 동화와 같이 특정 주제를 선정하여 그에 맞는 선곡표를 만들거나, 신청곡을 받은 뒤 해당 곡을 들려주는 동안 연관된 카테고리나 해시태그(#발라드, #힙합, #슬픈, #사랑, #이별, #남자, #여자, #길, #눈물 등 장르나 키워드)가 동일한 다른 곡을 찾아 연이어 들려주는 등의 활동을 해 볼 수 있다.

DJ라 하면 빠질 수 없는 이미지가 디제잉 기기의 여러 버튼을 켜고, 끄고, 원판을 돌려 소리를 바꾸는 등의 디제잉인데, 블루투스 스피커만 있으면 악기 없이 손쉽게 디제잉을 경험해 볼 수 있다. 신나는 곡을 크게 틀어 놓고 스피커 부분에 손바닥을 대었다 떼었다 하면 사운드가 왜곡되어 믹서와 비슷한 효과를 얻을 수 있다.

가볍고 줄이 없는 블루투스 스피커를 사용하면 스피커를 들고 움직이며 위치를 바꾸거나 흔드는 데서 오는 소리의 변화가 있고, 특히 우퍼 기능이 달린 블루투스 스피커의 경우 우퍼 기능에 의해 진동과 울림소리가 더해져 더 재미있는 경험을 할 수 있다.

3) 작곡가

안드로이드용 태블릿 PC에서는 Walk Band라는 앱을 쓸 수 있는데, 이 앱 하나로 신시사이저, 키보드, 드럼, 기타, 베이스, 드럼머신 등의 다양한 악기 소리를 낼 수 있고, 녹음도 가능하여 아동이 직접 만든 비트에 랩을 하거나 춤을 추기도 한다. Perfect Piano 또는 Musical Lite와 같은 피아노 앱의 경우 리듬게임 형식의 수준별 연주 기능도 제공하고 있어서 악보를 읽지 못하고, 피아노를 치지 못하더라도, 연주와 함께 노래하기가 가능하다. 연주가 가능하다면, 개사의 반대로 말소리를 피아노 등 악기를 사용하여 더빙할 수도 있다. 이 외에 가야금이나 장구 등 우리나라뿐 아니라 세계 여러 가지 전통 악기들도 앱이 있으므로 필요에 따라 바꿔 사용하면 좋다. 아이폰 환경에서는 Garage Band가 잘 알려져 있다. 그러나 사실 이 모든 도구

보다도 우선하는 것이 있다.

바로 우리의 몸과 목소리다. 한때 유행했던 학습 노래나 랩과 같이 책을 보고 음을 붙여 읽어 보자. 평소 말하는 어조를 과장하여 노래처럼 말하거나 앞사람이 만든 음을 그대로 모방하여 답가를 만들고, 마음 내키는 대로 새로운 음을 붙여도 좋다. 이 또한 작곡활동이며, 아동 내담자의 경우 놀라울 정도로 자연스럽게 뛰어난 작곡가로 변신하기도 한다.

특히, 자폐 스펙트럼 장애의 범주에 속한 내담자의 경우 호명에 잘 반응하지 않으며, 음성이 단조롭고, 한 번 학습이 이루어지면 해당 어조만을 사용하는 경향이 있으며, 주고받기가 어려운 특성이 있다. 그런데 노래조로 말하기에는 상대적으로 반응이 빠른 편이라 상호작용에 도움이 되어 자주 사용된다. 노래조로 대화하기, 노래하듯 책읽기, 동화 내용을 노래로 만들어 부르기, 단어카드나 좋은 말 카드로 내 멋대로 랩 만들기 등은 책읽기를 흥겹게 만들어 줄 뿐만 아니라 소통의 즐거움을 알게 해 줄 것이다.

4) 뮤직비디오 만들기

우리나라 가수들의 뮤직비디오는 해외 뮤직비디오들보다 스토리텔링적인 경향이 많다. 단순히 음악 홍보를 위한 영상을 넘어 뮤직비디오 자체의 스토리가 음악의 깊이를 더해 주기도 한다. 예를 들어, BTS(방탄소년단)의 〈피, 땀, 눈물〉에는 헤르만 헤세의 「데미안」이 반영되어 크게 화제를 모았고, 〈MAP OF THE SOUL: PERSONA〉는 융의 분석심리학 이론에서 영감을 받았다고 하며, BLACK PINK(블랙핑크)의 〈Kill This Love〉에는 프로이트의 정신분석이론을 대표하는 개념인 Id, Ego, Super Ego가 숨어 있다. 이외에도 앨리스의 모자장수나 각종 신화 소스들이 반영된 뮤직비디오들이 많이 있다. 뮤직비디오를 보고 가사와 장면이 어떻게 매칭되는지, 이 장면에서 화자의 생각과 감정은 어떤지, 이 장면은 무엇을 상징하는지 등을 이야기하며 자신의 생각을 표현하고, 나라면 어떻게 표현했을지 이야기할 수 있다.

뮤직비디오 만들기

내담자가 좋아하는 동요나 대중가요, 트로트 중에 한 곡을 고른다. 어떤 곡이든 상관이 없지만, 내담자가 이미 알고 있고 좋아하는 곡으로 하는 작업은 흥미도와 적극성을 높여 준다.

① 내담자가 원하는 곡의 가사를 프린트한다.

② 가사를 단락별로 나누어 번호를 매긴다. 각각의 단락 또는 번호는 뮤직비디오의 한 장면이 된다. 곡에서 가장 클라이맥스가 되고, 반복적으로 등장하는 부분을 사비(sabi)라고 하는데, 가사와 음이 동일한 혹은 유사한 사비 부분은 같은 번호를 매겨 동일한 장면을 중복하여 사용할 수 있다.
[예: ①-②-③-④(사비)-⑤-⑥-④(사비)-⑦-④(사비)]

③ 단락을 나눈 후에는 각 단락 안에서 핵심단어와 핵심감정을 찾는다.

④ 해당 장면에 어울리는 상황에 대해 이야기한다(예: 여자가 앉아서 우는 장면, 두 사람이 마주 보고 웃는 장면).

⑤ 각 장면을 그림이나 조형, 인형 등을 활용하여 시각적으로 표현해 본다. 직접 상상하여 그림을 그릴 수 없다면 내담자가 선택한 키워드로 검색하여 해당 장면에 어울리는 사진을 찾고, 연필판화의 기법이나 OHP 그림, 기름종이를 사용하여 사진을 베껴 그릴 수 있다.

앞서 사진 편집 활동에서 이야기하였듯 베껴 그리기의 경우 개인의 실력에 비해 높은 질의 결과물을 얻을 수 있어 만족도가 높고, 처음에는 치료자가 진행단계마다 안내를 해 주다가 점차 내담자 스스로 진행하는 부분을 늘림으로써 유능감과 자존감 향상에 도움을 준다.

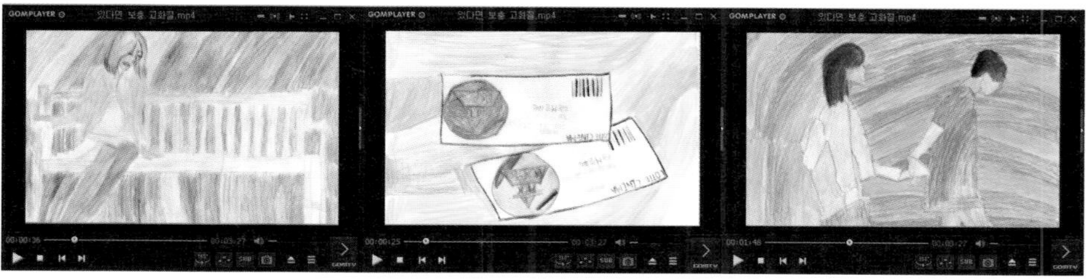

NU'EST(뉴이스트)-〈있다면〉을 재해석한 학생 작품

Wanna One(워너원)-〈이 자리에〉를 재해석한 학생 작품

08 동화 언어치료

동화와 떼려야 뗄 수 없는 관계에 있는 것은 바로 우리말과 글, 언어다. 동화는 그림으로만 이루어지기도 하나, 대부분 언어를 포함하고 있으며, 그림동화라고 하여도 거기에서 파생되는 느낌이나 생각을 내적으로 구체화하고, 이를 외부로 표현하기 위해서는 말과 언어(speech & language)라는 단계를 거쳐야 한다.

때문에 동화를 만들고 감상하는 과정에서 조음, 낱말, 상황이해, 수용언어, 표현언어, 논리적 생각, 주제 파악, 요약하기, 서술하기 등 다양한 언어적 자극을 제시할 수 있다. 언어재활사가 아닌 경우는 병원 기록이나 언어재활사에게 정확한 검사를 받아 그 결과를 참고하거나 케이스 콘퍼런스 등을 통해 내담자에게 필요한 영역에 대해 알아본 후, 언어치료를 받고 있는 내담자에게 추가적인 언어적 자극을 제시함으로써 시너지 효과를 얻을 수 있다.

1. 음성치료

우리는 말(speech)을 전달하기 위해서 호흡, 발성, 공명, 조음, 운율이라는 요소를 사용하는데, 정상음성이란 적절한 강도, 적절한 음도, 적절한 음질, 적절한 운율이 사용되는 것을 말한다. 호흡이 충분하지 않거나, 부적절한 발성, 음질, 운율은 소리 내어 동화 읽기를 방해하는 요소이며 명료도에 많은 영향을 준다. 동화치료에서는 동화 읽기와 구연동화를 통해 내담자가 다양한 목소리와 발성을 시험해 볼 수 있고, 어떤 음성이 가장 자신에게 편안한지를 찾아갈 수 있다.

1) 자세 바로 하기

자세는 명료도에 많은 영향을 미친다. 동화를 읽기 전에 신체의 정중선을 유지하는 바른 자세를 취하도록 한다. 동화를 매개체로 하므로 내담자의 적극적인 참여를 촉진할 수 있다.

2) 음성위생 관리하기

종종 감기나 축농증, 비염, 쉰 목소리 등의 건강상의 문제로 인해 활동에 지장을 받는 내담자들이 있다. 생활 습관 개선을 통해 이러한 문제를 예방할 수 있도록 한다.

- 손 씻기와 손 소독을 생활화하기
- 물 자주 마시기
- 카페인 음료, 탄산음료 자제하기
- 맵고, 짜고, 신 자극적인 음식 자제하기
- 식후 바로 눕지 않기. 식후 바로 눕는 것은 위 역류 현상으로 성대에 손상을 준다.
- 양치질 잘하기
- 가글 자주 하기

• 성인의 경우 술, 담배 피하기

3) 적절한 강도와 강세, 억양 사용하기

• 데시벨(decibel, dB) 측정 앱을 활용하여 동화를 읽을 때의 목소리 크기를 조절하도록 한다.
• 스펙트로그램(spectrogram) 앱을 활용하면 목소리의 음향음성학적 분석이 가능하다. 치료자가 먼저 단어나 문장을 읽고, 내담자가 따라 읽으며 두 개의 파형의 차이를 시각적으로 비교하고 연습할 수 있다.

2. 조음 · 음운 연습

1) 음소발달단계

조음발달에도 순서가 있다. 모음은 대부분 만 3세 이전에 형성되며, 보통 조음이 완성되는 시기로 만 6세경을 꼽는다. 자음은 연령대별로 출현 자음이 다르고 완전숙달 연령에 이르기까지 정조음과 오조음이 혼재할 수 있다.

표 8-1 음소의 습득, 숙달, 관습, 출현 연령 단계(김영태, 1996)

연 령	음소발달단계			
	완전습득연령 단계 (95~100%)*	숙달연령 단계 (75~94%)	관습적 연령 단계 (50~74%)	출현연령 단계 (25~49%)
2;0~2;11	ㅍ, ㅁ, ㅇ	ㅂ, ㅃ, ㄴ, ㄷ, ㄸ, ㅌ, ㄱ, ㄲ, ㅋ, ㅎ	ㅈ, ㅉ, ㅊ, ㄹ	ㅅ, ㅆ
3;0~3;11	+ ㅂ, ㅃ, ㄸ, ㅌ	+ ㅈ, ㅉ, ㅊ, ㅆ	+ ㅅ	
4;0~4;11	+ ㄴ, ㄲ, ㄷ	+ ㅅ		
5;0~5;11	+ ㄱ, ㅋ, ㅈ, ㅉ	+ ㄹ		
6;0~6;11	+ ㅅ			

2) 음소의 이름과 소리 알기

한글을 배우는 방식은 크게 음소단위의 학습과 통글자 방식으로 나뉜다. 요즘은 영유아 보육과정 등에서 통글자 방식이 우세한 편인데, 어떤 아동에 있어서는 통글자 방식이 아닌 음소 단위의 접근법이 필요하다.

읽기 명료도가 떨어지는 경우 중에는 조음능력보다 한글을 몰라서 정조음이 어려운 케이스도 있다. 이 경우 '연령이 낮아서, 얼버무려서, 자신감이 없어서, 보호자의 무관심으로, 학습 능력이 떨어져서' 등의 다양한 이유로 문제를 인지하는 시기가 지연된 경우가 많다. 그리고 아동의 연령이 상승하면서 주변에서는 '당연히' 한글을 알 것이라고 여기게 되다 보니 한글교육을 받을 수 있는 기회는 점차 줄어들고, 또래에 비해 낮은 읽기 명료도가 부각되는 악순환의 고리가 형성되는 것이다. 때문에 읽기 명료도 향상으로 의뢰된 경우 내담자의 연령과 상관없이 한글 습득 정도와 음소에 대해 정확히 알고 있는지도 체크할 필요가 있다.

표 8-2 한글 자음 이름과 소릿값

자음	ㄱ	ㄴ	ㄷ	ㄹ
이름	기역	니은	디귿	리을
시작소리	그	느	드	르
끝소리	윽	은		을
ㅁ	ㅂ	ㅅ	ㅇ	ㅈ
미음	비읍	시옷	이응	지읒
므	브	스	Φ/으	즈
음	읍		응	
ㅊ	ㅋ	ㅌ	ㅍ	ㅎ
치읓	키읔	티읕	피읖	히읗
츠	크	트	프	흐
	윽		읍	
ㄲ	ㄸ	ㅃ	ㅆ	ㅉ
쌍기역	쌍디귿	쌍비읍	쌍시옷	쌍지읒
끄	뜨	쁘	쓰	쯔
윽	–	–		–

초성 '이응'은 소리가 없으나, 이해가 어려운 경우 다른 자음과 같이 '으'로 표시하되 실제로 읽을 때는 소리를 내지 않고 윗니와 아랫니를 붙인 '으' 동작만을 취하도록 한다.

3) 동화의 제목이나 동화 내용에 나오는 단어 또는 문장을 음소 단위로 적고 천천히 읽기

ㅎ	ㄹ	ㅏ	ㅇ	ㅣ	ㅇ	ㅏ		ㄱ	ㄱ	ㅏ
ㅗ		ㅇ			ㅗ			ㅗ		ㅁ
								ㅈ		
흐오	르아응		(으)이		(으)오아			그오읃	그아음	

「호랑이와 곶감」

4) 녹음 기능 활용하기

명료도가 낮거나 음소탈락이 자주 일어나는 경우 단어 읽기를 녹음 후 정배속 이하로 재생하여 각 음소가 어떻게 발음되었는지 확인할 수 있다. 갤럭시 녹음기 기준으로는 0.5배속 재생이 가능하다.

- 사전: 가방(한 호흡에 천천히 읽기) > 녹음/녹화 > 0.5배속 재생
- 활동 1 음소 나눠 적기

ㄱ	ㅏ	ㅂ	ㅏ
			ㅇ

- 활동 2 음소 나눠 읽기: 그아브아응 > 가방
- 활동 3 나눈 음소 빠른 연결하기(한 호흡 안에 모든 음소를 연결하여 발음한다.)
- 활동 4 빠른 연결 녹음하여 2배속 이상으로 재생하기(원 조음과 유사하게 들리는지 확인한다.)
- 사후: 가방(한 호흡에 천천히 읽기) > 녹음/녹화 > 0.5배속 재생

  (느린 재생에서 들리는 소릿값과 음소를 나누어 연습할 때의 소릿값이 유사한지 확인한다.)

5) 특정 문장을 선택한 후 다음의 질문에 대답하기

- 말뭉치는 몇 개인가요?
- 띄어쓰기는 몇 번 있나요?
- 받침이 있는 글자는 몇 자인가요?
- 어떤 받침들이 있나요?

6) 동화 속의 그림이나 내용 보고 빈칸 채우기

홉은 항상 혼자 있었어요. 홉은 __________이/가 많았어요.

7) 빠진 단어 말하기

동화를 읽고 동화 소재를 목록화하거나 특정 페이지를 지정하여 읽은 뒤 해당 페이지에 등장한 단어 목록을 두 번 들려준다. 두 번째 들려줄 때는 첫 번째 들려준 목록에서 한두 개의 단어를 빼고 들려주어 빠진 단어를 이야기하도록 한다. 익숙해지면 점차 들려주는 단어의 수와 빼는 단어의 수를 늘려 나간다.

청각적 기억력의 훈련은 내담자로 하여금 타인의 말에 끝까지 집중하고, 그 내용을 놓치지 않게 함으로써 주고받기, 대화 주제 유지 등을 원활하게 하여 전반적인 대화능력 향상에 도움을 준다.

- "다음의 단어를 듣고 기억하세요. 처음 들려준 목록과 비교하여 두 번째 들려줄 때에 빠진 단어를 말해 보세요."
- "나무 열매 막대기 나뭇가지 아빠 나 머리"
- "나무 열매 막대기 아빠 나 머리"
- "무슨 단어가 빠졌나요?"

8) 올바른 문장이 되도록 순서 맞추기

동화 속의 문장을 발췌하여 어절 단위로 순서를 섞어서 제시하고 올바른 문장이 되도록 번호를 기입한다.

- 원 문장: 하지만 가족들은 이야기를 믿지 않았죠.
- 순서를 섞은 문장: 믿지 이야기를 가족들은 않았죠. 하지만
- 순서 표시:

믿지	이야기를	가족들은	않았죠.	하지만
4	3	2	5	1

9) 목표음소를 포함한 단어와 문장 활용하기

동화치료 과정에서는 내담자에게 자극이 주어져야 하는 조음이 포함된 단어나 문장을 동화 내용에서 찾거나, 동화를 만들 때 포함시키도록 촉진할 수 있다. 또한 따라 말하기, 받아쓰기 등으로 아동의 음운 인식이나 조음 특성을 관찰할 수 있다.

내담자가 습득해야 할 목표음소를 포함한 단어를 읽고, 쓰고, 그리고 카드 만들기, 동화 만들기, 내담자가 읽은 단어 녹음하여 받아쓰기 등 다양한 방향으로 목표음소를 반복하여 조음연습 기회를 제시해 보자.

동화 「아기 물고기 하양이」를 읽고
진행한 음소 낚시놀이

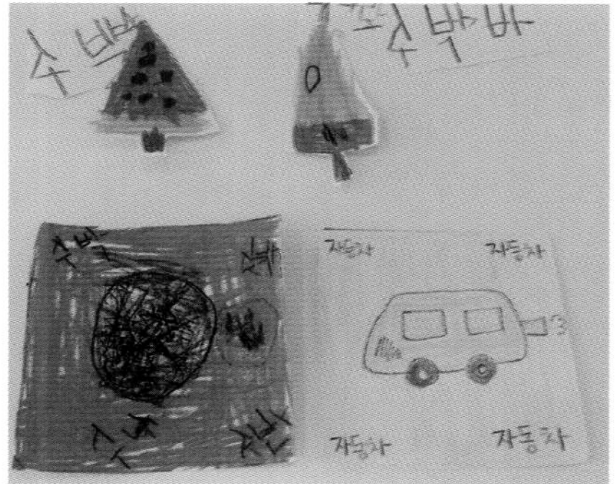

동화 「수박 수영장」을 읽고
목표음소를 포함한 단어로 만든 메모리 게임

10) 동화 내용으로 문제 내기

예시 1 선녀가 내려와서 콩쥐 대신 짜 준 것은 무엇인가요?

① 벼 ② 베 ③ 뱀 ④ 벨

예시 2 팥쥐가 부엌 아궁이에 태운 것은 무엇인가요?

① 꼴 ② 꼰 ③ 꽃 ④ 꽁

예시 3 다음 중 같은 받침 소리를 찾으세요.

① 콩 ② 팥 ③ 강 ④ 집

11) 교재, 교구 활용하기

현재 나와 있는 교구 중에서는 이야기를 활용한 조음치료 활동으로 '동화와 함께하는 음운인식 프로그램'과 '이야기 발음카드'가 있다.

'동화와 함께하는 음운인식 프로그램'은 여러 가지 동화에서 어떤 음소를 강조할 수 있고, 이를 활용하여 어떤 식으로 활동할 수 있는지 단계별로 다양한 프로그램을 제시하고 있다.

이야기 발음카드에서는 목표음소를 다수 포함한 문장으로 이야기를 만들어 제시한다. 문장에 알맞은 그림, 색깔로 표시된 목표음소, 실제 소리 등을 표시하여 이야기를 읽고 만드는 과정에서 반복적인 조음 훈련을 보다 흥미롭고 재미있게 할 수 있도록 하는 것이다.

동화치료에서도 여기서 제시하는 방법들을 그대로 적용할 수 있다. 동화를 읽으며 목표음소를 찾아 형광펜으로 표시하기, 목표음소를 포함한 장면 그리기, 목표음소 강조하여 읽기, 목표음소가 나오면 박수 치기 등 여러 방법으로 조음 목표에 접근할 수 있다.

여러 가지 글자놀이

동화 카드를 통한 글자놀이는 한글 학습을 시작한 아동, 학습장애 아동, 지적장애 아동을 읽기와 쓰기 자료에 자연스럽게 노출시킬 수 있으며, 한글 획과 음소, 음절 등의 이해를 촉진시킬 수 있다. 또한, 수를 세고, 결과를 비교하여 승패를 정함으로써 수량개념, 비교개념 또한 자극할 수 있다.

① 동화에 나오는 문구나 인물의 대사, 장면 설명, 단어 등으로 카드를 만든다.
② 카드 더미에서 무작위로 카드를 고르고, 동시에 카드를 뒤집어 다음의 기준에 따라 승패를 결정한다.

- 글자 획 수 대결: 카드에 적힌 문장의 획수를 세어 비교한다. 획수를 세며 올바른 쓰기 순서도 익힐 수 있다.
- 음소 대결: 카드에 적힌 문장 속에서 초성과 종성에 쓰인 자음 음소의 수를 세어 비교한다. 된소리와 겹받침 음소는 1개로 세며, 한국어 음운론에 따라 초성 자리의 'ㅇ'은 세지 않는다.
- 글자 수(음절) 대결: 카드에 적힌 문장의 글자 수를 세어 비교한다.
- 어절 대결: 카드에 적힌 문장의 음절 수를 세어 비교한다.
- 띄어쓰기 대결: 카드에 적힌 문장에서 몇 번의 띄어쓰기가 사용되었는지를 세어 비교한다.

스테이플러 글자 놀이

스테이플러로 한글 자음, 모음을 찍어 보고, 동화 제목이나 핵심 단어들을 만들어 본다. 스테이플러 심은 쇠로 되어 있어 활동 후 글자 낚시 놀이로 확장할 수 있다. 이 활동은 종이를 고정하기 위해 주로 사용하는 스테이플러로 글자를 쓰거나 그림을 그릴 수 있음을 새롭게 알게 한다. 이러한 낯설게 하기를 통해 창의력이 촉진되며, 종이 위에 글자를 어떻게 배치할 것인지 생각하며 활동하도록 함으로써 계획하기와 구성하기, 주의집중력 향상에도 도움을 주게 된다. 고학년의 경우 안전에만 주의를 주고 특별한 단서 없이 활동을 시작하여 도움이 필요한 부분만 개입하며, 저학년의 경우 "너는 어리니까 안 돼."가 아니라 "이것은 이래서 조심해야 하고, 어떻게 처리해야 해." 라고 방법을 알려 주고, 단서 제시를 통해 점차 스스로 수행할 수 있도록 한다. 활동 중 완성된 작품에 손을 다치지 않도록 카드나 그림 뒷면에 테이프를 붙인다.

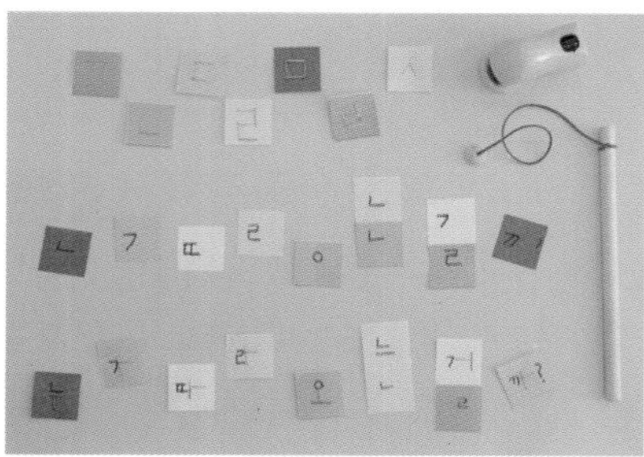

동화 「누가 따라오는 걸까?」

1. 스테이플러 탐색하기: 스테이플러 그림

① 스테이플러의 용도와 종류를 알아본다.

② 색종이를 1/4로 자르거나, 장미접기 종이 또는 학종이를 준비한다.

③ 스테이플러로 동그라미를 찍는다.

④ 얼굴 표정을 찍어 우리 가족 얼굴을 표현한다.

⑤ 가족을 연결하여 모빌을 만든다. 가족 간의 위치관계, 빈칸과 거리, 낚시로 누구를 먼저 뽑을 것인지 등을 주제로 이야기 나눌 수 있다.

2. 스테이플러 한글 학습: 글자 카드

① 스테이플러로 자음을 만든다.

② 스테이플러로 모음을 만든다.

③ 자음 카드와 모음 카드를 나열하여 글자를 만든다. 또는 자음 카드에 모음을 추가하여 글자를 만든다.

④ 획수를 줄이고, 공간을 좁혀 점점 작은 종이에 찍어 본다.

3. 스테이플러 학습 게임: 스피드 게임

① 글자 만들기

- 그림 소재나 동화 속 단어 뽑기를 만든다.
- 랜덤으로 뽑기를 뽑는다.
- 뽑기를 통해 나온 그림 소재나 동화 속 단어를 스테이플러로 표현한다.
- 그림이나 글자를 먼저 완성한 사람이 승리한다.

② 단어 만들기: 종이 한 장에 한 글자씩 찍어 글자 카드를 흩어 놓고, 일정 시간 안에 가장 많은 단어를 만든 사람이 승리한다.

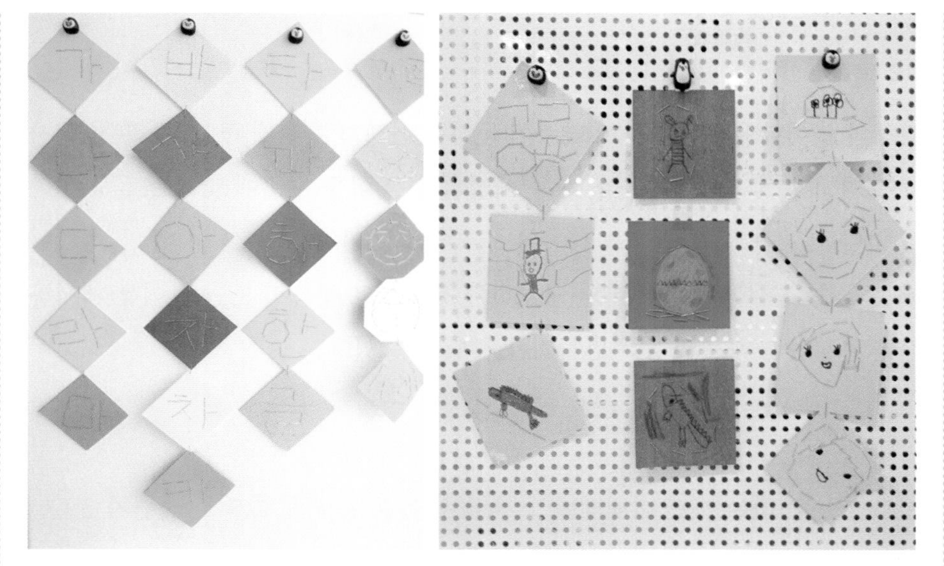

3. 언어학습

1) 단어 확장

동화에 나오는 새로운 단어나 문장, 그림으로 카드를 만든다. 단어나 문장을 쓰고, 그림을 그려 직접 카드를 만드는 과정에서 한 번 단어를 인지하게 되며, 게임을 통해 이를 재인시키기를 반복하여 효과적인 학습이 가능하다.

설명 듣고 낱말 찾기, 해당 낱말이 있는 페이지 찾기, 처음 보는 단어 사전 만들기, 낱말 설명하기로 하는 스피드 게임, 동화에 나오는 단어들만 사용하는 빙고게임, 카드 순서 맞추기, 카드 순서를 바꿔 새로운 이야기 만들기, 만든 카드를 복사하여 여러 개를 만든 뒤 메모리 게임하기 등을 진행할 수 있다. 또한 스토리맵이나 마인드맵을 만들어 단어를 확장할 수 있다.

2) 구문, 문장 활동

아동의 언어발달연령 수준에 맞추어 동화를 선택하여 읽게 하고, 동화 창작 시에는 치료자가 음절 및 2어절, 3어절 등 어절의 수를 아동 수준에 맞게 조절하여 촉진해야 한다.

아동의 순수 창작 동화가 아닌 구조화된 문장으로 첫음절 또는 단어를 제시하고 문장을 완성하는 식으로 동화 만들기를 시도할 수 있다.

(1) 동화 시조와 시

시조 또는 시라고 하면 어렵게만 느껴질 수 있으나, 사실 그렇게 어렵지 않다. 이름을 시조나 시라고 붙였을 뿐, 쉽게 말하면 동화 줄거리 말하기다. 다만, 줄거리의 핵심을 간결하고 운율이 있는 형태로 표현하는 것을 말한다. 주로 시조의 형식인 3 · 4조나 4 · 4조에 따라 만들고, 여기에 두운이나 각운을 맞춰 주면 된다. 그러나 글자 수의 경우 꼭 3 · 4조나 4 · 4조여야 한다는 것은 아니다. 글자 수는 각자가 정하여 시작할 수 있으며, 단지 처음 정한 글자 수를 유지하여 쓰는 것이 중요하다.

① 엔터(enter) 시

시가 아닌 것을 시처럼 보이게 할 수 있다. 동화의 요점을 적은 뒤 이를 적당한 지점에서 엔터를 쳐서 줄을 바꾸어 쓰는 것만으로도 시가 된다. 내가 듣고 싶은 말, 하고 싶은 말을 적고, 문장에서 적당한 글자 수마다 엔터를 치면 손쉽게 시를 만들 수 있다.

해와 달이 된 오누이

오누이는
나무에 올랐다.

호랑이가

무서워 빌었더니

하늘에서
동아줄 내려와
오누이는
해님달님 되었다.

② N행시

동화의 제목이나 등장인물의 이름으로 N행시를 짓는다.

백: 백○원 아저씨가
설: 설탕을
공: 공중에서
주: 주르륵 부어서 설탕 바다가 되었다.

③ 4 · 4조로 동화 시조 만들기

고개고개 산을 넘고 떡 하나만 달라더니
우리 엄마 어디 가고 호랑이만 나타났네.
나무 위로 도망가도 호랑이가 턱 밑이라
비나이다 비나이다 우리 남매 살려 주오
새 동아줄 타고 타고 오누이는 하늘 위로
헌 동아줄 끊어지고 호랑이는 수수밭에
오누이는 사이좋게 해님달님 되었더라.

④ 자신의 이야기로 시조 만들기

다음은 아이돌 노래가 힘이 된다는 학생의 작품이다. 자신이 휴대전화를 많이 한다고 가족들이 뭐라고 하는 것이 싫어서 "나에게 휴대전화로 이런 기쁨이 있다."는 걸 말하고 싶었다고 하였다.

(맹사성–강호사시가 개작) 학생고무가

방탄 노래 들려오니 미친 흥이 절로 난다.
화양연화에 럽여셀프 정말 좋아.
이 몸이 행복하옴은 방탄 덕이샷다.

우울한 기분 드니 온종일 힘이 없어
워너원 노래 듣고 싶은 바람이다.
이 몸에 기쁨을 주는 것은 워너원 덕이샷다.

매일매일 노래를 들으니 마음이 편안하다.
휴대전화에 노래 사서 랜덤으로 틀어 두고
이 몸이 쉬는 시간은 아이돌뿐이샷다.

⑤ 대화나 문장이 지나치게 장황한 경우

줄거리 말하기를 활용할 수 있다.

- 동화를 읽은 다음 줄거리를 이야기한다.

  엄마가 빨간 모자한테 할머니가 편찮으셔서 할머니 댁으로 곧장 가라고 했는데 빨간 모자는 꽃을 보고 너무 예뻐서 그걸 꺾어서 할머니한테 드리면 참 좋아할 거라 생각해서 이걸 꺾고 있었는데 늑대가 나타나서 빨간 모자한테 어디 가는 길이냐고 물어봤는데 빨간 모자가 할머니 사는 데까지 다 말해 줘서 거기 간다고 해서 늑대가 할머니 댁으로 가서 빨간 모자인 척하고 할머니를 삼켜 먹었고, 빨간 모자가 또 돌아와서 할머니가 있는 줄 알고 가봤는데 귀가 왜 이렇게 커졌냐고 했는데 자기 말하는 걸 잘 들으려고 하고, 눈은 왜 커졌냐고 하니까 자기를 더 자세히 보려고 커졌다고 했는데 입은 왜 이렇게 커졌냐고 하니까 자기를 삼키려고 커졌다고 해서 빨간 모자까지 삼켜 먹었는데 사냥꾼이 코 고는 소리를 듣고 창문으로 봐서 총으로 쏴서 배 안에서 뭐가 꿈틀거리는 게 있어 가

지고 그걸 꺼냈는데 할머니랑 빨간 모자가 있어서 구해 줘서 살았어요.

- 어떤 결속표지가 주로 사용되었는지 확인하고, 문장을 적당한 길이로 자른 다음, 생략된 표현을 추가하여 문장을 완성한다.

엄마가 빨간 모자한테 할머니가 편찮으셔서 할머니 댁으로 곧장 가라고 했다.

빨간 모자는 꽃을 보고 너무 예뻐서 그걸 꺾어서 할머니한테 드리면 참 좋아할 거라 생각해서 이걸 꺾고 있었다.

늑대가 나타나서 빨간 모자한테 어디 가는 길이냐고 물어봤다.

빨간 모자가 할머니 사는 데까지 다 말해 줬다.

(빨간 모자가) 거기 간다고 해서 늑대가 할머니 댁으로 갔다.

(늑대는) 빨간 모자인 척하고 할머니를 삼켜 먹었다.

그리고 빨간 모자가 또 돌아와서 할머니가 있는 줄 알고 가 봤다.

(빨간 모자가 할머니에게) 귀가 왜 이렇게 커졌냐고 했는데 자기 말하는 걸 잘 들으려고 한다고 했다.

눈은 왜 커졌냐고 하니까 자기를 더 자세히 보려고 커졌다고 했다.

입은 왜 이렇게 커졌냐고 하니까 자기를 삼키려고 커졌다고 했다.

(늑대는) 빨간 모자까지 삼켜 먹었는데 사냥꾼이 코 고는 소리를 들어서 창문으로 봤다.

총으로 쏴서 배 안에서 뭐가 꿈틀거리는 게 있어 가지고 그걸 꺼냈는데 할머니랑 빨간 모자가 있어서 구해 줘서 살았어요.

- 완성된 줄거리를 다시 읽고 처음과 비교하여 차이점을 이야기한다.
- 다음 회기에 동화를 다시 보고, 문장 길이를 고려하여 줄거리 말하기를 수행한다.

빨간 모자의 엄마가 빨간 모자한테 심부름을 시켰는데 할머니 댁에 가라고 한 심부름이었어요. 그런데 엄마가 빨간 모자한테 한눈팔지 말고 할머니 댁으로 곧장 가라고 했어요. 그리고 빨간 모자가 할머니 댁에 가고 있었는데, 늑대가 빨간 모자한테 어디 가는 길이냐고 물어봤는데, 할머니 댁으로 간다고 했어요. 그리고 늑대가 저기 있는 꽃을 꺾어서 할머니한테 드리면 참 좋아하실 거라고 해서 엄마의 말을 까먹고 꽃을 꺾었는데 그 사이에 늑대가 할머니 댁에 갔어요. 그래서 늑대가 할머니 댁에 도착해서 빨간 모자인 척하고 들어와서 할머니

를 삼키고 빨간 모자가 와서 늑대한테 눈이 왜 이렇게 커졌냐고 물어보니까 눈은 빨간 모자를 더 잘 보려고 그랬다고 하고, 빨간 모자가 귀는 왜 이렇게 커졌냐고 물어보니까 빨간 모자의 소리를 잘 들으려고 그랬다고 했어요. 그런데 입은 왜 이렇게 커졌냐고 하니까 빨간 모자를 삼켜 먹으려고 그랬다고 해서 빨간 모자를 삼켜 먹고 늑대는 잠이 들었어요. 그리고 사냥꾼이 할머니 집을 지나가고 있었는데 사냥꾼은 할머니 혼자 사는데 코 고는 소리가 왜 이렇게 크지 하고 집에 들어가 봤는데 거기에는 늑대가 할머니 침대에서 자고 있었어요. 그래서 사냥꾼이 늑대를 보고 깜짝 놀라서 집에 들어와서 가위로 늑대의 배를 갈라서 할머니랑 빨간 모자를 구해 줬어요. 그다음에 사냥꾼이 텅 빈 늑대의 배를 보고 무거운 돌멩이를 잔뜩 넣어서 할머니가 꿰매고 몰래 숨어서 보고 있었는데 늑대가 잠이 깼어요. 그래서 우물에 가서 물을 마시려고 했는데 돌멩이가 너무 무거워서 우물에 빠져 죽어서 빨간 모자는 집으로 한눈팔지 않고 갔어요.

3) 문법

문법이란 언어를 구성하고 운용하는 규칙을 말한다. 동화는 문장 구조가 복잡하지 않고, 길이가 짧으며, 문장 수가 많지 않은 만큼 기초적인 언어 학습에서 많이 사용된다.

(1) 동화 베껴 쓰기

바른 문장을 따라 쓰며 문법적인 감각을 익힐 수 있다.

(2) 문장 타이핑하기

타이핑하기는 난독증 학습자의 다감각적 학습에서도 활용된다.

- 동화 타이핑하기: 문장에서 틀리는 부분이 많은 경우 손으로 쓰는 운동 자극 외에 다른 형태의 자극을 주기 위해 타이핑하기를 제시할 수 있다.
- 동화책의 내용을 보고 그대로 타이핑한다.

- 워드 프로세서에서 맞춤법 기능을 켜면 틀린 단어에 빨간색으로 밑줄이 그어지게 된다. 타이핑 후 밑줄이 그어진 부분을 찾아 무엇이 틀렸는지, 주로 무엇을 틀리는지, 어떻게 고쳐야 하는지 등을 이야기할 수 있다.

> 옛날 옛적에 예쁜공주가 살았어요.공주는 성에 살았어요 예쁜공주는 물고기배를 타고 먼 길을 떠났어요 부르릉는 소리를 내면서 천천히 갔습니다 길을 가던 공주가 모퉁이를 돌아드는순간그곳에서 신비한 요정과마주쳤어요 요정은 날개를 이고나비가 이고 머리가 길었어요 요정이 말했어요. 참 예쁜부니오세네요. 요정은 친정을 했어요. 요정는 열쇠에게 마법의 물건을 주었어요. 예쁜공주가 마법의 물건을 손에쥐자 갑자기 자욱한 연기가퇴올랐어요. 그리고 눈 깜짝할 사이에 꽃밭는 낯선 주변을둘려보던 예쁜공주는 우연히 섬를 발견했어요. 예쁜공주가 똑 똑문을 두드리자 친절한 다섯가족이 문을열어주었어요. 다섯가족은 예쁜공주에게 어떤음식을 만들어 주었을까요 햄버거 그런데 그때갑자기으르르 쾅쾅 천둥이치더니 문앞에 무시무시 한 괴물가 나타났어요. 괴물는 예쁜공주를 퐉 잡아채더니 감옥에 가두어 버렸어요. 예쁜공주는 감옥안에서 열쇠를발견했어요. 그것은 괴물을 토끼로 변하게 하는 마법의 물건이었지요. 도망치던 예쁜 공주는 옷으로 가득 찬 방을 발견 했어요. 그래서 그안으로 들어가 재빨리 도둑로변장했어요. 옷을 갈아입은 예쁜 공주는 왕관 모자를 썼을 었어요. 변장을 마친 예쁜 공주는 살금살금 옆방으로 숨어들었어요. 그골에는 빵상자가놓여있었어요. 공주는 빵을 먹었어요. 예쁜 공주는 주머니가득 보물을 채우고는 도망쳐나갔어요. 그런데 마침밖에 호박 마차가 있는 게 아니겠어요? 예쁜 공주는 호박 마차를 타고 번개처럼 빠르게 달려가다가 화상를 발견했어요. 그리고 마침내 집으로 돌아왔답니다. 예쁜 공주는 자기가 겪은 모험들을 친구들에게 들려주고 즐겁게 파티도했어요. 그러고는 침대에서 새근새근 잠이 들었지요. 그뒤로 예쁜 공주는 오래오래 행복하게 살았답니다.

띄어쓰기 오류가 가장 많았던 내담자가 '이야기 길'을 따라 지은 동화

활동 처음에는 무엇을 고쳐야 할지 몰랐으나, '빨간 줄의 네 가지 법칙: 띄어쓰기, 잘못 쓴 것, 빠진 것, 더 쓴 것'을 알려 주고 스스로 수정하는 연습을 하였다. 그 결과 몇 번의 이야기 타이핑 활동이 끝나자 자발적으로 순서를 정해서 오류를 체크하여 수정하기가 가능하게 되었다.

> 옛날 옛적에 예쁜 공주가 살았어요. 공주는 성에 살았어요. 예쁜 공주는 물고기 배를 타고 먼 길을 떠났어요. 부르릉 소리를 내면서 천천히 갔습니다. 길을 가던 공주가 모퉁이를 돌아드는 순간, 그 곳에서 신비한 요정과 마주쳤어요. 요정은 날개가 있고, 나비가 있고, 머리가 길었어요. 요정이 말했어요. 참 예쁜 분이 오셨네요. 요정은 친절 했어요. 요정은 열쇠에게 마법의 물건을 주었어요. 예쁜 공주가 마법의 물건을 손에 쥐자 갑자기 자욱한 연기가 피어올랐어요. 그리고 눈 깜짝할 사이에 예쁜 공주는 낯선 꽃밭에 도착했어요. 주변을 둘러보던 예쁜 공주는 우연히 섬을 발견했어요. 예쁜 공주가 똑똑 문을 두드리자 친절한 다섯 가족이 문을 열어주었어요. 다섯 가족은 예쁜 공주에게 어떤 음식을 만들어 주었을 까요? 햄버거. 그런데 그때 갑자기 우르르 쾅쾅 천둥이치더니 문 앞에 무시무시한 괴물이 나타났어요. 괴물은 예쁜 공주를 확 잡아채더니 감옥에 가두어 버렸어요. 예쁜 공주는 감옥 안에서 열쇠를 발견했어요. 그것은 괴물을 토끼로 변하게 하는 마법의 물건이었지요. 도망치던 예쁜 공주는 옷으로 가득 찬 방을 발견 했어요. 그래서 그 안으로 들어가 재빨리 도둑으로 변장했어요. 옷을 갈아입은 예쁜 공주는 왕관 모자를 썼어요. 변장을 마친 예쁜 공주는 살금살금 옆방으로 숨어들었어요. 그 곳에는 빵 상자가 놓여있었어요. 공주는 빵을 먹었어요. 예쁜 공주는 주머니 가득 보물을 채우고는 도망쳐나갔어요. 그런데 마침 밖에 호박 마차가 있는 게 아니겠어요? 예쁜 공주는 호박 마차를 타고 번개처럼 빠르게 달려가다가 화산을 발견했어요. 그리고 마침내 집으로 돌아왔답니다. 예쁜 공주는 자기가 겪은 모험들을 친구들에게 들려주고 즐겁게 파티도 했어요. 그러고는 침대에서 새근새근 잠이 들었지요. 그 뒤로 예쁜 공주는 오래오래 행복하게 살았답니다.

(3) 띄어쓰기

동화 속 문장을 띄어쓰기 없이 제시하고, 몇 번을 띄어야 하는지 제시한다.

띄울 자리 4개: 옛날옛적에예쁜공주가살았어요.

어디 어디를 띄어써야 할까요?

–옛날∨옛적에∨예쁜∨공주가∨살았어요.

(4) 문법 요소 찾기

- 주어진 문장에서 주어 뒤에 있는 '은/는/이/가' 찾아서 동그라미하기
- 주어진 문단에서 '을, 를' 찾기
- 결속표지(연결어미, 접속부사, 보조사 등) 찾기

(5) 이야기 문법

동화의 내용을 배경, 계기사건, 시도, 내적 반응, 결과로 구성된 일화로 나누어 본다.

4. 내용 파악하기

동화를 읽고 인상적인 장면 말하기, 핵심단어 찾기, 이야기 컷 나누기, 이야기 순서 맞추기, 줄거리 요약하기, 주제 파악하기, 수수께끼, 속담 맞추기, 독서신문 만들기, 읽은 책 설명하기(경험 말하기), 동화 학습지 풀이, 빈칸(말풍선) 채우기, 제목학원, 만화 등의 다른 형태로 표현하기, 시로 표현하기, 노래 만들기 등의 다양한 활동을 제시할 수 있다.

정해진 시간 동안 그림만 살펴보고 질문에 답하기, 정해진 시간 동안 읽은 페이지 내용 질문에 답하기, 동화 내용으로 질문 만들기, 질문 꼬리잡기, 끝말잇기 등의 다양한 활동을 통해 내용 파악을 도울 수 있다. 또한, 맞춤법에 자신이 없는 내담자, 글을 쓸 줄 모르는 노인 내담자 등 쓰기에 부담을 느끼는 내담자의 경우 학습지 형식보다 구어 표현으로 먼저 접근하는 것이 좋다.

1) 내용 읽기 전 훑어보기

- 책 제목이 무엇인가요?
- 누가 지은 책인가요?
- 누가 그린 그림인가요?
- 어떤 내용일 것 같나요?
- 그림만 보고 무슨 내용인지 이야기해 보세요.
- 동화 속에 특정 단어나 주인공 이름이 몇 번이나 나오는지 세어 보세요.
- 인물의 이름에만 동그라미 치고 내용을 설명해 보세요.
- 단락의 첫 줄과 마지막 줄만 줄을 그으며 읽고 설명해 보세요.

이 방법은 책을 읽기 싫어하는 내담자나 난독증, 학습장애, ADHD 등이 있는 내담자 등에 효과적이다.

2) 내용 읽으며 질문하기

한두 페이지를 읽고 나서 질문을 하고, 점차 더 많은 범위 안에서 내용을 질문한다. 짧은 이야기 속에 들어 있는 정보를 세세하게 물어볼 수도 있고, 단락의 핵심적인 내용이나 소재를 파악하였는지 확인하는 질문을 할 수도 있다.

예시 1 "이상한 엄마"

- 엄마에게 닥친 위기는 무엇인가요?
- 이상한 엄마가 해 준 음식은 무엇이었나요?
- 이상한 엄마는 전화를 받았을 때 어떤 기분이 들었을까요?

예시 2 "요셉의 작고 낡은 오버코트"

- 요셉의 작고 낡은 오버코트는 무엇무엇으로 변했나요?
- 요셉은 목도리를 하고 무엇을 했나요?

- 넥타이 다음에는 무엇으로 변했나요?

예시 3 "달팽이 학교"

- 달팽이 학교에서는 누가 지각을 더 많이 하나요?
- 달팽이 학교는 소풍을 다녀오는 데 며칠이나 걸렸나요?
- 교장 선생님은 어떻게 지각을 하지 않게 되었나요?
- 달팽이 학교 친구들은 왜 기저귀를 찰까요?
- 달팽이 학교 친구들이 찬 기저귀는 무엇으로 만들었나요?

예시 4 "씨앗을 심었어요"

- 아빠의 머리 위에 무엇이 떨어졌나요?
- 뾰족뾰족한 가시가 있고, 나무에 열리는 열매는 무엇일까요?
- 열매를 따기 위해 어떤 도구를 사용했나요? 왜 그랬을까요?

예시 5 "개구쟁이 ㄱㄴㄷ"

- 동화 속 그림에서 메뚜기를 찾으세요.
- 동화 속 그림에서 고무장갑, 가위를 찾으세요.
- 점차 더 많은 대상 찾기

3) 확장하기

예시 1 "이상한 엄마"

- 엄마 대신 다른 사람과 시간을 보내야 한 적이 있나요? 있다면, 어떨 때 그래야 했나요? 그럴 때 내 기분은 어땠었나요?
- 나에게 엄마가 가장 필요할 때는 언제였나요?
- 혼자서도 잘 해낸 일에는 무엇이 있나요?

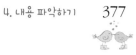

예시 2 "요셉의 작고 낡은 오버코트"

- 내가 가장 아끼는 물건은 무엇인가요?
- 내가 가장 아끼는 물건이 더 이상 못 쓰게 되면 어떨 것 같나요?
- 내가 가진 물건으로 해 볼 수 있는 활동은 무엇이 있을까요?

예시 3 "달팽이 학교"

- 나는 어떤 때 지각을 하나요?
- 내가 달팽이 학교에 간다면 어떤 일이 벌어질까요?
- 내가 만약 달팽이처럼 느려진다면 무엇이 가장 필요할까요?

예시 4 "씨앗을 심었어요"

- 내가 심고 싶은 씨앗은 무엇이 있을까요?
- 무엇인지 알 수 없는 씨앗을 받게 되었어요. 여기서는 무엇이 나올까요?
- 누군가에게 씨앗을 선물한다면 어떤 씨앗을 선물하고 싶나요?

4) 내용 읽기 후 질문하기

내용을 전체적으로 종합하고, 책의 주제나 소재를 파악하고 있는지에 대해 질문한다. 책을 보지 않고 진행하나, 경우에 따라 그림을 다시 보며 대답하도록 하거나 5초, 10초 등의 제한 시간을 주고 책을 훑어본 뒤 대답하도록 중재할 수 있다.

- 책의 제목은 무엇이었나요?
- 주인공은 누구였나요?
- 무엇에 관한 내용이었나요?
- 어떤 일이 일어났나요?
- 제목만 보고 혹은 그림만 보고 생각했던 내용과 어떤 공통점과 차이점이 있었나요?
- 책의 작가는 이 책을 통해서 무슨 이야기를 하고 싶었던 걸까요?

- 책을 읽으며 연상된 것이나 느낀 점을 이야기해 봅시다.
- 책을 읽으며 특별히 좋았던 점이나 싫었던 점에 대해 이야기해 봅시다.
- 내가 만약 이 책을 고쳐 쓸 수 있다면 어떤 부분을 바꾸고 싶나요? 아쉬웠던 점, 더 넣고 싶거나 빼고 싶은 것, 다르게 쓰고 싶은 부분을 이야기해 봅시다.
- 이 책과 관련된 다른 책을 찾아보세요. 제목, 작가, 그림, 주제, 소재, 색감, 표현기법, 같은 출판사 등의 공통점이나 정반대의 주제, 기법 등

5. 감상 표현하기 및 활동 확장하기

독후감 쓰기, 독서 감상화 그리기, 독서일기 쓰기 등의 전통적인 감상 방법 외에, 독자 댓글놀이, 서평놀이, 별점 매기기, 추천사 쓰기, 작가나 주인공에게 편지 쓰기, 블로그 리뷰 포스트 쓰기, 유튜브 리뷰 영상 찍기, 휴대전화와 SNS(카카오톡, 라인, ASK, 인스타그램, 페이스북, 트위터 등) 양식의 빈칸에 책 공유하는 글쓰기, 해시태그(#) 만들기, 이모티콘으로 표현하기와 같이 트렌드에 맞고, 내담자에게 익숙한 디지털 매체를 활용한 감상 표현을 제시하면 내담자가 보다 쉽게 접근할 수 있게 된다.

디지털 시대에 걸맞게 요즘 내담자는 초등학교 저학년이라도 스마트폰을 갖고 있으며, 손으로 쓰는 글만큼, 혹은 그 이상으로 메신저로 쓰는 글을 편하게 여기는 경향이 있다. 어느 정도는 손글씨를 통한 교육이 필요하겠지만, 이들이 살아갈 미래 사회는 결국 디지털 시대이므로 굳이 손글씨를 고집할 필요는 없을 것이다. 내담자가 글을 쓰는 것을 싫어한다면 메신저나 한글 프로그램으로 타이핑하여 감상을 표현해 보도록 권해 보자. 자판에는 자음과 모음이 시각적으로 표시가 되어 있기 때문에 내담자가 좀 더 직관적으로 글자를 조합할 수 있다. 글쓰기로 감상을 표현하는 것보다 오히려 타이핑 과제를 내는 편이 홍미가 높다.

또한 동화 내용이나 감상을 내담자가 스스로 컴퓨터에 타이핑하면 새로운 방식으로 내용을 반복하게 되면서 동화의 줄거리나 맞춤법을 한 번 더 인지하게 되며, 프로그램이 자동으로 틀린 글자를 알려 주므로 반복되는 오류를 쉽게 파악할 수 있다.

1) 동화 스피치

구연동화나 동화의 내용을 정리하여 이 책을 읽어야 한다고 주장하는 연설하기, TV 리포터가 되어 책을 취재하고 소개하기, 작가나 주인공을 인터뷰하기 등의 활동을 진행한다.

2) 오디오/비디오 북 만들기

동화를 읽는 것을 녹음하거나 녹화하면서 오디오북이나 비디오북을 만들 수 있다. 이를 통해 읽기 연습이 되고, 모니터링 과정에서 셀프 피드백이 가능하게 된다.

아직 글을 잘 모르거나 언어 수준이 낮은 내담자, 따라 말하기 수준이 낮은 내담자의 경우 치료자가 내용을 적절한 길이로 잘라 읽어 주고, 이를 따라 말하는 것을 녹음할 수 있는데, 일시정지 기능을 이용하면 치료자의 목소리 녹음 없이 내담자의 목소리만 녹음된 오디오북이나 비디오북을 완성할 수 있어 내담자에게 성취감을 더할 수 있다. 활동이 익숙해지면 다양한 효과음 등을 추가하여 완성도 높은 오디오/비디오 북을 만들 수도 있다.

① 내담자에게 치료자가 말하는 문장을 듣고 그대로 따라 말하도록 한다. 따라 말하기라는 본 목표 이외에도 이 과정을 통해 선택적 주의집중과 규칙 지키기를 유도할 수 있고, 자기 조절의 경험을 촉진하게 된다.
- 수신호나 '하나, 둘, 셋'과 같은 신호가 주어지면 말해야 한다.
- 책장을 넘길 때에는 말하지 않는다.
- 녹음/녹화가 진행되는 동안에는 따라 말하기 문장 외에는 말하지 않는다.

② 동화의 장면을 펼친다.

③ 카메라나 휴대전화를 고정시키고, 녹음 또는 녹화를 누른다.
미니 삼각대 등을 활용하면 흔들림 없는 촬영이 가능하다.

④ 일시정지를 누른 후 치료자가 문장을 말한다.

⑤ 내담자에게 신호를 주고, 녹음/녹화를 누른다.

⑥ 내담자가 문장을 따라 말한다.

⑦ 다음 장면으로 페이지를 넘긴다. 페이지 넘김 효과를 녹화하고 싶지 않다면 일시정지를 누른 후 페이지를 넘긴다.

⑧ ③~⑥의 과정을 반복하여 동화의 끝까지 녹음/녹화한 후 활동을 종료한다.

이미 수많은 영유아 동화가 보여 주고 있듯이, 동화는 인성, 정서, 도덕, 예절, 교훈, 인지, 학습, 숫자, 방향, 도구 사용 등 아동 발달의 전반적인 영역에 많은 영향을 끼치고 있다. 교육에 있어서 동화는 이제 빠질 수 없는 항목으로 자리 잡고 있는 만큼 관련된 콘텐츠도 많이 생산되고 있으며, 동화책마다 활용법이 나와 있는가 하면 디지털 동화 콘텐츠 등의 자료가 많아 편리하다. 그러나 한편으로는 스마트폰, 태블릿 PC, 컴퓨터, 스마트 TV, 스마트 펜, 인공지능 스피커 등의 디지털 매체에 익숙한 영유아가 고정된 매체인 종이책에 집중하지 못하게 되는 부작용도 생겼다. 스스로 스마트폰의 화면을 넘기고, 노래나 사진, 동영상 앱을 열 수 있는 두 살 아이에게 종이책을 주었을 때, 직관적이지도 않고 움직임도 없는 책에 흥미를 갖지 못하고 던져 버리기도 하고, 식당에서 형이 스마트폰을 독차지하자 세 살 동생이 인정사정없이 형과 부모를 꼬집고, 스마트폰을 뺏으려고 몸부림치는 장면을 목격한 적도 있다. 문제는 이런 아이들이 어쩌다 한 번 보는 수준이 아니라 상당히 흔하다는 점이다.

그만큼 요즘 아이들은 예전보다 책에 대해 흥미를 느끼지 못할 수밖에 없는 환경에 놓여 있다. 때문에 보호자나 치료자가 함께 책을 읽으며 책에 대한 흥미를 자극

하고, 책을 다루는 방법, 독서 방법과 독서할 때의 자세나 도서관 책 등의 공유도서를 읽을 때의 예절(예: 낙서를 하거나 줄을 긋지 않는다. 책을 접거나 구기지 않는다. 이물질을 묻히지 않는다. 기간 안에 반납한다. 도서관 이용 예절을 지킨다.) 등에 대해서도 하나하나 알려 주는 것이 좋다.

아동과 보호자가 함께 책을 읽을 때에는 바로 책의 본문 읽기로 들어갈 것이 아니라, 책의 제목이나 표지에서 유추되는 내용에 대해 먼저 이야기해 보고, 그림을 보며 어떤 내용이 나올지 나눈 다음 본문으로 들어가면 효과적이다. 내용을 유추하는 과정에서 자연스럽게 자기 생각을 정리하고, 주장하게 되며, 책 내용에 대한 호기심이 자극되고, 자신의 생각이 맞는지 확인해 보고 싶게 되어 본문 내용에 집중하게 만들 수 있기 때문이다.

종종 '부모와 함께 책읽기'에 대하여 아이에게 언제까지 책을 읽어 주어야 좋은지 문의를 받는데, 적어도 혼자서도 글을 막힘없이 읽고, 내용을 파악할 수 있고, 자기 나름의 생각을 논리적으로 표현할 수 있는 초등학교 고학년 이전에는 부모가 책을 읽어 주며 함께 독서에 참여하는 것이 좋다.

한편, 동화 읽기는 텍스트를 보고 이해한다는 점에서 자연스럽게 학습치료에 접근할 수 있다. 치료자는 내담자가 내용을 파악하는 패턴, 감상의 초점, 읽기의 오류, 맞춤법과 문법의 오류 등을 체크하여 개입할 수 있다. 이때, 치료자의 개입은 내담자의 학습 유형에 따라 달라져야 한다. 가령, 내담자의 집중력이 어느 정도로 유지되는지를 살펴 활동 시간을 정해야 하고, 한 가지 활동을 쭉 이어 하는 것이 효과적인지, 혹은 두 가지 활동을 전환해 가며 접근하는 것(예: 언어활동과 수 개념 활동을 10분씩 번갈아 진행하기 등)이 효과적인지 파악하고 있어야 하며, 내담자의 학습이 시각형인지, 청각형인지, 운동형인지를 파악하고 있으면 보다 효율적 접근을 진행할 수 있다. 또한 내담자가 삼단논법과 같은 논리적 전개와 귀납적 추론 중에서 어느 쪽을 더 잘 수용하는지, 작업 기억력과 장기 기억력 사이에 어느 쪽이 더 유리한지, 내담자가 글쓰기를 꺼리는 이유가 글을 몰라서인지, 쓰는 속도가 느려서인지, 생각이 안 나서인지, 손으로 쓰기와 타이핑, 모바일로 치기 중 어느 것을 더 편하게 사용하고 반응이 좋은지 등을 알고 있는 것이 좋다. 한편, 내담자가 오답을 내었을 경우는 틀렸다고 뭐라 할 것이 아니라 격려와 함께 수정을 도와야 한다. 때로는 변명거

리를 만들어 주거나 0점이 목표라는 농담이나 치료자가 일부러 지는 등의 대응으로 내담자의 부담을 덜어 주어야 할 때도 있다. 무조건 지는 사람이 이기는 게임, 특정인을 자연스럽게 이기게 하는 게임 등을 시도해 보아도 좋을 것이다. 이런 방법은 승부에 지나치게 집착하는 내담자에게도 효과가 있다.

다음은 동화 학습치료의 예다.

- 직접적 주제 제시: 현재 내담자 수준에서 요구되는 인지적 요소를 직접적 주제로 삼고 있는 동화를 읽고, 확장 활동 후 학습한 내용을 바탕으로 해당 주제의 동화를 만든다.
- 동화 속에서 주제 찾기: 내담자가 원하는 동화를 고른 뒤 해당 동화 속에서 내담자 수준에서 요구되는 인지적 요소를 찾아 강조한다.
- 동화 만들기를 통한 스토리텔링 수학 문제 만들기

예시 1 〈대도시를 구하라! 도와줘요, 또봇 R!〉

- 악당 퇴치 미션

  대도시에 로봇 군단이 쳐들어왔어요! 로봇 군단이 온 동네를 부수고 다녔어요. 그걸 막기 위해 또봇 R이 출동합니다. 우체국을 부수던 로봇군단 5대를 막았어요. 학교를 부수던 로봇군단 3대를 막았어요. 그리고 아파트를 점령한 로봇군단 7대를 다 부쉈어요! 또봇 R이 몇 대의 로봇군단을 부쉈을까요?
- 불 끄기 미션

  또봇 R이 총에 물을 40톤을 담아서 출동했습니다.

  은행에 불이 났어요! 불을 끄려면 물 10톤이 필요해요.

  학교에 불이 났어요! 모두 대피하세요! 불을 끄려면 10톤의 물이 필요해요.

  병원에 불이 났어요! 물 10톤이 필요해요!

  불을 다 끈 총에는 물이 얼마나 남아 있을까요? 다시 얼마를 채워야 할까요?

감사장

또봇 R

또봇 R은 도시에 침입한 로봇군단 5+3+7=15대를 모두 물리치고, 도시의 불을 모두 꺼서 많은 사람을 구했으므로 이에 감사장을 드립니다.

20XX년 XX월 XX일

대도시 시장

예시 2 동화「내가 제일 빨라!」

슈퍼카는 한 번 액셀을 밟으면 50미터를 갑니다. 민호가 슈퍼카를 타고 액셀을 20번 밟았습니다. 고속도로에서 슈퍼카는 모두 몇 미터 달렸을까요?

예시 3 종이접기책『다섯 번 종이접기: 로봇(진짜 쉬운)』

승훈이는 종이접기 도안을 7장 가지고 있습니다. 로봇을 접는 데 4장의 도안이 필요합니다. 로봇을 다 접고 나면 몇 장의 도안이 남을까요?

예시 4 전래동화「콩쥐팥쥐」

콩쥐는 잔칫집에 오후 3시까지 도착해야만 합니다. 지금 시간은 오후 1시입니다. 깨진 항아리에 물을 채우다가 두꺼비의 도움으로 한 시간이 걸렸고, 참새가 도와주어 벼 찧는 일에 30분, 선녀님이 도와주어 베짜기에 10분이 걸렸습니다. 잔칫집에 가는 길에는 20분이 걸립니다. 콩쥐는 몇 시에 잔칫집에 도착할까요? 과연 콩쥐는 잔칫집에 들어갈 수 있을까요?

(시계 그리기 수행)

예시 5 전래동화「선녀와 나무꾼」

보름날 저녁이면 산속 깊은 연못에 하늘에서 두레박이 내려옵니다. 하늘에는 고인 물이 없기 때문에 선녀들이 내려와서 목욕을 합니다. 저녁 9시 40분에 내려온 선녀들은 목욕하는 데 50분이 걸렸습니다. 선녀들이 하늘나라로 다시 올라간 시간은 몇 시 몇 분일까요?

예시 6 동화 「일어날 시간이야! 뽀로로!」

크롱이 9시에 잠들었는데, 악몽을 꿔서 40분만에 일어났습니다. 지금은 몇 시일까요?

크롱이 다시 잠드는 데 30분이 걸렸습니다. 크롱은 몇 시에 잠들었을까요?

예시 7 동화치료를 마치는 시간 계산하기

5시 40분에 수업을 시작했는데 수업 시간은 40분입니다. 몇 시에 마칠까요?

예시 8 동화 「사금파리 한 조각」

상감청자 이름 짓는 방법으로 직접 만든 청자 이름 짓기, '황자 상감 라이언문 매병'. OHP 필름에 클레이 그림 그리기 기법으로 상감기법을 직접 체험해 본 뒤, 전통적인 방식에 따라 병의 이름까지 지은 활동이다. 언제나 암기를 어려워하던 내담자가 이 이후에 학교에서 시험을 친 후 체험한 내용에 대해서는 정답을 맞추었다고 처음으로 자랑하였다. "선생님이 '청자'라고 적어 놓은 문제 있잖아요. 그거 생각이 나서 상감청자 적었어요. 그런데 맞았어요."

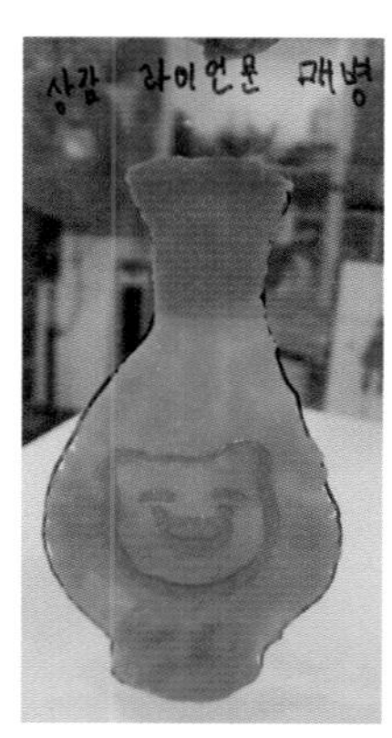

예시 9 정선 화보 감상 후-구성하기와 계획하기, 산수화의 의미 이해하기

LMT 검사

LMT 검사 시 강, 산, 길의 각 요소가 단절되게 표현한(좌 상단 첫 번째는 강, 옆의 세모는 산, 아래 네모는 길) 내담자. 밭-나무-꽃-동물 영역과 집-사람 영역은 개연성 있게 구성되어 있으나 강, 산, 길, 화장실과 돌 등은 단절되어 있고, 개연성이 떨어진다.

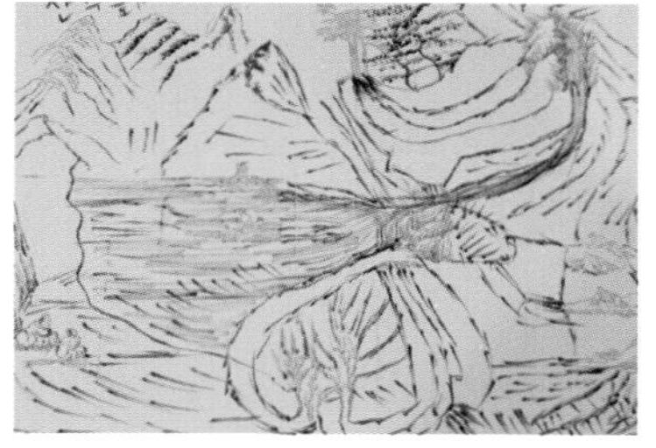

산수화를 구성하는 각 그림을 콜라주 하고 그림의 선을 붓펜으로 연장하여 전체적으로 하나의 구성으로 연결하였다. 각각의 그림 조각에 맞춰 붓펜의 사용을 달리하고, 자연스럽게 각 요소를 연결 지으며 화면의 구성과 연결, 흐름에 대하여 익힐 수 있다.

예시 10 교과서 읽고 박물관 만들기

직접 만들고 눈으로 확인하는 과정을 거치자 내담자는 손쉽게 해당 내용을 암기하였다.

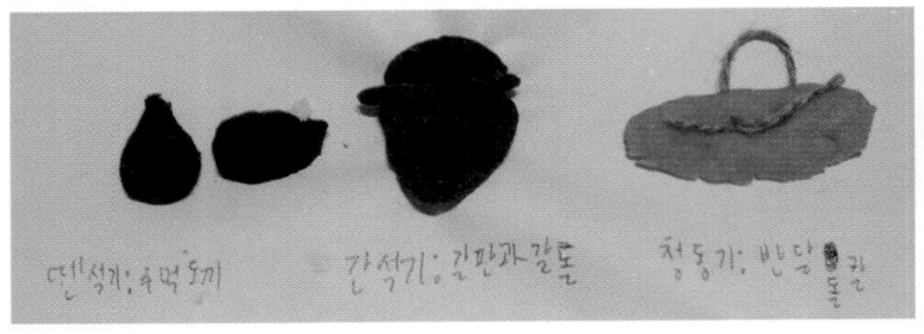

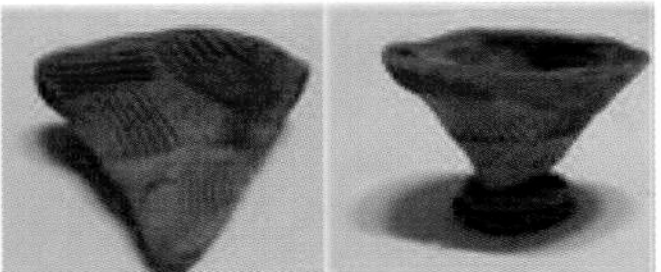

빗살무늬 토기

예시 11 동화 내용으로 문제 만들어 내기

- 나무꾼이 나무를 하러 갈 때는 무엇무엇을 가지고 갈까요?

- 나무꾼은 어떤 일을 하는 사람인가요?
  ① 농업 ② 수산업 ③ 임업 ④ 부동산업
- 나무꾼의 결혼은 우리 관혼상제 중 어디에 속하나요?
  ① 관 ② 혼 ③ 상 ④ 제
- 두레박은 어떤 원리가 적용된 도구인가요?
  ① 수평잡기 ② 도르래 ③ 만유인력 ④ 중력
- 지게는 어떤 원리가 적용된 도구인가요?
  ① 지레 ② 도르래 ③ 만유인력 ④ 중력
- 사냥을 하거나 나물을 캐어 하는 생활을 무엇무엇이라 하나요?
  ① 수렵 ② 농사 ③ 채집 ④ 양식
- 나무꾼의 도끼는 어떤 물질로 만들어졌을까요?
  ① 금 ② 은 ③ 쇠 ④ 다이아몬드
- 콩쥐가 사는 마을은 어떤 마을인가요?
  ① 어촌 ② 농촌 ③ 도시 ④ 광산
- 콩쥐의 직업은 무엇일까요?
  ① 어부 ② 농부 ③ 공주 ④ 주모

- 관아에서 마을을 다스리는 사람은 누구인가요?

① 콩쥐아빠　② 팥쥐엄마　③ 원님

- 다음 중 양서류는 무엇인가요?

① 황소　② 양　③ 두꺼비　④ 참새

- 벼를 키우는 장소는 어디인가요?

① 밭　② 논　③ 과수원　④ 농장

- 콩쥐가 밭에서 캘 수 있는 것은 무엇무엇인가요?

① 배추　② 감　③ 생선　④ 감자

- 돌밭을 쉽게 갈려면 무엇을 들고 가야 할까요?

① 나무호미　② 쇠호미　③ 맨손

- 물을 뜨러 어느 장소에 가야 할까요?

① 주막　② 우물　③ 시장　④ 대장간

- 다음 중 조류는 무엇인가요?

① 토끼　② 말　③ 참새　④ 개

예시 12 학습 메모리 게임

① 동화책에서 모르는 단어를 찾아 적는다. 교과서나 문제집의 용어정리, 핵심 단어, 요약정리 등을 보고 학습해야 할 단어를 찾아 적을 수도 있다. 게임 시작 전에 게임 방법을 설명하고, 단어를 공부할 시간을 제공한다.

② 스케치북을 일정한 크기의 카드 형태로 자른다.

③ 학습해야 할 단어를 각각 두 번씩 적는다. 아동 수준에 맞춰 카드의 수를 조절한다.

④ 카드를 잘 섞어 뒷면이 위로 오게 하여 책상에 배열한다.

⑤ 순서를 정해 각자 두 장씩 카드를 뒤집는다.

⑥ 같은 카드가 나오면 해당 단어의 뜻을 말하고 가져간다. 해당 단어의 뜻을 틀리면 가져갈 수 없다. 처음에는 책이나 사전을 찾아보면서 뜻을 말하며, 익숙해지면 도움 없이 게임을 진행한다.

예시 13 학습 보드 게임

① 메모리 게임에서 활용한 단어 카드로 사다리 게임판을 만든다. 이때 자신만의 규칙 카드를 추가로 만들어 놀이할 수 있다(예: 앞으로 두 칸, 뒤로 세 칸, 한 턴 쉬기, 특정 단어로 이동 등).

② 주사위를 굴려서 나온 숫자만큼 말을 움직인다.

③ 자신의 말이 도착한 칸의 단어를 읽고 뜻을 말한다.

④ 뜻을 말하지 못하면 한 텀 쉰다. 처음에는 책이나 사전을 찾아보면서 뜻을 말하며, 익숙해지면 도움 없이 게임을 진행한다.

⑤ 자신의 말을 가장 먼저 골인 지점에 도착시킨 사람이 승리한다.

예시 13 학습 빙고 게임

① 학습이 어느 정도 이뤄진 경우, 단어 카드를 한 세트씩 나누어 가진다.

② 스케치북에 빙고 칸을 그리고, 자기 카드를 붙인다.

③ 몇 빙고를 먼저 완성하는 사람이 이길지 정한다.

④ 순서대로 번갈아 가며 단어를 말하고 해당 단어를 지운다(학습 정도를 확인하기 위해 단어 이름이 아닌 단어의 뜻을 말하면 자기 판에서 해당 단어를 지우는 형태로 진행할 수 있다.).

⑤ 지워진 글자가 가로, 세로, 대각선 한 줄이 되면 1빙고가 된다.

⑥ 목표한 빙고 수를 먼저 도달한 사람이 "빙고 끝!"을 외치면 승리한다.

- 연령이 어린 경우 단어 카드에 뜻을 같이 적어 두면 쉽게 접근할 수 있다.
- 같은 단어를 두 번 쓰도록 되어 있는데, 이때 글자의 색을 달리하여 카드 세트를 구분할 수 있다. 시각적 단서가 제시되므로 난이도가 좀 더 낮아진다.

패러디(parody)란 유머나 위트, 우리말로 풍자와 해학과도 유사한데, 특정 작품 내용 또는 작가의 문체, 그림체, 서술방식, 말투 등 특징적인 부분을 골라 다른 대상에 익살스럽게 적용하는 창의적 활동을 말한다. 오스카 와일드가 각색한 "나르키소스 신화(나르키소스가 죽은 뒤 그의 눈동자를 통해 자신의 아름다운 풍경을 보지 못하는 것에 슬퍼하는 호수 이야기)"나 "늑대가 들려주는 아기돼지 삼형제" 같은 역발상 이야기, 용인 민속촌의 전래동화 캐릭터, 온라인상에 떠도는 '전래동화 패러디' '부산 경찰이 본 전래동화' '명작동화를 위험하게 만들어 보자' 등의 기발한 동화 패러디들에서 우리는 정보를 수집하고 편집하여 새로운 가치를 창출하는 현대 사회의 특징을 엿볼 수 있으며, 나아가 온고지신(溫故知新)의 고사와 같이 전통적 가치관과 변화하는 시대의 가치관이 어떻게 융합하여 사회에 반영되는지 경험하고, 새로운 가치를 깨달을 수 있다.

예시 1 전래동화 잡화점

■날개옷 설명서–구매 전 비행 가능 무게를 꼭 확인하세요! (주)구름옷

Free size 입는 사람 치수에 맞게 하늘하늘, 펄렁펄렁하게 늘거나 줄어들어요.

비행 가능 무게 80kg 이하 (추가금에 따라 더 무거울 경우도 비행이 가능한 큰 날개를 달아 드립니다.)

날개 관리 햇살클리닝 필수

습도가 지나치게 높은 날은 사용을 자제해 주세요.

비틀어 짜기 금지, 날개 작동은 섬세한 작업이므로 날개에 손상이 가지 않도록 주의하세요.

비행경로에 주의하여 안전운전하세요. 날개옷 착용자의 음주 및 졸음운전으로 인한 사고에 대하여 당사는 일체 책임지지 않습니다.

잘못된 상품은 구매처에서 교환해 드리며, 주문 상품의 경우 1년간 무상 A/S를 해 드립니다.

■[10할 할인 진행 중] 나무꾼 도끼 주문 제작합니다.

행운을 부르는 쇠도끼, 금도끼, 은도끼 주문 제작 전문 업체 (주)산신령

예시 2 전래동화 중고장터 게시판

선녀 옷 팝니다. 날개옷 작동 가능. –꽃사슴

ㄴ 장물거래 신고 접수되었습니다. –포졸이

줄줄이 꿴 호랑이 한 묶음 팝니다. –기름댕댕이

콩, 팥 나눔합니다. –콩팥장군

예시 3 전래동화 기사

■옥황상제, 사유지 침해 및 연못 무단사용으로 고소 당해

땅 주인, "사유지의 1급수 연못에서 선녀들이 목욕을 했다. 상상도 못한 일이다. 1급수 연못을 망쳤다. 끝까지 갈 것."

■나무꾼 나모씨, 선녀탕에서 옷 훔치다 덜미!

"사슴이 시켰다." 파문!

최근 연속되었던 선녀탕 의복 도난 사건의 범인의 덜미가 잡혔다. 범인은 30대 나무꾼으로, 산속에서 홀어머니를 모시고 사는데, 어느 날 나무를 하다가 만난 사슴에게 선녀탕에서 옷을 훔치면 색시를 얻을 수 있다는 말을 듣고 범행을 시도했다고 시인하였다. 지역 포도청에서는 나무꾼의 자백을 바탕으로 공범인 사슴을 특정하고 공개수배하기로 하였다.

■(주)산신령, 구 버전 도끼 보상 선물로 화제!

최근 온라인 커뮤니티에서 어느 회사의 보상 서비스가 화제다. 한 온라인 커뮤니티 게시자에 의하면, 자신이 잃어버린 도끼를 찾는 게시물을 보고 도끼의 제조사인 (주)산신령 측에서 도끼를 수배하여 찾아 주었을 뿐만 아니라, 최신 고급 도끼도 추가로 주었다며 인증샷을 올렸다. (주)산신령 측에 따르면, "사용자가 이제는 품절된 지 오래된 클래식 버전 도끼를 현재까지 소중히 사용하고 있었으며, 새로운 도끼를 사지 않고 애타게 찾았다. 자사의 도끼를 아껴 주는 마음에 감동하여 이런 선물을 준비해 보았다."고 하며 "(주)산신령은 언제나 소비자들에게 감사의 마음을 가지고 성심성의를 다 하고 있다. 앞으로도 소비자 여러분의 많은 관심을 부탁드린다."고 전했다.

예시 4 전래동화 일기 (동화 속 인물이 되어 일기 쓰기)

■놀부 일기

요즘 흥부 놈이 또 빌붙으러 오기 시작했다. 못된 놈이 제 자식 입에 풀칠하려면 몸이 부서져라 일은 못할망정 편하게 벌어 보겠다고 매타작을 대신 하러 갔다가 앓아누웠더란다. 쯧쯧. 건강을 잃으면 돈이고 뭐고 아무것도 없는 것을. 저놈의 정신머리를 어찌 할꼬. 내일 또 오면 혼쭐을 내야겠다. 나중에 제수씨만 따로 불러 조용히 한 가마니 챙겨 줘야지. 못난 놈이 부인 복은 좋아서는 제수씨가 고생이렸다, 에잉.

내일 지출 내역: 노인정 회비 닷냥, 마누라 모꼬지 스무냥, 제수씨 쌀 1석, 다섯째 조카 생일 선물, 미역 한 다발

■포졸이의 사건일지

- 사건번호 一. 장화홍련의 모의 건
- 사건번호 二. 장물아비 꽃사슴의 건
- 사건번호 三. 선녀탕 몰카사건
- 사건번호 四. 나쁜 사또의 건
- 사건번호 五. 호랑이파의 건(곶감농가 가택침입, 떡장수 강도 상해, 오누이 공갈협박 외 13건)
- 사건번호 六. 사기꾼 토선생의 건
- 사건번호 七. 토끼의 간 밀매업자 소탕의 건

예시 5 명언 제조

가상의 인물을 만들어서 동화 내용에 어울리는 속담이나 명언을 만들고, 이니셜이 들어간 이름이나 적당한 수식어를 붙인 이름을 지어서 누군가 유명한 철학자가 실제로 한 말인 것처럼 연출할 수 있다. 더 나아가, 내가 듣고 싶은 말이나, 남에게 하고 싶은 말, 미래의 자신이 지금의 자신에게 해 주는 말, 이루어지기를 바라는 말로 명언을 만들 수 있다.

"정의의 이름으로 용서하지 않겠다."—암행어사, 이몽룡

"결국 우리에게 남는 것은 나 자신뿐이다."—자연인, 첫째 돼지

"마법이란, 가장 어두운 곳을 밝히는 빛이다."—초대 마법학교장, 호루스 J. 스미스

"고민하지 말고, 하고 싶은 것을 하라."—에디슨 D. 라이트

"사람들은 모르지, 내가 잘할 수 있다는 걸 말이야. 언제나 그렇지, 너도 그렇다."—SP

"그 시간들이 있어서 지금의 내가 있다."—최고의 발레리나, K

"괜찮아. 너는 10년 뒤에 세상에서 가장 행복한 사람이 된단다."—J에게, 미래에서 온 편지

참고문헌

단행본

강새로운(2018). 안녕, 마음 날씨. 부산: 한국동화치료연구소.

강새로운(2018). 마음 코딩 좋은 말 샤워. 부산: 한국동화치료연구소.

강새로운(2018). 마음 코딩 동화치료 1 동화 창작 기반 동화치료. 부산: 한국동화치료연구소.

강새로운(2018). 마음 코딩 동화치료 2 창작 활동 기반 동화치료. 부산: 한국동화치료연구소.

강새로운 외(2018). 어른들을 위한 심리동화 나의 바오밥 나무 이야기. 서울: 좋은땅.

강수균 외(2000). (교육부) 특수학교 치료교육활동 감각, 운동, 지각 훈련 교사용 지도서. 서울: 대한교과서주식회사.

곽미영 외(2011). 동화와 함께하는 음운인식 프로그램. 서울: 학지사.

권유진, 진연선, 배소영(2018). KONA 한국어이야기평가. 서울: (주)인싸이트.

김길권, 정영진(2002). 아동미술체험 365 Ⅰ. 서울: 양서원.

김길권, 정영진(2002). 아동미술체험 365 Ⅱ. 서울: 양서원.

김병철 외(2014). 그림과 심리진단. 경기: 양서원.

김병철 외(2016). 미술치료사를 위한 매체연구 및 기법실습. 경기: 양서원.

김영태(2014). 아동언어장애의 진단 및 치료 2판. 서울: 학지사.

김재리 외(2017). 이야기 발음카드. 서울: 예꿈교육.

김정규(2015). 게슈탈트 심리치료(2판). 서울: 학지사.

김춘일(2000). 유아를 위한 창의성 교육. 서울: 교육과학사.

김효정, 한지연 외(2015). 노래와 함께하는 조음기관 운동 프로그램. 서울: 학지사.

노제운(2009). 한국 전래동화의 새로운 해석–정신분석적 접근. 서울: 집문당.

레나테 침머(2010). 움직임 교육의 이해. 서울: 도서출판 대한미디어.

박상재(2002). 동화 창작의 이론과 실제. 서울: 집문당.

박차숙(2019). 전래동화를 활용한 동화치료. 서울: 학지사.

박혜성(2016). 조음장애아동과 마비말 장애의 치료 및 지도를 위한 실용지침서. 경기: 군자출판사.

석동일, 박상희 외(2003). 기질적 조음 음운장애치료. 대구: 대구대학교출판부.

석동일, 박상희 외(2013). 조음음운장애 치료 제4개정판. 대구: 대구대학교출판부.

신승녀(2015). 미술치료 핸드북[증보]. 서울: 창지사.

염숙경(2009). 아동의 증상과 특성별 놀이치료. 서울: 학지사.

에디스 힐먼 박실(1994). 발달장애인을 위한 음악치료. 서울: 이화여자대학교출판부.

오세영, 장부일(2010). 시창작론. 서울: 한국방송통신대학교출판부.

유가효 외(2014). 놀이치료의 이해 개정판. 경기: 양서원.

윤성희(2017). 푸드아트테라피와 상담기법. 서울: 학지사.

윤용식 외(2001). 글쓰기의 기초. 서울: 한국방송통신대학교출판부.

이금이(2006). 동화 창작 교실. 서울: (주)푸른책들.

이부영(1995). 한국민담의 심층분석–분석심리학적 접근. 서울: 집문당.

이성훈(2003). 동화의 이해. 서울: 건국대학교출판부.

이성훈(2014). 동화론. 서울: 건국대학교출판부.

이성훈(2014). 동화창작. 서울: 건국대학교출판부.

이성훈(2014). 아동교육매체로서 동화. 서울: 건국대학교출판부.

이성훈(2014). 동화치료. 서울: 건국대학교출판부.

이성훈(2015). 동화힐링. 서울: 건국대학교출판부.

이수지(2011). 이수지의 그림책. 서울: 비룡소.

임경옥, 이병인(2010). 장애 영유아 발달 영역별 지침서 01 인지편. 서울: 학지사.

임경옥, 이병인(2010). 장애 영유아 발달 영역별 지침서 02 수용언어편. 서울: 학지사.

임경옥, 이병인(2010). 장애 영유아 발달 영역별 지침서 03 표현언어편. 서울: 학지사.

임경옥, 이병인(2010). 장애 영유아 발달 영역별 지침서 04 대근육운동 · 소근육운동편. 서울: 학지사.

임경옥, 이병인(2010). 장애 영유아 발달 영역별 지침서 05 신변처리 · 사회성편. 서울: 학지사.

임정진(2008). 동화 쓰기 특강. 서울: 지식의 날개, (사)한국방송통신대학교출판문화원.

정보인, 윤현숙(2000). 0~5세 발달단계별 놀이 프로그램. 서울: 교육과학사.

정소영(2009). 한국전래동화 탐색과 교육적 의미. 서울: 도서출판 역락.

정여주(2013). 만다라 미술치료: 이론과 실제. 서울: 학지사.

정여주(2014). 미술치료의 이해 이론과 실제. 서울: 학지사.

정여주(2014). 만다라와 미술치료(2판). 서울: 학지사.

정여주(2015). 어린왕자 미술치료–내면의 샘을 찾아가는 치유여행. 서울: 학지사.

정옥분(2014). 발달심리학 개정판. 서울: 학지사.
정옥분(2015). 전생애 인간발달의 이론 제3판. 서울: 학지사.
조남철, 조정래(2004). 소설창작론. 서울: 한국방송통신대학교출판부.
조용태, 김미실 공역(1993). 포테이지 조기교육 프로그램. 서울: 도서출판 특수교육.
진연선 외(2018). 우리 아이와 함께 나누어요. 서울: 학지사.
주디트 루빈(2001). 이구동성 미술치료. 서울: 학지사.
한경혜(2006). 사랑을 잃고 나는 쓰네. 서울: 임프린트 갤리온. (주)웅진씽크빅.
한선아(2005). 한국 전래동화에 대한 해석학적 이해. 경기: 한국학술정보.
한영희(2011). 점토미술치료-자기표현향상을 위한 발달장애 미술치료. 경기: 한국학술정보.
홍은주, 박희석, 김영숙(2017). 아동 · 청소년을 위한 예술치료의 이론과 실제. 서울: 학지사.
황선미(2006). 동화 창작의 즐거움. 경기: (주)사계절출판사.

Aliki Brandenberg(2004). 책은 어떻게 만들까요?. 서울: 비룡소.
Ann Whitford Paul(2017). 그림책 쓰기의 모든 것. 서울: 도서출판 다른.
Arnheim Rudolf(1996). 美術과 視知覺. 서울: 미진사.
Arthur D. Efland(2006). 인지 중심 미술 교육론 탐구-교육과정 개발의 새 접근. 경기: 교육과학사.
Barry M. Prizant 외(2014). SCERTS 모델 1권 진단-자폐 범주성 장애 아동을 위한 종합적 교육 접근. 서울: 학지사.
Barry M. Prizant 외(2016). SCERTS 모델 2권 프로그램 계획 및 중재-자폐 범주성 장애 아동을 위한 종합적 교육 접근. 서울: 학지사.
Charles E. Schaefer 외(2003). 101가지 놀이치료 기법. 서울: 중앙적성출판사.
Charles E. Schaefer 외(2003). 101가지 more 놀이치료 기법. 서울: 중앙적성출판사.
Charles E. Schaefer(2015)(김은정 역). 놀이치료의 기초 제2판. 서울: 시그마프레스.
Daniel R. Boone 외(2014). 음성과 음성치료 제9판. 서울: 시그마프레스.
Eugen Drewermann(2013). 어른을 위한 그림 동화 심리 읽기 1. 서울: 교양인.
Eugen Drewermann(2013). 어른을 위한 그림 동화 심리 읽기 2. 서울: 교양인.
Eugen Drewermann(2016). 그림 동화 남자 심리 읽기. 서울: 교양인.
Felicity Baker, Sylka Uhing(2013). 음악치료에서의 목소리 활용기법. 서울: 시그마프레스.
Fern Sussman(2017). 우리 아이 언어치료 부모 가이드 More Than Words. 경기: 수오서재.
Fredrike Bannink(2015).(조성희 외 공역). 1,001가지 해결중심 질문들. 서울: 학지사.
Harold Ineton(2010). K-CDI 아동발달검사. 서울: 학지사 심리검사연구소.
Helen B. Landgarten(1988). Family Art Psychotherapy A Clinical Guide And Casebook.

New York: ImprintRoutledge.

Jason rekulak(2011)(명로진 역). **아이디어 블록**. 서울: 토트(주)북새통.

Lou Harry(2011)(고두현 역). **크리에이티브 블록**. 서울: 토트(주)북새통.

Madalena Matoso(2017)(김수연 역). **이야기 길**. 서울: 길벗어린이(주).

Nigel Toye, Francis Prendiville(2006)(김유미 외 역). **전래동화를 활용한 드라마 만들기-어린이를 위한 교육연극 수업 모델**. 서울: 연극과 인간.

S.Bluma 외(1990). **포테이지 아동발달 지침서**. 서울: 도서출판 특수교육.

UriShulevitz(2017). **그림으로 글쓰기**. 서울: 다산기획.

Verena Kast(2008). **동화와 심리치료**. 대구: 영남대학교출판부.

학술 논문

Johnson, D. R.(1982). Developmental Approaches in Drama Therapy, The Arts in Psychotherapy, Vol. 9(3), 183-190.

강창욱, 김현정(2008). 그림 동화를 활용한 총체적 언어학습이 지적장애 아동의 읽기능력에 미치는 효과에 대한 질적 분석. 言語治療硏究/17(1), 179-205, 한국언어치료학회.

권미화, 김수경, 이재신, 차태현(2016). 전래동화 플래시애니메이션을 활용한 작업중심의 회상치료가 치매환자의 인지기능과 상호작용 및 문제행동에 미치는 영향. **대한작업치료학회지**, 24(3), 97-109, 대한작업치료학회.

권유진, 배소영(2006). 이야기 다시 말하기 과제를 통한 초등 저학년 아동의 이야기 능력. **언어청각장애연구**, 11(2), 72-89.

김수현(2016). 치료콘텐츠로의 전래동화 활용 사례 연구, 문화콘텐츠연구/-(7), 107-132, 건국대학교 글로컬문화전략연구소.

김연주, 이미옥(2007). 동화를 활용한 미술치료가 학령기 발달장애 아동의 언어능력에 미치는 효과. **미술치료연구**, 14(2), 247-274.

김영태(1996). 그림자음검사를 이용한 취학전 아동의 자음정확도 연구. 말- 언어장애연구. 제1권, 7-33.

김혜진(2006). 동화를 통한 미술치료에서 무의식의 의식화 사례고찰-분석심리학적 관점으로- 월례학술발표회/45(-), 48-68, 한국예술치료학회.

김혜진(2007). 창작 동화적 미술치료, 월례학술발표회/2007(1), 29-33, 한국예술치료학회.

박희석(2016). 그림책을 활용한 연극치료. 한국예술치료학회, 2016년도 춘계학술대회 강연자료, 67-78.

윤주리(2018). 게임 과몰입 청소년의 정서 · 행동적 특성과 음악치료 개입. 한국예술치료학회, 2018년도 춘계학술대회 강연 자료, 31-43.

이성옥, 김봉환(2007). 시 활동 경험의 심리적 치유과정 분석. 한국심리학회지 상담 및 심리치료, 19(3), 819-841, 한국심리학회.

전미정(2008). 시 창작의 놀이치료 기능. 한국문학이론과 비평, Vol.40 No.-[2008].

정운채(2013). 문학치료학의 서사이론에 입각한 창작이론. (문학치료연구, Vol.26 No.-[2013]).

정운채(2010). 문학치료학의 서사 및 서사의 주체. 영화와 문학치료, 3, 315-335.

정운채(2011). 심리학의 지각, 기억, 사고와 문학치료학의 자기서사. 문학치료연구 제20집. 한국문학치료학회.

추의성(2011). 발달장애아동을 위한 재활미술치료 집단프로그램 개발 연구-로봇만다라-. 한국예술치료학연구 2011. no.4. 151-172.

황상민(1994). 인간발달의 원리가 적용된 심리치료 및 교육프로그램. 人間發達研究/-(1), 41-59, 한국인간발달학회.

황상민(2006). 우화형 도서가 내표한 심리학적 의미, 출판저널 2006, 364권 49-49 ISSN 1227-1802, 대한출판문화협회.

황선영(2012). 청소년의 자아정체감 형성을 위한 이야기 만들기 활용 미술치료 사례. 美術治療研究, 19(1), 69-88, 한국미술치료학회.

학위 논문

강소영(2007). 소설창작을 통한 문학치료 연구. 건국대학교 교육대학원 석사학위논문.

김민정(2010). 동화 듣고 다시 말하기가 청각장애아동의 구문능력 향상에 미치는 효과. 대구대학교 재활과학대학원.

김보라(2018). 전래동화를 활용한 유아 극놀이 프로그램 개발 및 효과. 중앙대학교 대학원 박사학위논문.

김선혜(2007). 동화를 이용한 통합교육활동이 정신지체아동의 언어능력 향상에 미치는 효과. 대구대학교 학사학위논문.

김선화(2010). 경도정신지체 아동을 위한 발달미술치료 프로그램 연구 J.Piaget의 이론을 중심으로. 가천의과학대학교 석사학위논문.

김연주(2006). 동화를 활용한 미술치료가 학령기 발달장애 아동의 언어능력에 미치는 효과. 영남대학교 석사학위논문.

김연주(2008). 노래동화를 활용한 통합적 유아음악교육 프로그램 개발 및 효과. 경희대학교 박사학위논문.

김영화(2000). 전래 그림동화책을 이용한 통합언어활동이 정신지체아의 구어 향상에 미치는 효과. 대구대학교 재활과학대학원.

김혜경(2018). 동화활용 집단놀이치료가 저소득층아동의 자기효능감에 미치는 영향. 대구대학교 석사학위논문.

김혜미(2017). 폭력서사의 진단 및 개선을 위한 문학치료 프로그램 연구. 건국대학교 박사학위논문.

김희연(2010). 스토리텔링을 활용한 시지각 훈련 프로그램 개발-지적장애 아동을 대상으로. 한양대학교 교육대학원.

남효정(2007). 동화중심 총체적 언어중재가 발달지체유아의 어휘력에 미치는 효과. 대구대학교 대학원 석사학위논문.

노영윤(2010). 설화를 활용한 시 창작 과정과 그 문학치료적 의미. 건국대학교 석사학위논문.

박선화(2007). 동화를 사용한 총체적 언어접근이 청각장애 아동의 언어능력과 이야기 구조화 능력에 미치는 영향. 대구대학교 재활과학대학원.

박호주(2010). 동화를 활용한 집단놀이 프로그램이 경도 지적장애 아동의 자기효능감에 미치는 효과. 영남대학교 석사학위논문.

서정애(2010). 그림이야기 만들기를 활용한 집단미술치료가 저소득층 아동의 자아존중감에 미치는 효과. 영남대학교 석사학위논문.

손은예(2010). 학습부진아동의 언어능력과 주의집중력 향상을 위한 동화를 활용한 미술치료 사례연구. 영남대학교 환경보건대학원.

송영림(2010). 동화 치료의 효용성에 관한 연구. 건국대학교 대학원 석사학위논문.

유인숙(2007). 동화를 활용한 신체표현놀이가 정신지체아동의 어휘력 향상에 미치는 효과. 대구대학교 석사학위논문.

윤정원(2013). 예술심리치료를 통한 선택적 함구증 초기 청소년의 비언어적 표현과정연구: 존슨의 '발달적 맥락' 관점으로. 명지대학교 사회교육대학원.

이소영(2008). 동화구연 프로그램이 알츠하이머 치매환자의 담화능력에 미치는 효과. 대구대학교 석사학위논문.

이수진(2004). 전래동화 가면극놀이 프로그램이 정신지체아동의 언어능력 개선에 미치는 효과. 대구대학교 석사학위논문.

이정임(2008). 인터넷 멀티동화를 활용한 언어지도가 자폐아동의 어휘력 향상에 미치는 효과. 대구대학교 석사학위논문.

이진경(2004). 동화를 이용한 총체적 언어중재가 정신지체 아동의 어휘력 향상에 미치는 효과. 대구대학교 석사학위논문.

이현미(2006). 그림동화책 듣고 다시 말하기 활동이 정신지체아동의 언어능력 향상에 미치는 효과. 대구대학교 석사학위논문.

이홍보(2014). ADHD경향성 아동의 문제행동 완화를 위한 동화활용 미술치료 사례연구. 영남대학교 석사학위논문.

장승희(2006). 치료적 노래 만들기(therapeutic song writing) 활동이 청소년의 열등감 감소에 미치는 효과. 이화여자대학교 석사학위논문.

정승혜(2014). 그림동화책을 이용한 이야기나누기 활동이 지적장애 아동의 어휘력 향상에 미치는 영향. 대구대학교 석사학위논문.

정영실(2001). 그림동화책 듣고 다시 말하기 활동이 정신지체아의 언어능력 향상에 미치는 효과. 대구대학교 석사학위논문.

최선주(2010). 생활동화를 활용한 언어중재 프로그램이 지적장애 아동의 의문사 이해 및 언어문제해결 능력에 미치는 영향. 대구대학교 재활과학대학원.

최정옥(2007). 동화를 재구성한 책 만들기 활동이 유아의 창의성에 미치는 효과. 숙명여자대학교 석사학위논문.

태경아(2014). 동화책 만들기 활동이 지적장애아동의 격조사 산출에 미치는 효과. 대구대학교 석사학위논문.

한상지(2014). 극화놀이를 통한 그룹치료가 지적장애아동의 언어능력에 미치는 영향. 대구대학교 석사학위논문.

참고사이트

Scratch Jr. http://scratchjr.org

https://www.facebook.com/0.1percentStudio

찾아보기

저자 소개

강새로운 (Gang Sae Ro Un)

▣ 경력사항

언어재활사, 예술심리상담사, 통합예술심리행동재활사, 놀이심리상담수련감독전문가, 동화놀이심리상담사 전문가, 동화만들기지도사 전문가, 발달진단평가 전문가, 미술심리재활사 전문가, 미술심리상담사 전문가, 부모교육상담사 전문가

현) 영도통합예술심리발달재활센터장
한국동화치료연구소 소장
부산여자대학교 사회교육원 외래교수
한국미술치료상담학회 교수위원
대중음악, 뮤지컬 작사가

▣ 저서

언어게임북((주)인싸이트, 2019)
브레이브는 동물 마을에 살아(한국동화치료연구소, 2019)
나의 바오밥 나무 이야기(좋은땅, 2018)
안녕, 마음 날씨(한국동화치료연구소, 2018)
마음 코딩 좋은 말 샤워 카드 & 북(한국동화치료연구소, 2018)
마음 코딩 동화치료 1, 2(한국동화치료연구소, 2018)

동화치료 카페 https://cafe.naver.com/fairytaletherapy

창조적 통합치료
동화치료

Creative Intergration Therapy
Fairy tale Therapy

2020년 1월 10일 1판 1쇄 인쇄
2020년 1월 20일 1판 1쇄 발행

지은이 • 강새로운
펴낸이 • 김진환
펴낸곳 • ㈜학지사
04031 서울특별시 마포구 양화로 15길 20 마인드월드빌딩
대표전화 • 02-330-5114 팩스 • 02-324-2345
등록번호 • 제313-2006-000265호

홈페이지 • http://www.hakjisa.co.kr
페이스북 • https://www.facebook.com/hakjisa

ISBN 978-89-997-1971-4 93180

정가 23,000원

이 도서의 국립중앙도서관 출판시도서목록(CIP)은 서지정보유통지원시스템 홈페이지(http://seoji.nl.go.kr)와 국가자료공동목록시스템(http://www.nl.go.kr/kolisnet)에서 이용하실 수 있습니다.
(CIP 제어번호: CIP2019041849)